U0016636

十一個相互對立的地區文化史

# 美利堅國度

# American Nations

A History of the Eleven Rival Regional Cultures of North America

科林·伍達德 Colin Woodard———著　王琳茱———譯

# 目次

# 第三部　西部爭霸戰

# 第四部　文化戰爭

導讀

# 一個美國各自表述？《美利堅國度》導讀

馮卓健　輔仁大學歷史學系助理教授

　　台灣流傳著許多跟美國有關的神話。美國開國至今的精神是清教徒傳統？美國是依靠奴隸勞動建立的國家？美國是民族大熔爐？美國是一個在曠野中不斷西進的國家？美國是歐洲殖民者靠著掠奪原住民的土地建立的國度？到底哪一個才是美國？這些都好像是美國，卻又充滿衝突與矛盾。

　　這令人想到盲人摸象的故事。盲人摸象的故事出自佛經，故事中讓盲人們各自去觸摸一頭大象，然後讓他們描述大象的樣子。結果每個人描述的大象都不同，因為有人摸到的是象牙，有人摸到的是象鼻，有人摸到的是象腿。我們對美國的理解也常常像故事中這些藉由觸摸大象來描述大象的盲人一樣，常常依據我們所看到的現象大放厥辭，自以為自己看到的就是最有代表性的美國，但我們所看到的其實只不過是冰山一角。

　　如果我們想要真正認識美國，就要先承認我們其實不太認識美國。即使旅居美國多年，甚或是土生土長的美國人，都很難真正認識美國，因為美國幅員廣大，文化多元，並不是一個同質性

高的國家,有著許多不同的面貌。

筆者因為求學的關係住過美國十年,有兩年住在猶他州,八年住在密蘇里州。前者屬於本書作者說的「遠西地方」,後者是「中部地方」。在為博士論文收集資料時,筆者曾經去過紐約市,也在賓州的費城和維吉尼亞州的夏綠蒂鎮(Charlottesville)擔任過訪問學者。紐約市是屬於作者說的「新尼德蘭」,費城是「中部地方」,夏綠蒂鎮則是「潮水地帶」。即便在這些不同的地方都住過一段時間,仍然覺得美國像個複雜的謎題。很多時候我們似乎覺得對美國很熟悉,但一旦跨出熟悉的區域,就會看到美國截然不同的一面,因為這個國家內實在有太多不同的面貌,而伍達德的這本書就是要呈現美國的多元面貌。

科林・伍達德是名在美國傳播界與出版界都相當重要的記者,無論是他的報導文學或是歷史和政論書籍都屢獲獎項。他目前著有六本書,《美利堅國度》是當中的第四本,出版於二〇一一年,探討以美國為主的北美大陸上十一個區域的文化。八旗出版社日前出的《國家的品格》則是第五本,出版於二〇一六年。則在本書的立論基礎上進一步闡述個人利益與公共利益這兩種理念在美國政治史上衝突與發展。在二〇二〇年,伍達德出版了《聯盟:形塑美國國家故事的奮鬥》,探討美國國家統一的神話是如何在十九世紀建立起來的,以此做為他探討美國文化的三部曲的終結。這本《美利堅國度》是他對美國文化論述的基礎之作,為他近年來的這三本書立下了基調。

伍達德在《美利堅國度》中將北美大陸分成了十一個不同的區域文化,分別為:洋基之國、新尼德蘭、中部地方、潮水地

方、大阿帕拉契、深南地方、新法蘭西、北部地方、左岸地方、遠西地方、第一國度。他認為這些文化的對立和差異是美國政治分裂和文化衝突的根源。在本書中，伍達德闡述了這些區域文化的起源為何，如何發展成形，又如何彼此衝突、互動、妥協，並以此形塑了今日美國的風貌。理解這些區域文化的歷史和特點對於理解當前美國的政治紛亂至關重要，並且這些文化差異仍然在塑造著美國的未來。

　　至於為什麼是區域呢？傳統對美國的分區往往不是依照州的疆界，不然就是依照一些約定俗成的區域，像是新英格蘭、深南、中西部、落磯山區、老西北、西岸、東岸等等。伍達德的分區既打破了州的行政疆界，也打破了傳統分區的既定印象。這是因為他意識到文化的疆界和州的疆界往往並不一致。因為歷史發展過程的關係，紐約州西部、賓州西部、維吉尼亞西部，都跟它們東部靠大西洋的都會區，例如紐約市、費城、里奇蒙等地有著截然不同的文化。加州雖然往往被認定是民主黨的大票倉，但其實加州東部靠近山區的地方是共和黨的地盤。伍達德藉由重新劃分區域文化的疆界，並追溯區域文化的來源與傳播，而有效地解釋了一些這樣的現象。

　　之所以需要從區域文化的角度來著手分析，是因為美國起初就是由各自獨立的殖民地在聯合對抗英國國會的政策之後才創建的國家，從開國起就承接了原本英國殖民地多元複雜的文化風貌。由於這些殖民地各有起源，也導致他們在文化上也各有特質。有些人說，美國是清教徒建立的國家。然而，清教徒起初前往之處是新英格蘭，不是維吉尼亞，而維吉尼亞才是英國在今天

的美國的土地上的第一個殖民地。所以，清教徒建立美國這個說法是日後逐漸形成的政治神話，許多人，尤其是南方人，恐怕不會認同這個說法。這是一個美國多重起源的例子。另一個例子是《紐約時報》在二〇一九年時所推動的「一六一九計畫」，刊載了一系列的文章從非裔美國人的角度來論述和討論美國的歷史與社會文化，試圖提出一個新的起源論述。這個論述是非常傾向南方的，但這也只是美國眾多起源中的一個。如果要說這個偌大的美國有個共同的起源，無論是清教徒、奴隸、貿易、土地，那必會是個政治神話，因為這樣的共同起源本來就不存在，而是多元並進的。

美國建國時的十三個州都有各自的起源故事，本書的第一部分便從不同區域的角度闡述了各自不同的起源故事。第二部分則探討這些原先的區域文化如何在美國革命的過程中經過衝突與妥協，最終建立了美利堅合眾國。第三部分則是以建國初期的美國為起點，闡述在美國向西擴張的過程中，原先的這些區域文化如何西進，並爭取在新的領土上的主導權。第四部分處理的是美國在領土上擴張完成後，在內部所發生的不同區域文化之間的衝突與轉型。藉由這四個階段的論述，完整地呈現這些區域文化如何建構了今天的美國。

一個值得注意之處是，在文中為了敘述方便，作者用了很多詞彙，例如：「阿帕拉契人」、「洋基人」、「新尼德蘭人」等等來統稱住在這些區域中的人，就好像這些人都是一群群意念一貫的群體似的。但除了「洋基人」外，這樣的詞彙在美國生活的文化中其實並不存在。洋基一詞在美國通常是南方人對北方人的稱

呼，像台灣很多人所熟知的紐約市的職棒球隊就叫「洋基隊」。除此之外，比較常見的這種區域性的對群體的稱呼還包含了「南方人」、「中西部人」、「西部人」等等。不過，由於作者對於這些區域文化做出了更細緻的劃分，讓這些名稱在這本書中失去了意義。作者也因此提出了這些新的詞彙。但這些統稱式的詞彙背後的預設是值得進一步挑戰的。的確，伍達德所描繪的這些區域文化在該區域中有主導的地位，但不代表這樣的同質性是理所當然而不能挑戰的。

伍達德的文筆精煉，論理清晰，觀點也有獨到之處。一般專業歷史學家的著作強調詳盡的考證，梳理歷史事件的理路，藉此說出一個個信實又流暢的故事。記者出身的伍達德，筆鋒下則有更多的論理與批判。他所思考的不僅是過去發生了什麼事，更是過去發生的事情如何幫助我們理解當下的世界並展望未來。

不過也因為伍達德的這個風格，有些評論者認為他書中的論點讓人眼睛為之一亮，也頗具說服力，但有時會在細節上出現一些問題。以筆者比較熟悉的兩個課題，美國早期史以及耶穌基督後期聖徒教會的歷史為例：作者在第十二章中提到「在任何地方，婦女和黑人都不被允許投票或擔任公職」，但事實上在一七七六年紐澤西州的憲法中，有財產的婦女是可以投票的。甚至到了一七九〇年，紐澤西州還修訂法律，用「他或她」來指涉可以投票的選民，進一步確認了當時婦女的投票權。在第十五章中，作者說耶穌基督後期聖徒教會的創始人小約瑟斯密「聲稱在紐約曼徹斯特的山坡上找到了一套金頁片（他禁止其他人察看），他說上面（以只有他能懂的語言）透露出耶穌將在密蘇里的獨立市

再度降臨」。這些摩爾門教徒後來確實是接收到指示要在獨立市聚集，當時他們也確實認為密蘇里州是耶穌第二次來臨會出現的地方。但是那不是在金頁片上看到的。

　　這兩個例子說明了作者有時會在基本事實上發生一些錯誤，但整體而言確實瑕不掩瑜。因為作者所提出來的以區域文化來重新審視美國的視野不但新穎，而且非常管用。這個視野符合許多知識分子對於美國的觀察，也常常讓人有恍然大悟之感。讓讀者在看待美國時不再像那些摸象的盲人，而能跳脫出來從更多元、也更具整體性的角度來重新認識美國的文化。

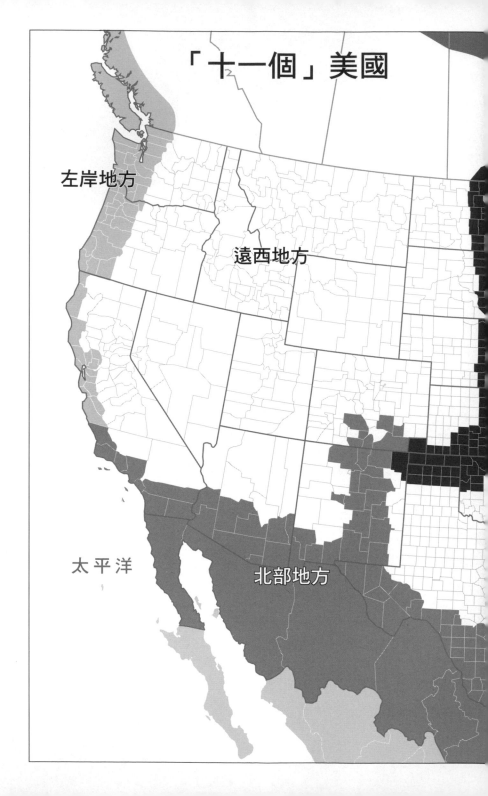

「十一個」美國

左岸地方

遠西地方

北部地方

太平洋

第一國度

中部地方

新法蘭西

洋基之國

洋基之國

新尼德蘭

中部地方

大阿帕拉契

潮水地方

深南地方

大西洋

新法蘭西

西屬加勒比海
的一部分

達州

威斯康辛州

密西根州

紐約州

新罕布夏州

佛蒙特州

緬因州

麻薩諸塞州

羅德島州

康乃狄克州

紐澤西州

德拉瓦州

馬里蘭州

西維吉尼亞州

華州

伊利諾州

印第安
納州

俄亥俄州

賓夕法尼亞州

密蘇里州

肯塔基州

維吉尼亞州

阿肯色州

田納西州

北卡羅來納州

南卡羅來納州

密西西
比州

阿拉巴馬州

喬治亞州

路易斯安那州

佛羅里達州

# 序章

　　二〇一〇年八月二十八日，電視名嘴葛倫・貝克（Glenn Beck）在豔陽高照下舉辦了一場集會①，當天是馬丁・路德・金恩（Martin Luther King Jr）著名演說〈我有一個夢〉四十七週年紀念日，貝克站在林肯紀念堂的梯階上，即金恩牧師曾經駐足之處，面對圍繞著倒影池的群眾，其中大多為中年白人。他揶揄道：「老實說，我們國家目前的狀態跟我的體態差不多，這可不太妙。」他說道：「我們正在分裂，但是我們可以透過價值觀和精神原則團結起來。我們必須再次把它們找回來。」

　　每到危機時刻，同樣言論便會不斷出現，美國人之所以分裂，是因為背棄了這個國家成立的核心精神原則，即貝克先生口中「秉信上天旨意」以及「人可以自理」，而美國如果要重新團結，就必須回歸到這些共同價值觀。二十、二十一世紀的兩次世紀之交時，美國社會都因為大量移民湧入而天翻地覆，知識分子警告美國即將失去兩項公認是美國團結基礎的特質，也就是「盎格魯－撒克遜新教」（Anglo-Protestant）文化，以及隨之而來的「美國信仰」。經歷一九六〇年代的動盪後，歐文・克里斯托

① 譯注：即二〇一〇年的「重建榮耀大遊行」（Restoring Honor rally），吸引成千上萬群眾前往。

（Irving Kristol）等保守派嚴正譴責自由派知識分子、慈善家和社會工作者，指控他們背棄美國傳統資本主義價值，偏好烏托邦式的社會工程。自由派激烈地辯護，說明這些社會工程是為了推廣共享的國家精神原則，如平等、正義，以及不受迫害的自由。二〇〇八年時，美國分裂為紅州和藍州，時任總統候選人巴拉克·歐巴馬（Barack Obama）誓言「打擊擴散恐懼、懷疑與憤世嫉俗氛圍的政治」，傳遞希望，據說就是這種情懷讓美國人當初起而反抗英國、成功擊退納粹，並且壓制南方的種族隔離。「我們選擇希望而非恐懼，」歐巴馬在愛荷華黨團會議前說，「我們選擇團結而非分裂。」[1]

　　但這類呼籲團結的訴求忽視了一項重要史實：美國人的分裂早在詹姆士鎮（Jamestown）和普利茅斯（Plymouth）時期就出現了。墾殖北美殖民地的人分別來自大不列顛群島各個地區，以及法國、荷蘭和西班牙，他們有著各自的宗教信仰、政治理念和民族特質。整個殖民時期，他們視彼此為競爭對手，互相爭奪土地、墾民和資本。有時他們也彼此為敵，例如英國內戰時期，保王派的維吉尼亞與信奉清教的麻薩諸塞相互對抗，或是當初新尼德蘭和新法蘭西被說英語的士兵、政治家和商人攻陷與占據。直到倫敦政府開始將殖民地視為一體，並且施行威脅到全體殖民地的政策，殖民地上部分各自為政的社會才短暫集結，成功革命並建立聯合政府。在約克鎮戰役[2]後的八十年間，幾乎所有聯邦成

---

② 譯注：一七八一年十月十九日，英軍不敵殖民地大陸軍，於約克鎮（Yorktown）投降。

員都曾經認真考慮過脫離，一八六〇年代時部分成員甚至為此開
戰。這些歷史長達數百年之久的文化至今依然存在，而且將與之
緊密相關的人、思想和影響擴散到北美洲特定區域。事實上，一
直以來並非只有一個美國，而是有好幾個美國。

　　試圖「重振」美國基本價值勢必會面臨更大的阻礙，因為我
們最初創立的每個文化都有自己推崇的原則，而這些原則往往互
相牴觸。十八世紀中期，北美洲的南緣與東緣已建立了八個獨立
的歐系美洲文化（Euro-American cultures）。這些文化中心地帶
在長達數個世代的時間裡各自獨立發展，鞏固了各自的價值觀、
習俗、方言和理想。有些提倡個人主義，有些推崇烏托邦式的社
會改革。有些相信由神領導眾人，有些相信良知自由與探究自
由。有些信奉盎格魯－撒克遜新教，有些提倡種族與宗教多元。
有些重視平等與民主參與，有些遵循傳統威權下的秩序。至今這
些創始理念依然以不同形式受各自文化的推崇。美國確實有開國
元勳，但並不是當初簽署《獨立宣言》以及起草最初兩部憲法的
人，而是他們的祖父、曾祖父或曾曾祖父。當國家面對挑戰時，
我們無法追溯開國元勳真正的原始意圖（original intent），因為
他們有「很多個」原始意圖（original intents）。

　　美國最重要且持久的社會分裂，不是紅州對上藍州、保守派
對上自由派、資本家對上勞動者、黑人對上白人，或是虔信者對
上非信者。我們的分裂其實根基於以下事實：（1）美國這個聯
邦的組成，包含了十一個區域文化；（2）某些區域文化彼此勢
不兩立。這些區域文化並不在乎州界或國界，他們在美加邊界和
美墨邊界引發的流血衝突，就跟他們在加州、德州、伊利諾州或

賓州引發的分歧一樣激烈。這十一個區域文化，有六個區域文化集結起來脫離了英國殖民統治，有四個區域文化被使用英語的對手征服，但並未消失，有兩個區域文化於十九世紀下半葉由來自美國各地的拓荒者在西部新建而成。上述某些區域文化具備文化多元主義特性，其他則承襲了法國、西班牙或盎格魯－撒克遜的傳統。目前幾乎沒有跡象顯示任何區域文化正在融入某種統一的美國文化，且事實正好相反，自一九六〇年以來，這些區域文化的隔閡與日俱增，造就了文化戰爭、憲法爭議，以及愈來愈頻繁的團結訴求。

　　我刻意選用「民族」一詞③來形容這些區域文化，因為當初他們同意組成聯邦國家時，早已各自展現屬於單一民族的特性。因為這項特殊歷史背景，美國人通常會混淆「國家」（state）與「民族」（nation），而且也是世界上少數將「國家位格」（statehood）與「國族屬性」（nationhood）交替使用的人。「國家」指的是有主權的政治實體，例如英國、肯亞、巴拿馬和紐西蘭，可以成為聯合國一員，並且會出現在蘭德・麥克納利地圖出版社（Rand McNally）或是國家地理學會所繪製的地圖上。「民族」指的是一群人共享（或自認為共享）文化、族裔、語言、歷史經驗、文物和符號象徵。有些民族現在沒有建國，例如庫德人、巴勒斯坦人或是魁北克法裔民族。有些民族可以控制主導自己的民族國家，這些國家通常都由他們命名，例如法國、德國、

---

③ 譯注：為反映這些民族的地理特性，在文中提及北美民族時，皆譯為「區域
　　文化」。

日本和土耳其。相反地，有許多國家（其中部分以聯邦制組成）並非由單一民族組成，例如比利時、瑞士、馬來西亞和加拿大，當然還有美國。北美的十一個區域文化都沒有建國，不過至少有兩個區域文化試圖改變現狀，且大多數區域文化在歷史上都嘗試過改變現狀。

　　本書講述這十一個區域文化的故事，並且解釋我們北美人是誰、來自何方，以及未來可能前進的方向。

✳

　　本書揭櫫了北美十一個區域文化的歷史，從它們各自成立的時刻，以及它們如今在加拿大、墨西哥與美國等三個北美聯邦的景況。書中將描述這些區域文化的衝突如何形塑美國革命、邦聯條例、美國憲法，以及美國早期所面臨的一連串激烈公民起義運動。每位美國人都知道曾經有一場區域的重大衝突，即美國內戰，但其實這早就發生過（阿帕拉契與新英格蘭在革命後的數十年間就有脫離聯邦的想法），而且嚴格說來美國內戰也並非只有兩個陣營參戰。事實上，美國內戰涵蓋了六個區域文化，它們為了美國西部的未來，展開一場小步舞曲般複雜又緊湊的外交競爭。此外，北墨西哥人（包含當初建立美國西南緣文化的族群）數百年來自認與理論上是他們同胞的墨西哥中南部人不同，他們曾多次參與脫離聯邦的計畫，例如一八三六年的德克薩斯革命（Texas Revolution）。再者，加拿大英語母語者始終想不透自己的身分認同為何如此薄弱，其實這一點都不意外，因為加拿大的聯邦組成包含非常強勢的魁北克法裔民族、遙遠北方的原住民

族，以及四個以英語為母語的北美區域文化，其文化核心位於美國，並且向北拓展至加拿大。

　　讀者們，請先忽略傳統北美地圖，這些地圖將北美整齊地切分為三個聯邦，包含加拿大的十三個省和區、墨西哥的三十一州，以及美國的五十州。這些疆界大致上就和歐洲殖民勢力在劃分非洲大陸時一樣毫無根據。地圖上的線條硬生生地把文化同質地區切割開來，造成馬里蘭、奧勒岡或紐約等地內部出現嚴重文化分歧，這些州的居民常常發現他們跟鄰州有更多的共通點。請拋棄我們試圖用來分析國內政治的無意義「區域」劃分，例如「東北」、「西部」、「中西部」或是「南方」。這些區域的疆界都以它們所涵蓋的州劃分，完全忽略了北美地區真正的墾殖史和黨派對抗。北美的州、省和聯邦當然有其意義，因為政治力量是透過這些官方平台來發揮作用和表達意見。不過如果我們仔細檢視過去四百年的歷史，就會發現這些轄區全是幻象，掩蓋了真正影響這片廣大地域的勢力，即沒有建州與建國的十一個北美區域文化。

　　究竟是哪十一個區域文化？這些區域文化各自有哪些特色？每個區域文化控制了北美的哪些地區？又是從何而來？容我簡單介紹每個區域文化、地域範圍，以及我所採用的稱呼。

## 洋基之國（Yankeedom）

　　由激進的喀爾文派清教徒在麻薩諸塞灣建立，他們將此地視為「新錫安」，是一座位於新英格蘭荒野中的宗教烏托邦。這個文化從一開始就十分重視教育、地方政治掌控，以及追求群體的「公益」，即使追求這個目標勢必要求個人得克己。洋基人深信

政府有能力改善人民生活,他們把政府視為全體公民的延伸,以及抵抗貪婪貴族、企業與外來勢力陰謀的堡壘。超過四百年來,洋基人試圖在地球上打造一座更完美的社會,主要透過社會工程、相對廣泛的市民政治參與,以及積極同化外來者。洋基之國創立初期大多為安穩且受過教育的移墾家庭,因此一直以來總是透露一股中產階級精神,並且相當尊重智識成就。洋基之國的宗教熱忱已經隨著時間褪去,但是依然保存渴望推動世界前進的潛在動力,以及學者有時稱為「世俗清教思想」(secular Puritanism)的道德與社會價值觀。

洋基文化從其核心新英格蘭透過墾民擴散至以下地區:紐約上州;賓夕法尼亞、俄亥俄、印第安納、伊利諾和愛荷華北方帶狀地帶;南北達科他的部分東部;往北包含密西根、威斯康辛、明尼蘇達以及加拿大東部沿海三省。從聯邦政府出現的那刻起,洋基之國與深南地方就不斷爭奪控制權,陷入無止境的纏鬥。

## 新尼德蘭(New Netherland)

十七世紀的荷蘭殖民地,雖然曇花一現,但是他們的文化基因塑造了目前的大紐約地區,在北美洲留下深遠的影響。以荷蘭地名命名的新阿姆斯特丹(New Amsterdam),從建立初期就開始推行全球貿易,特色為多族裔、多宗教、投機性強、追求物質、重商並崇尚自由貿易。這座眾聲喧譁的城邦並非全然民主,也從來沒被單一族裔或宗教群體完全主導。新尼德蘭也扶植了當時歐洲各國眼中具有煽動性的兩項荷蘭創新觀念:對多元性的高度包容,以及對探索自由的堅定承諾。這些信念透過制憲大會強

加給其他區域文化，以《權利法案》的形式在美國傳承下來。

　　新尼德蘭在一六六四年被英國擊敗，但至今仍保留其基本價值觀和社會架構，也早已取代阿姆斯特丹，成為西方商業、金融與出版的世界樞紐。過去數百年來新尼德蘭的地域縮減，原本南部的德拉瓦和紐澤西南部被納入中部地方，原本北部的阿爾巴尼以及哈德遜河谷上游則納入洋基之國。如今新尼德蘭包含紐約五大區、哈德遜河谷下游、紐澤西北部、長島西部以及康乃狄克西南部（此地洋基球迷遠多於紅襪球迷）。身為國際商業中心，新尼德蘭一直以來都是迎接移民的最前線，因此成為北美人口最密集的地區。本書撰寫當下，新尼德蘭人口數達一千九百萬，高出歐洲許多國家，新尼德蘭對北美地區的媒體、出版、時尚、學術以及經濟生活也產生極為深遠的影響。

## 中部地方（The Midlands）

　　中部地方可說是「最美國」的區域文化，由英國貴格會信徒建立，他們張開雙臂歡迎其他區域文化與宗教的族群來到他們建於德拉瓦灣的烏托邦殖民地。中部地方懷抱多元主義，並且由中產階級組成，因此催生了「中部美國以及心臟地帶」④的文化，其特色為不重視意識形態與種族純正，視政府為干擾，此地的政治意見通常相當溫和，甚至可以說是冷漠。一七七五年時，中部地方是英屬北美殖民地唯一不是以英國人為主要人口的地區。一直以來中部地方都如同一幅族裔馬賽克，自十七世紀末期以來，

④ 譯注：指美國大部分鄉村與郊區的文化狀態和區域特徵。

最大的人口組成就是德裔後代，而非盎格魯－撒克遜人。中部人跟洋基人一樣，相信社會旨在推動大眾福祉，但他們同時也極度不信任由上而下的政府干預，因為他們許多人的祖先正是從歐洲暴政中逃出來的。一直以來被視為「標準美國腔」的口音就是源自中部地方，這個地方也是美國政治的風向儀，從廢除奴隸制度到二〇〇八年總統大選，中部地方在每次的全國性辯論都是關鍵的「搖擺票」。

中部地方的文化核心位於賓州東南部、紐澤西南部、德拉瓦北部和馬里蘭，並且延伸到大部分的美國心臟地帶，包含俄亥俄中部、印第安納、伊利諾、密蘇里北部、愛荷華大部分地區，以及南達科他、內布拉斯加和堪薩斯較不乾旱的東部地區。中部地方也涵蓋兩個重要的「邊界城市」，包含與洋基之國重疊的芝加哥，以及與大阿帕拉契重疊的聖路易。中部地方也擴及加拿大的安大略省南部，因為許多中部地方居民在美國革命後移民至此，形成加拿大英語區的核心。中部地方雖然不太了解自己的區域文化身分，但是對北美政治卻發揮巨大的調節力量，因為中部地方並不全盤接受其他區域文化的激進議程。

## 潮水地方（Tidewater）

潮水地方在殖民時期與共和國早期是最強大的區域文化，一直以來都是徹頭徹尾的保守地區，重視權威與傳統，輕視平等或公眾參與政治。這樣的態度並不令人意外，畢竟潮水地方是由英國南部仕紳家庭中非嫡長子的子嗣建立，目的就是為了複製英國鄉村的半封建莊園社會，其中經濟、政治和社會事務都由地主貴

族掌控且為他們服務。這群自封「騎士階級」的殖民地創始人成功達成目的,將維吉尼亞、馬里蘭、德拉瓦南部和北卡羅來納東北部的低地打造成鄉村仕紳的天堂,由契約僕役擔任農民,後來則由奴隸取代。

　　潮水地方的菁英在美國建國過程中發揮了極大影響力,帶來許多憲法中的貴族元素,例如「選舉人團」和「參議院」,過去其成員皆由民意代表指派,而非由選民決定。但潮水地方的勢力在一八三〇至四〇年代衰落,在重要國家政治事務上,潮水地方菁英普遍追隨後來崛起的深南地方農園主。如今潮水地方正在走下坡,其影響力、文化凝聚力和區域面積迅速倒向鄰近的中部地方。潮水地方的衰敗其實跟地理因素有關,他們被競爭對手擋著,無法越過阿帕拉契山脈。

## 大阿帕拉契(Greater Appalachia)

　　建立於十八世紀初期,大量粗暴好戰的墾民蜂擁而至,他們來自飽受戰爭蹂躪的邊境地帶,包含北愛爾蘭、英格蘭北部以及蘇格蘭低地。他們被作家、記者、導演和電視製作人嘲諷為「紅脖子」、「鄉巴佬」或「白垃圾」。⑤這些排外的蘇格蘭-愛爾蘭

---

⑤ 譯注:紅脖子(rednecks)、鄉巴佬(hillbillies或crackers)、白垃圾(white trash)均為貶義詞,用來描述美國特定白人群體,通常指低社經地位、來自鄉村或特定文化特徵。紅脖子原指因農場工作而脖子曬紅的白人,後泛指南方鄉村貧困白人。鄉巴佬通常指居住於偏遠山區如阿帕拉契和奧沙克山的人,含有落後和未受教育的貶義。鄉巴佬最初指美國革命前南方鄉下地方的蘇格蘭-愛爾蘭人,也用來形容南方鄉村的貧困白人。白垃圾用來指社會地位低下,行為和外表不符合社區標準的白人。

人、蘇格蘭人以及來自英格蘭北部邊境的人蔓延到南部高地，並進入俄亥俄、印第安納和伊利諾的南部地區；阿肯色和密蘇里的奧沙克地區；奧克拉荷馬東部三分之二的地區，以及德克薩斯山鄉，他們在此地的遷徙過程中與印第安人、墨西哥人和洋基人發生衝突。

　　這個族群的文化誕生於大不列顛群島幾乎不間斷的戰亂與動盪，養成了戰士品德以及對個人自由和主權的強烈追求。這些北美邊境居民（Borderlanders）對貴族和社會改革者都抱持強烈的懷疑，因此他們鄙視洋基之國的導師、潮水地方的領主和深南地方的貴族。內戰期間，該地區大部分都為聯邦而戰，某些地方則出現了分離運動，包含維吉尼亞西部（因而建立西維吉尼亞）、田納西東部和阿拉巴馬北部。在重建時期（Reconstruction），該地區反對洋基人解放非洲奴隸，轉而投靠過去的敵人，與潮水地方和深南地方狄克西（Dixie）低地的領主結成長久的聯盟。邊境居民的好鬥文化對美國的軍隊貢獻良多，帶來了安德魯・傑克遜、大衛・克羅克特和道格拉斯・麥克阿瑟等軍官，以及在阿富汗和伊拉克作戰的士兵。他們也為北美帶來了藍草音樂、鄉村音樂、全美房車賽和福音基要主義。大阿帕拉契的居民長期以來對自身文化起源缺乏認識，一位研究蘇格蘭－愛爾蘭人的學者稱他們為「佚名民族」（the people with no name）。當人口普查人員請阿帕拉契人回答自己的國籍或種族時，他們幾乎總是回答「美國人」，甚至是「美國原住民」。[2]

## 深南地方（The Deep South）

　　由巴貝多奴隸主建立的西印度式奴隸社會，這種制度殘酷和專制到了極致，甚至連十七世紀他們在英國的同胞都感到震驚。該地區在美國歷史中幾乎始終堅守白人至上主義、貴族特權和以古代奴隸國家為藍本的古典共和主義，民主是少數人的特權，奴役才是大多數人的命運。深南地方仍然是最不民主的區域文化，這裡一黨獨大，種族仍然是左右一個人政治立場的關鍵要素。

　　深南地方始自查爾斯頓（Charleston）的灘頭陣地，在整個南部低地散播種族隔離和威權主義，最終遍及南卡羅來納、喬治亞、阿拉巴馬、密西西比、佛羅里達和路易斯安那的大部分地區；田納西西部；以及北卡羅來納、阿肯色和德州東南部。深南地方的擴張野心在拉美地區受挫，因此在一八六〇年代試圖建立自己的民族國家，當時深南地方在潮水地方和阿帕拉契部分地區盟友不情願的支持下，把美國拖入了一場可怕的戰爭。深南地方在成功抵抗由洋基人領導的占領行動後，成為捍衛州權、支持種族隔離以及鬆綁勞工和環境法規的重鎮。此地也是非裔美國文化的源頭，在被迫允許黑人投票四十年後，他們在種族議題上依然意見分歧。一八七〇年代，為了聯邦的未來，深南地方與阿帕拉契和潮水地方結成不穩定的「狄克西」聯盟，與洋基之國、左岸地方和新尼德蘭陷入一場史詩般的爭鬥。

## 新法蘭西（New France）

　　新法蘭西是民族主義最興盛的區域文化，魁北克省就是其中

一個待建的民族國家。新法蘭西文化創立於十七世紀初期，融合
了法國北部農民的舊制民風，以及他們在北美東北部遇到的原住
民傳統和價值觀。新法蘭西人務實、平等，以共識為導向，在最
近的民意調查結果顯示為北美最自由的區域文化。新法蘭西人長
期受到英國領主壓迫，自二十世紀中葉以來，他們將自己的許多
精神傳遞給加拿大聯邦，塑造出目前加拿大珍視多元文化主義和
透過談判達成共識的文化。他們間接導致第一國度的重新崛起，
這可說是最古老或最新的區域文化，取決於讀者的觀點。[3]

　　新法蘭西如今包含加拿大魁北克的下方三分之一、新布倫
瑞克北部與東北部，以及路易斯安那南部的阿卡迪亞飛地地區
（Acadian enclaves），也稱為「卡津」（Cajun）。（紐奧良是新法
蘭西和深南地方的邊界城市，融合了兩個區域文化的元素。）新
法蘭西是最有可能建國的區域文化，不過首先必須與第一國度居
民就魁北克進行分割談判。

## 北部地方（El Norte）

　　最古老的歐系美洲區域文化，其歷史可追溯到十六世紀
末，當時西班牙帝國建立了蒙特雷（Monterrey）、薩爾蒂約
（Saltillo）和其他北方前哨基地。如今，這個復興的區域文化
從美墨邊境四周擴展了一百英里以上的範圍，涵蓋德州南部和
西部、加州南部和帝王谷（Imperial Valley）、亞利桑那南部、
新墨西哥的大部分地區和科羅拉多的部分地區，以及墨西哥的
塔毛利帕斯（Tamaulipas）、新萊昂（Nuevo León）、哥瓦維拉
（Coahuila）、奇瓦瓦（Chihuahua）、索諾拉（Sonora）和下加利

福尼亞（Baja California）。北部地方人口絕大部分為拉美裔，長
期以來一直是英屬美洲和西屬美洲的混合體，其經濟更依賴美國
而非墨西哥城。

　　大多數美國人都清楚認知到美國南部邊境地區自成一格，由
拉美裔的語言、文化和社會規範主導。但很少人知道在墨西哥人
眼中，墨西哥北部邊境各州的族群過度受到美國文化感染。相較
於墨西哥人口稠密核心地區的階級社會，墨西哥北部的「北方
人」（Norteños）更獨立、自給自足、適應力強、重視工作，因
此為人稱道。墨西哥北部各州長期以來一直是民主改革和革命精
神的泉源，在歷史、文化、經濟和美食上，他們與美國西南邊陲
地區拉美裔的共同點比與墨西哥其他地區來得更多。美墨邊界兩
側的邊境地區實際上都屬於單一的北部地方文化。[4]

　　如今，分割北部地方的邊界日益軍事化，某種程度上近似於
冷戰期間的德國，兩個享有共同文化的民族被堵高牆隔開。許多
北方人不顧華盛頓特區和墨西哥城當權者的期望，傾向聯合起
來建立自己的民族國家。來自新墨西哥大學的查爾斯・楚西尤
（Charles Truxillo）教授專門研究墨裔美國人（Chicano），他預測
這個主權國家在二十一世紀末將成真。他甚至已經想好國名，名
為「北方共和國」（La República del Norte）。無論心懷何種民族
國家抱負，北部地方都將在美國境內愈來愈有影響力，根據美國
民調機構皮尤研究中心（Pew Research Center）的預測，到二〇
五〇年時，自認是拉美裔的美國人口比例將達到百分之二十九，
比二〇〇五年多一倍以上。這個人口增長大多落在北部地方，這
裡的主要人口原本就是拉美裔，也因此將會提升該地區對美國各

州與全國的政治影響力。墨西哥作家卡洛斯・富恩特斯（Carlos Fuentes）曾預測邊陲地區將會形成融合且相互依存的文化，前提是保持包容的態度，「我一直說這是道疤痕，不是道邊界。我們不希望傷口綻開，而是癒合。」5

## 左岸地方（The Left Coast）

左岸地方形似長條狀的智利，位處太平洋與喀斯喀特山脈（Cascade）和海岸山脈間，從蒙特雷、加利福尼亞，一路延伸到阿拉斯加的朱諾（Juneau），途經四個明顯支持進步價值的大都市：舊金山、波特蘭、西雅圖和溫哥華。左岸地方氣候濕潤，擁有令人讚嘆的自然美景。此地最初由兩群人殖民：一群是來自新英格蘭的商人、傳教士和樵夫（他們由海路抵達並控制城鎮），另一群則是來自大阿帕拉契的農民、探勘者和毛皮商人（他們以馬車抵達並掌控鄉村）。最初洋基人預定將左岸地方打造為「太平洋側的新英格蘭」，並在此傳教，因而最終左岸地方保留了強烈的新英格蘭智識主義和理想主義的風格，卻又同時推崇個人成就。

如今左岸地方結合了良好政府和社會改革的洋基信念，以及對個人自我探索的投入，事實證明這種組合帶來旺盛的生產力。左岸地方是現代環保運動和全球資訊革命的發源地（這裡是微軟、谷歌、亞馬遜、蘋果、推特和矽谷的發源地），並且和新尼德蘭共同發起了同志平權運動、和平運動與一九六〇年代的文化革命。在一九七五年的科幻小說《生態烏托邦》（Ecotopia）中，作者卡倫巴赫（Ernest Callenbach）想像左岸地方中屬於

美國的地區分裂成一個環境穩定的獨立國家，與北美的其他地區格格不入。現代分離主義運動則是試圖加入卑詩省（British Columbia）和阿拉斯加南部，建立卡斯卡迪亞（Cascadia）主權國家，打造出「生態區域合作聯邦」。左岸地方是洋基之國最親近的盟友，不斷與隔壁的遠西地方爭鬥，對抗後者所提倡的自由放任主義企業文化。

## 遠西地方（The Far West）

所有區域文化皆在某種程度上受到氣候和地理影響，只有遠西地方的環境因素真正勝過種族因素。美國西部內陸地勢高，既乾燥又偏遠，條件極其惡劣，以至於試著在此採用大阿帕拉契、中部地方或其他區域文化農業技術和生活方式的人都以失敗收場。如果不投入大量工業資源（鐵路、重型採礦設備、礦石冶煉廠、水壩和灌溉系統），就無法有效墾殖這塊廣袤的地域，只有少數地區例外。這個現象導致該區域的墾殖大多透過大型企業推行，其總部皆位在遙遠的紐約、波士頓、芝加哥或舊金山；另一個主要開發者則是握有大部分土地的聯邦政府。當地居民即使不為這些大公司工作，也倚賴鐵路來運輸貨物、人員和產品，往返於遙遠的市場和生產地。不幸的是，他們居住的地區像是個殖民地，這些人受到剝削和掠奪，只為了滿足沿海區域文化的利益。儘管在二次大戰和冷戰期間大幅工業化，但該地區仍處在半依賴狀態。遠西地方的政治階層往往會斥責聯邦政府干涉其事務（這種立場通常與深南地方一致），但同時又要求聯邦政府提供大筆經費挹注。遠西地方的政治階層很少挑戰企業主，因此後者對遠

西地方事務仍保持著跟鍍金時代（Gilded Age）⑥相當的影響力。
現今遠西地方涵蓋了西經一百度以西的所有內陸地區，從北部
地方北界到第一國度南界，包含亞利桑那北部；加利福尼亞、華
盛頓、奧勒岡內陸；加拿大卑詩、亞伯達、沙士卡其灣、曼尼托
巴和阿拉斯加大部分的地區；育空和西北地方的部分地區；達科
他地區、內布拉斯加和堪薩斯的乾燥西半部；以及愛達荷、蒙大
拿、科羅拉多、猶他與內華達的絕大部分範圍。

## 第一國度（First Nation）

第一國度跟遠西地方一樣，位處氣候惡劣的廣闊地區，包含
北方森林、苔原和極北地區的冰川。跟遠西地方不同的是，北美
原住民仍然居住於該地區，他們大多數人從未簽署放棄土地的條
約，並且仍保留自身文化習俗和知識，使他們得以按照自己的生
活方式在該地生存。原住民近年來開始重新主張自己的主權，
並且在阿拉斯加與奴納武特（Nunavut）獲得相當高程度的自主
權，另外還有一個位於格陵蘭的自治民族國家正準備從丹麥完全
獨立。同時作為一個新穎的區域文化和古老的區域文化，第一國
度有機會讓北美原住民重回地圖，在文化、政治和環境上重新出
發。第一國度正快速占領原本遠西地方北緣的大片領土：包含育
空、西北地方和拉布拉多的大部分地區；整個奴納武特與格陵
蘭；安大略、曼尼托巴、沙士卡其灣與亞伯達北方；卑詩西北部

---

⑥ 譯注：取自馬克·吐溫第一部長篇小說，意指美國內戰後資本主義快速發展
的時期。

大部分地區；以及魁北克三分之二的北部地區。

✳

　　這十一個區域文化一直藏身於我們的歷史中，肉眼清晰可見。它們的輪廓出現在語言學者的方言地圖、文化人類學者的物質文化擴散地圖、文化地理學者的宗教信仰分布圖、競選專家的政治地理圖，以及歷史學家的北美聚落地圖。加州被分成三個區域文化，從二〇〇八年各郡支持或反對同性婚姻的投票結果，我們就可以清楚看出區域文化的分界。此外，我們在俄亥俄州洋基人定居的地區在二〇〇〇和二〇〇四年選舉的郡地圖上，也清晰可見一條橫跨在紅州頂部的藍色地帶。在人口普查局的逐郡報告中，大阿帕拉契的最大血統族群分布呈現近乎完美──多數人回答自己是「美國人」的郡都住著阿帕拉契居民。二〇〇八年美國的蓋洛普（Gallup）民調詢問超過三十五萬美國人，宗教是否依然是他們生活中的重要元素，給出肯定答案的前十州都由邊境居民和（或）深南地方控制，而排名倒數十州中的八州都是由洋基之國控制，其中排名最不虔誠的是麻州和新英格蘭北部的三個州。密西西比州居民對蓋洛普問題回答「是」的可能性，是佛蒙特州人的兩倍多。二〇〇七年，受教育程度最高的州（擁有高等學位人口的百分比）是洋基之國的麻薩諸塞（百分之十六），教育程度最低的是深南地方的密西西比（百分之六點四）。位居榜首的是洋基之國的康乃狄克（排名第三）、佛蒙特（排名第六）和羅德島（排名第九）以及紐約（排名第五）；墊底的是阿帕拉契控制的阿肯色（排名四十八）和西維吉尼亞（排名四十六）。

哪些州率先加入碳交易以減少溫室氣體排放？洋基之國和左岸地方控制的州。哪些州明文禁止勞動工會？所有位於深南地方的州，以及大部分位處阿帕拉契的州。太平洋西北地區和加州北部有哪些郡投給共和黨？遠西地方的郡。哪些郡投給民主黨？左岸地方的郡。德州和新墨西哥的哪些地區壓倒性地支持民主黨？屬於北部地方的地區。區域文化連結始終勝過州與州的連結，而且幾個世紀以來一直都是如此。6

　　這些區域文化對北美歷史、政治和治理的重要性並非由我率先察覺，共和黨選戰策士凱文・菲利普（Kevin Phillips）在一九六九年就指出其中幾個區域文化的邊界和價值觀，並在其政治邪典作品《崛起的共和黨多數派》（*The Emerging Republican Majority*），就利用這些區域文化的邊界和價值觀準確預言了雷根革命。⑦一九八一年，《華盛頓郵報》編輯喬爾・加羅（Joel Garreau）撰寫了暢銷書《北美九民族》（*The Nine Nations of North America*），書中指出北美這片大陸被劃分為相互競爭的權力集團，其界線劃分與國家、州或省的邊界幾乎沒有交疊。他的區域典範主張這些北美區域文化相互競爭、相互衝突的野心將會塑造未來。但由於加羅的書是非歷史性的，僅捕捉到一瞬間，而不是探索過去，所以他無法準確辨識出這些區域文化，它們的形成過程，或它們各自的期許。

　　布朗德斯大學（Brandeis University）歷史學家費雪（David

----

⑦ 譯注：一九八〇年代的雷根革命（Reagan Revolution）提倡小政府，減少政府干預與減稅以恢復自由經濟。

Hackett Fischer）在一九八九年出版的經典著作《阿爾比恩的種子》（*Albion's Seed*）中，詳細介紹了其中四個區域文化的起源和早期演變，即我稱之為洋基之國、中部地方、潮水地方和大阿帕拉契的區域文化，並在二十年後出版的《尚普蘭之夢》（*Champlain's Dream*）中加入了新法蘭西。羅素・修托（Russell Shorto）二〇〇四年時在《世界中心的島嶼》（*The Island at the Center of the World*）描述了新尼德蘭的特徵。維吉尼亞州參議員吉姆・韋伯（Jim Webb）二〇〇五年出版的《生而戰鬥》（*Born Fighting*），實際上是在呼籲邊境居民同胞開始民族自我覺醒。而新美國基金會（New America Foundation）的麥可・林德（Michael Lind）則呼籲他的德州同胞推翻深南地方的專制統治，支持秉持進步價值、屬於阿帕拉契文化的德州山鄉（Hill Country）。過去數十年來，關於這些美國區域文化的意識一直在緩緩醞釀，本書旨在將它們傳遞至大眾視野中。

　　一旦主張北美洲應分為數個各自獨立的區域文化，勢必需要回應一項質疑：數百年前建立的區域文化，是否在數百年後依然保有其獨特性？畢竟北美洲充斥著來自世界各地的移民，也有大量內部遷徙的移民，這些數以千萬計的新移民代表著各式各樣的文化、種族和信念，想必會導致舊有的文化逐漸稀釋或消失。紐約具有荷蘭血統的人只占百分之零點二，如果主張紐約是因為當初由荷蘭人開創才有現在的獨特文化，難道不會太異想天開嗎？在最具洋基色彩的麻薩諸塞和康乃狄克中，目前人口最多的族裔

卻分別是愛爾蘭人和義大利人。或許大家會很自然地認為北美的
區域文化理當早已融合，形成一道豐盛多元的燉菜。但在接下來
的討論中我們會發現，事實並非如此。多采多姿的文化以及移居
者豐富了北美的生活樣貌，影響程度難以估量。我個人熱愛我們
土地的多樣性，我的曾祖父住在愛荷華州西部，他所屬的群體來
自丹麥菲因島（Funen），他們確實促成文化演變，但我也認知
到，他們已經受中部地方中西部的當地主流文化同化。我另外一
邊的曾祖父母是愛爾蘭天主教徒，他們在西部內陸的銅鐵礦場工
作，但是他們的孩子在遠西地方文化薰陶下長大。我曾曾曾祖母
的家人跟他們未來的姻親出逃自愛爾蘭同一個地區，但是因為他
們在魁北克礦場找到工作，所以子孫長大後都說法語，外出則穿
著原住民雪鞋。他們無疑都改變他們的所到之地（我希望是帶來
好的改變），但幾個世代後，他們已經受到周圍文化同化，而不
是反過來同化當地人。他們或許擁抱主流文化，又或許排斥主流
文化，但他們並沒有取而代之。而且與他們產生互動或文化衝突
的並非「美國文化」或「加拿大文化」，而是前述眾多的「區域
文化」。[7]

　　文化地理學家數十年前也做出相同結論。一九七三年，來
自賓州州立大學的威爾伯・澤林斯基（Wilbur Zelinsky）提出
關鍵理論，他稱之為「第一個有效定居學說」（Doctrine of First
Effective Settlement）。澤林斯基寫道：「當一塊未開發地有人移
入，或是外來者驅逐原先的人口，並在當地建立第一個可穩定發
展的社會，那麼不論這個群體人數有多麼稀少，該群體的特質對
此地未來的社會與文化地理發展，將發揮極大影響。因此，就影

響程度來看，一開始的殖民者就算只有數百甚至數十，他們對文化地理的影響遠遠大於幾個世代後才抵達的數萬新移民。」他指出大西洋海岸的殖民地就是很好的例子，哈德遜河谷下游或許已不復見荷蘭人，乞沙比克（Chesapeake）鄉間的地主貴族勢力也已凋零，但是他們的影響力卻依然存在。[8]

北美洲著名的人口遷移特性，以及促成這股移動性的交通技術，一直以來都在鞏固而非消解各區域文化的差異。在二〇〇八年出版的《大分類》（*The Big Sort*）中，記者利明璋（Bill Bishop）和社會學家羅伯‧庫辛（Robert Cushing）提出，美國人自一九七六年開始就會根據價值觀和世界觀選擇移居地。一九七六年有百分之二十六點八的選民居住在壓倒性支持特定政黨的郡（壓倒性支持定義為該政黨的勝選票高出兩成），到了二〇〇四年這個數字卻成長為百分之四十八點三。人口流動也相當顯著，光是在一九九〇年到二〇〇六年間，從藍郡（支持民主黨）遷居到紅郡（支持共和黨）的淨遷徙人口就有一千三百萬。另一方面，新移民則避開深紅郡，二〇〇四年時只有百分之五的新移民住在深紅郡，另外則有百分之二十一住在深藍郡。利明璋和庫辛沒有意識到的是，幾乎所有支持民主黨的郡都分布在洋基之國、左岸地方或北部地方，而支持共和黨的郡則落在大阿帕拉契和潮水地方，以及幾乎整個遠西地方和深南地方。（唯一例外是深南地方和潮水地方中以非裔美國人為主要人口的郡，他們都支持民主黨。）美國人選擇價值觀相近的社群時，其實也選擇了價值觀相近的區域文化。[9]

當然讀者在檢視這本書的區域文化地圖時，可能會對某個郡

或市該被劃分到哪個區域文化看法歧異。畢竟文化疆界通常並不
像政治疆界一樣明確，同個地區可能同時受到兩三種文化影響。
著名的案例包括在法德邊界的亞爾薩斯－洛林；橫跨東正教拜占
庭和伊斯蘭土耳其的伊斯坦堡；還有位在新英格蘭以及紐約大
蘋果兩個不和諧重力場間的康乃狄克州費爾菲爾德郡（Fairfield
County）。文化地理學者也認知到這個現象，並且將文化影響力
依地區劃分，首先是文化影響力湧現的核心（core），接著是文
化影響強度較弱的地域（domain），再來才是文化影響較溫和但
依然有影響力的外圈（sphere）。這些劃分會隨著時間變動，也
確實有許多例子顯示有些文化的核心地區失去優勢，導致其所代
表的區域文化也跟著消逝，例如失落的拜占庭與消失的北美切羅
基族（Cherokee）。序章前的地圖大約根據二〇一〇年的核心與
地域劃分各個區域文化界線，如果加上各個區域文化的外圈，將
會出現大幅重疊的區域，在路易斯安那南部、德克薩斯中部、魁
北克西部或是大巴爾的摩地區會同時出現多個區域文化的影響。
地圖的界線並非固定不變，這些界線過去發生過變動，未來也毫
無疑問會再隨著每個區域文化勢力的消長而改變。文化隨時在流
動。[10]

　　只要深入探查任一個地方，很可能就會發現大量少數族群組
成的群體，甚至有微民族（micronations）坐落在我所列出的區
域文化中。有人會說摩門教是在遠西地方中心的獨立民族，或是
密爾瓦基其實是困在洋基中西部的中部地方城市。可能有人會
說肯塔基藍草地區（Bluegrass）是被大阿帕拉契包圍的潮水地方
飛地，或是指出納瓦荷（Navajo）明明就在遠西地方發展出一個

區域文化。另外在加拿大東部新斯科舍省（Nova Scotia）的布雷頓角島（Cape Breton Island），以及北卡羅來納的恐怖角（Cape Fear）半島上，有著獨特的蘇格蘭高地文化。其實光是「洋基核心」緬因和麻州間的巨大文化與歷史差異就可以寫成一本書，這正是我在二〇〇四年出版的《龍蝦海岸》（*The Lobster Coast*）所探討的議題。深入探討區域文化就宛如一層一層剝開洋蔥，然而我在此並不再進一步深入分析各區域文化，因為我相信我所劃分的十一個區域文化所代表的價值觀、態度和政治傾向確實主宰了其所劃分到的地區，這樣的分析比更進一步細看區域文化更有意義。

我也刻意排除其他幾個區域文化，因為即使它們在北美洲也具影響力，其核心地區並不落在現今的美國與加拿大領土。例如具有深厚古巴文化的南佛羅里達是加勒比海西語區的金融與交通重地。位於大玻里尼西亞文化民族之中的夏威夷，本身確實曾經是一個區域文化。墨西哥中部以及中美洲當然都歸在北美地區，而且其中可找到大約六個不同區域文化，例如西班牙－阿茲特克、大馬雅、盎格魯－克里奧爾等等。甚至有學者提出相當具有說服力的論述，認為非裔美國人的文化形成克里奧爾區域文化的外圈，其核心則在海地，地域則延伸到加勒比海盆地的大部分地區和巴西。這些區域文化都非常值得探索，但是礙於現實考量，必須有所取捨。另一個例外就是華盛頓特區，這個巨大的政治競技場時常上演嗜血殘暴的區域文化鬥爭，連停車地點都會因此區分，一派支持者會固定停在潮水地方郊區，另一派則多選擇停在中部地方郊區。

　　最後我想強調一點，一個人會成為哪個區域文化的成員與基因毫無關聯，而是跟文化息息相關。[8]一個人的區域文化認同並非像髮色、膚色或瞳孔顏色一樣得自「遺傳」，而是經由童年成長經驗，或是成年後透過極大努力自願接受同化而「習得」。就連注重血統的歐洲也認同這點。匈牙利是民族主義非常盛行的國家，但一位匈牙利人的祖先可能是德裔奧地利人、猶太裔俄羅斯人、塞爾維亞人、克羅埃西亞人、斯洛伐克人，或以上任意組合，但只要他會說匈牙利語並且認同匈牙利文化，他就會跟任何「血統純正」的馬札爾人（即匈牙利主要民族，匈牙利建國者阿帕德國王的後裔）一樣，被視為堂堂正正的匈牙利人。同理，即使法國前總統薩科齊（Nicolas Sarkozy）的父親是匈牙利貴族、外公是出生於希臘的賽法迪猶太人，沒有人會因此否認他的法國人身分。[9]這也適用於北美洲的區域文化，如果你的說話方式、行為舉止和思考模式都像中部地方的人，那麼就算你的父母或祖父母來自深南地方、義大利或厄利垂亞，你大概依然會是個中部地方的人。[11]

　　接下來本書將大致依照時序分為四部分。第一部分討論重要的殖民時期，會分成數章討論最早八個具濃厚歐洲色彩的北美區

---

⑧ 作者注：有些民族會排除特定種族或宗教少數族群。在撰寫這本書的當下，德國人還在爭辯出生於德國、會說德語的穆斯林土耳其裔是否真的算「德國人」，而具有西非血統但出生於法國的人卻能輕易取得法國公民身分。

⑨ 作者注：薩科齊競選時，曾經有一位北非裔女士質疑他的血統，他的回應闡明了他對民族認同的態度：「你不是阿爾及利亞人，而是法國人。同樣地，我不是匈牙利人。」

域文化，分析其建立的背景及特質。第二部分將呈現區域文化的
鬥爭如何影響美國革命、聯邦憲法，以及共和國早期的各大重要
事件。第三部分說明各區域文化如何拓展勢力到北美洲上各自的
領土，以及區域文化間如何鬥爭以控制和定義聯邦政府，後來引
發美國內戰。最後一部分談論十九世紀末、二十世紀以及二十一
世紀初所發生的事件，包含「新」區域文化的形成、各區域文化
間的差異在移民議題中如何發酵，「美國」認同，宗教和社會改
革，外交政策與戰爭，當然還有北美大陸的政治。後記則針對未
來發展提供一些看法。

　　就讓我們開始吧。

第一部

# 追本溯源

Origins: 1590 to 1769

第一章

# 建立北部地方

　　美國人一直以來所學習到的歷史，都教導著北美的歐洲殖民是由東向西延伸，從麻薩諸塞與維吉尼亞的英軍灘頭陣地一路延伸到太平洋海岸。長達六個世代滿懷熱忱的拓荒者將他們的盎格魯－撒克遜血脈帶入荒野中，馴服大自然及她的野蠻孩子，達成他們身為「神選子民」的使命，也就是建立一個從太平洋到大西洋、由品德高尚且愛好自由的人定居的統一共和國。

　　至少十九世紀的洋基歷史學家讓我們相信這套。

　　但真相是，歐洲文化最初抵達的地點是在南方，隨著拓展新世界的西班牙帝國士兵和傳教士而來。

　　以歐洲人的觀點來看，美洲是一四九二年西班牙遠征隊發現的。相隔一個世紀後，第一批英國人才從詹姆士鎮靠岸，當時西班牙探險家早就橫越堪薩斯的平原，看過田納西的大煙山（Great Smoky Mountains），並且駐足於大峽谷邊緣（Grand Canyon）。他們的地圖上早已出現奧勒岡州和加拿大東部沿海三省，當然也包含拉丁美洲與加勒比海一帶。從加拿大的芬迪灣（Bay of Fundy，西語：Bahia Profunda）到阿根廷的火地島（Tierra del

Fuego），都已經被西班牙人命名。一五○○年初期，西班牙人在喬治亞和維吉尼亞的海岸曾短暫建立了殖民地。一五六五年，西班牙人在佛羅里達建立了聖奧古斯丁（St. Augustine），如今已成為美國最古老的歐洲城市。①到了十六世紀末，西班牙人早已在墨西哥的索諾拉與奇瓦瓦定居長達數十年，他們所建立的新墨西哥殖民地也剛過五歲生日。

　　美國最古老的歐洲次文化的確並非建立於大西洋海岸的鱈魚角（Cape Cod）或下乞沙比克（Lower Chesapeake）地區，而是在新墨西哥北部與科羅拉多南部的乾燥丘陵。西班牙裔美洲人自一五九五年起就居住在北部地方的這一地帶，至今依然堅守傳統。若將他們與十九和二十世紀才抵達這個地區的墨西哥裔美國人混而一談，他們可會大發雷霆。這些西裔美洲人的領袖對於譜系相當執著，程度可媲美五月花號的後裔，雙方都認為自己的文化必須代代相傳。一六一○年，西班牙裔建立了聖塔菲（Santa Fe）的總督府，如今已成為美國現存最古老的公共建築。一直到二十世紀，他們都還保存十七世紀的西班牙傳統、技術和宗教盛典，包括用木製犁具耕田，用簡陋的中世紀馬車運送羊毛，而且遵循中世紀的西班牙傳統，在四旬期（Lent）真的將一名信徒釘上十字架。如今現代科技已經傳入當地，釘上十字架的儀式也已經用繩索取代釘子，但是舊西班牙的印象依然留存。[1]

　　西班牙在十六世紀時領先競爭對手，因為當時的西班牙是世

---

① 作者注：不過就文化層面而言，聖奧古斯丁在數個世紀前就已經被深南地方吸收。

界強國，其富裕和強大程度使英國將其視為各地新教徒的重大威脅。確實在歐洲眾多王室中，教宗亞歷山大六世認為西班牙是「最虔誠的天主教」王室，並在一四九三年將幾乎整個西半球賜給西班牙，而當時甚至尚未發現美洲大陸。這份禮物的面積相當驚人，高達一千六百萬平方英里，比西班牙的面積大上八十倍，橫跨兩個大陸，總人口大概有上億，且某些地區已經形成高度發展的帝國。當時西班牙人口不及七百萬，卻獲得人類史上最大的贈禮，且只有一個附帶條件：教宗下令西班牙要讓整個西半球的居民改宗天主教，並且「教導他們如何讓品德變得高尚」。這項首要任務主導了西班牙在新世界的一切政策，廣泛影響美洲大陸南部三分之二地區的政治與社會制度，其中正包含北部地方。而這也讓歐洲陷入最具毀滅性的戰爭，並且在美洲引發人口學家認為歷史上最大規模的人類滅絕事件。[2]

　　歷史習慣將美洲原住民設定為一齣西方戲劇的配角或背景，歐洲和非洲後裔才是劇中主角。本書主要論述後來主導北美洲的區域文化，因此不得不採取相同視角。但是在一開始，我們必須先了解關於新世界原住民文化的幾個要點，許多美洲原住民在接觸歐洲人之前，生活品質比歐洲人高上許多，他們大多更為健康、飲食充足，生活更安全，也擁有更好的衛生條件、醫療與營養。他們的文明相當發達，大部分都從事農業活動，幾乎所有人都參與串連起整塊大陸的貿易網絡，有些文明甚至建立了繁忙的城市中心。西班牙人在新墨西哥遇到的普布羅印第安人（Pueblo）並非石器時代的採集獵人，他們其實住在高達五層樓、附有地下室與陽台的住宅，圍繞著寬廣的市集廣場。位於墨西哥中部的阿

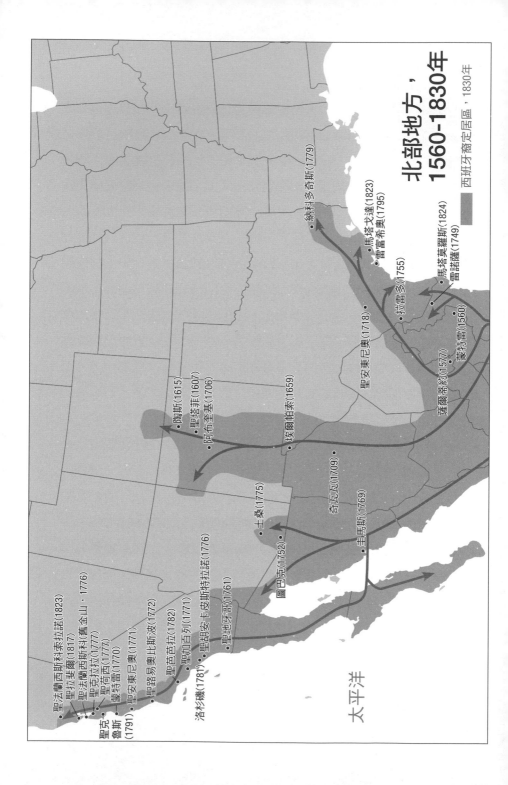

北部地方，
1560-1830年

西班牙裔定居區，1830年

太平洋

納科多奇斯(1779)

馬塔戈達(1823)
雷富希奧(1795)
馬塔莫羅斯(1824)
雷諾薩(1749)
拉雷多(1755)
蒙特雷(1560)

聖安東尼奧(1718)
薩爾蒂略(1577)

陶斯(1615)
聖塔菲(1607)
阿布奎基(1706)

埃爾帕索(1659)

奇瓦瓦(1709)

土桑(1775)

圭馬斯(1769)

圖巴克(1752)

聖法蘭西斯科索拉諾(1823)
聖拉斐爾
聖法蘭西斯科(舊金山，1776)
聖克拉拉(1777)
聖克 聖荷西(1777)
魯斯 蒙特雷(1770)
(1791) 聖安東尼奧(1771)
聖路易斯奧比斯波(1772)
聖芭芭拉(1782)
聖加百列(1771)
聖胡安卡皮斯特拉諾(1776)
洛杉磯(1781)
聖地牙哥(1761)

茲特克帝國首都特諾奇提特蘭（Tenochtitlan）是當時世界最大的首都之一，人口高達二十萬人，具備石製水道橋組成的公用水利系統，以及比西班牙更華美的宮殿和神殿。當時美洲大陸人口占據世界五分之一，墨西哥中部有二千五百萬居民，也是當時地球人口最密集的區域。[3]

　　但是到了一六三〇年，隨著歐洲人帶來的流行病與戰爭，美洲人口削減了八到九成。從緬因的森林到祕魯的叢林，印第安人聚落屍橫遍野，因為沒有足夠的倖存者能埋葬死者。多數歐洲人將這些瘟疫視為上天對他們侵略行為的背書，西班牙士兵卡斯蒂略（Bernal Díaz del Castillo）的反應說明了一切，這位協助侵略阿茲特克與馬雅帝國的老兵回憶時提到：「當天主教徒在戰爭中短缺人手時，上帝就把天花傳給了印第安人。」[4]

　　阿茲特克與馬雅帝國的迅速滅亡，加上後來發現的金礦和滿山遍野的銀礦，讓西班牙國王確實相信上帝不只眷顧他們，還希望他們繼續建造先知口中所說，會帶來審判日的「共主王朝」（universal monarchy）。十六世紀末，西班牙國王菲利普二世利用自美洲湧入的大筆財富，建造出堅不可摧的軍隊與龐大艦隊，用以攻掠清教徒控制的歐洲地區。菲利普二世的軍隊與艦隊一登場，歐洲就陷入長達近一百年的宗教戰爭，重挫了西班牙的財政並造成數百萬人死亡。在戰爭中，菲利普二世的兒子菲利普三世聽人言世界末日將近，因此他必須征服突厥人並且進攻「非洲、亞洲、加爾各答、中國、日本及所有鄰近島嶼，在他們攻過來之前制服他們。」[5]歷史證明了這是十分糟糕的建言。一六四八年時，三十年戰爭（Thirty Years' War）接近尾聲，此時新教徒勢

力到達前所未有的顛峰，西班牙則已衰落且負債累累，影響力日趨下降。

但這一切到底跟北部地方有何關係？

首先，西班牙人因為帶頭進行摧毀新教改革的運動，因此造成英格蘭人、蘇格蘭人和荷蘭人對西班牙人的宿怨，這些人視西班牙人為墮落且無思辨能力的梵諦岡傀儡，協助推動奴役世界的陰謀。反西班牙的情緒如病毒般擴散，深植於洋基之國、阿帕拉契、潮水地方與深南地方的文化中。十九世紀時，這個氛圍會以極端的形式降臨至北部地方，背後有維多利亞時代的種族混雜思想支持，導致現今依然可見的反墨西哥種族歧視。

再者，西班牙帝國的精力和資源幾乎都消耗在消滅歐洲新教徒上，因此無力支持西班牙的美洲帝國向北擴張。因此西班牙在北部地方的殖民地，特別是新墨西哥、德克薩斯、上加利福尼亞和索諾拉北部這些地區，人力不足、缺乏補給，就算以西班牙殖民的標準來說都還是極度貧窮。因為請不起神父證婚，許多虔誠的天主教徒生活在罪惡之中。因為沒有學校，識字人口極低。到了一七七八年，北部地方最知名的殖民地聚落聖安東尼奧（San Antonio）依然是座貧困小鎮，總督甚至別無選擇，不得不住在牢房裡。身為殖民地的北部地方隸屬於一個遙遠且逐漸崩解的帝國，這片無人看管的邊陲地區如此過了長達二百五十年。因為長期隔離於其他歐洲文化，這裡後來發展出自己獨特的文化，與墨西哥中部文化截然不同。[6]

第三點，當西班牙人抵達北部地方時，帝國的宗教計畫已經成為殖民政策的核心。帝國的計畫是透過讓美洲原住民改信天主

教，與西班牙文化同化，並且透過管理特定殖民地的神父來監督
原住民的信仰、工作、服儀和行為舉止。跟英國人相比，西班牙
統治印第安人的手段偏向啟蒙，至少理論上是如此。美洲原住
民被視為次等人，但這並不是基於種族，而是因為他們的文化
習俗。西班牙人稱原住民為「無理性之人」（gente sin razón），
但是又認為可以教化，使他們用十年左右的時間成為「理性之
人」（gente de razón）。在訓練期間，原住民被稱為「新皈依者」
（neophytes），他們的生活受到全面監控。當然，這必須耗費極
大的心力。佈道所必須遍布邊疆地帶，每個地區都必須自給自足
且配有一座教堂；要提供舒適居所給傳教士居住；要有一座管理
得宜的軍事哨站確保當地紀律；要有讓新皈依者學習技藝的製革
廠、工坊、窯和磨坊；要有男女生宿舍、馬廄、穀倉，以及安置
馬匹、騾子和牲畜的外屋。傳教士會保護新皈依者不受貪婪的墾
民或凶惡的印第安人攻擊，並且在日落後將七歲以上的女性深鎖
在營房，以免遭駐紮當地的士兵強暴。當他們判定新皈依者成功
內化天主信仰、西班牙工作方式和西班牙語，佈道所就歸他們所
管，傳教士則繼續前往其他拓荒地監督新的傳教任務。至少當初
規劃是如此。[7]

　　這種相對較為包容印第安人的態度，反映在西班牙新世界殖
民地的獨特種族人口組成上。西班牙帝國從來沒有大量的女性殖
民者，因此西班牙士兵與官員娶阿茲特克女性為妻，產下有印第
安血統和西班牙血統的混血兒，稱為「麥士蒂索人」（mestizos）。
一七〇〇年代初期，麥士蒂索人成為現今墨西哥領土與北部地方
一帶的主要人口。[8]西班牙統治的地區出現種姓制度，其中由純

種白人掌握最高政治權力，但是這個制度漸漸在新世界崩解，特別是在帝國的北方疆界，因為這裡幾乎每個人都有非白人血統。這些殖民地領袖因為自己有印第安人血統，所以並不願意以種族名義歧視印第安人。

　　若當初這種社會改造工程有所斬獲，北部地方很可能早已將其麥士蒂索社會拓展到現今的美國西部，甚至累積足夠的力量維持自己在當地的霸權，與政敵相抗衡。但西班牙人的計畫並未如願，使得北部地方的文化影響力僅限於一片緊鄰新西班牙的狹長地帶，即從加州一路延伸到巴拿馬地峽且人口眾多的西班牙控制地區。

　　其癥結點並非西班牙人疏於嘗試。在一五九八至一七九四年間，西班牙人至少在現今的新墨西哥一帶建立了十八個傳教據點，在德克薩斯建立了二十六個，在亞利桑那建立了八個，在上加利福尼亞建立了二十六個，這過程中的許多地點後來演變為今日的城市，包含土桑、聖安東尼奧、聖地牙哥和舊金山。[9]但是這個系統出現了許多嚴重疏漏，新皈依者獨立於西班牙文化生活之外，與傳教士一同生活反而難以用西班牙文化同化他們。事實上整個系統也導致新皈依者被虐待，他們一旦接受同化就無法改變心意，不得選擇回到原住民生活，試圖逃走的人會被追捕，並且在廣場遭受鞭刑。傳教士也用鞭笞的方式督促新皈依者參加教堂禮拜、逼他們在正確的時間點下跪，以及逼他們在農地、工坊和製革廠維持工作紀律。曾有法國旅客拜訪加利福尼亞傳教據點聖卡洛斯（San Carlos）時（即現今卡梅爾一帶）表示：「當地的一切都讓我們想起……西印度的奴隸殖民地，光談論就讓人痛苦

萬分，因為實在太相似了，我們看到男女跟著鐵和牲畜一起運送，而且鞭打的聲音一直充斥在耳中。」[10]神父們沒有支付新皈依者工資，因此很容易獲利，所以他們不太願意宣布新皈依者已經夠文明，足以接管傳教據點。當地社群也無法成長，因為營養不良、天花與梅毒的肆虐，導致死亡率高且出生率低。[11]

　　至於在傳教據點以外的北部地方，生活並未免於獨裁統治，因此使得這個區域文化更難以擴張或鞏固。

　　大多數來到北部地方的西班牙裔都是受命於帝國或教會，幾乎每個據點（不論是佈道所、堡壘還是城鎮）都是由政府遠征隊建立，形成與世隔絕且高度控管的社區。士兵、神職人員、農夫、牧場主人、工匠、僕役和牲畜都一同行動，前往他們被指派的地方，而且餘生皆必須聽命行事。一般人無法自由前往其他城鎮，且在未獲政府允許下無法開闢新農地與牧場。西班牙帝國政策禁止這些人參與製造，並且規定所有進口商品都需要由政府專賣。居住在德克薩斯的人無法從鄰近的墨西哥灣進出口貨物，而是必須以笨重的木製馬車運送貨物橫越廣袤的乾燥平原，從數百英里外的韋拉克魯斯（Veracruz）進出口貨物，因此進口商品的營業稅和運輸成本翻了四倍，阻礙經濟發展和個人創新。在整個殖民時期，北美南部省分一直都受到壓榨。[12]

　　北部地方缺乏自治政府或選舉，當地居民沒有任何管道有效參與政治。總督通常由當地軍事領袖出任，而且他們統治時完全缺乏民主機構，例如議會或立法機關。甚至在該地區的少數城鎮，例如聖塔菲、聖安東尼奧、土桑和蒙特雷，這些地方的議會都由少數人壟斷，把持在當地最富有的市民手中。這些機構大多

在一七〇〇年代末期停止運作，市政便轉而落入地方軍事官員手中。[13]

　　一般大眾必須臣服於他們的恩庇者，通常是肩負家父長制責任的菁英，他們必須照顧一般人的福祉。恩庇者提供工作機會、照顧寡婦、孤兒和弱勢，並且贊助宗教宴會與教會活動，被庇護的工人則展現服從與尊敬，這種相當於中世紀地主農奴制的制度遍布整個拉丁美洲，而且至今依然影響北部地方的社會與政治行為。[14]到一九六〇年代末期為止，政治評論家常發現北部地方的票可以像牛隻期貨一樣買賣，只要成功賄賂一個地方的恩庇者，就可以為候選人鞏固超過九成的票。一九四一年的德州參議員選舉中，林登・詹森（Lyndon B. Johnson）只打了一通電話給在地企業老闆喬治・帕爾（George Parr），就從六個北部地方的郡獲得九成的票，然而短短一年前的州長選舉中，同樣這六個郡卻有九成五的比例支持詹森的對手。一九四八年，詹森重返參議院，從帕爾所屬的郡「獲得」百分之九十九的票數，當時投票率竟高達百分之九十九點六。[15]

＊

　　北部地方繼承了新西班牙的政治體制，但同時也跟位處熱帶、人口稠密且封建的新西班牙總督區十分不同。在新西班牙乃至於後來的墨西哥，北方人都被視為適應力強、自給自足、勤勞、積極且絕不容忍暴政。確實，位於墨西哥的北方人在墨西哥革命（Mexican Revolution）和一九八〇、九〇年代對抗貪腐的革命制度黨時都扮演要角。十九世紀時，新墨西哥的北方人提議

脫離墨西哥，轉而加入加利福尼亞以及現今的內華達、亞利桑那與科羅拉多，形成民主的「北墨西哥共和國」。一八三六年時，位於德克薩斯的北方人則支持建立獨立的「德克薩斯共和國」，同時間，他們的鄰居塔毛利帕斯、新萊昂和哥瓦維拉宣布成立「格蘭特河共和國」，後來遭軍隊鎮壓，難怪墨西哥權威史學家西爾維奧・札瓦拉（Silvio Zavala）將北部地方稱為自己國家的「自由守護者」。[16]

　　這些特點全都源自北方邊界地帶的特殊環境條件，新墨西哥、德克薩斯和加利福尼亞的聚落離西班牙在美洲的文明中心都遠得要命。官方補給團提供人力、信件、工具、食物、宗教物品及其他供給，並帶走佈道所與村莊所生產的物品。以新墨西哥為例，由牛車組成的供給商隊每三到四年才抵達一次，要花費半年以上才能長途跋涉一千五百英里，從墨西哥城抵達當地。加利福尼亞與帝國其他地區的陸路連結被抱持敵意的印第安人切斷，因此他們只能完全倚賴少數政府船隻往來，需要從索諾拉太平洋沿岸的圭馬斯（Guaymas）航行一千英里以上。所有商品、人員和信件則必須透過陸路往返墨西哥城。北方所有省分都禁止與外國人交易，且只能從韋拉克魯斯港運送人員或商品到西班牙，不能使用鄰近的舊金山港或位於德克薩斯的馬塔戈達島（Matagorda）。西班牙在十九世紀初期短暫試驗了帝國下的立法機構，當時新墨西哥的代表花了幾乎整整三年的任期才抵達西班牙，而德克薩斯則連派出一位代表的費用都負擔不起。[17]北部地方的省分也無法互相支援，因為在整個殖民時期他們之間都缺乏陸路連結。這種孤立情況還不是最慘，北部地方的聚落甚至時不時遭受威脅，首

先是懷有敵意的印第安人（其實情有可原），後來則遭遇其他歐
洲勢力威脅。

　　不過這些地區的偏遠特點，使得北方人比起其他住在墨西哥
城附近的居民來說，在日常上享有相當高程度的自由，這點也形
塑了這個地區的特色。想要逃離傳教士和軍官高壓統治的西班牙
裔，只要在與世隔絕的地方或是印第安人地盤上安頓即可。文件
紀錄時有疏漏，因此不論麥士蒂索人或是具白人血統與黑人血統
的混血兒，甚至同化後的印第安人，都可以透過口頭宣誓成為官
方紀錄中的白人，藉此規避帝國的種姓制度。十八世紀中期的一
位耶穌會傳教士從索諾拉回報：「基本上所有想成為西班牙人的
都是混血兒。」北方勞工也有比較多選擇，農工可以選擇成為佃
農，讓他們脫離大地主而獲得自主權。在牧場以及傳教據點，牧
牛工人絕大部分時間待在不受監視的偏遠地方，非新皈依者的人
也可以轉換牧場尋找最優待的工作條件。事實上，就是這些獨
立、自給自足且來去自如的牧場工人，開啟了美國西部傳奇的牛
仔文化。[18]

　　鮮為人知的是，美國最具代表性的放養牛肉產業其實就源自
北部地方，而且深受西班牙文化影響。西班牙的領土由乾燥平
原、高地沙漠與地中海沿岸交錯而成，因此在地形上與北部地方
雷同。西班牙南部發展出的技術後來移植到美洲殖民地，例如讓
騎在馬上的牛仔聚集牛群和標記牛隻，在無圍欄的大牧場上趕成
群結隊的牛隻。西班牙人引進了馬、牛、綿羊和山羊到新世界，
同時帶來了畜牧所需的服裝、工具和技術，為北美洲後來出現的
牛仔文化打下基礎，包括智利牛仔文化以及美國西部的牛仔文

化。從墨西哥中部的墨西哥灣開始,這些大型牧場一路向北延伸,一七二〇年代抵達德克薩斯時,已經發展出套索、牛仔皮褲和帽緣寬大的墨西哥帽,這也是德州牛仔帽的前身。使用英語的牛仔後來也借用了其他西語詞彙,例如牛仔競技(rodeo)、美國西部野馬(bronco)、西部牛仔(英語:buckaroo,西語:vaquero)、美洲野馬(英語:mustang,西語:mesteño)、彈帶(英語:bandoleer,西語:bandolera)、牛群踐踏(英語:stampede,西語:estampida),以及牧場(英語:ranch,西語:rancho)。[19]

出人意料的是,將牛仔文化引進現今德州與加州一帶的其實是聖方濟各傳教士,因為當時牛脂與牛皮是傳教士唯一能夠運送至墨西哥其他地區並獲利的產品。人手不足下,這些傳教士訓練他們的新皈依者成為牛仔,公然違反禁止印第安人騎馬的西班牙法律。加利福尼亞總督對這項行為表達不滿,但一名傳教士回答:「不然要怎麼完成傳教任務的牛仔工作呢?」因此事實上,美國第一批牛仔其實是印第安人。[20]

十八世紀末西班牙的放牧技術逐漸受到矚目,但在此同時北方人也發現自己面臨來自北方與東方的威脅。北部地方突然有了新的歐系美洲鄰居,這些新區域文化在人力和資源上占有優勢。第一個出現的對手就是新法蘭西,他們安頓在密西西比河谷末端的紐奧良,並且散布在以法王路易十四命名的廣大省分。路易斯安那領地以外的東北方有一個由不同區域文化組成的不穩定聯邦,剛從大英帝國成功獨立,這個精神分裂且人口眾多的邦聯開始自稱為美利堅合眾國。

第二章

# 建立新法蘭西

　　一六〇四年秋天，即五月花號出發前十六年，有一群法國人即將成為第一批迎接新英格蘭冬天的歐洲人。

　　以當時的條件來看，他們的旅程是一項精心規劃的任務。七十九名男子搭乘兩艘船橫越大西洋，船上載滿了預備的零件，準備到目的地蓋好禮拜堂、鐵匠鋪、磨坊、營房和兩艘勘查船。他們沿岸審慎勘查，尋找合適的美洲前哨站，而他們所勘查的沿岸未來將成為新斯科舍、新布倫瑞克和緬因東部地區。他們最後選擇將要塞建立在一座位於緬因東緣的小島，就位在他們命名的聖克羅伊河（St. Croix）中間。這個地點看來完全符合他們的需求：小島可以輕易抵禦歐洲對手，河的對岸有充足的木材、水源和可耕作的農地。重點是當地有大量印第安人，因為他們主要透過河道進行貿易。這群法國人的領袖便決定與印第安人打好關係，打下法國在北美洲的好基礎。[1]

　　這趟遠征由一對難以想像的搭檔帶領，蒙斯領主皮埃爾·杜加（Pierre Dugua, the sieur de Mons）是名法國貴族，成長於守備森嚴的法式城堡，並曾擔任亨利四世的顧問，他的副手則是三十

四歲的塞繆爾・德・尚普蘭（Samuel de Champlain）。尚普蘭理論上是一介平民，出身自小鎮的商人家庭，但卻得以隨時觀見國王，甚至不知為何獲得了國王贈予的王室退休金與特別恩惠。（現今許多學者認為他可能是亨利四世的眾多私生子之一。）這兩位在法國是鄰居，同樣來自法國西部沿岸的聖東吉（Saintonge），兩人成長之地僅僅數英里之隔。他們故鄉的特點是擁有罕見的多元人口，而且對多元文化相當包容。他們倆都參與了法國的宗教戰爭，親身體會偏見帶來的暴行，並且都希望此生再也不要見證這種慘況。他們的共同願景就是在北美荒蕪之地打造一個包容且烏托邦式的社會，這個願景不僅形塑了新法蘭西的文化、政治和法律規範，也同樣影響了二十一世紀的加拿大。[2]

杜加的願景是形似法國鄉村的封建社會，並加以改良。如同中世紀的階級制度一樣，這個社會的伯爵、子爵和男爵統治著平民與他們的僕役。民主和平等並未出現在他的願景中，不會有民意代表團、地方政府、言論或媒體自由，平民根據上層階級和國王的指令生活，他們一直以來都如此生活，也該如此生活。不過此地還是跟法國有所不同，天主教依然是新法蘭西的官方信仰，但同時這裡也接納法國的新教徒，讓他們自由地信奉自己的宗教。平民可以打獵和捕魚，這項權利在法國並不存在，因為獵物是貴族獨有。平民在新法蘭西也可以租佃農地，而且還可能爬到較高的階級。新法蘭西絕對是保守且君主制的社會，但是比起法國更加包容，也帶來更多發展機會，不過普通殖民者將出人意料地反彈這個計畫。

尚普蘭的新法蘭西願景比杜加更加激進且長遠，他跟杜加一

樣希望在北美打造君主制且封建的社會，但他也相信需要跟美洲原住民以友善且相互尊重的聯盟方式共存，畢竟新法蘭西就位在他們的領土上。面對印第安人，之前抵達的西班牙人選擇征服和奴役他們，接下來抵達的英國人則選擇驅逐，但法國人選擇了接納。法國人刻意定居在印第安人附近，學習他們的習俗，並且以誠信、公平交易和互相尊重為基礎，建立聯盟和貿易。尚普蘭希望把基督信仰和其他法國文明帶給原住民，但他選擇的手段是說服與以身作則。他認為印第安人就跟自己的同胞一樣聰明且具有人性，並且不但可以接受跨文化通婚，甚至認為這樣比較好。這是非同凡響的理念，而且成果出乎所有人的意料。歷史學家費雪曾經很適切地稱之為「尚普蘭之夢」。[3]

這兩位法國人的理想社會一開始並不順利，絕大部分是因為他們低估了新英格蘭冬季的威力。聖克羅伊島的第一場雪在十月初降臨，十二月時河水凍結，芬迪灣的洶湧大潮粉碎了水面的冰，鋸齒浮冰充斥水道，船隻難行。被困在小島上的他們很快耗盡木柴、肉、魚和飲用水，沒有人為這樣的天寒地凍做好準備。尚普蘭回憶道：「那年冬天，我們所有的酒都結冰了，只有西班牙葡萄酒除外。大批蘋果酒被丟棄……我們被迫喝髒水和融雪。」他們勉強仰賴醃肉維生，身體缺乏維他命C，很快就開始死於壞血病。他們很可能全軍覆沒，幸好先前跟帕薩馬科迪（Passamaquoddy）部落建立了友好關係，因此在水面破冰後獲贈緊急用的鮮肉。即便如此，這個冬天依然奪去了半數殖民者的性命，殖民地的墓園充斥著被疾病摧殘的屍骸。（十九世紀時，墓園開始受到河水侵蝕，當地人便將該地稱為「骨之島」。）[4]

　　這群法國人從悲劇中學到了教訓，杜加在春天時將殖民地移到芬迪灣對岸的廣闊港口，即現今新斯科舍省的安納波利斯羅亞爾（Annapolis Royal）。羅亞爾港（Port Royal）成為新的定居地，後來也成為新法蘭西未來聚落的模範。這裡神似法國西北的一座村莊，因為那是絕大多數殖民者的故鄉。農民清理了大片土地，並且種植小麥和水果。技術高超的勞工建造了水力磨坊和給仕紳居住的舒適住所，這些仕紳出演戲劇、寫詩作，並且只有在外出野餐時才踏入田野。雖然他們人口稀少，法國來的支援抵達後總計也只有不到百人，但這群仕紳對他們的手下毫不在乎，在大量描述自身經驗的著作中，仕紳幾乎完全沒有提到他們手下的姓名。冬天時他們組成一個晚餐俱樂部，名為「享樂會」（Order of Good Cheer）。他們在饗宴上比賽，看誰能用當地獵物和海鮮做出最頂級的料理。早期抵達詹姆士鎮的殖民者拒絕嘗試陌生食物，寧可去吃餓死的鄰居。然而在羅亞爾港的仕紳卻大方享用「鴨子、大鴇、灰色和白色的鵝、山鶉、雲雀……麋鹿、美洲馴鹿、海狸、水獺、熊、兔、野貓（或山貓）、浣熊及其他野蠻人會捕捉的動物。」平民不會受邀參與這樣的宴會，他們只能嚐嚐葡萄酒以及「從法國帶來的一般配給糧食」。[5]

　　相反地，法國仕紳平等對待印第安人，邀請他們參加宴會與看劇。「他們跟我們一樣，坐在餐桌上吃喝，」尚普蘭如此描述印第安領袖，「我們很開心見到他們，而他們的缺席往往令我們感到失落。曾經有三、四次他們因為狩獵而遠行。」法國人也受邀參與米克馬克族（Mi'kmaq）慶典，活動包含演說、抽菸和跳舞，尚普蘭和他的夥伴很快就適應了這些社交習俗。一開始由

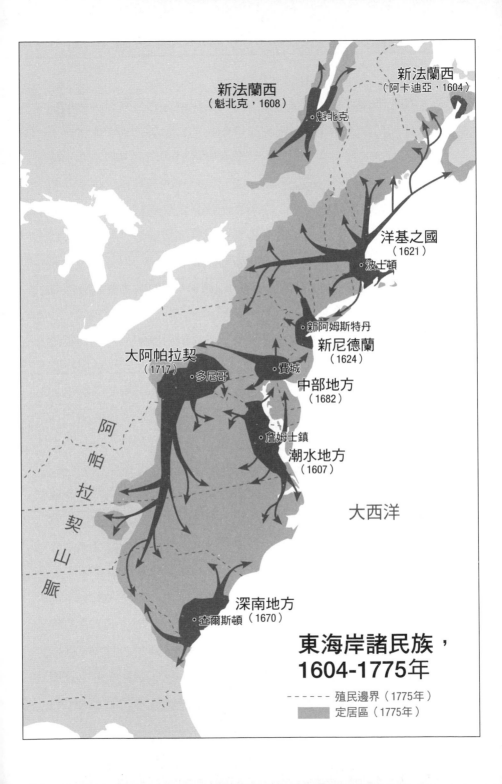

新法蘭西
（魁北克，1608）

新法蘭西
（阿卡迪亞，1604）

·魁北克

洋基之國
（1621）

·波士頓

·新阿姆斯特丹

新尼德蘭
（1624）

大阿帕拉契
（1717）

·多尼哥

·費城

中部地方
（1682）

阿
帕
拉
契
山
脈

·詹姆士鎮

潮水地方
（1607）

大西洋

深南地方
（1670）

·查爾斯頓

東海岸諸民族，
1604-1775年

----- 殖民邊界（1775年）
定居區（1775年）

杜加帶來的譯者馬修‧德‧科斯塔（Mathieu de Costa）協助他們，杜加認為這位受過教育的非裔僕人或奴隸適合來到新世界，他曾經到過米克馬克族的領土而且知曉他們的語言。但這些法國仕紳也自行學習米克馬克族語，並且將家族的三名青年送到印第安人那，學習他們的習俗、技術和語言。這些年輕仕紳學會用樺樹皮做獨木舟、腳踏雪鞋追蹤麋鹿，以及如何安靜越過森林。這些人會成為新法蘭西未來阿卡迪亞省的重要領袖（理論上這是橫跨現今加拿大東部沿海三省一帶的地區），其中兩位會成為該省總督。[6]

　　這樣的文化包容同樣展現在魁北克（尚普蘭於一六○八年建立），而且在新法蘭西隸屬法國的期間都持續存在。尚普蘭拜訪數個當地部落的村莊，出席他們的議會，甚至冒著生命危險參與對抗易洛魁族（Iroquois）的戰事。他派遣多位年輕男子前往休倫族（Huron）、尼匹辛族（Nipissing）、蒙塔納族（Montagnais）和阿爾岡昆族（Algonquin），學習他們的習俗。耶穌會傳教士同樣在一抵達新法蘭西就被上級派遣至原住民族之中生活，透過學習他們的語言來傳教。蒙塔納族在一六二八年使用同樣方式，將三名少女委託交付至未來的魁北克市一帶，讓她們「接受與法蘭西民族同樣的訓練與對待」，或許未來也直接通婚。尚普蘭十分提倡種族間通婚，他告訴蒙塔納族的領袖：「我們的年輕男子會與你們的女兒結為連理，此後我們就是同一個民族。」隨著他的步伐，魁北克的法國墾民也包容了不尋常的印第安人慣習，例如進入家裡或建物時「一言不發，不打招呼」。[7]其他法國人更進一步搬到森林裡與印第安人同住，部分原因是魁北克十七世紀絕

大部分時期都缺乏女性。他們全面採用了印第安人技術，包含獨木舟、雪鞋和種植玉米，這些都比大船、馬匹和小麥更適合新法蘭西的生活。

阿卡迪亞地區有六十戶法國農家代代都愉快地居住在芬迪灣一端，他們跟當地米克馬克族通婚的程度甚至讓一名耶穌會傳教士預言，未來這兩個族群會「混合到無法辨認」。米克馬克族就跟其他耶穌會傳教過的部落一樣，他們接納了基督信仰，但是依然繼續保有原本的宗教，對他們而言兩者並不衝突。他們認為耶穌會神父擁有一種療法，傳統薩滿巫師則有另一種療法。這種混合宗教跟阿卡迪亞農民所信奉的在地化天主教並沒有太大不同，他們的信仰中融入了接納基督信仰之前的傳統，如今路易斯安那州的卡津人後代依然保有這些傳統。在阿卡迪亞，官方勢力與監督能力相當薄弱，因此法國文化和米克馬克族便融為一體。

法國人原本預期和平地用自己的文化、宗教和封建制度同化印第安人，但最終他們自己卻被米克馬克族、帕薩馬科迪族和蒙塔納族的生活方式、技術與價值觀同化。新法蘭西確實成為一個原住民特色與法國特色並存的社會，並且最終將此特質傳承給加拿大。

印第安文化的影響也讓法國無法成功將封建制度移植到北美。自一六六三年起，路易十四的下屬就試圖讓日益帶有原住民色彩的新法蘭西屈服。太陽王希望看到的社會是由貴族瓜分土地，被束縛在土地上的平民辛勤耕田並服從上級指令。他預期這個社會中會有一個政府官僚管控平民的所有生活面向，包含他們如何稱呼彼此、各個階級如何著裝與佩帶武器，並且規範通婚、

閱讀和經濟活動。法令會限制單身男子狩獵、捕魚，甚至進入森林（以避免他們「入境隨俗」）；若有十六歲以上的女子或是二十歲以上的男子未結婚，他們的父親會被嚴懲（以利殖民地的人口成長）。聖羅倫斯河谷所有未保留給教會的可耕地都被分給出身高貴的仕紳，讓他們成為地主貴族，或是封建領主。新教徒不再受到歡迎，因為根據拉瓦爾主教方濟各（Bishop François Xavier de Laval）的說法：「讓加拿大的新教徒人口成長，就等同於在滋養革命的爆發。」[8]

　　路易十四也動用王室經費送了數千名的墾民前往新法蘭西，其中包含七百七十四名「國王的女兒」，這群年輕貧困的女子答應嫁給魁北克的殖民者，以換取一小筆金錢。[9]凡爾賽官員聘請負責招募契約僕役的人員，這些仲介以低廉的價格和三年契約將僕役賣給野心勃勃的領主。十七世紀被送到加拿大的奴工大多來自諾曼第（百分之二十）、鄰近的英吉利海峽沿岸省分（百分之六），或是巴黎周圍地帶（百分之十三），但有整整三成的人來自聖東吉以及位於比斯開灣的鄰近三個省分。來自這些地區的文化特色依然留存，例如魁北克市周邊帶有諾曼風格的石屋，或是魁北克法語中保存了法國西北一帶近代早期的古老語言特色。（阿卡迪亞地區的殖民者主要來自比斯開灣沿岸，因此這裡的口音也反映出當地特色。）其中幾乎沒有人來自法國東部或南部，因為這些地方離前往北美的港口相當遙遠。一六六〇年代的移民人數達到顛峰，絕大多數殖民者都隻身前來，三分之二為男性，要不非常年輕就是極度老邁，而且毫無農作經驗。這導致非常嚴峻的情況，一六六七年魁北克高階經濟官員塔隆（Jean Talon）

甚至請求凡爾賽不要再送來小孩、四十歲以上的人，或是任何「白痴、殘障、病患或不受控制的罪犯」，因為「他們對土地造成負擔」。[10]

　　不論這些殖民者背景為何，對他們來說在領主的土地上工作都相當辛苦，很少人在契約結束後真的成為溫順的農民。三分之二的男性僕役不顧政府反對回到了法國，因為實在受不了嚴苛的環境、跟易洛魁族的衝突，以及缺乏法國新娘。留在新法蘭西的人通常逃到荒野中討生活，他們跟印第安人交易毛皮，或是乾脆「入境隨俗」。許多人跟印第安人領袖的女兒結婚以建立聯盟，根據加拿大著名公眾知識分子約翰・索爾（John Ralston Saul）的說法，這些法國男子「高攀」了原住民。到了十七世紀末，大約三分之一的契約僕役逃進林中，而且愈來愈多出身良好的男子也追隨他們。「他們在林中生活，沒有神父或地方首長可以控制他們，」總督德農維爾的雅克－勒內（Jacques-René de Brisay de Denonville）在一六八五年時跟上級解釋，「閣下，我無法向您形容野蠻生活對這些青年產生的吸引力，他們終日無所事事、毫不受限，依循蠻族的所有習俗，完全不受教。」[11]

　　這些人在現代可被稱為「樹林冒險家」，他們是原住民社會中的第一代移民，並且被原住民部分的文化與價值觀同化。他們的後代是法國人，同時也是米克馬克人、蒙塔納人或休倫人。他們事實上形成了新的族裔群體，即梅蒂人（métis），他們跟新西班牙的麥士蒂索人不同，對他們來說原住民生活環境就跟歐洲人的聚落一樣舒適。這些冒險家十分自豪於自己的獨立自主以及高度自由的半游牧式採集狩獵生活。「我們就像凱撒一樣，沒有人

會頂撞我們。」著名冒險家皮埃爾－艾斯皮瑞特·拉迪森（Pierre-Esprit Radisson）在一六六四年發表了這番言論。其中一位新凱撒名叫聖卡斯坦的讓·文森·達巴迪（Jean Vincent d'Abbadie de Saint-Castin），他是法國男爵，曾經任職於阿卡迪亞首府潘塔戈耶堡（Fort Pentagoet），即現今緬因州的卡斯廷（Castine）。一六七四年時荷蘭海盜摧毀了堡壘，但是男爵三年後回到當地時，並未試圖重建。他反而在佩諾布斯科特人（Penobscot）的村莊中設立了交易據點，與部落領袖馬多卡萬多（Madockawando）的女兒結婚，並且用佩諾布斯科特人的方式教育自己的梅蒂人後代。他的兒子喬瑟夫和柏納後來帶領佩諾布斯科特人抵抗英國人血腥的帝國戰爭，爭奪北美的控制權，成為新英格蘭最令人望而生畏的人物。[12]

　　由於眾多勞動力選擇了印第安人的生活，領主們發現自己陷入貧困。至少有一位領主被迫親自到磨坊工作，因為他的工人受徵召入伍。還有一位領主將土地捐給女修道院，因為他老到無法親自下田工作。連聖圖爾（Saint-Ours）或維謝爾（Verchères）這樣的名門都請求路易十四支付年金，並提供支薪的職位與毛皮交易許可。德農維爾總督致信國王時提到：「必須幫助他們……維持生計，因為老實說不幫他們的話，我們貴族的小孩……只能去當強盜，不然根本活不下去。」[13]

　　同時，此地平民十分不尋常地置身於階級制度之外，甚至蔑視階級制度。蒙特婁島上的墾民任意在領主土地上狩獵捕魚，還破壞圍籬並且威脅他們的監工。阿卡迪亞農民的倔強讓十八世紀的一位殖民地官員大為光火，「我真的覺得阿卡迪亞人瘋了。他

們以為我們會讓他們成為領主嗎？」他怒道，「他們似乎很氣我們把他們當成農民一樣對待。」整個新法蘭西中，簡略的平權以及自力更生戰勝了舊世界的封建制度。法國人原本意圖同化印第安人，卻意外建立了梅蒂人社會，其中美洲原住民跟法國的核心精神和文化價值觀平起平坐。[14]

　　到了十八世紀中，新法蘭西已經幾乎完全仰賴美洲原住民來保護他們的共同社會不被入侵。羅亞爾港建立一個半世紀後，魁北克和阿卡迪亞的法國人口依然只有六萬二千人，且只有寥寥數千人居住於幅員廣大且占據絕大部分北美內陸的路易斯安那領地。然而，法國長久以來的敵人正在南部以驚人的速度擴張勢力，在潮水地方的乞沙比克和新英格蘭出現了兩個公開的新教徒社群，他們激進且生氣勃勃，而且對種族、宗教以及「蠻族」地位有截然不同的態度。他們總計有七十五萬人，另外有三十萬人居住在大西洋沿岸的英屬殖民地。[15]

　　魁北克和阿卡迪亞的領袖只能祈禱新英格蘭和潮水地方能夠始終如一：彼此敵對，而且除了來自歐洲的同一座島嶼之外，沒有其他共同點。

第三章

# 建立潮水地方

　　我們一般提到詹姆士鎮的歷史時，都會描述英氣十足的船長約翰・史密斯（John Smith）如何帶領一隊信心滿滿的冒險家，一路淘金、對抗蠻族並且引誘印第安公主。他們建造了一座堡壘，挺過嚴酷冬季，奠定「真正」美國社會的基礎：英勇、散漫，且有個性。他們前來尋找更好的生活，並且設立了新世界第一個代議制議會，替未來偉大的民主發展鋪路。

　　實際上，新世界中第一個成功保存下來的英國殖民地是場地獄般的災難，勉強算成功的一點就是最終得以倖存下來。這場由私人投資者主導的計畫，不但規劃混亂、領導無方，而且還選址失敗。明明有一大片美洲海岸任君挑選，維吉尼亞公司的高層卻選了一座低地島嶼，周圍環繞好發瘧疾的詹姆士河沼澤地，這處水流徐緩的水域連垃圾和人類排泄物都帶不走，成為一座大型疾病的溫床。雪上加霜的是，幾乎所有墾民都對務農一無所知。他們之中半數人是傲慢的仕紳兼冒險家，其他人則是乞丐或遊民，從倫敦街頭被強硬帶來新世界。「連地獄也不會接納這群烏合之眾。」維吉尼亞公司總裁後來如此形容他們。

　　一六○七年春，一百零四名墾民上岸，九個月後，僅三十八名倖存。該年春天，史密斯船長跟一群意氣風發的墾民抵達新世界，短短幾週後他就成為殖民地領袖，因為傷寒奪走了前一位領袖的性命。史密斯只待了兩年，主要是因為他強迫殖民者每天在田裡勞動六小時，導致他們難以接受。（史密斯後來回憶道：「他們大多數人寧願餓死也不想工作。」）殖民者並不願意為了即將到來的冬天下田耕作，反而忙著挖出大批雲母，他們深信這是黃金，並說服補給船載滿這一文不值的礦物再返國，導致補給船延後了三個月才啟程。船員在等待的時間吃掉了大部分他們帶來給殖民地的糧食補給，因此在一六○九到一六一○年之間，糧食耗盡，墾民被迫食用老鼠、貓、蛇，甚至自己的靴子和馬匹。他們挖出死者的屍體來吃，有個男人則殺了自己身懷六甲的妻子並醃來吃。二百二十名殖民者中，只有六十位撐到了春天。最後，他們帶著所有家當登船，毅然決然地拋棄殖民地。不幸的是，他們在詹姆士河口被補給船隊攔截，船上載著三百名精神奕奕的殖民者和一位凜然可畏的新任總督。新總督強迫這些殖民者回到坑坑洞洞的島上，放眼所及都是臉朝下被丟入淺坑的屍體。即使有這些慘痛經驗，殖民者依然不肯耕作，寧可在街上乞討。[1]

　　事後證明第一批維吉尼亞人是群無能的墾民，他們來到新世界不是為了耕作和建立新社會，而是想要跟西班牙人一樣征服與統治。維吉尼亞公司創辦人期待他們聘雇來的人會像西班牙征服者一樣，控制和奴役心懷敬畏的印第安王國，讓印第安人挖金礦、挖銀礦，或是到田裡耕作來餵飽他們的新主人。畢竟這就是英格蘭人在愛爾蘭做的事，讓講著蓋爾語的「蠻族」在英格蘭人

的農園裡做苦工。詹姆士鎮從來就沒打算自給自足，因此才會缺乏農民。事實上，這裡是屬於私人企業的軍事基地，堡壘聳立且採軍事化管理，由一小群菁英擔任官員，還有一大支由基層士兵組成的分隊。[2]

　　但維吉尼亞公司誤判了情勢，以為印第安人會被英國技術嚇壞，相信他們的雇主英國人是神，會像阿茲特克人一樣臣服，殊不知印第安人的反應完全不是這麼回事。當地領袖波瓦坦（Powhatan）一眼就看穿了英國哨站：弱不禁風，可以從中取得金屬器具與武器等實用的歐洲技術。波瓦坦統治著一個分布在下乞沙比克的聯盟，總共由三個部落組成，共計二萬四千人。他住在約克河（York River）的大宅中，有四十名護衛，一百名妻子，一整隊的僕人，一切開銷由其他部落領袖提供的貢禮支付。詹姆士鎮建立時，六十多歲的波瓦坦早已一點一滴打造出他的聯盟，擊敗對手並透過收養儀式把他們納為子嗣。他計畫孤立英國人，然後讓他們成為附庸，以納貢方式獲取他們的工具和軍火。隨之而起的衝突讓潮水地方陷入戰火之中。[3]

　　在新法蘭西的仕紳邀請米克馬克族領袖參與廚藝饗宴大賽的同時，飢腸轆轆的維吉尼亞人卻向波瓦坦的印第安子民強取玉米，開啟了暴力衝突的輪迴。印第安人偷襲了一隊打劫的人馬，將十七人盡數殺害，在他們嘴裡塞滿了玉米，並把遺體丟在一旁等英國人發現。史密斯船長帶著另一組人馬試圖捕獲波瓦坦，反倒中了埋伏。史密斯被帶到領袖面前，準備進行印第安收養儀式，即假裝處刑搭配戲劇演出儀式。（處刑儀式被波瓦坦的十一歲女兒寶嘉康蒂打斷。）對印第安人來說，這個儀式已經讓史密

斯跟他的人民成為波瓦坦的附庸。但史密斯對當時的情況卻有完全不同的解讀：這位小女孩因為被自己深深吸引，因此替他求情。史密斯回到詹姆士鎮後彷彿一切如常，這樣的行徑讓印第安人瞠目結舌。種種小紛爭最終導致大屠殺，一六一○年英國人弭平了整個印第安村莊，把小孩丟進河裡然後射擊，以此為樂。（一六一三年寶嘉康蒂被俘，被迫嫁給一名殖民者。她被送到英國，幾年後因病逝世。）一六二二年印第安人復仇成功，突襲了擴張中的殖民地，造成三百四十七名英國人死去，這是維吉尼亞整整三分之一的人口。隔年春天英國人開口求和，卻在簽約儀式送上有毒的飲品，二百五十名與會者盡數遭到殺害。往後十幾年，戰事在此地陸續上演。[4]

　　雖然詹姆士鎮的領袖相當無能，印第安人卻在這場消耗戰中位居下風。維吉尼亞公司持續將大批殖民者送到乞沙比克，特別是當他們發現這裡十分適合種植菸草。一六○七至一六二四年間該地迎來了七千二百名殖民者，雖然其中只有一千二百名倖存，但只要有一人死去，就會有兩名殖民者前來遞補。印第安人無法如此輕易填補在戰爭、疾病和伴隨戰事而來的饑荒中所喪失的人口，到了一六六九年時，潮水地方的印第安人口銳減至二千名，只剩原本人口的百分之八，英國人口卻成長為四萬人，散布在整個潮水地方，並且將印第安人的土地拿來種菸草。[5]

　　有兩件事徹底扭轉了潮水地方的歷史，其影響至今依然清晰可見。首先，寶嘉康蒂的丈夫約翰・羅爾夫（John Rolfe）於一

六一七年成功引進西印度的菸草品種至乞沙比克種植，幾乎在一夕之間就把原本是企業軍事基地的維吉尼亞轉變成蓬勃發展的出口農園社會。第二件事即一六四〇年代的英國內戰，這場戰爭導致大量家族出逃，這些人形成了潮水地方的貴族階級。

　　菸草雖然有利可圖且能運回英國，種植菸草卻是門高度勞力密集的事業。儘管不需要大量技術，卻需要大量勞動人口。苗床需要耙平，幼苗在此受到照護，直到可移栽至主要耕地為止。每株幼苗需要放置在跟膝蓋一樣高的小土堆中，而且必須每週進行手工除草和除蟲作業。每株菸草的修剪、採收、乾燥和包裝運送，都必須手工進行。種植菸草也很容易造成土壤劣化，而且菸草在剛整過的地才長得最好。潮水地方的領袖從營養不良且絕望的勞動力中招兵買馬，這些人遍布在倫敦和其他英國城市。他們給予勞動者抵達維吉尼亞或馬里蘭的交通方式和一塊五十英畝的免費土地，條件是以契約僕役的身分提供三年的勞動服務，相當於「白人奴隸」。接受這些條件的人大部分是十五到二十四歲的單身男性，他們很快成為潮水地方主要的歐洲人口。學者估算十七世紀移民到潮水地方的十五萬名歐洲人中，契約僕役占了八到九成。但只有少數人撐了過來，每年的死亡率高達三成。成功倖存的人大多可以成為獨立的農民，少數人則成功致富。

　　這個社會打從一開始就是由少數富人和一大群窮人組成，社會頂端是一小群富裕農園主，他們迅速掌握了殖民地的經濟和政治，社會底層則是一大群受約束的勞工，他們完全沒有任何政治權利，只能聽命行事，一旦違反命令就可能遭到體罰。這個模式一直延續到了二十世紀。

　　底層生活十分困苦，契約僕役被買賣，並且受到像牲畜一般的對待，而且有些人甚至是從英國被綁架而來。較富裕的殖民者有很大的誘因購買大量契約僕役，因為只要成功運送一名僕役，維吉尼亞公司就會贈送二十五英畝的土地。在建立土地王國的過程中，如果有多出來的勞動力，就可以透過買賣、交易或拍賣將契約轉手。十八世紀殖民地邊界逐漸朝內陸擴大，人稱「靈魂驅策者」（soul drivers）的惡名昭彰仲介會給大批僕役上手鐐腳銬，然後在武裝人員的看管下，「像趕羊群一樣」趕著他們越過領土，把他們帶到偏僻的法院，高價賣給當地農園主。買下僕役的人會極力壓榨他們，獲取最高的投資報酬。主人有權毆打僕役，例如維吉尼亞仕紳威廉・拜爾德（William Byrd）就不斷鞭打他的年輕男僕，而當男僕開始尿床時，他就逼男僕喝下大桶的尿，這些施虐過程都被拜爾德滿不在意地記錄在自己的日記中。如果僕役抵抗或違命，甚至企圖逃跑，主人有權將他們的契約延長。如果僕役覺得冤枉或遭受不當對待，幾乎不可能為自己平反，因為潮水地方的法院是由他們主人的社會同儕主掌。[6]

　　十七世紀絕大多數的潮水地方僕役都來自倫敦、布里斯托、利物浦的偏遠地區，不過也有一些非裔，他們的祖先可追溯至一六一九年荷蘭貿易家帶來的二十名非洲人。不過跟深南地方不同的是，在一六六〇年代時，潮水地方似乎對非裔僕役和白人僕役一視同仁。黑人和白人沒有被隔離開來，而且至少有部分黑人享有跟一般平民相同的少數公民權利。有的甚至成為主人，例如一六五〇年代時安東尼・強森（Anthony Johnson）就擁有幾名非裔僕役，以及維吉尼亞東岸的二百五十英畝土地。潮水地方並非

平等社會，但至少那時還未成為以種族劃分的奴隸社會。[7]

　　僕役生活既艱苦又卑微，但是他們並非終身為奴，後代也不會繼承僕役身分。成功撐過契約年限的僕役獲得了土地、工具和自由，許多人就跟強森一樣，可以成為地主，這是他們在英國永遠達不到的境界。少數得以自費前來潮水地方的移民更容易取得土地，他們一從維吉尼亞上岸，就立刻獲得五十英畝的土地，而他們每攜帶一名家眷或僕役，就可以額外獲得五十英畝的土地。只要有土地和僕役，野心勃勃的農園主就可以種植菸草，賺進大把鈔票。這些獲利可以再投資更多土地和僕役，最後建造出富麗堂皇的莊園。一六三四年後抵達的人，在馬里蘭殖民地甚至獲得更好的條件，每人有一百英畝的土地，因此開始有許多胸懷野心的農園主沿著海灣北遷。只要身體健康、毅力十足，並且有著一點機運，就有機會積累可觀的特權傳給後代子孫，漸漸形成跟他們家鄉一樣的地主仕紳階級。

　　馬里蘭的社會打從一開始就是由少數人掌權，整個地區都是第二代巴爾的摩勛爵塞西留斯・卡弗特（Cecilius Calvert）的封建領土，而至今在馬里蘭州旗上還可以看到他的家族紋章。同樣身為天主教友的查理一世還贈送了一千二百萬英畝的領土給卡弗特。查理十分欣賞卡弗特的提議，他建議打造一座名義上是天主教，實際上包容所有宗教的殖民地。一開始的殖民地位處詹姆士鎮沿岸往北八十英里的聖瑪麗城（St. Mary's City），由一群信奉天主教與新教的英國教友混合而成。馬里蘭迅速吸引了海灣另一頭的大批墾民，因此很快變得跟潮水地方的維吉尼亞一樣，是一處由新教徒主導的菸草殖民地，契約僕役負責勞動，新興的貴族

則掌握絕大部分的利潤。[8]

我們接下來確實就會看到，潮水地方和位於洋基文化下的新英格蘭各自代表著十七世紀中期英語世界的兩個極端，彼此的價值觀、政治和關注的社會議題大相逕庭。當一六四〇年代英國內戰爆發，雙方支持不同陣營，而他們關於美洲未來的紛爭也因此拉開序幕，這場角力將持續長達數百年。

✳

在一整個十七世紀，英格蘭幾乎都遊走在內戰邊緣，社會分裂為一群堅守中世紀傳統的信徒，以及另一群以現代觀點看待權力、貿易與宗教治理的人。其中一邊是國會，由倫敦和英格蘭東部的清教徒和律師主導，他們抵抗君主集權，鎮壓宗教異議者，並且阻撓現在所謂的「自由市場改革」。與國會對立的則是查理一世的保守派盟友，或稱為「騎士黨」，包含來自屬於部分封建制度的英格蘭北部和西部鄉間仕紳、英格蘭絕大多數的貴族以及受他們影響的鄉村窮人。一六四二年衝突爆發時，新英格蘭的清教徒支持國會，潮水地方則持續效忠國王。

時任維吉尼亞總督的威廉・柏克萊爵士（Sir William Berkeley）不但是一位保王派，還曾在衝突爆發的前幾年擔任國王的顧問，因此熟識國王。他所屬的柏克萊家族是英格蘭最古老的名門之一，內戰時期對王室展現忠貞的支持。柏克萊家族與「征服者」威廉（William the Conqueror）一同在一〇六六年抵達英格蘭，至今依然住在十一世紀的家族城堡中。柏克萊家族的其中一位手足帶領王軍，另一位則擔任國王的戰時顧問。柏克

萊自己在一六四四年短暫返回英格蘭，加入英格蘭西南部（West Country）的戰局為國王奮戰，隨後暗藏一批武器回到潮水地方。他在維吉尼亞驅逐了人數占弱勢的清教徒，這些清教徒跟著他們在麻薩諸塞受訓的教士重新在對岸的馬里蘭落腳。①英王查理一世戰敗且遭處決後，柏克萊向遭流放的查理二世宣誓效忠並聽命於他。組成維吉尼亞議會（General Assembly）的仕紳們支持這個立場，立法通過讓所有質疑查理二世權威的人都要被處以死刑。9

柏克萊極力將他的殖民地打造成保王派的堡壘，讓出身高貴的國王盟友得以繼續對抗清教徒和他們的盟友。柏克萊透過他的兄弟與其他支持者，邀請數以百計的「潦倒騎士」來到維吉尼亞，並提供他們大莊園和官職。這些激進的保王黨大多是地主貴族的年輕後代，他們來到潮水地方後建立了此地大部分的大家族。理查‧李（Richard Lee）就是其中一員，他是施洛普夏郡（Shropshire）一位莊園主人的孫子，也是羅伯特‧李將軍的曾曾曾祖父；另一位是約翰‧華盛頓（John Washington），他是約克郡（Yorkshire）一位莊園主人的孫子，也是喬治‧華盛頓的曾曾祖父；還有一位是喬治‧梅森（George Mason），他是保王派國會議員，也是同名的開國元勳喬治‧梅森的曾曾祖父。10

這批抵達乞沙比克殖民地的新菁英，並非像早期的洋基之國

---

① 作者注：柏克萊正確地將清教徒視為保王派的威脅，這些人一抵達馬里蘭，就跟巴爾的摩勛爵的保王派勢力爆發衝突，很快奪取了殖民地的首府，接著在一六五五年一場關鍵海戰中，從卡弗特家族手中奪權長達近十年。

和中部地方一樣試圖建立宗教烏托邦，或是像新法蘭西一樣與印第安人形成錯綜複雜的聯盟。不論這些大農園主是出身名門還是白手起家，他們對自己新領土的未來願景都極為保守，他們只想在新世界重新打造英國鄉村的上流社會莊園生活。在歷史的因緣際會下，最終的成就遠超乎他們想像。

✳

英國的鄉村仕紳在十七世紀時簡直就是自己領地上的國王，他們從自己上流社會的莊園中管理住在附近村莊的佃農與零工。他們擔任治安官，掌管地方法院，而他們的兒子、姪兒和弟弟通常就擔任村莊內教堂的牧師，當然這些教堂隸屬於英國教會（聖公會在美國革命後就由Anglican改稱為Episcopal）。他們之中有人會擔任國會代表。這些仕紳必須資助社會地位較低的人，包含替僕人舉辦婚禮，為窮苦人家舉辦喪禮，並且款待鄰居。他們獨占打獵的特權，這是他們最愛的消遣之一。他們的莊園高度自給自足，可以生產自用的糧食、飲品、牲畜飼料、皮革和手工藝品。（過剩的產品會銷售到英國的城鎮。）一旦領主死亡，所有財產都會直接傳給嫡長子，他們從小就被培訓成為接班人。女兒通常會嫁到好人家，年輕的兒子則會獲得一筆錢，然後必須離家自力更生，通常成為士兵、神職人員或是商人。曾經有位仕紳提到，他們對待小孩的方式就像處理一窩狗崽子，「選一隻放在腿上，所有好東西都給牠，其他五隻放到水裡淹死就好。」[11]

在潮水地方成功致富的菸草農園主以及保王派流亡者，努力將這個制度移植到殖民地。他們興建了磚造典雅莊園，並且讓契

約僕役居住在跟家鄉一樣的小屋，形成宛如村莊的住宅區。他們買下能夠興建與操作磨坊、釀酒廠、煙燻室和烘焙坊的僕役，以確保農園能夠自給自足。他們跟鄰居一同監造整齊的聖公會教堂和氣宇非凡的法院，這些機構坐落在人來人往的十字路口，並受到仕紳控管，因為他們壟斷教區教堂委員會（負責聘雇和辭退神職人員的單位），也把持了治安官辦公室（負責主導法院的單位）。他們在維吉尼亞設立了相當於英國國會的機構，稱為市民院（House of Burgesses，形同下議院），只有富人才有資格加入。（馬里蘭議會也有類似規定。）他們也需要對一般居民展現家父長式的慈善態度，並且同樣將他們過剩的產品送至英國城鎮。不過這些潮水地方仕紳有一個做法跟英國不同，他們並不會剝奪非嫡長子嗣的繼承權，因為這些仕紳對他們抱有特殊情感。事實上，大多數潮水地方仕紳正是因為自己不是嫡長子而被剝奪了繼承權，才會來到美洲。[12]

這些野心勃勃的潮水地方仕紳打造了一個徹頭徹尾的鄉村社會，沒有任何城鎮和村莊。由於整片土地布滿了可航行的乞沙比克支流，讓每位農園主都有自己的碼頭，因此這裡不需要商港或伴隨商港而生的城市。遠洋船通過海關後，可以直接駛向農園，卸下來自倫敦的最新書籍、時髦產品和家具，接著載滿一桶桶的菸草返航。（後來也用同樣方式運送奴隸。）一位英國觀察家說道：「比起住在英國鄉間內陸五英里的居民，維吉尼亞的仕紳還更容易取得來自倫敦和布里斯托等地的商品。」只有少數在地製造商得以跟源自英國的廉價產品競爭，因此當地的工匠和產業都無法發展。[13]

　　這個地區直到十七世紀末為止都沒有出現城鎮，僅有詹姆士鎮和聖瑪麗城雙首府，但人口也僅不過數百人，比一般村莊大不了多少。仕紳只有在議會開議或是偶爾需要會見總督時才會前往首府，其他時候則鮮少拜訪。兩個首府都非常簡陋，而且在非會期時，大多數房屋都沒有住人，酒館也空無一人，看起來簡直像廢棄的城鎮。後來出現了新首府威廉斯堡（Williamsburg）和安納波利斯（Annapolis），但這裡也只是政府的行政區，並非都市聚落。[14] 相較於新英格蘭而言，這裡沒有公立學校（仕紳都聘請住在家裡的家教來教導孩子），也沒有地方政府（郡法院就足夠了）。

　　到了十八世紀初期，騎士及其後代把潮水地方改造成鄉村仕紳的烏托邦，他們的莊園遍布乞沙比克的支流沿岸。新殖民地也開始出現農園，其中包含北卡羅來納的奧伯馬灣（Albemarle）和潘利科灣（Pamlico），以及德拉瓦南部的大西洋沿岸與德瑪瓦半島（Delmarva peninsula）下半部。

　　潮水地方的權力已經轉為世襲，英國和北美兩地的名門皆彼此通婚，編織出一張緊密相連的血親關係網，整體而言潮水地方都在他們的掌控中，特別是維吉尼亞。維吉尼亞皇家議會（Virginia Royal Council）同時是這個殖民地的上議院、高等法院及內閣，並且控制土地的分配。到了一七二四年，議會成員彼此間都有血緣或姻親關係。兩個世代過後，在美國革命前夕，每一位議會成員都至少有一位曾在一六六○年擔任過議員的祖先。從一六六○年到美國革命前這段期間，他們彼此互贈殖民地控制的大片公有土地，並且互相指派為（極度有利可圖的）海關官員。

郡的仕紳因為擔任治安官，得以掌控司法與慈善資源，並且透過壟斷教堂委員會來任意聘雇和開除神職人員。一位初來乍到的人曾表示被一名仕紳警告，「千萬不可忤逆或冒犯任何一位殖民地的重要人士，因為我們彼此都有血緣或姻親關係，利益高度連結，一旦有外來者被認定冒犯了我們其中一人，就等同與所有人為敵。」[15]

跟潮水地方的仕紳起衝突是十分危險的，十七世紀末和十八世紀初期的訪客常常提到這些仕紳對個人榮譽展現出的傲慢態度，且對任何輕微羞辱都會惱羞成怒。洋基之國的菁英大致上採用明文法律調解紛爭，但潮水地方仕紳則傾向用決鬥分出勝負。這裡的平民也同樣高傲，酒館發生的衝突通常導致鬥毆事件，當事人可以踢、咬、勒脖子或挖眼睛，甚至閹割對手。地位低下的人因為害怕遭受殘暴的報復手段，幾乎從來不敢挑戰上層階級，畢竟仕紳可以因為芝麻小事就讓他們受鞭刑。有一名平民出言頂撞了總督，法院竟裁定由四十名男子圍毆這位平民，並處以二百英鎊的罰鍰（相當於農民十年的收入），將他舌頭穿洞，並且永遠驅逐出維吉尼亞。法院經手的案件都由仕紳擔任的法官來裁決，而他們相信應該用自己的正義做出判斷，而不是參考法律書籍中寫下來的判例，就算是人命關天的案子也一樣。法院紀錄可以清楚觀察到一個現象：面對主人與男人要寬大處理，面對僕役與女人則往往判下酷刑。潮水地方早在奴隸制度全面發展前，就已經用暴力威脅來鞏固階級。[16]

或許有人會好奇，如此專制暴政的社會為何會產出多位擁護共和主義的重要人物，如湯瑪斯・傑佛遜、喬治・華盛頓和

詹姆斯・麥迪遜。這是因為潮水地方仕紳擁護的是「古典共和主義」，即取樣自古希臘羅馬共和的制度。他們跟博學且蓄奴的古代雅典菁英一樣，將自己受啟蒙的政治哲學圍繞在一個古老的拉丁文概念上，那就是「自由」（拉丁文：liberta，英文：liberty），這個概念在根本上就相異於源自德意志民族的「自由」（德文：Freiheit，英文：freedom），後者形塑了洋基之國與中部地方的政治理念。潮水地方、深南地方和新西班牙陣營與洋基之國和中部地方陣營之間至今依然存在分歧，其癥結點就是這兩種自由的差異。

對於北歐人、盎格魯－撒克遜人、荷蘭人或其他歐洲北部的德意志民族來說，「自由」（freedom）是自由人與生俱來的權利，他們也自認為是自由人。社會地位和財富會因人而異，但所有人都是「生而自由」。法律之前人人平等，每個人來到這個世界時天生就帶有「權利」，而不尊重這些權利的人可能面臨放逐懲罰。部落有權可以自治，透過類似冰島議會（Althingi）的模式治理，這是世界公認最古老的議會。一〇六六年諾曼入侵之前，英格蘭的盎格魯－撒克遜部落都還使用這個方式自治。諾曼入侵後，諾曼公爵們雖將莊園封建制度施加於英格蘭，但他們從未完全根除「自由制度」，這股風氣深植於盎格魯－撒克遜以及具有北歐與蓋爾背景的蘇格蘭人社會之中，故在英國地方議會、英國普通法和英國下議院中，依然保留此風氣，清教徒也將這項傳統帶到了洋基之國。

潮水地方仕紳所擁護的希臘羅馬政治哲學則恰好相反，他們相信大多數人天生就要受到奴役。他們眼中的自由（liberty）是

被賦予的，因此是一種特權，而非權利。有些人被賦予多項自由，另外有些人擁有少數自由，而絕大多數的人完全沒有自由。在羅馬共和時期，只有寥寥幾位人物擁有完整的言論特權（元老院元老和政務官），有一小群人（公民）有權利根據上層階級決定的事務進行投票，而絕大部分的人（奴隸）完全沒有話語權。自由相當可貴，因為絕大多數人都缺乏自由，而且一旦階級制度不存在，自由就毫無價值。對於希臘人和羅馬人來說，共和制度與奴隸制度之間以及自由與奴役之間絲毫不衝突。潮水地方領袖擁護這項政治哲學並且小心翼翼地守護，這些名門自視為諾曼征服者的貴族後裔，而非盎格魯－撒克遜的「平民」後代。這種思想分水嶺帶有種族色彩，而且接下來將會導致北美的各區域文化互相廝殺。[17]

潮水地方的領袖以無數方式將自由（libertas）落實在社會中。他們自居為各自莊園的「頭」，分派任務給「手」和其他恭順的手下。詹姆士鎮和聖瑪麗城對他們來說過於簡陋，於是新建了威廉斯堡和安納波利斯作為行政區，規劃靈感則來自羅馬的集中式建築。威廉斯堡矗立著一座為總督打造的奢華莊嚴「宮殿」（周圍環繞仿造凡爾賽的正規花園），以及高雅的議會大廈（以Capitol②而非state house來稱呼）。大廈妝點著朱比特的浮雕，而朱比特神殿正是坐落在羅馬公民生活中心的建築。他們在為自己的郡、城市以及殖民地取名時，靈感來自地位比他們高尚的人物，例如英國王室成員：喬治王子、威廉王子、安妮公主、詹姆

---

② 譯注：源自作為古羅馬行政中心的卡比托山（Capitoline Hill）。

士鎮、威廉斯堡、安納波利斯、喬治市、維吉尼亞、馬里蘭；有些地區則以貴族命名：奧伯馬、巴爾的摩、博福特（Beaufort）、卡弗特、西塞爾、昆布蘭（Cumberland）、加洛林（Caroline）、安娜阿倫德（Anne Arundel）與德拉瓦。他們雖然極力護衛自己的自由，但從沒有想過要跟他們的子民分享這些自由。維吉尼亞的約翰・藍道夫（John Randolph）曾經在美國革命結束數十年後解釋：「我是一名貴族。我熱愛自由，痛恨平等。」[18]

　　雖然仕紳階級享受愈來愈高度的自由，包含休閒娛樂（不工作的自由）和獨立自主（不受他人控制的自由），底層階級的自由卻愈來愈稀少。潮水地方的半封建制度意味著必須有大量永久待在底層階級的人擔任農奴，畢竟是他們的勞動撐起了整個體制。但是自一六七〇年代起，仕紳階級逐漸難以找到足夠的英國窮人接下這份工作。在以出口農業為主的經濟體中，大農園愈來愈強勢，契約期滿的僕役通常難以生存，許多前僕役便在一六六三年、一六七五年或一六八三年帶領叛亂或加入起義。

　　奴隸販子為人力短缺帶來解方，這是一個發展自英屬加勒比海島嶼的制度，接著被引進他們在深南地方打造的聚落：購買非裔人口，讓他們成為主人的永久財產，並且世世代代都脫離不了奴隸身分。一七〇〇年時潮水地方的奴隸階級人口為一成，到了一七二〇年則為四分之一，一七六〇年來到四成。後來一位學者提到：「美國南方並不是為了奴隸制度而出現，而是奴隸制度為了延續南方命脈才出現。」我們很快就會看到，這個論述描述的其實不是整個「美國南方」，而是潮水地方的區域文化。[19]這個策略將使潮水地方走上毀滅之路。

第四章

# 建立洋基之國

　　歷史的偶然讓一群跟潮水地方仕紳有著完全不同價值觀的人，建立了新英格蘭，他們分別是抵達鱈魚角的「天路客」（Pilgrims），以及抵達麻薩諸塞灣的清教徒，這群人痛恨地主貴族階級、貴族特權、英國聖公會和保王行動，對他們的新社會有著全然不同的想像。道德感強烈的洋基之國充斥著教堂與學校，這個區域文化中的每個群體都以自治的共和體制運作，在北美大部分地區留下不可磨滅的印記。

　　天路客來到新世界並非為了重建英國鄉村生活，清教徒更非如此。他們的目的是打造全新的社會，即真正實踐宗教理想的烏托邦，一個根據喀爾文的教義所形成的新教神權政體。他們將在新英格蘭的荒野建立新錫安，這座「山上之城」會成為世界其他地方遭受苦難時的典範。他們深信自己一定會成功，因為他們是「神選子民」，與上帝有著如同舊約中的特殊盟約。如果他們所有人都依循上帝旨意就會獲得獎賞，只要有人不遵從，他們就會全部一起受罰。早期的麻薩諸塞沒有自掃門前雪這回事，因為要靠每個人盡自己的本分才能達成所有人的救贖。

在美國歷史的中心思想中，洋基之國的開創者是群主張宗教自由且逃離宗教迫害的人。但這個敘述僅適用於天路客，即一六二〇年落腳在鱈魚角的數百名英國喀爾文教徒，同樣的敘述則完全不適用落腳在麻薩諸塞灣的清教徒。一六三〇年代，有大批拒絕在宗教上妥協的清教徒離開英國，短短十二年內有高達二萬五千人出走，他們也迅速控制了普利茅斯跟其他新英格蘭殖民地。其他的北美殖民地都歡迎任何人到來，清教徒卻禁止不符合他們宗教戒律的人駐足於他們的殖民地。他們會放逐異議者，會把貴格會教徒的鼻孔切開、耳朵割掉，或是在臉上烙印代表異端分子的字母「H」，讓人輕易辨識出貴格會教徒。清教徒對多項違規行為祭出死刑，例如通姦、褻瀆上帝、偶像崇拜或同性性行為，甚至包含青少年的反叛。對於在安息日（Sabbath）照顧牛群、耙牧草或獵鳥的農人，他們處以罰款。一六五六年，波士頓高層把船長湯瑪斯・坎柏（Thomas Kemble）掛枷示眾，因為他在時隔三年返家後，在自家門前吻了妻子，被法庭認定是「淫蕩且不得體的行為」。面對離經叛道或違反宗教禁忌的行為時，洋基之國早期的處置方式比其墾民所逃離的英國還來得嚴苛。[1]

但就其他方面而言，清教徒打造的社會十分革新。他們取得了殖民地特許狀（透過了詐欺手段），因此不用像早期的馬里蘭和新法蘭西一樣受制於封建貴族，也不像維吉尼亞和後來的卡羅來納一樣，受制於遠在天邊的企業公司。新英格蘭人是真心想要自治。

早期近半數的洋基之國墾民都來自大不列顛島經濟最發達的東安格里亞（East Anglia），這個地區所涵蓋的東部七個郡，是

英國人口最稠密、都市化程度最高、受教育程度最高的地區，有著迅速發展的中產階級，而且長久以來都在抵抗專橫治理。這個地區深受歐洲最商業化且政治進步的國家影響，即英吉利海峽對岸的荷蘭。荷蘭的喀爾文主義、共和主義、農業、建築、藝術和商業影響了這個地區，因此在這裡出現了鬱金香園、荷蘭式山牆屋頂，以及擁有大量學識的工匠和自耕農。東安格里亞人抱持德意志的自由思想，積極參與地方會議，並且選出委員管理地方自治。可想而知，這個地區在英國內戰中與國王對立，強力支持國會。東安格里亞的諸多特點也複製到了新英格蘭。

　　清教徒出逃人口的組成與潮水地方、新法蘭西和北部地方全然不同。洋基之國的墾民攜家帶眷前來，大多為中產階級，他們受過良好教育，且彼此財力相當。潮水地方的墾民大多為年輕且無一技之長的男性僕人，新英格蘭的殖民者則多為有謀生技能的工匠、律師、醫生和自耕農，沒有任何契約僕役。這些早期的洋基人出走並非為了逃離貧窮追求更好的生活，反而是放棄了故鄉舒適的生活，來到充滿未知的荒野。有七成的墾民都是帶著家眷而來，因此早期洋基之國的性別和年齡分布，相較其他區域文化更為平衡。這樣的人口組成優勢，再加上新英格蘭地區較少爆發流行病，使得他們從一開始的聚落快速擴張。雖然一六四〇年以後的百年間只有少數移民抵達新英格蘭，這裡的歐裔人口卻隨著每個世代倍增。到了一六六〇年，新英格蘭的人口來到六萬，是潮水地方的兩倍以上，而後者可是提早了整整一個世代抵達。洋基之國成為格蘭特河以北人口最多的地區，當時已經是凝聚力最高的區域文化，因為每個人都同時抵達，並且出於同樣動機而

來。[2]

　　清教徒並非由出身名門的貴族或仕紳帶領，沒有任何這樣
的人前來洋基之國，帶領這群清教徒的其實是受過高等教育的
菁英。「以他們的人口數來看，這群人的智識比現在任何一個歐
洲國家都還來的高。」法國貴族托克維爾（Alexis de Tocqueville）
在一八三五年描述早期的新英格蘭時寫道，「幾乎毫無例外，所
有人都獲得良好教育，而且許多人的才能與成就在歐洲都相當知
名。」[3]

　　清教徒對故鄉的王室和貴族特權深懷不滿，抵達美洲的他們
依然抱持同樣看法。洋基之國打從一開始就反對建立地主貴族階
級，並且對於繼承特權和鋪張炫富的行為充滿疑慮。他們在眾多
殖民地中獨樹一格，因為他們的領袖並沒有將大片土地分發給親
友或盟友，好讓他們憑藉土地致富。清教徒反而把特許狀交給
經核可的開墾團體，這些人再從他們之中成立委員會並選出委
員，透過委員會決定公共道路、教堂、學校和綠地位置，並且
分配土地給每個家庭。人口較多或較富有的家庭有機會獲得較
大片的土地，但整體而言分配方式出乎意料地平等。他們以英
國東部的故鄉為城鎮命名，例如位於索夫克（Suffolk）的黑佛丘
（Haverhill）、伊普斯威治（Ipswich）與格羅頓（Groton），位於
艾塞克斯（Essex）的春田（Springfield）、莫爾登（Malden）與
布蘭垂（Braintree），位於諾福克（Norfolk）的林恩（Lynn）、欣
厄姆（Hingham）與牛頓（Newton），以及林肯郡（Lincolnshire）
南部的波士頓港。這裡人人應當要為社群的共同利益一同打拚，
他們認為為了土地或其他物質利益挑起爭端，會背離他們在上帝

面前的真正使命。[4]

　　新英格蘭聚落跟潮水地方的不同點不僅在於出現了城鎮，還有每個人握有的權力。清教徒相信每個社群都要能夠自理，不受主教、大主教或國王干擾，而且每個教會都該完全自行管理。他們對世俗事務也是一樣的態度，每個城鎮宛如小型共和國，完全掌控法律的執行、學校和房產的行政、稅收和（大部分的）支出，以及組織民兵自衛。郡毫無權力，但所有城鎮都有自己的地方政府，由教會成年男性選出的委員管理。委員會採取集體領導，而城鎮的合格選民則會在城鎮會議時發揮微型議會的作用。雖然新英格蘭不容異己，而且從諸多角度看來都相當專制，但以這個時代來看卻有驚人的民主程度，六到七成的成年男性（即三至三成五的總人口）握有投票權，富裕人家或出身名門的人在政治或法律上並沒有特權。這種自我治理、地方分治且直接民主的傳統至今依然是洋基文化的核心。直到今天，新英格蘭的偏鄉依然透過一年一度的地方會議掌管多數地方自治，討論每一項支出，而且投票人為在地居民而非民意代表。

　　其他北美區域文化確實難以理解洋基人對政府的信心程度，新英格蘭從一開始就相信，政府能夠保護公共利益免受有錢人的自私詭計傷害，可以透過禁止與管制不良行為來落實公民道德，可以透過公共支出興建基礎建設與學校來打造更美好的社會。洋基人比北美其他任何族群更認為政府應由自己主導並為自己服務，每個人都應當參與，且利用政治手段牟取私利是最不可饒恕的行為。洋基的理想從未消亡。

　　清教徒相信每個人都應該透過閱讀聖經來體會神的啟示，這

點帶來極為深遠的影響。如果每個人都要讀聖經，那麼每個人都必須識字。因此一旦新城鎮建立，就會成立公立學校並為老師支薪。其他北美區域文化在十七世紀時都未出現任何學校體制，因為教育是有錢人家的特權，但新英格蘭當時就已經要求所有小孩必須上學，否則就會違法受罰。一六六〇年時英國還只有少數人能讀寫，但麻薩諸塞已經有三分之二的男人和超過三分之一的女人可以簽自己的名字。基礎教育雖然普及，但整個社會高度重視和尊重高學歷人士，在其他社會這般尊重通常只保留給貴族。早期的新英格蘭有一群菁英，他們是群互相通婚的大家庭，後來也主導了政治與宗教事務，但是他們的菁英地位是來自教育而非財富。率先抵達麻薩諸塞灣的一萬五千名墾民中，至少有一百二十九人畢業於牛津或劍橋，以那個年代而言是相當驚人的數字，而這群人幾乎全部都成為社會領袖。早期麻薩諸塞或康乃狄克的總督都不是貴族，但許多都畢業於英國的大學，或是畢業於清教徒落腳六年後成立的哈佛。（一份一六四五年的宣傳手冊指出，設立哈佛大學是為了「推廣學術並使其代代相傳，深怕留下文盲牧師給教會。」）至今波士頓依然公認是北美的學術中心，事實上自波士頓成立之初就是如此。[5]

如果清教徒保持低調，他們的鄰居或許不會注意到他們。然而洋基之國後來如此受到其他區域文化排斥，正是因為他們渴望將自己的生活方式強加在所有人身上，即他們的「使命」。清教徒不僅僅相信自己是神的子民，他們也相信，上帝派他們每個人

到這個腐敗且充滿罪惡的世界來傳播上帝的旨意。每一位洋基的喀爾文教徒都有「使命感」,他們必須像神職人員一樣透過終身志業來完成上帝的工作。他們必須時時警惕自己完成使命,不論是傳教士、商人或鞋匠都是如此。遊手好閒是不虔誠的行為。個人財富應該要再轉而投入個人的善功,例如專業工作或慈善事業,讓世界更接近神的規劃。而其他社會或文化可能會看到這道「山上之光」,服從之意油然而生,那些沒有受到感召的人則會經歷苦難。

　　清教徒對於異己感到冒犯和畏懼,這種心態讓他們成為危險的鄰居。他們特別畏懼田地邊緣的荒野,在這片無章法且容易意氣用事的地帶,撒旦在此出沒,隨時準備引誘遠離社群看顧的人。而居住在森林中的人,即新英格蘭的美洲原住民,顯然受到魔鬼影響,才會出現不受控制的行為、公開的性行為、過分暴露的打扮、相信鬼魂,而且毫不尊重安息日。清教徒跟新法蘭西墾民不同,將印第安人視為「野蠻人」,在他們眼中這群人完全不適用一般道德規範,例如遵守條約、公平交易、停止濫殺無辜等等。一六三六年,一群不滿的清教徒墾民前進荒野,擅自墾荒殖民地,成立了康乃狄克,但麻薩諸塞的領袖卻策劃了一場針對佩科特(Pequot)印第安人的大屠殺戰爭,藉機從擅自墾荒者手中奪下該地。在一次最惡名昭彰的攻擊中,他們圍攻一座無力防備的佩科特村莊,屠殺了幾乎每個找得到的男人、女人和小孩,用火把他們活活燒死。當時清教徒短暫的盟友納拉甘西特族(Narragansetts)對這次的屠殺震驚不已,稱其「過於激烈」。普利茅斯總督威廉‧布拉福德(William Bradford)承認這次事件

「看起來相當驚悚，他們被火吞噬，而他們的鮮血甚至撲滅了火勢。」但他的結論是「這次勝利是場甜蜜的犧牲」，是上帝「精心為他們打造的」。整個殖民時期，清教徒持續與印第安人發生大規模衝突，他們往往在攻打某個部落時，同時攻打其他中立或關係友好的部落，導致關係惡化。被俘虜的印第安小孩慘遭殺害，或賣給英屬加勒比海的奴隸販子。清教徒神職人員威廉・賀伯特（William Hubbard）支持這項行為，認為之所以捕獲如此多「同種的年輕毒蛇」，象徵了「神眷顧著英國人」。[6]

　　清教徒的征服計畫並不限於印第安人，英國內戰期間以及結束之後，麻薩諸塞士兵和神職人員試圖在馬里蘭和巴哈馬（Bahamas）推動洋基政變，強占緬因的皇家殖民地，並且將康乃狄克、普利茅斯和新罕布夏降格為麻薩諸塞聖經之邦（Bible Commonwealth）的附庸。長達四十年的時間，波士頓以新英格蘭聯合殖民地的首府地位治理這個地區，除了羅德島以外的所有洋基聚落都被納入這個邦國。清教徒法庭將喀爾文教派的道德觀強加於生活困苦的緬因漁民身上，並且將英國聖公會神職人員逐出新罕布夏。[7]

　　這裡是帝國時期北美兩個政治意識形態的重鎮：美國例外主義（Exceptionalism）和美國天命論（Manifest Destiny）。美國例外主義主張美國人是神選的子民，美國天命論則主張祂希望讓美國人統治整個北美。兩個理念都源自洋基清教徒思想，並且受到新英格蘭後代的發展與推崇。一直到十九世紀初期，這些想法依然盛行於洋基之國，直到他們終於發現自己的文化沒有辦法像控制新英格蘭一樣控制整個美國。洋基人受到挫折，因為其他區域

文化極力抵抗他們的霸權。

　　打從一開始，洋基人就排斥潮水地方形成的貴族社會所抱持的核心價值，包含他們的「諾曼」文化認同。英國內戰爆發時，數百名清教徒返鄉加入克倫威爾（Oliver Cromwell）的新模範軍（New Model Army），這支軍隊建立在一個十分激進的想法上，即晉任看的應當是能力而非社會地位。當他們與英國王軍對抗時，他們逐漸相信自己是為了解放盎格魯－撒克遜的土地而戰，因為這裡從征服者威廉抵達後就被諾曼侵入者占據長達六百年。一名訪客在戰爭期間前往營地拜訪一群基層士兵時，他們對他說：「英格蘭的貴族們豈不都是征服者威廉的軍官？」他們頒布命令，主張查理國王是「征服者威廉的最後一位繼任者」，必須將其推翻，使人民得以「從諾曼手中自我解放」。士兵們起草了一份名為〈人民協議〉的文件，當中崇高地強調了他們與生俱來的自由，呼籲每個教區選出自己的教士，並且要求在法律上終結貴族特權。「我們的法律是由征服我們的人所訂定。」一位新模範軍老兵說，「現在我們要爭取自己的自由。」[8]

　　洋基之國與潮水地方的衝突並未隨著英國內戰結束而落幕，新模範軍的獲勝（以及隨之而來的軍事獨裁統治）引發「騎士黨出逃」（Cavalier Exodus），他們抵達維吉尼亞，同時讓麻薩諸塞的清教徒得以併吞他們的鄰居。對於潮水地方仕紳階級來說，新英格蘭是叛國行動以及處決國王的共犯，這塊煽動性的土地住滿了試圖破壞社會根基的激進分子。而對於洋基人來說，潮水地方是保守勢力的堡壘，這群貴族致力於延續諾曼祖先對英國人的奴役。一六五八年洋基人的恐懼再度復發，因為克倫威爾逝

世，王室在緊急情況之下復辟，而保王的「騎士國會」（Cavalier Parliament）於西敏寺開議。維吉尼亞仕紳和馬里蘭的卡弗特家族再度獲得倫敦支持，清教徒新建立的區域文化因此面臨威脅。

　　英屬北美殖民地正急速邁向他們的第一次革命，但首先，他們得面對外國勢力的挑戰。

第五章

# 建立新尼德蘭

　　大多數美國人都知道目前的大紐約地區最初是由荷蘭人所建立，但很少人知道紐約之所以是北美最生機蓬勃且強大的城市，而且具有與美國其他地區截然不同的文化和認同，其實深受荷蘭人影響。曼哈頓（Manhattan）這座地球上最偉大的城市，最初一片荒蕪，而且只是座位於小島南端的小村莊，但甚至早在這個時期，紐約獨樹一格的特質就開始成形了。

　　新尼德蘭建立於一六二四年，即五月花號抵達的四年後，以及清教徒抵達麻薩諸塞灣的六年前。新阿姆斯特丹是新尼德蘭的首府以及主要聚落，以木造的阿姆斯特丹堡（Fort Amsterdam）為中心，即現今美國印第安人博物館館址，緊鄰的是砲台公園和過去曾是荷蘭人牛墟市集的鮑林格林。新阿姆斯特丹於一六六四年遭英國人占領時，範圍只到「牆街」。（Wall Street，即華爾街，當初荷蘭人真的在此築了一道牆。）當時主要的道路名為「寬街」（Broadway，即百老匯大街），這條街越過牆門，一路經過農場、田地、森林，直到小島北端的哈倫（即現今的哈林區）。船夫會載運乘客與貨品渡過東河抵達長島和下列村落：布

魯克林、法拉盛、福來布許、後來成為布魯克林社區的新烏德
勒。船夫也會渡船越過紐約港抵達荷波肯和史塔登島。

　　當時這個地區的人口僅一千五百人，卻已經成為北美獨一無
二的小村莊。[1]這座村莊創立時即為獸皮貿易據點，毫不掩飾自
己是個商業聚落，對於社會凝聚力或建立理想社會並不重視。國
際企業荷蘭西印度公司（Dutch West India Company）掌管了這座
城市，同時也在最初的幾十年間正式治理新尼德蘭。紐約矗立在
洋基之國與潮水地方間，因此一開始即為兩地的貿易轉口港，當
地的市場、船隻與倉庫塞滿了維吉尼亞的菸草、新英格蘭的鹽漬
鱈魚、印第安人捕獲的海狸毛皮、麻布、餐盤與其他從母國運來
的商品，再加上來自哈林和布魯克林的農場產品。紐約的人口組
成就跟商品來源一樣多元，有講著法語的瓦隆人（Walloons），
來自波蘭、芬蘭和瑞典的路德教徒，來自愛爾蘭和葡萄牙的天主
教徒，以及來自新英格蘭的聖公會教徒、清教徒與貴格會教徒。
猶太人被禁止進入新法蘭西、洋基之國和潮水地方，但是一六五
〇年代的新阿姆斯特丹卻出現了阿什肯納茲猶太人（Ashkenazim）
和使用西班牙語的賽法迪猶太人，這兩個群體未來將會成為世界
上最大的猶太社群。街頭隨處可見印第安人，非裔則已經達到五
分之一的人口，其中包含奴隸、自由人和半自由人。一名來自摩
洛哥的穆斯林在牆外務農長達三十年。到訪此地的人都會對這座
村莊的宗教、種族和語言多元景象感到震驚。一六四三年時，在
新法蘭西工作的耶穌會傳教士依撒格・饒格神父（Isaac Jogues）
估算新阿姆斯特丹的人口數為五百人，卻出現高達十八種語言，
他將之形容為「巴別塔的傲慢」，會「對所有人造成傷害」。[2]各

族裔和民族通常不相往來，彼此爭權奪利，連荷蘭人在此聚落都不占有人口優勢。當地菁英階層主要由白手起家的人組成，出身平凡的他們靠著商業活動和房地產投機致富。當地政府將推廣貿易視為第一要務，在迴避民主的同時卻強調社會多元。簡單來說，這個村落非常紐約，而許多特質至今依然留存。

　　這些特質包括多元、包容、向上流動，並且極度重視私人企業，這些日後也成為美國的特色，但事實上這些都是尼德蘭聯省共和國（United Provinces of the Netherlands）的遺澤。美國革命中的許多重要成就其實都源自荷蘭人的建樹，早在萊辛頓戰役（Battle of Lexington）登場的二百年前，荷蘭就發動了抵抗西班牙帝國的獨立戰爭，也成功於一五八一年推出《誓絕法案》（*Act of Abjuration*）以主張人人有權推翻壓迫政權，並且建立了無君主的共和國。

　　十七世紀初的荷蘭是地球上最現代化和成熟的國家，他們當時的藝術、法律、經商手法和種種制度成為往後西方世界的標竿。他們發明了現代銀行的制度，在阿姆斯特丹銀行（Bank of Amsterdam）建立了全球首創的票據交換所進行外幣匯兌，來自全球各地的不同貨幣都能夠兌換成荷蘭盾，使荷蘭盾成為全球貿易的首選貨幣。一六〇二年荷蘭人發明了全球企業，成立了荷蘭東印度公司（Dutch East India Company）。這間公司成立後立刻坐擁上百艘船與數千名員工，並且在印尼、日本、印度和南非進行密切的貿易活動。公司股東來自社會各階層，上自富裕商人，下至女傭與工人，為這家企業打下廣泛的社會支持基礎。一六〇〇年荷蘭的遠洋船高達一萬艘，這些設計精良的船隻控制了歐

洲北部的航運。荷蘭西印度公司建立新阿姆斯特丹時，荷蘭的國
際地位已經相當於二十世紀末的美國，成為國際貿易、金融與法
律的標竿。[3]

　　荷蘭人在十七世紀的歐洲相當獨樹一格，因為他們致力擁
護探究的自由。荷蘭的大學領先群倫，吸引來自世界各國的思
想家，因為他們的母國限制了理性思考。落腳荷蘭的其中一位
流亡知識分子就是法國哲學家笛卡兒（René Descartes），他相信
應該根據「理性」提出探問，而非仰賴聖經權威或是過往的哲
學家。他的思想塑造了當代科學的基礎，並且在荷蘭問世。其
他同樣在荷蘭亮相的作品包含伽利略（Galileo）於一六三八年
發表的《關於兩門新科學的對話》（*Discourses and Mathematical
Demonstrations Concerning Two New Sciences*），這本建立當代
物理學的書在義大利絕對不可能通過教宗的審查。史賓諾莎
（Baruch Spinoza）是出生於阿姆斯特丹的賽法迪猶太人，遭拉比
開除教籍，他的哲學著作卻啟發了聖經批判思潮以及深層生態
學。洛克（John Locke）流亡至阿姆斯特丹後，撰寫了主張政教
分離的《論寬容》（*A Letter Concerning Toleration*），於一六八九
年出版。荷蘭科學家發明了望遠鏡和顯微鏡，藉此發現了從土星
環到精細胞等無數新事物。他們之所以得以向世界分享他們的發
現和思想，是因為荷蘭官員接受出版自由。根據現代學者推算，
十七世紀出版的半數書籍都由荷蘭印刷。荷蘭這片學術自由的狹
小綠洲，夾在北海和天主教裁判所之間，成為現代世界的孵化
器。[4]

　　荷蘭共和國也成為避難所，吸引歐洲各地遭受迫害的人。異

端分子在西班牙遭火刑，然而一五七九年讓荷蘭獨立的條約卻載明：「每個人都保有宗教自由……沒有人會因為宗教而遭到迫害或調查。」法國和英國禁止猶太人進入，但數千名賽法迪猶太難民從西班牙和葡萄牙逃至阿姆斯特丹，在當時全球最大的猶太會堂進行禮拜，並投資建立了新尼德蘭和荷蘭東印度貿易公司。當地主要人口喀爾文教徒能夠與天主教徒、門諾教徒、路德教徒融洽地生活。一六○七年，英裔的威廉・布拉福德和他所帶領的天路客抵達荷蘭，當地人歡迎他們的到來，前提是他們保證「誠實待人並奉公守法」。大學城萊登（Leiden）有三分之一人口為外國難民，天路客們選擇在此出版譴責查理國王的小冊子，當英國王室要求當地政府官員鎮壓此行為時，遭到回絕。不過，並非所有人都接受荷蘭的宗教多元，天路客就是其中之一。布拉福德解釋道：「許多小孩都被邪惡行為帶壞」，包括「各式各樣的誘惑」以及「該國年輕人的嚴重放蕩行為」，還參與許多「鋪張浪費且危險的行動」，讓他們變得「不受管教」。荷蘭實在太過自由了，最終天路客逃往美國荒野，以更全面控管小孩的教養。[5]

　　不過只有少數人願意離開荷蘭，投奔大西洋另一端充滿未知的生活。荷蘭沒有大批窮人願意賣身成為暫時的奴隸，也沒有受壓迫的宗教派別需要尋覓更寬容的環境來讓自己的信仰茁壯。新尼德蘭就跟新法蘭西一樣，面臨殖民者不足的問題。真正渡海而來的人，大多是想致富的冒險家，或是跟荷蘭關係淺薄的外國人，他們大概跟天路客一樣，希望找到個更單純且可以控制的環境。一六五五年時，新尼德蘭成立滿三十一年，這塊殖民地上只有二千名居民。一六六四年英國奪取新尼德蘭時，該地人口也只

有九千人，是更年輕的新英格蘭殖民地人口的四分之一。[6]

　　新尼德蘭的人口停滯也與明顯的公司治理特點有關，荷蘭人之所以建立這塊殖民地，是為了阻止英國人控制美洲，他們希望以最低的成本管理這塊殖民地。荷蘭政府已經涉足亞洲、非洲、巴西和加勒比海，因此不願挹注更多資源到北美，因為這裡沒有香料、糖和茶葉等高經濟效益的產品。荷蘭共和國反而將管理工作外包給私人企業，將荷蘭的北美殖民地治理轉交給西印度公司。新尼德蘭的人民享有宗教寬容與相當高程度的經濟自由，但是他們並沒有共和國政府。西印度公司會指派自己的總督和顧問委員會，他們的治理完全沒有任何民選代表的干預。所有和母國進行的貿易都必須透過公司的船隻運送，同時西印度公司也壟斷了海狸皮貿易，這是最具經濟效益的產品。即便如此，西印度公司依然難以負擔曼哈頓地區以外殖民地的開發成本，故公司會提供有財力的投資者一項優惠，只要他們能將墾民帶到新尼德蘭，作為回報，他們可以在哈德遜河谷上段依照莊園制度建立自己的貴族地產。這些未來的莊園領主可獲得跟郡一般大的土地，領主可以擔任所有民事與刑事訴訟的法官、陪審人員，甚至包含處以極刑的案件，可說是讓領主完全掌握佃戶的生殺大權。但絕大部分的地主都以失敗收場，因為幾乎沒有墾民願意成為佃戶，畢竟免費的土地在其他地方唾手可得。唯一的例外是位在阿爾巴尼附近的范倫塞勒（Van Rensselaer）莊園。地主通常透過貿易發財得勢，只有少數成為地主貴族，整體而言新尼德蘭並未發展出地主貴族階級。[7]

　　新尼德蘭最後形成的殖民地就像母國一樣寬容且多元。一六

五四年，有一整船來自荷屬巴西殖民地的猶太戰亂難民，身無分文的他們遇到當時滿懷敵意的反猶總督彼得‧斯圖維森（Peter Stuyvesant），這位總督稱他們是「撒謊成性的種族」，並且試圖把他們趕出殖民地。然而，總督在阿姆斯特丹的上級否決了他的決策，稱他的計畫「不理性且有失公允」，並且指出公司有「很大一部分資金」來自猶太股東。斯圖維森總督也試圖攔阻貴格會移民落腳（「這是前所未聞且卑鄙惡劣的異端」），但法拉盛的民眾卻提出抗議，他們寫道：「各省的愛、和平與自由原則同樣適用於猶太人、土耳其人（即穆斯林）和埃及人（吉普賽人），這正是荷蘭聲名遠播的主因。」公司高層警告這位充滿歧視的總督，「不要干涉他人的良知，讓每個人擁有自己的信念，只要他們安分守己、奉公守法、不危害鄰里，且不違逆政府即可。」他們點出包容正是讓母國強大且讓眾多殖民地繁榮的關鍵。如今這項特質成就了今日的紐約。[8]

　　儘管荷蘭與印第安人的關係整體而言相當平等且友好，但這是出自於私利，而非啟蒙思想。新尼德蘭人跟其他同樣於東岸開墾的歐洲人不同，在荷蘭統治期間，他們的人數遠不及印第安人。他們冒犯不起易洛魁族的五個部落，因為不僅會自取滅亡，也會損及貿易，畢竟易洛魁族是新阿姆斯特丹的主要毛皮供應來源。位於哈德遜下游的阿爾岡昆族原住民勢力較小，但同樣造成威脅。他們占據了肥沃的農地，而且在一六四〇年後他們捕獲的海狸數量大幅減少，因此阻礙了殖民地擴張。領土爭議在一六四〇至六〇年代引發了一連串血腥戰爭，造成雙方死傷慘重。新尼德蘭人並沒有視印第安人為魔鬼的僕人，異族通婚也完全合法，

但是對他們來說，印第安人除了帶來經濟利益之外並沒有其他價值。[9]

　　荷蘭的包容特質僅止於此，他們並沒有愛好多元，頂多只是包容而已，因為他們知道不包容的下場會十分淒慘。荷蘭人跟來自尚普蘭故鄉聖東吉的人一樣，從歐洲（持續不斷）的殘暴宗教戰爭學到了教訓，他們許多同胞在這些戰爭中都失去了性命。強迫服從等於自掘墳墓，會引發紛爭並且破壞經商貿易，不論是文化、宗教或其他方面都是如此。心不甘情不願的接納差異是大紐約地區保存至今的特點，我們在同一條街上可以看到世界上所有的文化、宗教和階級，彼此互相角力以爭取商業、政治和思想上的優勢。

　　十七世紀末主宰這個地區的菁英家族以典型的荷蘭方式出現——白手起家。范柯特蘭（Van Cortlandt）家族的創立者以一介士兵的身分抵達新阿姆斯特丹，後來成為木匠、商人、市議員，最終成為該市市長。弗雷德里克‧菲利普（Frederick Philipse）以屠戶身分抵達殖民地，後來經營當鋪與毛皮交易，並且與自營商船的富裕寡婦瑪格麗特‧德‧弗里斯（Margaret de Vries）結婚。一六七九年他成為紐約最富有的人，在巴貝多擁有一座莊園，在揚克斯（Yonkers）則擁有一座農園大宅。揚‧艾爾特森‧范德堡（Jan Aertsen Van der Bilt）在一六五〇年時以契約僕役的身分抵達，他排行第三的曾孫科尼利斯（Cornelius）出生於史塔登島，讓范德堡家族成為歷史上最富有的家族之一。第一代的范布倫（Van Burens）家族成員是倫塞勒（Rensselaers）大宅的佃農，他們的兒子後來成為獨立農戶，而他們排行第五的

曾孫則成為美國總統。[10]

　　新尼德蘭主要為商業社會，負責治理的菁英大多與荷蘭西印度公司有裙帶關係。西印度公司並沒有比英國的維吉尼亞公司更有道德，只要商品能賺錢，公司就會加入，就連人口販賣也不例外。事實上，大規模引入奴隸制度的人並非維吉尼亞或南卡羅來納的仕紳農園主，而是曼哈頓的商人。一六二六年，潮水地方的非裔依然被視為契約僕役，但西印度公司卻已經進口十一名奴隸來解決勞動不足。一六三九年，在城市北方五英里處出現了奴隸營，推測是要為公司的農場與碼頭提供勞力。一六五五年，西印度公司的奴隸船白馬號（Witte Paert）從西非抵達新阿姆斯特丹，載運著三百名奴隸，他們被販售到公開拍賣會，並且讓城市的人口增加了一成。在英國征服此地前的十年間，新阿姆斯特丹迅速成為北美最大的奴隸市場。大多數奴隸被運送至潮水地方，估計到了一六七〇年時，新阿姆斯特丹有大約兩成的人口為非裔。不過並非所有非裔都是奴隸。有些主人賦予他們自由，許多公司奴隸後來也獲得「半自由」，意味著他們可以結婚、旅行並且擁有房產，但他們仍需為自己支付定額的「租金」。當新阿姆斯特丹變成紐約時，這座城市已經擁有多種族特色以及數代的奴隸傳統，後者一直到一八六〇年代都還可見於大紐約地區。[11]

　　新尼德蘭在奴隸交易的支持下開始蓬勃發展，一六六四年八月，一隊不懷好意的英國艦隊抵達了新尼德蘭。新阿姆斯特丹完全沒有預見這場攻擊，因為荷蘭與英國當時並非交戰狀態。荷蘭人在武裝上也處於劣勢，不只是不敵港口的英軍，也不敵從長島東部前進布魯克林、準備掠奪這座城市的洋基反叛分子。在雙方

僵持的局勢下，荷蘭人商議了一份非比尋常的投降協議，以確保荷蘭常規與價值得以保留下來。新尼德蘭將保有原本的商業和遺產法規、財產、教堂及語言，甚至連地方官都保住了。他們得以繼續和荷蘭貿易，讓新阿姆斯特丹成為唯一同時與兩大貿易帝國有所往來的城市。更重要的是，他們也確保了宗教寬容。新尼德蘭被更名為紐約，但原本的文化依然留存。[12]

　　不幸的是，新政權依然保留了新尼德蘭的專制政府。紐約這塊新殖民地成為私人領土，歸查理國王的弟弟與繼承人約克公爵詹姆士所有。其實就是詹姆士負責規劃了這場對荷蘭的奇襲，當時國王早已將這片土地贈予他。詹姆士是一位試圖打造專制帝國的軍人，他把所有的行政與立法權都交付給總督。在「公爵的省分」中，不會有任何民選議會。至於長島東部的洋基聚落，即使他們宣誓效忠康乃狄克，最終還是成為紐約的一部分。詹姆士無視洋基人的抗議，將哈德遜河與德拉瓦河間人丁稀疏的土地賜予他的兩名戰時同袍，新殖民地紐澤西就此誕生。一六七三年與一六七四年間，荷蘭短暫奪回新尼德蘭，詹姆士便開除所有行政體系中的荷蘭人，禁止法庭使用荷蘭語，並且把不守紀律的英國王軍派遣到全省各處。

　　公爵得以隨心所欲，而幾年後他繼任為王，屆時他對北美的專制大夢將會引發第一波美國革命。[13]

第六章

# 首波殖民地起義

　　眾所皆知，英屬北美殖民地曾為了抵抗遙遠君王的暴政而起義，不過較不為人知的是，第一次起義並非在一七七〇年代，而是一六八〇年代。他們起義時並非一股團結的勢力，也不是為了建立新國家。他們的起義其實是一連串叛亂事件，為了因應遠在天邊的君王帶來的威脅，各自設法保護自己獨特的區域文化、政治體制與宗教傳統。

　　一六八五年時，這些威脅隨著新任國王詹姆士二世的繼位而浮現。這位君王意圖將紀律與政治服從施加於乖張的美洲殖民地上，他深受法國的專制君王路易十四啟發，意圖整合殖民地，解散各地的代議制議會，徵收高額賦稅，並且讓總督握有軍事實權，以確保殖民地服從他的意志。若他當初成功了，北美各個新興的區域文化或許就會失去絕大部分的獨特性，隨著時間逐漸匯流，成為紐西蘭般同質且溫順的殖民社會。

　　當時這些區域文化還剛起步，創立後僅僅經歷兩三個世代，即使如此，他們依然願意拾起武器犯下叛國罪，守護各自的獨特文化。

＊

　　詹姆士國王風馳電掣展開計畫，下令新英格蘭、紐約和
紐澤西結合成威權的單一大殖民地，名為新英格蘭自治領
（Dominion of New England）。自治領取消了代議制的議會和常設
地方會議，取而代之的是至高無上的王室總督，背後有著王軍作
為靠山。整個洋基之國清教徒的土地證明全部遭註銷，地主被迫
向王室買地，並且以封建制度的方式無限期上繳租金給國王。自
治領總督收歸劍橋、林恩以及其他麻薩諸塞城鎮的部分公有地，
將有價值的土地分贈友人。國王也對潮水地方的菸草徵收高額的
賦稅，新聚落查爾斯頓周圍所生產的糖也無法倖免。這些政策都
沒獲得被統治者的同意，違反了所有英國人在《大憲章》中所受
到的權利保障。有一位清教徒牧師起身反抗，卻被新任自治領法
官丟入大牢，告訴他現在他的人民「所有特權蕩然無存……只剩
不會被賣去當奴隸的權利。」在詹姆士掌權下，英國人享有的權
利不適用於英國海岸以外的地區，這位國王得以在殖民地為所欲
為。[1]

　　雖然殖民地怨聲載道，但若非英國內部也對國王的治理激烈
反彈，殖民地人民大概不可能膽敢起義對抗國王。當時歐洲的宗
教戰爭還停留在多數人的記憶中，而詹姆士竟然改宗天主教、任
命多位天主教徒擔任公職，並且允許天主教追隨者自由進行他們
的宗教儀式，令許多英國人大驚失色。英國大多數的新教徒深怕
這是一場教宗的陰謀，因此在一六八五至一六八八年間在國內引
發了三場針對詹姆士政權的叛亂。前兩次叛亂遭王軍鎮壓，但第

三次叛亂卻透過一項創新戰略而成功，這次策劃者不自行參戰，而是邀請荷蘭的軍事領袖來代勞。奧蘭治親王威廉（William of Orange）從海路進攻，獲得部分重要官員歡迎，其中甚至包含詹姆士的親生女兒安妮公主。（乍看之下，支持一位外國入侵者來推翻自己的父親或許有點弔詭，但事實上威廉是詹姆士的姪子，而且與詹姆士的女兒瑪麗結婚。）詹姆士不敵親友的計謀，於一六八八年十二月流亡法國。威廉和瑪麗受封為國王與王后，這場沒有流血的政變被英國人稱為「光榮革命」。

關於政變的消息花上數個月才傳至殖民地，因此在一六八八年冬天以及隔年早春不斷流傳著荷蘭進犯的謠言，使得殖民地居民陷入兩難。較為保守的做法，是耐心等待英國最終局勢發展的消息到來。更大膽的做法，則是直接起身對抗壓迫者來保護自己的社會，同時希冀威廉確實成功入侵英國，而且會原諒殖民地的起義。每一個北美區域文化都做了自己的決定，各有各的原因。最終選擇保守路線的是費城與查爾斯頓周圍的年輕殖民地，因為他們各自只有數百名墾民，就算想參與也心有餘而力不足。不過洋基之國、潮水地方和新尼德蘭的群眾已經準備不計一切代價保護自己的生活方式。

洋基之國毫不意外地打了頭陣。

新英格蘭人極度重視自我治理、地方控制和清教徒的宗教價值，因此詹姆士國王的政策對他們造成最大衝擊。居住在波士頓的自治領總督埃德蒙・安德羅斯爵士（Sir Edmund Andros）迫不

及待要讓新英格蘭乖乖就範，他從麻薩諸塞登陸後的短短幾個小時內就發布了一項命令，徹底打擊新英格蘭的認同：他下令清教徒的禮拜堂必須開放給聖公會使用，並且奪走新英格蘭人的政府憲章，波士頓居民稱該憲章是「讓我們免受野獸侵擾的護身符」。聖公會信徒與可能具有天主教徒身分的人出任政治或民兵領袖，背後有蠻橫的王室軍隊撐腰，目擊者表示這些士兵「教會了新英格蘭人如何嫖妓、酗酒、褻瀆上帝和詛咒他人。」城鎮再也無法使用稅收來支持清教徒牧師。在法庭上，清教徒要面對聖公會的陪審團，並且被迫在宣誓的時候親吻聖經（此舉為聖公會「偶像崇拜」的慣習），而不是像清教徒傳統一般舉起右手宣誓。總督安德羅斯下令包容良知自由，但同時在波士頓公共墓園建立了新的聖公會禮拜堂。這個相信自己和上帝有份契約的民族，逐漸失去他們過往用來實現上帝旨意的工具。2

波士頓的居民認定自治領的政策必定是「教宗的陰謀」，他們後來解釋，他們的「家園」是「新英格蘭」，這個地方「對新教來說十分了不起，得以表態與落實宗教理念」，也因此招惹來「朱衣大淫婦」①，意圖「打擊和破壞」此地，使本地居民暴露於「被徹底壓迫的慘劇之中」。神選的子民不能放任這種情況發生。3

一六八六年十二月，麻薩諸塞的托普斯菲爾德（Topsfield）有位農夫煽動街坊鄰居，宣誓效忠於新英格蘭原本的政府，日後這場起義被形容為「聚眾鬧事」。同一時間，鄰近的城鎮拒

---

① 譯注：《新約聖經・啟示錄》中提及的寓言式邪惡人物，宗教改革時期新教常用來批判羅馬天主教。

絕指派稅務人員，安德羅斯總督逮捕煽動者並祭出罰鍰。為了抵抗安德羅斯，麻薩諸塞菁英暗地裡派遣神學家因克瑞斯・馬瑟（Increase Mather）橫渡大西洋，親自向詹姆士國王請命。馬瑟抵達倫敦後，向君王示警道：「如果有外國的君王或是其他國家……派遣戰艦至新英格蘭，並且保證會像原本的政府一樣保護我們，將會成為無法抗拒的誘惑。」這項背棄王國的威脅並未奏效，詹姆士依然堅持執行原定政策。觀見國王後，馬瑟表示洋基之國即將「血流成河」。[4]

一六八九年二月，威廉入侵英國的傳言抵達新英格蘭，自治領的領袖盡全力防止消息散布出去，甚至用「帶來叛國誹謗」的名義逮捕旅客。此舉進一步加深洋基人心中的教宗陰謀論，現在他們甚至更偏執地認為新法蘭西將會和其印第安盟友聯合進犯。「我們早該加強自衛能力，」麻薩諸塞菁英判斷，「只要政府依然受近期的奪權者掌控，我們就必須提升戒護。」[5]

洋基人的反應迅雷不及掩耳又出人意料，而且幾乎獲得所有人支持。一六八九年四月十八日的早晨，策劃者在波士頓燈塔山（Beacon Hill）的旗竿升旗，宣告起義即將開始。鎮民偷襲了負責鎮守波士頓的英國海軍玫瑰號（HMS Rose），並監禁指揮官約翰・喬治（John George）。五十名持有武器的民兵脅迫支持自治領的官員走上波士頓大街，並且占領了政廳。其他數百名民兵挾持了自治領官員和公務人員，將他們監禁在鎮上的監牢中。到了當天下午，已經有約二千名民兵從周邊城鎮湧入，包圍安德羅斯總督與王室軍隊駐守的堡壘。擁有二十八門大砲的玫瑰號出動了一整船的士兵前來營救總督，但也是一登陸就吞敗。政變領袖

警告安德羅斯「投降並且棄守政府和堡壘」，否則就會面臨「堡壘遭攻陷」的後果。隔天總督投降並且和屬下一樣被關進監牢，當時的玫瑰號船長面臨被叛軍挾持的堡壘大砲威脅，立刻投降，將船艦交給洋基人。自治領政府在一天內就遭推翻。[6]

※

新阿姆斯特丹在短短幾天內就接獲洋基叛亂的消息，當地的荷蘭居民振奮不已。他們不但有機會終止一個獨裁政權，甚至還有可能終結英國人對他們家園的占領。紐約可能再度成為新尼德蘭，屆時荷蘭人、瓦隆人、猶太人和胡格諾派（Huguenots）將獲得解放，不再生活在一個無法包容宗教多元及表達自由的區域文化之下。法蘭西斯・尼柯森（Francis Nicholson）是殖民地的自治領副總督，他宣布紐約人將成為「被征服的人」，他們「不能期待享有跟英國人同樣的權利」，這番言論讓紐約人更容易下決定。[7]

不願屈服的新尼德蘭人將希望寄託在奧蘭治親王威廉身上，畢竟親王是他們母國的軍事領袖，因此可能會願意從英國治理下解放荷屬殖民地。紐約的荷蘭教會成員日後表示，威廉親王的「祖先曾經從西班牙的束縛中解放我們的祖先」，而他「現在再度前來從天主教與暴君手中拯救英國」。當年春天加入推翻政府的反抗者確實大部分皆為荷蘭人，他們追隨的則是德裔荷蘭喀爾文教徒雅各・萊斯勒（Jacob Leisler）。日後這些反叛者的對手會直接稱他們的叛亂為「荷蘭陰謀」。[8]

不過毫不意外地，第一波反抗來自長島東部的洋基聚落，因

為這群人從來都不想成為紐約的一部分。他們渴望加入康乃狄克，而且害怕法國天主教的入侵，因此推翻並取代了當地的自治領官員。接著數百名洋基民兵走上紐約與阿爾巴尼街頭，試圖占領堡壘，並且奪回自治領官員從他們口袋拿走的稅金。「我們跟波士頓的居民一樣，深受專制政權所苦。」他們如是說道，「我們認為我們有不可推卸的責任，必須捉拿那些曾經掠奪我們的人」，這種行動「不亞於我們對上帝的義務」。副總督尼柯森在這些長島人距離曼哈頓十四英里的時候，跟他們的領袖進行了會談。他提出了一項成功的策略，提議給集結的士兵一大筆現金，表面上作為過去未支付的薪資補償和稅務抵償。洋基人停止進攻，但已經對自治領的權威造成傷害。[9]

　　城內心懷不滿的民兵受到長島洋基人的鼓舞，也拿起武器反抗。商人不再支付海關費用。一群城內的荷蘭居民日後說道：「人民不再願意受到壓制。他們要求當地的官員也應該要公開支持奧蘭治親王威廉。」尼柯森副總督退回堡壘，並且下令將砲口對準城市。「城裡的暴民多到我都不敢走上街。」他怒氣沖天地對一名荷蘭軍官抱怨，並預言般地補充說如果暴動持續不斷，他會「把整座城燒了」。[10]

　　尼柯森的威脅迅速傳遍全城，短短幾個小時後副總督就聽到民兵集結的鼓聲響起。武裝的鎮民朝堡壘前進，此時荷蘭軍官敞開大門讓他們進入。一位見證者回憶：「半小時內堡壘充滿武裝的暴民，高呼他們受到背叛，準備要自己出手解決。」奪取城市後，荷蘭人與其支持者焦慮地等待他們的同胞讓新尼德蘭起死回生。[11]

✳

　　就表面看來，潮水地方不像是會反抗的地區。畢竟維吉尼亞明顯是保守派，他們在政治上是保王派，宗教上則信奉聖公會。馬里蘭更是如此，當地的巴爾的摩領主以古時候中世紀國王的方式治理屬於他們的乞沙比克地區，而信奉天主教這點讓他們更受詹姆士二世賞識。國王或許希望他的北美殖民地能更統一，不過潮水地方仕紳階級相信他們的貴族社會對國王的計畫來說是更好的模範。

　　英國的內部當權勢力開始攻擊詹姆士，此時潮水地方大多數人出於類似原因也跟進抨擊。國王在國內已經開始削弱聖公會的勢力，指派天主教徒擔任高官，並且攫取地主貴族的勢力，逐漸侵蝕乞沙比克菁英珍視的英式生活。在美洲殖民地，詹姆士試圖取消潮水地方貴族的代議制議會，並且推出高額菸草新稅，危及所有農園主人的事業。愈來愈多人擔心國王是教宗陰謀的共犯，輿論開始認為信奉天主教的卡弗特家族八成也參與其中。乞沙比克兩岸的新教徒也擔心他們會被包圍和威脅，而馬里蘭居民則深信他們的生命受到威脅。

　　一六八八至一六八九年冬天，消息傳出危機籠罩英國，整個乞沙比克鄉間的聖公會教徒和清教徒居民如臨大敵，他們相信馬里蘭的天主教領袖正在跟塞內卡（Seneca）印第安人暗地裡策劃如何屠殺新教徒。就在馬里蘭波多馬克河對岸的維吉尼亞斯塔福德郡（Stafford County）居民，部署了武裝部隊來預防可能出現的攻擊，根據維吉尼亞官員的說法，這些部隊「已經準備好反抗

政府。」馬里蘭的議會回報：「各地都在騷動。」威廉和瑪麗加冕的消息即時抵達，維吉尼亞的反天主教狂熱獲得控制，但是還是不足以平息馬里蘭的動亂。[12]

在馬里蘭，卡弗特家族親自選出的天主教政府拒絕向新君主效忠。七月時，即潮水地方正式得知加冕消息的兩個月後，當地主要的新教徒人口決定不再等待。這裡的新教徒幾乎都來自維吉尼亞，他們決定推翻卡弗特政權，讓更符合潮水地方主流文化的政府取而代之。

叛亂分子組成雜亂無章的軍隊，而且取了很適切的名字：新教徒聯盟（Protestant Associators）。他們由一名前聖公會牧師帶領，數百人一起在聖瑪麗城示威遊行。殖民地的士兵在他們面前潰散，完全忽視保衛政廳的命令。巴爾的摩勛爵的手下試圖組織反擊，但是他們的士兵拒絕服從。新教徒聯盟短短幾天內就兵臨勛爵的宅邸大門前，靠的是他們在首都占領的英國船艦上奪取來的大砲。躲在宅邸內的官員只得乖乖就範，自此終結卡弗特家族的統治。新教徒聯盟發表了一份宣言，譴責勛爵叛國和歧視聖公會教徒的行為，結尾提到他們和法裔耶穌會與印第安人密謀抵抗威廉和瑪麗的治理。投降的條件是禁止天主教徒擔任公職和加入軍隊，聖公會教徒因此掌握所有權力，他們大多是出身維吉尼亞的菁英。[13]

叛亂分子成功將馬里蘭依照家鄉維吉尼亞的方式改造，讓潮水地方文化在乞沙比克鄉間鞏固下來。

✳

　　一六八九年的美國「革命分子」成功推翻對他們造成威脅的政權，但並非所有人都得償所願。這三場叛亂的領袖都希望得到威廉國王的祝福，國王也確實為他們的起義背書，並且答應潮水地方叛亂軍的請求，但國王並沒有完全撤回詹姆士在新英格蘭或新尼德蘭落實的改革。威廉的王國或許相較於詹姆士來得有彈性，但並不願意讓殖民地居民予取予求。

　　位於新尼德蘭的荷蘭人是最失落的一群，威廉不希望違逆他的新英國子民，因此拒絕將紐約歸還給荷蘭。同時間，起義也演變成政治內鬥，各種族裔與經濟利益出現角力，爭奪殖民地的掌控權。叛軍的臨時領袖萊斯勒無法集中權力，反而在試圖集權的過程中處處樹敵。兩年後新任王室總督到任，萊斯勒的政敵成功讓他以叛國罪被判絞刑，也因此造成城內更嚴峻的對立。一位總督事後表示：「雙方都巴不得取下對方的項上人頭。」新尼德蘭人並沒有回歸荷蘭統治，反而發現自己活在一個騷動的皇家殖民地中，這個政權對他們相當不利，也與長島東部、哈德遜河上游以及新英格蘭的洋基人對立。[14]

　　洋基人祈望恢復過去的憲章，讓新英格蘭殖民地恢復到過去自治共和的狀態。（一位殖民地居民解釋道：「麻薩諸塞憲章……是我們的《大憲章》。沒有了它，我們完全失去法律，因為英國法律僅僅適用於英國。」）但是威廉依然下令麻薩諸塞與普利茅斯殖民地共同由一位王室總督管理，而且總督有權否決立法。洋基人得以重獲民選代表、土地文件和不受束縛的地方政府，但是他們必須允許讓所有擁有財產的新教徒投票，不能只允許取得清教徒教會成員身分的人投票。康乃狄克與羅德島可以維

持過往的自理方式，但是麻薩諸塞灣這片強大的殖民地必須受到更高度控管。如果神選的子民希望繼續打造他們的烏托邦，勢必要再興起另一波革命。[15]

第七章

# 建立深南地方

　　深南地方的創始者在一六七○年和一六七一年間由海路抵達，他們的船隻在現今查爾斯頓一帶下錨。跟潮水地方、洋基之國、新尼德蘭與新法蘭西不同的是，這批開創者並非土生土長的歐洲人。他們的祖先其實建立了另一個更古老的英屬殖民地，即英語世界中最富有也最令人膽寒的社會——巴貝多。

　　巴貝多人在查爾斯頓所建立的社會並非試圖複製英式鄉村莊園生活，或是在美洲荒野建立宗教烏托邦。這些巴貝多人實際上復刻了他們所離開的西印度奴隸國，這個國度就連在當時的時空下都因其慘無人道的風氣而惡名昭彰。當地的社會型態讓掌權者可以牟取暴利，因此讓這個徹頭徹尾的奴隸社會在現今南卡羅來納一帶迅速擴張，取代了喬治亞的烏托邦式殖民地，並催生了下列地區的主流文化：密西西比、阿拉巴馬低地、路易斯安那三角洲鄉村地帶、東德克薩斯和阿肯色、田納西西部、佛羅里達北部，以及北卡羅來納東南地帶。深南地方的文化打從一開始就根基於財富和權力的巨大落差，由少數菁英完全掌權，並透過由政府背書的恐怖手段來執行。深南地方擴張領土的野心使其與洋基

對立，兩方引發的軍事、社會和政治衝突至今依然籠罩美國。

＊

　　十七世紀末時，巴貝多是英國在美洲最早成立、最富裕以及人口最密集的殖民地。財富與權勢集中在一群貪得無厭且鋪張浪費的少數農園主手中，這些大農園主在大不列顛帝國臭名遠播，以傷風敗俗、狂妄自大和揮霍無度聞名。開國元勳約翰・狄金森（John Dickinson）日後批判他們是「冷酷無情的人……寥寥幾位領主被賦予專制權力，得以掌控無數僕從，其奢華生活建立在奴隸制度之上。」另一位到訪者表示：「看看他們豪宅美邸、衣冠華麗、享樂終日，連他們的母國都不敵這番奢華生活。」第三位則表示：「這群仕紳著實過得遠比我們這些在英國的人舒適。」他們購買騎士頭銜與英國地產，將小孩送至英國寄宿學校，並且在家中布置最奢華富貴的家具、時髦衣物和奢侈品。這些農園主將極高的財產要求列為投票門檻，以壟斷島上的代議制議會、地方政府和司法體系。眾多巴貝多農園主回到英國居住在新買的地產上，以遠距方式管理殖民地，因此他們在英國國會成為最強大的殖民地遊說勢力，藉此確保帝國施加的稅轉嫁到其他人身上。哲學家洛克就曾警告：「巴貝多人意圖統御眾人。」[1]

　　巴貝多農園主的財富建立在慘無人道的奴隸制度上，其殘酷程度震驚當時社會。他們原本跟潮水地方一樣，採用契約僕役經營農園，但是因為管理方式極為殘暴，英國的窮人開始積極避開這個地方。農園主因此轉而引入數百名蘇格蘭與愛爾蘭士兵，這些人在克倫威爾征服英國時淪為囚犯。當這項資源也耗盡之後，

他們轉而綁架小孩，風氣之盛，當時人們甚至為此創了新詞：
「被巴貝多」（barbadosed，引申為被強迫與誘騙），相當於二十
世紀的新詞「被上海」（shanghaied，意指被誘騙）。一六四七年
時，島上各地僕役甚至群起反抗，差點就推翻這些農園主的政
權。這般對待僕役的方式必然引來英國官員關注。巴貝多人急於
找尋廉價又溫順的勞動力，特別是當他們成功改良了能牟取暴利
的甘蔗種植方式。[2]

　　他們最後的解決方式是一船一船運入被俘虜的非洲人，就像
工具或是牛隻，被視為固定財產，英語世界也自此引入將奴隸視
為私有財產的制度。巴貝多人還從南美洲引入另一個新概念：讓
奴隸在蔗田和管教所工作到死的生產隊制度。巴貝多的奴隸死亡
率是維吉尼亞奴隸的兩倍，潮水地方的仕紳階級利用自然增加的
方式填補奴隸，巴貝多的農園主卻必須每年進口大量奴隸以填補
死去的人數。不過糖業能得到暴利，因此農園主可以負擔不斷補
充人力的成本。到了一六七〇年，農園主用盡了這座小島上的土
地，他們的後代沒辦法擁有自己的農園。巴貝多社會勢必得擴
張，他們遷移到背風群島的其他英屬島嶼和牙買加，不過最多人
前往的就是北美東岸的亞熱帶低地。[3]

　　正是巴貝多文化催生出查爾斯頓，進而促成了深南地方。南
卡羅來納跟其他歐洲的北美殖民地不同，打從一開始這裡就是奴
隸社會。一群巴貝多農園主建立了「西印度專屬的卡羅來納」，
殖民地的憲章中就明定這片土地專屬於西印度群島的奴隸主。洛
克起草的憲章載明農園主只要帶一名僕役或奴隸到殖民地，就可
以獲得一百五十英畝的土地；南卡羅來納低地的大片土地很快就

落入一小群巴貝多人手中，他們進一步打造出相當於古希臘奴隸城邦的寡頭社會。農園主帶來了大批奴隸，導致奴隸一夕間占了殖民地四分之一的人口。奴隸負責耕種稻米與靛藍以外銷至英國，靠著這項貿易，這些農園主在整個殖民帝國中富有程度僅次於西印度群島的農園主。美國革命前夕，查爾斯頓地區人均收入達到令人難以置信的二千三百三十八英鎊，是潮水地方的四倍之多，甚至比紐約或費城高出六倍。絕大部分的財富都累積在統治南卡羅來納的家族手中，他們控制了大部分的土地、貿易和奴隸。這些有錢人家人數眾多，在殖民時代末期占了白人人口四分之一。「這是仕紳階級的國度，」一位居民在一七七三年時表示，「我們之中沒有平民。」這個說法當然完全忽略了剩餘四分之三的白人以及被奴役的黑人。當時這片低地的主要人口為黑人，占了八成人口。這些大農園主完全沒有把其他人放在眼裡。確實，菁英階級相信深南地方的政府和群眾之所以存在，就是為了維持他們的個人所需和雄心抱負。4

　　這些農園主不想在酷熱的農園中浪費生命，所以他們打造了一座城，讓自己得以享受奢華生活。查爾斯頓因此迅速成為東岸最富有的城鎮，這裡就像巴貝多的首都橋鎮（Bridgetown），粉彩色外牆的住宅搭配著磁磚鋪成的屋頂和露台，林立在由貝殼碎粒鋪成的街道上。查爾斯頓跟威廉斯堡或聖瑪麗城不同，這是座生機蓬勃的城市，農園主在此流連忘返，至於農園的管理則交給他們聘雇的工頭負責。城市提供各種消遣，諸如劇院、酒館、客棧、妓院、鬥雞場，以及供抽菸、用餐、飲酒與賽馬的私人俱樂部，還有充滿倫敦時尚舶來品的店鋪。他們就像暴發戶一樣，執

意取得最符合階級象徵的物品，緊跟著英國仕紳階級的流行時尚，連到訪的旅客都對他們的執著感到震驚。「他們的一生都在賽跑，」一位當地居民寫道，「每個人都急著擺脫落後者，努力追趕上前方的人脫穎而出。」[5]

＊

就如同潮水地方的貴族一樣，這些農園主的祖先曾在英國內戰中為國王而戰，他們也擁抱大不列顛貴族的一切象徵，但抗拒貴族身分帶來的社會責任。他們對於故鄉的清教徒勢力消亡感到興奮不已，因此將卡羅來納和查爾斯頓以復辟的查理二世命名。[1]這群出身自巴貝多的貴族在進口的法國瓷器上炫耀他們的盾徽，以此鼓吹自己和英國騎士與貴族的淵源。他們通常使用非嫡長子嗣的象徵紋章：一彎新月，開口朝向佩戴者右方。後來這個紋章被放入南卡羅來納州旗，在革命時期，不論是效忠派還是叛軍都將之作為軍服標記。[6]

雖然農園主並非虔誠的信徒，他們依然信奉聖公會，將之視為當權者的象徵。當年洛克起草的殖民地憲章曾確保了宗教自由，賽法迪猶太人與法裔胡格諾派因而大量移民至此，但一七〇〇年時菁英階級推翻了這項條款，讓他們得以壟斷教會與政府事務。因為信奉聖公會，深南地方的菁英得以不受拘束的接觸倫敦上流社會與英國頂尖大學和寄宿學校，而清教徒、貴格會和其他宗教異議者往往無法獲得同樣資源。不論這些深南地方農園主

---

① 譯注：「卡羅來納」名稱源自查理的拉丁文寫法Carolus。

是來自英國或法國，他們也逐漸傾向潮水地方仕紳階級的看法，認為自己是諾曼貴族的後代，讓他們得以對殖民地上粗魯的盎格魯－撒克遜和凱爾特底層階級發號施令。[7]

　　這片低地的財富完全仰賴大批受奴役的黑人，在某些地區黑人與白人的比例是九比一。為了完全控制這一大批人，農園主幾乎逐字逐句複製了巴貝多暴虐的奴隸規範。一六九八年，他們在法律中載明非洲人擁有「蠻橫、未馴化、野蠻的特質」，因此他們「自然容易」變得「無人性」，需要嚴格控管和祭出嚴刑峻法。法律的重點是確保沒有奴隸逃跑，第一次逃跑的奴隸會受到嚴厲鞭刑，二度逃跑的奴隸右頰會被烙印上字母「R」，三度逃跑的奴隸除了鞭刑還會被削去一耳，四度逃跑的奴隸會被閹割，最終五度逃跑的奴隸會被切斷阿基里斯腱或是直接處死。沒有確實落實懲罰的主人會被處以罰鍰，而不論黑人或白人，只要協助奴隸逃跑，就要接受罰鍰、鞭刑，甚至死刑。這些寡頭將更嚴厲的酷刑留給「試圖逃離本省，導致主人失去其服務」的逃逸奴隸，這類奴隸會面臨死刑，任何協助逃逸的白人也會連帶受罰。一旦奴隸使白人「重傷或殘廢」，必須處以極刑。如果白人「恣意或惡意」殺害一名奴隸，僅需支付五十英鎊的罰鍰，在當時大約等同於一頂紳士假髮的價格。值得注意的是，如果殺害奴隸的犯人是名僕役，他面臨的處罰會嚴重許多：三十九下鞭刑、三個月的監牢，以及為受害奴隸的主人提供四年契約勞役。除非取得通行證，否則奴隸禁止離開農園，一旦被抓到偷竊，就算只是條麵包，也要接受四十下鞭刑，再犯者會被割去耳朵或是割開鼻孔，第四次犯刑者則處以死刑。不過這個規範並非毫無同理心，

至少對於奴隸主人來說是如此。如果奴隸在逮捕、閹割或受刑的過程中喪命，主人可以獲得來自政府財庫的補償。法律也規定奴隸可以受洗，因為「我們信奉的基督教義使我們有義務讓所有人擁有健康靈魂」，但是同樣清楚規範了受洗「不能成為變動他人財產的理由」，意指不能讓奴隸因此獲得自由。一直到內戰結束前，這類規範都還寫在書中，並且成為往後深南地方各政府的奴隸法規範本。[8]

＊

當然，深南地方不是一六七○年後唯一全面實施奴隸制的北美地區，每個殖民地都允許蓄奴，但絕大多數都只是社會中有奴隸的身影，而非建立在奴隸制度上的社會。只有在潮水地方與深南地方這兩處會看到奴隸制成為經濟與文化核心，不過這兩個蓄奴的區域文化有著根本上的不同，這點也透露出兩地寡頭在價值觀上的差異。[9]

如前所述，潮水地方的領袖在尋求農奴時同時引進黑人與白人，而只要撐過契約期間，男女都可以獲得自由。然而一六六○年後，抵達維吉尼亞與馬里蘭的非裔逐漸被當作終身奴隸，因為仕紳們開始採用西印度與深南地方的蓄奴制度。到了十八世紀中期，梅森－狄克森線（Mason-Dixon line）以南的所有黑人都面臨巴貝多式的奴隸規範。

即使如此，潮水地方的奴隸人口比例仍低的多（潮水地方的白人是奴隸的一點七倍，深南地方的奴隸則是白人的五倍）且壽命較長，家庭生活也相較深南地方的奴隸來得穩定。潮水地方的

奴隸人口在一七四〇年後就開始自然增加，不再需要從國外引進。因為不再有新的人口需要同化，潮水地帶非裔文化同質性愈來愈高，並且受到其身處的英式文化影響。一六七〇年前來到乞沙比克的黑人，他們的後代成長過程中享有自由、擁有土地和僕役，甚至可以當官或與白人通婚。在潮水地方，擁有非裔血統並不表示是奴隸，因此更難將黑人視為低等人類。一直到十七世紀末，潮水地方大多以社會階級而非種族決定一個人的地位。10

相反地，深南地方主要人口為黑人，奴隸死亡率極高，這表示每年必須引進數以千計的新鮮人口，以填補死去的奴隸。深南地方的黑人往往更常集中居住，並且與白人居所區隔。每艘奴隸船都載著新奴隸抵達，因此奴隸非常多元，擁有各式各樣的非洲語言與非洲文化習俗。在這個大熔爐中，奴隸打造了新的文化面貌，擁有自己的獨特語言（古拉語、紐奧良的克里奧爾語）、非洲加勒比海料理和音樂傳統。這個奴隸地獄將出產深南地方帶給北美的珍寶，像是藍調、爵士、福音音樂和搖滾，而受加勒比海地區啟發的飲食文化也珍藏於南方特色烤肉之中，如今從邁阿密到安克拉治（Anchorage）都有機會品嚐。再加上深南地方的氣候、地形和生態圈極度近似西非而非英國，因此當地的農業發展主要仰賴奴隸所帶來的技術與慣習。一七三七年抵達的一位瑞士移民提到：「卡羅來納看起來比較像個黑人國度，而非白人定居的國度。」11

深南地方的非裔塑造出了平行文化，其獨特性被鑄入該區域文化白人少數族群的法律和基本價值觀之中。至少在一六七〇年到一九七〇年的三百年間，深南地方都是個有著種姓制度的社

會。這裡我必須特別提出的是，種姓制度有異於階級制度。後者的人們可以離開自己所屬的社會階級，確實會透過辛勤工作或因為經歷悲劇而改變階級；也可以透過與其他階級的人結婚，並為小孩努力好讓他們的人生有比自己更好的起點。但種姓制度卻是與生俱來、無法改變的，且後代一到人世也會被列為相同種姓且不可改變。種姓之間嚴格禁止通婚，因此即使深南地方同時有富裕和貧窮的白人以及富裕和貧窮的黑人，不論黑人多麼富有，也絕對無法加入主人階級的種姓。這套系統的基本思維就是黑人天生次等，他們無法表現高層次的思想和情緒，而且行為舉止相當野蠻。深南地方白人將就著讓黑人擔任乳母、廚師和保母，但卻視黑人為「不潔」，也因此堅決拒絕與他們共用餐具、衣服和社交空間。至少有長達三百年的時間，深南地方最忌諱的就是種姓間通婚，或是黑人男性擁有白人女性情人，因為一旦出現混血兒，種姓制度將不復存在。黑人男性只要有一絲絲跡象顯示觸犯了這條深南地方的天條，就會因此喪命。[12]

不過就像深南地方的其他制度一樣，種姓制度也為打造它的富裕白人保留了權宜變通之道。白人跟自己的女性奴隸發生性行為完全沒有問題，前提是目的必須為「取樂」。許多潮水地方與深南地方的寡頭會性侵奴隸和女僕，或是和她們發生關係，其中也包含種族隔離主義者，如維吉尼亞的威廉‧拜爾德（出生於一六七四年），或是近代人物，如南卡羅來納參議員史壯‧瑟蒙（於二〇〇三年過世）。「享用黑人女人或混血女人是常見的話題，」一位拜訪南卡羅來納農園主的洋基人在一七六四年表示，「提到這個話題的時候沒有任何遲疑，不需小心翼翼或感到

羞恥。」法律規定這類行為下出生的小孩屬於黑人種姓，並且直接禁止他們主張父親財產的繼承權，直到二十世紀末都還可以觀察到這個風氣。不過許多農園主確實關心自己的私生子，通常指派他們為僕人，有時甚至付錢讓他們到洋基之國求學，在那裡他們的受教權並未受到剝奪，因此形成了一個具有特權的混血兒社會群體，主宰了黑人種姓中的中產階級和上流階級，他們後來在貿易經商和其他領域的成就則挑戰了整個種族隔離系統的正當性。[13]

　　由於農園主的人數遠不及奴隸，因此他們鎮日活在奴隸叛變的恐懼之中。他們組成騎馬民兵，定期訓練以準備面對任何叛亂，並且賞給自己許多榮譽頭銜，例如「上校」或「少校」。他們的恐懼並非毫無根據，一七三七年，一群可能曾是基督教剛果王國（教宗承認的西非王國）戰士的天主教奴隸試圖殺出一條血路，逃到西班牙轄下的佛羅里達投奔自由。這股專業的反叛勢力有二十至三十人，他們攻陷了史陶諾（Stono）的彈藥庫，並且擊鼓搖旗向南遊行，吸引了數百名奴隸加入他們的出走，並且沿路殺害試圖阻擋的農園主。這些人大多在跟民兵的對戰中喪命，民兵便將叛軍的頭顱插在回查爾斯頓沿途的每一個里程牌上。「這件事讓每個人都憂心忡忡，」南卡羅來納議員在事件後立即表示，「我們無法向其他人一樣安居……因為我們的產業就是奪走我們幸福的禍首，讓我們面臨生命與財產損失。」[14]

　　深南地方社會不僅軍事化、具備種姓制度且尊敬權威，同時

也高度支持擴張主義。南卡羅來納低地鄉村是深南地方的文化核心，農園主自此沿著海岸向上與向下擴張至相似的地形區域。北方是北卡羅來納，這塊偏遠地區人丁稀少，這裡的沿岸地區很快會分裂成兩個族群，一處是位於東北地區的貧窮潮水地方農夫（沿著東北角奧伯馬灣一帶），另一處則是位於東南的富裕深南地方人。但是在薩瓦那河（Savannah River）以南的喬治亞，南卡羅來納的農園主在試圖擴張他們的生活方式時遇到了阻礙。

新成立的喬治亞殖民地一開始並非屬於深南地方。喬治亞建立於一七三二年，始於一場崇高的慈善計畫，由一群英國上流階級社會改革者策劃，他們希望將窮人移居到北美南部，以解決都市貧窮問題。這些窮人被慈善家稱為「遊手好閒」且「悲慘的可憐人」，他們在新的殖民地要在自己的農場工作，慈善家期待這樣的勞動會讓他們擺脫所謂的懶惰病。慈善家禁止奴隸制度進入喬治亞，因為這樣一來白人窮人就不會繼續勤奮工作，他們也把農場限制在不超過五十英畝的大小，以避免形成農園。喬治亞的贊助人甚至禁止烈酒和律師，因為他們認為這兩者會侵蝕人的道德感。完成勞動後，這些喬治亞的貧民持續為英國帶來地理上的利益，他們會形成緩衝州以抵抗西班牙從南部入侵，並且協助攔截逃離南卡羅來納、意圖前往西屬佛羅里達投奔自由的奴隸。[15]

但這個慈善大夢並未成真，南卡羅來納的農園主需要更多土地，而喬治亞的貧民迫不及待地購入奴隸，藉此從低賤卑微的工作中脫身。一七四〇年代與五〇年代，南卡羅來納人控制喬治亞政府，並且確保最好的土地都分配給自己或友人。他們採用嚴厲的巴貝多式奴隸規範，農園在沿海低地湧現，薩瓦那則搖身一

變，成為小查爾斯頓。喬治亞低地沒有成為自耕農的烏托邦，反而成為誕生自查爾斯頓的西印度奴隸主集團的分部。[16]

　　深南地方正在移動，跟潮水地方不同的是，他們不會遇到歐洲文明對手的阻擋，得以前往密西西比以及更遠的地方。

第八章

# 建立中部地方

　　最具美國精神的區域文化其實是在殖民地後期才建立。中部地方建立於一六八〇年代，自始就是個寬容、多文化、多語言的文明，他們由普通家庭組成，其中大多為虔誠的教徒，而且都希望政府和領袖人物可以讓他們過自己的生活。過去三百年，中部地方的文化從其發源地費城及周邊地區向西擴張，中間跳過大阿帕拉契，並且散布在廣袤的美國心臟地帶，但過程中成功保留了前述核心價值。中部地方文化即「中部美國」（Middle America），是北美最主流的區域文化，在大部分的美國歷史裡，中部地方都在美國的政治角力中發揮舉足輕重的影響力。

　　諷刺的是，中部地方的起源一點都不平凡。跟洋基之國一樣，中部地方一開始的目標是成為一個模範社會，由非傳統宗教的信條所引領的烏托邦。賓夕法尼亞可說是由當時最具爭議性的教派所創立，當時該團體被指控破壞「和平與秩序」，並且「種下……使宗教與教會秩序……立即毀滅的種子……政府也無可倖免。」現在看來或許令人難以理解，但在當時貴格會被視為激進且危險的勢力，相當於在十七世紀末時將嬉皮運動與山達基教會

（Church of Scientology）混合後的結果。貴格會唾棄當時的社會
規範，拒絕向上層階級敬禮或舉帽致敬，也不願意參與任何正式
宗教活動。他們抗拒宗教階級制度中的權威，視女性為精神上與
男性相當的個體，並且質疑奴隸制度的正當性。他們的領袖會一
絲不掛地上街，或是在身上塗排泄物然後進入聖公會教堂，以作
為謙卑的典範。曾經有位貴格會教徒赤身裸體騎在驢子上，在棕
櫚主日（Palm Sunday）進入英國第二大城市，以令人反感的方
式再現了耶穌進入耶路撒冷的場景。在靈性體驗下，他們會開始
劇烈發抖，因此獲得「貴格」（quake，意指抖動）之名，而外
人對於這類景象畏懼不已。許多信徒渴望成為烈士，他們不斷進
入不歡迎他們的鄰里，或是走上新英格蘭城鎮的綠地傳教，或是
挑戰神職人員，並享受隨之而來的囚禁、鞭笞、穿舌或是處刑。
「上帝旨意已經完成，」烈士瑪麗・戴爾（Mary Dyer）在洋基總
督宣判她死刑時告訴他，「是啊，我可以滿心愉悅地走了。」[1]

　　這些唐突的行為是虔誠信奉宗教信念的表現，貴格會教徒相
信每個人內心都有「靈光」（Inner Light），讓聖靈伴其左右。他
們不透過讀經或遵守經書內容來獲得救贖，反而透過個人靈性體
驗來尋找上帝，因此牧師、主教與教堂就顯得多此一舉。他們認
為所有人本質都是良善的，而且待人應如待己。不論教派、種族
或性別，所有人在上帝面前一律平等，而且世俗權威全都缺乏正
當性。有人比較富裕，有人比較貧窮，但並不代表富人擁有支配
其他人的權力。到了一六九〇年代，貴格會剛成立滿半個世紀，
發展出對暴力與戰爭的強烈排斥，他們對和平主義如此強烈的信
念將導致他們失去對中部地方的掌控。[2]

　　不過這個派別如此惹人嫌，又是如何獲得信奉天主教且愛好權威的查理二世國王的許可，成立自己的殖民地呢？

　　賓夕法尼亞的建立就如同許多不尋常的嘗試，起初為一位富裕且受人敬重的男士累積了足夠的恩惠，而後來回報這些恩惠的贈禮卻造福了一位桀驁不馴且思想獨特的年輕人。而在此例中，當事人在過世後才獲得贈禮。海軍上將老威廉・佩恩（William Penn）白手起家，他靈活地根據政治風氣調整立場，首先在英國內戰中支持國會，隨後又大力提倡王室復辟。克倫威爾贈予老佩恩沒收來的愛爾蘭地產讓他致富，但後來老佩恩卻出借了一萬六千英鎊給查理國王的騎士團。他把兒子小威廉・佩恩養育成受人敬重的紳士，並且送他到牛津求學。但小佩恩卻因為批判牛津的聖公會禮拜而遭退學，接著一六六七年時，二十六歲的他選擇加入貴格會，引發眾人震驚。他的父親盡其所能想讓兒子回歸正道，包括毆打、鞭笞、流放，甚至讓他進入路易十四的凡爾賽宮擔任高階官職，也提供了管理愛爾蘭家產的機會，但最終這些手段都未能成功。根據家族親友塞繆爾・皮普斯（Samuel Pepys）的說法，從法國歸來的小佩恩帶著「一股濃厚甚至過剩的法國浮華氣息，從穿著打扮到言行舉止流露出來」，但是依然頑強地效忠於當時自稱「上帝之友」的貴格會。他發布了數十份挑釁文宣以讚揚貴格主義，前後被逮捕了四次，還入獄達一年。他利用父親在皇家司法院的人脈釋放改信貴格會的信徒，並且把零用錢作為旅費，以貴格會傳教士的身分前往德意志與荷蘭。他熟識貴格會的創始人喬治・福克斯（George Fox），並協助訂定「上帝之友」的宗教活動。他的父親於一六七〇年逝世後，小威廉・佩恩

早已是英國最著名的貴格會教友之一,而且變得非常、非常富
有。[3]

　　佩恩享受精緻生活,例如沒收的大宅、昂貴的服飾、高級酒
品和大量僕從,但扶植貴格會是他的首要任務。他認為貴格會需
要自己的國度,需要可以進行「神聖實驗」的地方,成為「所有
國家的典範」,而且會吸引「所有人前來」。一六八〇年,他結
清了查理國王積欠已逝父親的債務,換取了四萬五千平方英里的
地產,坐落於巴爾的摩勛爵的馬里蘭和約克公爵的紐約之間。這
個跟英格蘭一樣大的省分名為賓夕法尼亞,以紀念已逝的父親。
威廉・佩恩在當地擁有最高權威,可以隨心所欲。[4]

　　佩恩立志打造一個和諧的國度,不同信念與族裔背景的人都
可以在此共處。他的宗教使他相信人性本善,因此他的殖民地不
會駐紮軍隊,而且要跟當地印第安人和平共處,付費使用他們的
土地,並且尊重他們的利益。其他北美殖民地都嚴格限制了平民
的政治權力,但賓夕法尼亞卻賦予幾乎所有人投票權。貴格會信
仰在殖民地政府沒有特權,因為「上帝之友」希望以身作則,而
非採取脅迫手段。政府需要受到牽制,未經代議制議會的年度會
議同意,不可徵收賦稅。賓夕法尼亞以坐落於德拉瓦河的新首都
為核心,這裡有著棋盤式街道和系統性的街名,而且建築物間棟
距統一。(身為「友愛之城」的費城,確實在日後成為美國中部
地方城鎮與城市的典範。)佩恩的文明世界一路擴張到賓夕法尼
亞之外,納入了受貴格會控制的西澤西(現今紐澤西南部)、分
散於德拉瓦灣下半的荷蘭、瑞典與芬蘭聚落(現今德拉瓦),以
及馬里蘭西北地區(佩恩誤以為這裡也是王室贈予他的土地)。[5]

佩恩的殖民規劃極為完善，他提供了政治與宗教自由和廉價的土地，同時積極推廣賓夕法尼亞殖民地，不僅在英格蘭與愛爾蘭發送小冊子，還發到了荷蘭以及現今德國一帶的廣袤地區。他將七十五萬英畝的農地預售給六百名投資者，以獲得足夠資金為首批殖民者承保和興建費城，並且讓殖民政府得以在沒有稅收的情況下持續運行數年。佩恩於一六八二年派遣二十三艘船前往賓夕法尼亞，載運著二千名殖民者以及工具、糧食和牲畜。四年後，費城及其周遭地區居民達到八千人，潮水地方要花二十五年才能達到這個人口數，新法蘭西則是七年。來到賓夕法尼亞的殖民者大多為優良的工匠與出身平凡的農人，他們攜家帶眷而來，立刻為中部地方帶來適合定居且文明開化的氛圍。這項「神聖實驗」一開始就有充足的糧食、與印第安人良好的關係，以及貴格會教徒作為主要人口，看來前途一片光明。[6]

✳

佩恩的行銷策略大有所獲，帶來了更大批的墾民，為中部地方帶來多元且明顯不同於英倫的特質，往後持續影響著美國的精神與認同。

第二批移民來自德意志巴拉丁地區（Palatine），是一群說德語的農民和工匠。他們基本上是難民，為了逃離饑荒、宗教迫害和戰爭而來，飽受創傷的他們來自德意志南部，家鄉數代以來歷經帝國與宗教衝突荼毒，成為大型屠殺地點。他們清一色都是新教徒，而且與眾多家庭成員一同抵達，有時甚至整個村莊一起移民過來，鞏固了中部地方當時的中產階級價值觀。有些來自特

定教派，例如阿米許人（Amish）、門諾教徒（Mennonites）或基督弟兄會（Brethren of Christ），他們渴望能夠遵照特定規範生活。另外還有數千名主流路德教徒和德意志喀爾文教徒，他們唯一的心願就是在這裡打造繁榮的家庭農場。佩恩讓他們的社群落腳，使他們得以保有自己的族裔認同，並且信奉任何適合他們的基督宗教。事後證明這項計畫非常成功：賓夕法尼亞德語一直保留至二十世紀，這是德意志巴拉丁地區使用的語言，通行於德意志鎮（Germantown）以及其他「賓夕法尼亞荷蘭裔」聚落；阿米許人和門諾教徒則保存他們的生活方式至今。一六八三到一七二六年間，共有五千名德語母語者移居至中部地方，在早期就開始深刻影響當地文化。一七二七至一七五五年間又湧入五萬七千人，讓賓夕法尼亞成為英屬殖民地中唯一不以英國人為主要人口的地區。[7]

　　德裔很輕鬆地適應了貴格會在新社會中的規劃，整體而言他們願意讓貴格會主導一切，在選舉中支持貴格會候選人，並且替貴格會的政策背書。德裔人口的小農技術成為傳奇，他們知道如何精選土質最好的農地，利用輪耕保護土地，並且透過選種來提升牲畜品質。往後二百年的到訪者一致稱讚這些整齊且欣欣向榮的農場，相比其他非德裔的農場更為出色。「我們這片偏遠的聚落十分壯觀，這裡的穀倉跟宮殿一樣大，」一七五三年一位出身自威爾斯的測量師表示，「我們非常感激德裔族群把這樣的經濟引入這塊……年輕的殖民地。」他們也以絕佳工藝技術聞名，不但精進了小木屋建造方式（其設計參考自德拉瓦「低地郡」的瑞典人與芬蘭人），他們還發明了康內斯托加式篷車（Conestoga wagon），載運了數代的墾民越過大阿帕拉契。他們大多數屬於嚴守紀律的宗教派別，獎勵節儉與莊重行為，因此讓他們與鄰近的貴格會地區建立深厚情誼。[8]

　　德裔與貴格會教徒同樣排斥奴隸制度，這個立場使中部地方有異於新尼德蘭、潮水地方與深南地方。由於全家人都務農，所以德裔不需蓄奴，不過他們對奴隸制度的反感一部分也出自文化價值觀。深南地方也有少部分德裔移墾，例如北卡羅來納的紐伯恩（New Bern）和德克薩斯的紐布朗費爾斯（New Braunfels），但相較於同樣是小農戶的盎格魯裔和法裔，這群德裔人口擁有奴隸的比例明顯少上許多。事實上，北美對於奴隸制度的首波抗議聲浪，正是發自於賓夕法尼亞德意志鎮的德裔貴格會教友。「我們應該以希望別人對待自己的方式對待所有人，」一七一二年的抗議人士公開呼籲，「不歧視任何世代、祖籍或膚色。」許多富有的貴格會成員，包含佩恩本人，都帶著奴隸前來賓夕法尼亞，但是短短十年之內，上帝之友就開始互相提醒蓄奴會觸犯前述的金科玉律：待人應如同待己。一七一二年，貴格會主導的立法機構甚至禁止進口奴隸，但這項規定遭皇家司法院否決。一七七三年，在德裔支持下，他們再度試圖廢除奴隸制度，這次遭到國王否決。當時大多數貴格會的奴隸主早已釋放其奴隸，有部分人則試圖補償這些奴隸過去的勞動。這樣的道德立場讓中部地方後來與洋基之國攜手合作，一同阻擋南方鄰居的野心。[9]

　　賓夕法尼亞早期的經濟是一場勝利，但是由貴格會主導的政

府卻是全然的災難。

　　貴格會的理想在現實中與成功的治理相牴觸。貴格會相信所有人都是基督的追隨者而且性本善，因此僅透過自律和金科玉律就得以自理。但情況正好相反，因為無時無刻抵抗權威與傳統剛好也是貴格會的本質，地方領袖會因為教義問題爭執不斷，政府因而陷入混亂，無法維持官方紀錄或是立法讓司法體系正常運作。議會無法正常開議，殖民地甚至在前十年就換了六任總督。來自「低地郡」的荷蘭人、瑞典人與芬蘭人極度渴望一個正常運作的政府，因此決定脫離並成立自己的政府，在一七〇四年成立了名為德拉瓦的小殖民地。「請盡速停止這些宛如壞血病且讓本省蒙羞的爭執，」佩恩從倫敦來信寫道，「大家對賓夕法尼亞讚譽有加，但是對於當地人卻是大肆批評。這些爭鬥讓數百名墾民改變心意，害我損失一萬英鎊，也讓本地損失了十萬英鎊。」在萬念俱灰之下，佩恩終於指派一群外來者進行管理，包含洋基清教徒約翰・布萊克韋爾（John Blackwell）、來自波士頓的聖公會巨賈愛德華・西彭（Edward Shippen），以及自大的英國紳士大衛・洛伊（David Lloyd）。他們沒有任何一人成功讓貴格會領袖為自己所打造的社群負責，費城的貴格會教友選擇專注在自己的「靈光」，不願負起管理殖民地的世俗責任。[10]

　　貴格會以為來自其他文化的移民會擁抱上帝之友的世界觀，但事實證明這也只是空想。德裔雖然沒有造成太多麻煩，但是一七一七年起有一群殖民者開始抵達費城的碼頭，他們的價值觀跟貴格會堅守的信念形成極大的對比。這是群來自大不列顛血腥邊境地區的戰士民族，他們輕蔑印第安人，老是用暴力解決問題，

而且他們所信奉的喀爾文教派認為人性本惡。這群來自蘇格蘭與愛爾蘭阿爾斯特省（Ulster）的邊境居民逃離了衰敗的家園，為賓夕法尼亞帶來驚人的人口：到了一七七五年已湧入超過十萬人。大部分的人直接抵達賓夕法尼亞中部的偏遠丘陵地，接著很快沿著大阿帕拉契山脊而下，建立屬於自己的區域性強勢文化。雖然邊境居民與中部地方各自形成獨立的區域文化，依然有數萬名邊境居民居住在賓夕法尼亞任意畫下的矩形邊界內，他們即將瓦解貴格會對殖民地的控制。「看來愛爾蘭正在將所有的居民送往這邊來，」一位憂心忡忡的殖民地官員表示，「大家害怕如果他們持續湧進，最後會變成這個省分的主人。」[11]

這群邊境居民強占印第安人的土地且未支付費用，先發制人攻擊印第安人的村落，並且迫使原本較為平和的部落跟新法蘭西結盟，以獲得新法蘭西提供的槍枝彈藥。在十八世紀的多場帝國戰爭中，這些部落也使用這些武器對抗大不列顛。無法正常運作的貴格會政府躲在德裔與蘇格蘭－愛爾蘭人聚落形成的層層同心圓中，面對持續升溫的衝突，除了贈送印第安人禮物和物資，完全沒有其他作為。就連法籍傭兵駛入德拉瓦灣並開始攻擊距離費城數英里的農園時，政府依然拒絕著手進行任何防禦準備。身為波士頓洋基人的班傑明・富蘭克林（Benjamin Franklin）移居至費城，他忍不住譴責上帝之友的安逸心態。「拒絕保衛自己或自己國家的行為在人間極為罕見，就連我們的敵人也不會相信，」他於一七四七年寫道，「直到他們親身體會到，真的可以沿著河道一路而上，攫取我們的船隻，攻陷我們的農園和村落，還毫髮無傷地帶著戰利品離去。」貴格會堅守和平主義的信念，不理會

富蘭克林，放任他進行私人募款以籌備殖民地的反抗。[12]

　　事態到一七五五年有了進展，倫尼萊納佩印第安人（Lenni Lenape）在殖民地西部對蘇格蘭－愛爾蘭裔與德裔聚落火力全開，弭平整座城鎮，屠殺和俘虜了數百名墾民。數千名倖存者向東逃逸，部分人一路逃至費城，在無能的議會前作證。先前德裔和平定居的蘭卡斯特郡（Lancaster County）突然間陷入戰火，當地居民發現自己手無寸鐵，無法自我保衛。難民湧入賓省首府時，貴格會政要仍然拒絕使用軍事手段。一位貴格會領袖丹尼爾・史坦頓（Daniel Stanton）在日記中寫道，既然僅極少數的上帝之友在衝突中受害，證明了上帝認同他們的無作為。非貴格會的人幾乎沒有人認同這個觀點，他們指出上帝之友之所以安然無恙，是因為他們聚集在該省最安全的角落。就連遠在倫敦的貴格會都對此感到震驚。「你們的責任是保護人民，卻甚至不讓他們自衛，」一位地位崇高的上帝之友與費城教友通信時表示，「難道那些人所流的血不用算在你們頭上嗎？」貴格會重要官員被迫在保衛社會和堅守宗教精神之間做抉擇，最終他們選擇下台，上帝之友自此不再壟斷中部地方的政治事務。[13]

　　取而代之的是一個彼此競爭利益的跨黨派系統，通常由富蘭克林及其盟友主導。在美國革命前夕，中部地方對自己的文明、自己的領袖和美國獨立都抱有疑慮。此刻，原本屬於威廉・佩恩烏托邦的大片土地已開始被納入其他區域文化之下了。康乃狄克的洋基人開始擴散至中部地方的北部鄉間，隨時準備開戰，以確保賓夕法尼亞的懷俄明河谷持續受到新英格蘭統治。中部地方的西邊則有股新勢力崛起，並且越過高地一路南下。邊境居民並未

掌控任何單一殖民地政府（事實上，他們在沿海的首府幾乎完全沒有議會代表），但他們即將徹底改變所有北美區域文化的未來，以及他們即將加入的不尋常聯邦。

第九章

# 建立大阿帕拉契

　　大阿帕拉契是殖民時期最後一個建立的區域文化，一誕生就帶來巨大變革。來自大不列顛邊境地帶、以家族為根基的戰士文化進入到中部地方、潮水地方與深南地方未開墾的邊境地帶，瓦解了這些區域文化對當地殖民政府、軍力和美洲原住民關係的壟斷。大阿帕拉契的邊境居民既高傲又獨立，殘暴程度令人不安，至今在北美社會中依然散發一股不安定的叛亂氛圍。

　　至今我們所談論的區域文化大多都歸一個或多個殖民地政府管轄，由各自的政治菁英階層控制。但大阿帕拉契起初卻是個沒有政府的文明，這群邊境居民不算是殖民者，他們來到新世界並非為了替貴族或公司的殖民計畫賣命。他們逃離戰火蹂躪的家園，透過遷徙尋求庇護。這群難民並非在官員鼓吹或命令下來到此地，而且往往是在非自願的情況下前來。邊境居民無意接受「外人」治理，也不願放棄原本的生活方式，因此他們直接前往十八世紀時殖民地上孤立的邊境地帶，建立了自己的社會。有段時間這個地區不受法律管轄，完全仿照他們所逃離的無政府世界。

　　大阿帕拉契的創立者來自受戰火蹂躪的北不列顛邊境地帶：蘇格蘭低地、鄰近的北英格蘭邊疆地區，以及蘇格蘭－愛爾蘭人所控制的北愛爾蘭。他們的祖先歷經長達八百年接連不斷的戰爭，這個地區歷史上著名的人物包括蘇格蘭民族英雄威廉·華萊士（William "Braveheart" Wallace）和蘇格蘭貴族羅伯特·布魯斯（Robert the Bruce），而這些移民的祖先要不加入他們麾下，要不就是與之對抗。北美開始受到殖民之際，這些邊境地帶早已殘破不堪。一五八〇年時一名英國間諜對蘇格蘭評論道：「此地充斥著無數乞丐和遊民，這群人因為極度匱乏和悽苦，導致他們的行為舉止既魯莽又放肆。」一六一七年時一位外國的外交人員寫道，英格蘭北部「非常貧困且未開化，處境十分不幸……這些民族野蠻地在永無止境的戰事中互相廝殺。」[1]

　　在這樣的情境下，邊境居民學會只仰賴自己以及家族成員來保衛家園和親友，使其不受外國士兵、愛爾蘭游擊兵以及王室的收稅人員等外力侵擾。面對不斷的動盪，邊境居民紛紛皈依喀爾文教派中的長老教會（Presbyterianism），深信自己為神選子民，屬於聖經中以鮮血聖化的民族，並且受到舊約中盛怒的神庇佑。邊境居民質疑一切外來的權威，對他們而言，個人自由與榮譽凌駕一切之上，並且願意以此二者之名大動干戈。當伊莉莎白一世女王與她的繼任者需要尚武善戰的人移墾北愛爾蘭，並且鎮壓在地反抗勢力時，就會動用邊境蘇格蘭人或蘇格蘭－愛爾蘭人，後者即阿爾斯特省內的邊境蘇格蘭人。一個世紀過後，輪到美洲人欣賞邊境居民捍衛邊疆土地的決心，他們對抗著蠢蠢欲動的美洲原住民，替性情較溫和的沿岸居民建立了一道保護屏障。[2]

✳

　　一七一七至一七七六年間湧入了五波邊境居民，一波比一波龐大，每一波移民都是英倫群島動盪的後果。首波移民是為了逃離阿爾斯特省的乾旱與羊瘟，再加上當地主要出口商品（亞麻布）的需求下降，以及隨著長期租約到期，遠在英國的地主開始從愛爾蘭佃戶身上勒取巨幅上漲的租金。「我實在看不出愛爾蘭現在要怎麼付出更高的稅金，同時又不讓自己的人民餓死，或是如何避免他們完全沒有肉可以吃，和完全沒有衣物可以穿。」一位訪客於一七一六年如此警告英國聖公會的愛爾蘭大主教，「他們已經繳出麵包、身體、奶油、鞋襪、床鋪、家具乃至於房屋，以支付地租和稅收。我看不出來還能從他們身上榨出什麼，除非我們也拿走他們的馬鈴薯和白脫牛奶，或是剝了他們的皮拿去賣。」賦稅照樣提升，因此數千名佃戶別無選擇，只得出售他們的租佃權，並且訂下前往新世界的船票。隨著租約到期後新租金翻漲、牛價折半和稻作持續歉收，數萬人，以及後來的數十萬人，便追隨首波移民的腳步前往新世界。[3]

　　一七七〇年代初期，出走的人潮多到倫敦的當權者甚至開始擔心愛爾蘭和蘇格蘭邊境地帶的經濟會崩潰。「他們大批地移民至美洲，」一位愛爾蘭的官員警告，「必須讓這些愛爾蘭窮苦人家有辦法賺取麵包糊口。如果要從牛身上擠奶，勢必得先餵牠吃東西。」斯凱島（Isle of Skye）的地產仲介表示，當地莊園地產已經逐漸成為「荒原」。北愛爾蘭的德里主教向帝國官員反映，北美偏遠地帶正在醞釀的「反叛精神」，正是發自這群來自愛爾

蘭的三萬三千名移民，他們是「短短幾年內湧入的狂熱又飢腸轆轆的共和主義者」。全英國的報章雜誌開始擔心這些邊境地帶會人去樓空。美國革命爆發之際，英國官員還在爭辯如何好好抑制邊境居民的移民風氣。[4]

少部分的邊境居民落腳於新英格蘭和深南地方，比較晚到的則定居英屬加拿大，但絕大部分人都選擇中部地方：到了一七七五年已湧進了超過十萬人。中部地方的殖民地對他們特別有吸引力，因為當權的貴格會歡迎所有民族，並讓他們在不受干擾下信奉自己的宗教。不過新來者粗魯的舉止和家族式的忠誠還是讓中部地方的人產生了戒心，費城報紙指控他們犯下一連串罪行，諸如製作偽幣、謀殺、強暴六歲孩童，並且在政府膽敢因為他們的同鄉犯罪而進行處決時，「對當權者出言不遜」。當地官員盡可能將這些邊境居民拒於城外，趕入邊境，讓他們成為對抗法國人或美洲原住民的保護屏障。[5]

絕大多數的邊境居民在一貧如洗且亟需土地的情況下，十分樂意前往未開墾之地，根據一位重要殖民官員的說法，這群人接受了「任何他們找得到的大片土地，毫無一絲猶豫。」部分人渡海而來後還有一些積蓄，其實可以租用靠近費城的已開墾土地，但他們卻不這麼做。其中一位解釋道：「在我們來到這裡之前，深受我們土地上的地主壓迫與騷擾，因此我們失去一切，承擔極大風險和苦難而來……到這個陌生世界以求從壓迫中解脫。」蘇格蘭－愛爾蘭人以大家族的規模抵達，他們沿著狹窄的印第安小徑尋找空地，來到現今賓夕法尼亞中南部森林丘陵地一帶。他們各自的落腳處彼此相隔遙遠，開始打造簡陋的小木屋，清理小園

地，並且開始在沒有圍欄的土地上畜牧。邊境居民並沒有耕種出口用的經濟作物，他們選擇了自給自足的林地經濟。他們狩獵捕魚，並且以火耕方式進行農作，每幾年就因土地肥力下降而搬遷至他處。在大不列顛的生活經驗讓他們學會不要投入太多時間和金錢在不動產上，因為一遇到戰事就會化為烏有。他們選擇以非常方便移動的方式保存財富，像是蓄養豬隻、牛群與羊群。每當他們需要現金時，他們把玉米蒸餾成更容易攜帶保存而且高價的產品，例如威士忌，這也成為大阿帕拉契接下來兩個世紀實際流通的貨幣。[6]

這樣的生活型態讓人有很多休閒時光，來自其他區域文化的訪客對此十分不可諒解。「他們之所以貧困就是因為他們極為懶散，他們明明握有整個北美最肥沃的土地，什麼都種得出來，」一七六八年一位深南地方的牧師在描寫大阿帕拉契南部時寫道，「他們自得其樂，面對自己低俗、懶散、淫亂且異教徒般的地獄生活，似乎一點都不想改變。」確實，邊境居民最大的心願似乎通常不是累積財富，而是找尋最大程度的自由，尤其不願受外來勢力掌控。[7]

在早期沒有任何城鎮，但墾民在丘陵間建立了由親人和鄰居組成的緊密社群。整個阿帕拉契都是他們根據家鄉命名的聚落：多尼哥（Donegal）、加羅威（Galloway）、倫敦德里（Londonderry，或稱德里）、新蘇格蘭（New Scotland）、紐卡索（Newcastle）、杜倫（Durham）和昆布蘭。這些社群與外界幾乎完全隔離，他們不需效忠於外部勢力。由於沒有對外道路，一切交易透過以物易物進行。必須花費數天時間才能抵達最近的

法院，因此邊境居民採取故鄉習俗，自行解決司法問題。正義
並非透過法院執行，而是透過受害者和其親友的個人報復行為
解決。「每個人內心都有一位警長」是邊境居民的信念，帶來了
蘇格蘭式的「勒索」（作為保護費）、家族世仇（最著名的案例
是哈特菲爾德家族與麥考伊家族間的宿怨），還有以阿帕拉契邊
境居民威廉‧林區（William Lynch）為名的「林區法」（Lynch's
law），正是他在法治不足的維吉尼亞偏鄉鼓吹私刑正義。大阿
帕拉契在不法分子、不法正義以及與印第安人的衝突下，很快
地聲譽掃地。佩恩的祕書表示：「我北愛爾蘭同鄉的行為舉止、
彼此間的暴力與不義，這些在他們抵達前都未曾出現在這個省
分。」[8]

　　邊境居民敵視外來勢力帶來的限制，但同時又毫不妥協地希
望將自己內部的文化規範施加在別人身上。不論是鄰居、妻小或
政敵提出的異議與分歧，對他們而言都是不可接受的且必須以蠻
力鎮壓。邊境居民容許他們的社群內存在極端的不平等。在許多
地區，最富有的一成人口得以掌控絕大部分的土地，而最貧困的
半數人口則一無所有，必須以租佃維生或占地以求生存。幸運的
十分之一首富往往是「好家庭」的主子，個性強烈的他們透過個
人魅力與家族地位獲得他人效忠，無關他們所支持的政策。他們
透過個人作為與成就獲得社會地位，而非任何繼承來的地位。邊
境居民所謂的家族涵蓋了前後四代，因此形成相當可觀的家族勢
力。近親通婚相當常見，以此鞏固血親紐帶。最底層家庭的生存
之道則是狩獵、採集，還有竊取鄰居的稻作、牲畜、財產和女
兒。往後阿帕拉契文明成形的過程中，最大的政治難題就是如何

規範社會最底層的劫掠行為。[9]

✳

　　邊境居民從賓夕法尼亞中南部根據地往南擴散至山腳下，沿著長達八百英里長的印第安古道前進，後世稱此道為「大馬車之路」（Great Wagon Road）。這條簡陋的道路從蘭卡斯特與約克經過哈格鎮（Hagerstown），即現今馬里蘭西部狹長地帶，沿著維吉尼亞的仙南度河谷（Shenandoah Valley）而下，經過北卡羅來納高地，終點則是現今喬治亞的奧古斯塔（Augusta）一帶，數以萬計的邊境居民和其家畜經此道抵達粗獷且未開發的南部偏遠之地。一七三〇至一七五〇年間，阿爾斯特省與蘇格蘭邊疆地區人去樓空，北卡羅來納的人口卻隨之翻倍，到了一七七〇年又再度成長為兩倍。維吉尼亞西南部人口以每年百分之九的速度成長，一七六〇年代時，南卡羅來納偏遠地區的全部人口幾乎都來自賓夕法尼亞或維吉尼亞內陸。就地理層面而言，邊境居民落腳的地方是潮水地方仕紳階級和深南地方大農園主掌控的殖民地，但就文化層面來看，這個阿帕拉契區域文化成功將潮水地方與內陸隔離，阻止西印度奴隸文化擴散到南部高地。要等到美國革命後邊境居民才會正式獲得政治權力，而此刻田納西、肯塔基與西維吉尼亞都尚未出現。[10]

　　邊境居民落腳在原住民生活聚落之間，常常擅闖美洲原住民的土地。就跟新法蘭西一樣，這裡出現了大量「入境隨俗」的墾民，這些人放棄了農耕與畜牧，遁入原始生活。他們狩獵捕魚，身穿與當地原住民相似的毛皮與服飾，仿照印第安人習俗，跟印

第安女子結婚並生下混血孩子，而其中好幾位孩童往後成為美洲原住民的知名政治人物。部分邊境居民也學習了印第安語言，並且深入原住民領土捕獵與交易。另外有些人成為游牧的不法之徒，一路在偏遠地區狩獵與竊盜，令所有人不堪其擾。他們「簡直就是白皮膚的印第安人」，一名惱火的南卡羅來納人表示，而偏遠地區的維吉尼亞人則抱怨這些人「像野蠻人一樣過活」。不過阿帕拉契社會普遍認為萊納佩族、肖尼族（Shawnee）、切羅基族、克里克族（Creek）及其他印第安族群是競爭對手，與他們爭奪未開墾之地的控制權。印第安族群也抱持相同看法，特別是愈來愈多邊境居民開始在印第安土地上狩獵、整地和占地。這帶來了一連串血腥戰爭，造成雙方死傷慘重。11

　　印第安戰爭以及其他在阿帕拉契發生的暴力事件，對其他區域文化造成了深遠影響，特別是中部地方。如前文所述，一七五〇年代時萊納佩族的入侵逼迫貴格會放棄了當地控制權，但相較於後續更激烈的衝突，這場戰事只不過是序幕。一七六三年十二月，出現了一群被稱為「帕克斯頓男孩」（Paxton Boys）的暴民，這是一夥來自賓夕法尼亞帕克斯頓及附近地區的蘇格蘭－愛爾蘭人，他們縱火燒了位於佩恩家族土地上信奉基督、性情溫順的印第安聚落，並且當場殺害了六個人。中部人將這些印第安人暫時安置在蘭卡斯特監獄照護，但這群帕克斯頓男孩又闖入監獄殺害了十四名印第安人，其中兩名死者是被割下頭皮的三歲孩童，另外還有一名老者在監獄的廣場遭斧頭砍死。殖民地創辦者威廉‧佩恩的孫子約翰‧佩恩（John Penn）時任總督，在他的邀請下，印第安人逃到費城避難，此時帕克斯頓男孩又動員了一

千五百名蘇格蘭－愛爾蘭人闖入費城，試圖殺害更多性情溫順的
美洲原住民。

　　邊境居民和中部地方居民因此爆發激烈軍事對峙，造成當時
英屬北美首要城市的控制權陷入僵持局面。一七六四年二月，帕
克斯頓男孩在雨中抵達費城外圍，此時有上千名中部地方居民集
結起來守護政廳，城市的民兵隊也在駐防地練兵場上部署了一排
裝有葡萄彈的砲彈。邊境居民部隊圍城之際，二百名貴格會教友
竟然放下原則，拾起了武器。有目擊者表示，在城市的郊區見到
帕克斯頓男孩腳踩鹿皮鞋、身披毛皮大衣，「模仿印第安人的戰
爭呼叫，發出可怕的吶喊，擊倒和平的市民，並作勢要割下他們
的頭皮。」在這次事件中，費城的德裔居民大多選擇保持中立，
加上當地的蘇格蘭－愛爾蘭底層階級支持入侵者，使得中部地方
面臨被占據的危機。[12]

　　最後，班傑明・富蘭克林化解了這場危機。他帶領的談判團
隊承諾只要邊境居民願意返回家園，就會補償他們。有一批邊境
居民被獲准進城搜索印第安難民，但他們找不到任何一名敵軍戰
士。當他們向佩恩提出要求時，首要條件就是希望在議會中能
夠得到適當的代表席次。（當時中部地方的人均立法代表權是阿
帕拉契地區的兩倍。）這項要求引起了費城居民的極大恐慌，總
督則猶豫不決，而費城「每天都面臨有更強大的軍隊要回攻的
威脅」。貴格會轉而求助倫敦，並終於首次在中部地方部署常駐
軍。一直到中部地方和更西邊的印第安人結束衝突，局面才逐漸
穩定下來。帕克斯頓男孩的作為凸顯出賓夕法尼亞和其他殖民地
間的分歧，在美國革命期間，這些分歧將會進一步擴大。[13]

✳

　　阿帕拉契的其他殖民地區同樣動盪，一七三〇年代時，賓夕法尼亞與馬里蘭爆發邊界爭議，雙方都招募了蘇格蘭－愛爾蘭人來捍衛土地；雖然首批士兵願意用武力趕走德裔，但他們並不願意和同胞開戰，使得兩地的殖民地政府陷入僵局。他們的區域文化背景再次超越了對政府的歸屬感。

　　一七五〇年代時，邊境居民入侵了南卡羅來納偏遠地區的切羅基族地盤。他們不僅非法捕獵鹿，還割下人類頭皮並冒充是肖尼族的頭皮，以在鄰近的維吉尼亞獲取豐厚獎金。這些無來由的挑釁行為引發了一七五九至六一年間的血腥戰事，雙方折損數百人，直到英國軍隊介入進行和平協議才落幕。幾年後，位於喬治亞高地的克里克族抱怨邊境居民獵人「亂闖林地，破壞了我們的獵場。」在狩獵季尾聲，盜獵者甚至開始竊取較守法的邊境居民的牛隻、豬隻與馬匹。部分盜獵者組成幫派，持槍掠奪偏遠地區的居民，以毆打、烙印與燒斷腳趾等暴力手段，強迫他們交出藏匿的錢幣與珍貴財物。[14]

　　這股犯罪風氣讓當地人害怕累積財富，進一步鞏固了邊境居民原本的生活型態。一名南卡羅來納人表示：「如果一個人透過勤奮工作賺取五十英鎊，並存下這筆錢作為未來規劃，光這個決定就會危及他自己和家人的生命安全。」「我們為了販售或招待客人所買的酒會被他們破門而入並一飲而盡，」一七六九年時，殖民地偏遠地區的墾民表示，「我們為了賣到市場所培育的肥美牛隻或健壯馬匹，會不斷被他們牽走，就算加設嚴防也毫無作

用。」來自深南地方農園的大批逃逸奴隸加入了這夥強盜團體，有些甚至能夠在自己的幫派成為領袖。這種盜賊庇護逃跑奴隸的行為，限制了深南地方的擴張。「這裡有本省最肥沃的土地，但是卻無人使用，而且富人也不敢派奴隸來開墾，」聖公會牧師查爾斯‧伍德梅森（Charles Woodmason）警告，「因為奴隸很可能會被強盜團體接收。」[15]

南卡羅來納與喬治亞高地愈來愈像蘇格蘭邊疆的法外之地，阿帕拉契的大家族選擇了熟悉的邊境居民策略：自組自衛隊去追捕這些強盜。他們自稱為「管制者」（Regulators），橫掃了從喬治亞到維吉尼亞一帶的高地，鞭笞、烙印或吊死強盜嫌犯。（大多數強盜都是木工或盜獵者，不過有些領袖其實是家世顯赫的切羅基族退役戰士，他們似乎對掠奪上了癮。）這些管制者鎖定當地的「盜賊和其他遊手好閒、不事生產的人」，制訂了「管制計畫」，任何他們眼中懶惰或道德低落的人都會遭到鞭笞或驅逐，他們也用「鞭刑的皮肉之痛」脅迫他人耕地。自一七六八年起的三年，管制者完全掌控了南卡羅來納內陸，驅逐來自低地的警長與法官。他們要求深南地方給予符合比例的議會代表席次，當時偏遠地方的白人占該殖民地白人的四分之三，在四十八席的議會中卻只擁有兩席。有一人表示，他們「對待我們的方式宛如我們是不同物種。」在跟英國爆發衝突之前，他們爭取議會席次的行動未有進展，深南地方與邊境居民間的分裂也將對美洲與英國的衝突帶來深遠影響。[16]

北卡羅來納的文化分裂更為嚴峻，一七六〇年代時，掌控殖民地政府的潮水地方仕紳階級試圖控管邊境居民。當時沿海低地

在議會中的代表權跟其他地方相比高達十倍，他們操控議會，定下的徵稅規則以土地面積而非財產價值為基準，因此讓富裕的農園主將負擔轉嫁到貧困的邊境居民身上。新任皇家總督威廉‧特瑞昂（William Tryon）在一七六五年提高了稅收，藉此為自己打造一座造價一萬五千英鎊的奢華宮殿，在此坐鎮監管人民。因此「管制者」運動再起，以暴力手段取得北卡羅來納中的阿帕拉契地區，從一七六八年起控制該區長達三年。這些管制者毆打律師、攻陷法庭並且驅趕收稅人員，他們控制了該地區，直到一七七一年，他們的二千人大軍在阿拉曼斯河（Alamance Creek）的大戰中遭潮水地方擊退。許多管制者逃到偏遠地區，即今日的田納西。阿帕拉契與沿岸地區間的矛盾，同樣也對幾年後美國革命爆發時各陣營間的關係造成莫大影響。17

✳

邊境居民對他人的治理感到挫折，他們當著英國王室以及鄰近美洲原住民的面，試圖成立自己的國家。賓夕法尼亞中北部，一群主要由蘇格蘭－愛爾蘭人組成的占地人士成立一套自己的「公平制度」，參考的是長老教會的民主精神，以及蘇格蘭邊境的極端個人主義。組成「公平制度」的四十個家庭，在邊疆地帶進行他們實踐自主權的實驗長達五年，直到一七八四年殖民地的領土擴張至他們的地區，他們才（或許不情願地）融入大眾之中。18

更往南的地方出現了更大規模的實驗，地點是現今的田納西東部以及肯塔基中部，數千名邊境居民在印第安領土深處建立臨

時政府。這個名為特蘭西瓦尼亞（Transylvania）的新國家，直接
違反了一七六三年的《皇家宣言》（*Royal Proclamation*），該法禁
止在大阿帕拉契山脈以西開墾；他們也違反了北卡羅來納與維吉
尼亞的領土主權，因為當時這兩省都主張該地的所有權；此外，
他們還同時踐踏了國王陛下的財產權，因為當時北美所有無主地
皆歸王室所有。他們在沒有任何許可的情況下建立自己的憲法、
政府、法庭和地政辦公室。他們的領袖——其中一人為低地蘇格
蘭移民詹姆斯‧霍格（James Hogg）派遣了拓荒者丹尼爾‧布恩
（Daniel Boone）開闢長達二百英里的道路，一路前進到現今的肯
塔基中部，讓墾民得以湧入建立布恩斯伯勒（Boonesborough）。
一七七五年初，他們在當地空地中的一棵大榆樹下召集了「代
表院」（House of Delegates），稱其為「吾人的教堂、政廳和
議會廳」。而當特蘭西瓦尼亞得知其他殖民地正召開大陸會議
（Continental Congress），討論如何處理英國問題時，也派出霍格
前往費城，要求以第十四個殖民地的身分加入。[19]

　　當受英國統治的殖民地逐步逼近與母國的衝突時，阿帕拉契
的邊境居民發揮了關鍵作用。某些地區為英國而戰，其他地區則
反對英國，但都是出自同樣的原因：他們要抵抗危害自由的威
脅，無論這威脅是來自中部地方的商人、潮水地方的仕紳、深南
地方的農園主，還是英國的王室本身。這項阿帕拉契的特色至今
猶存。

第二部

# 意想不到的盟友

Unlikely Allies: 1770 to 1815

第十章

# 共同挑戰

　　所謂的美國革命並沒有真正的革命性質，至少在實際發生當下是如此。一七七五至一七八二年間參與這場戰事的並非一個「美洲民族」，參與者的目的也不是為了建立一個人人平等且保障言論、宗教與媒體自由的北美統一共和國。事實正好相反，這場戰爭是場極端保守的行動，北美各區域文化組成鬆散的軍事聯盟，他們最在乎的是保存或重新確立各自對其文化、特質和權力結構的控制。這些起義的區域文化完全沒有意願組成一個統一的共和國，他們的臨時夥伴關係只是為了對抗眼前的共同威脅，因為英國當權者拙劣地試圖同化他們，成為由倫敦中央控制的同質性帝國。有些區域文化完全沒有加入起義，如中部地方、新尼德蘭和新法蘭西。而參與起義的區域文化並不是在參與一場革命，而是在進行各自獨立的殖民地解放戰。

　　如前文所述，洋基之國、潮水地方、大阿帕拉契與深南地方這四個揭竿起義的區域文化，不但毫無共同點，甚至相互懷疑。他們何以能夠放下歧異一同奮戰？這個過程其實困難重重。事實上，有時他們甚至不站在同一邊。阿帕拉契當時對抗的並非英

國，反而對抗的是中部地方、潮水地方和深南地方。雪上加霜的是，深南地方的菁英階級對於起義也抱著模稜兩可的心態，其中許多人甚至在戰事期間不斷改變立場。（喬治亞甚至在戰爭中重新加入了帝國。）深南地方之所以加入「革命」，完全是因為他們深怕不加入就會失去自己的奴隸。整體而言，各區域文化之所以選擇合作，全因為他們別無他法，無從克服自身文化所遭受到的存在威脅。他們與敵人的敵人結盟，但完全無意合併。

　　美國的反叛是由英法之間的七年戰爭引起，這是場從一七五六年持續到一七六三年的大規模全球軍事衝突。在美國，這場戰爭被稱為法國－印第安人戰爭，因為英國在此戰中對抗了新法蘭西和其原住民盟友。這場戰爭重塑了北美的權力結構。最終法國人落敗，整個新法蘭西除了聖皮埃爾和密克隆群島（St. Pierre and Miquelon），都讓渡給了大不列顛帝國。這為北美帶來兩個後果。首先，北美原住民唯一得以仰賴的歐洲夥伴完全從政治與軍事舞台上消失。其次，英國政權因此變得愈發傲慢，認為可以隨心所欲重整其在北美的帝國版圖。這些事態發展對印第安人和英國帝國主義者皆十分不利。

　　北美最古老的區域文化建立於十七世紀，當時英國在北美的勢力微不足道，僅能竭盡全力占領西班牙帝國遺留下來的零碎土地。英國受到內戰、克倫威爾專制及光榮革命等諸多內部紛爭影響，開始將建立海外殖民地的大部分責任外包給私人企業、貴族，以及他們認為應當保持距離的宗教派別。由於英國當權者的

疏於管理，最早的盎格魯－美洲區域文化得以獨自形成和發展。
到了一六八〇年代，當英國王室試圖強制統一和集中權力時，已
經錯過大好時機。有些區域文化已歷經數代，並形成自己的傳
統、價值觀和利益。

　　是什麼原因讓英國對原本放任不管的殖民地興起控制念頭
呢？因為出現了野心勃勃的新興菁英階層。

　　十八世紀中期時，英國國力達到鼎盛。此時的英國吞併了蘇
格蘭、愛爾蘭和威爾斯，形成了強大的大不列顛聯合王國，其帝
國版圖從印度的溼熱低地延伸到哈德遜灣的極寒地帶。而在清教
徒、貴格會信徒、騎士黨和巴貝多人離開英國後的數十年間，新
的社會勢力已然形成，並開始掌控這日益擴張的帝國，這是一群
自負的菁英統治階級。這個階級甚至有自己的「上層階級」口
音，該口音創造於十八世紀初，並被（殖民地居民和英國下層階
級）認為不自然又矯揉造作。他們幾乎只與來自相同階級的人通
婚。為了讓子女接受相同的教育和文化洗禮，他們建立了伊頓
（Eton）、西敏寺（Westminster）和哈羅（Harrow）等知名寄宿
學校。他們還創立了強大的全新機構，如英格蘭銀行、現代皇家
海軍和東印度公司，藉此控制國內外的下層階級。一六〇〇年初
期，統治英國的貴族是在家族莊園或故鄉成長並接受教育，他們
有著在地認同和當地口音，關注的是在地的發展。不過到了一七
六三年，英國統治階級已經大不相同，他們與其他菁英同儕一起
就讀中央管控的家父長式寄宿學校，且自視為帝國菁英的一員。
在七年戰爭過後，他們企圖完成詹姆士二世八十年前的未竟之
業：使美洲殖民地屈服於他們的意志、機構、官僚制度和宗教。[1]

他們多管齊下地開展了統一行動。由於北美殖民地居民的平均稅負僅為英國居民的二十六分之一，因此倫敦開始廣徵殖民地關稅，從糖和菸草到紙製品無一倖免。部分稅制是為了改變社會結構，例如在殖民地取得大學文憑和法律執業許可的新費用比英國來得高，「以讓出身平凡（低下）的人不得進入他們配不上的機構。」為了阻止粗鄙之人取得有影響力的位置，倫敦菁英撤銷了阿帕拉契早期一所大學的特許狀，即北卡羅來納中由長老教會管理的王后學院（Queens College），理由是它會「鼓勵大家包容」一個令人厭惡的宗教。英國聖公會是帝國的官方宗教且獲得稅收支持，然而為了進一步鞏固聖公會的力量，他們禁止長老教會神職人員主持婚禮儀式，並首次派任聖公會主教前往美洲（此舉嚇壞了過去得以自主的維吉尼亞聖公會信徒），也派聖公會傳教士前往波士頓，任務是讓當地的清教徒「異教人士」改宗。

儘管七年戰爭讓英國負債累累，新的稅收仍主要用於支持一萬名駐北美的帝國士兵，根據一位英國高官的說法，這些士兵的「主要任務」是「確保殖民地繼續依賴大不列顛」。這是美洲歷史上前所未見的駐軍規模，軍隊主要職責是執行帝國的法律，包括一七六三年《皇家宣言》，該法禁止殖民者奪取阿帕拉契另一側的印第安人土地。與此同時，皇家海軍加強執行貿易禁令，阻止洋基商人與法屬和荷屬加勒比地區進行貿易。當時走私販猖獗，而他們往往在未設有陪審團的新式軍事法庭上受審。東印度公司由英國當權者控制且深受政府偏愛，他們獲得特別許可，不需遵守貿易法規且可繞過殖民地商人，直接把茶販售到北美。在沒有獲得各殖民地菁英或民選代表的同意下，英國將這些稅收、

法律和占領部隊強加給英屬北美殖民地，使許多殖民地居民合理地擔心他們獨特的區域文化注定要滅絕。[2]

　　居住在曾經是新法蘭西土地上的美洲原住民也擔心自己的文化即將滅亡。一百五十年來，印第安人與新法蘭西人透過贈禮儀式鞏固雙方融洽的夥伴關係，但英國軍隊指揮官阿默斯特男爵（Baron Jeffrey Amherst）取消了贈禮儀式，並且清楚表示野蠻人就該屈服或被屠殺。因此一七六三年時，在渥太華部落領袖龐帝亞克（Pontiac）的領導下，十二個主要部落發起了大規模聯合起義，目的是打擊英國人並讓法國人重新控制新法蘭西。在這場後續導致帕克斯頓男孩襲擊費城的戰爭中，印第安人在賓夕法尼亞、馬里蘭和維吉尼亞的阿帕拉契地帶總計殺害與俘虜了二千名殖民者。阿默斯特男爵試圖「剷除這可憎的種族」，命令他的部隊把沾染天花病毒的毯子分送給印第安人。但最終就連生物戰都無法擊敗印第安人，阿默斯特男爵被召回，落得名譽掃地的下場。[3]「我們要告訴你：法國人從來沒有征服過我們，也從來沒有買過我們任何的土地。」龐帝亞克向阿默斯特男爵的繼位者如此說道，「如果你們希望保留這些（大湖地區的貿易）據點，我們期待看到合理的報酬。」講和後，英國的帝國主義官員更需要確保殖民者守分寸，不要涉足阿帕拉契地區以外的印第安土地。[4]

　　洋基之國再度率先叛亂。洋基之國具有最深厚的宗教與族裔凝聚力、自我民族認知以及對自治的渴望，因此洋基人為了守護「新英格蘭之道」寧死不屈。其中部分人將這場爭鬥視為英國

內戰與光榮革命的延續，同樣是善良的喀爾文教徒抵抗專制政權和天主教，只不過這次他們迎戰的是貪婪的君主，以及因為主教和偶像崇拜而成為「輕度天主教」（Catholic Lite）的聖公會。從東緬因到康乃狄克南部，清教徒教會——此時已改稱公理會（Congregationalist）與愛國者（Patriot）同一陣線，督促教友抵抗。清教徒視克己為美德的思想成為抗爭手段，消費者紛紛抵制來自英國的奢侈品和英國製商品。羅德島一份報紙寫道，大眾必須「為了捍衛自己的自由，犧牲某些享受。」一名革命戰爭老兵日後表示：「我們對抗那批英國士兵的原因：我們一直都自治，而且也應該如此。他們並不想讓我們繼續這麼做。」[5]

一七七三年十二月，一群有組織的暴民將東印度公司總價一萬一千英鎊的茶丟入波士頓港口。英國國會的回應是撤銷麻薩諸塞殖民地憲章、關閉波士頓港口並施行戒嚴。接替阿默斯特男爵擔任北美軍事司令的湯瑪斯・蓋奇（Thomas Gage）將軍被指派為總督，並且獲得授權，得以任意徵收民宅以駐紮部隊。

所有英屬北美殖民地上的區域文化都對這般風行雷厲的政策感到震驚，因此他們決定召開各殖民地間的外交會議。一七七四年九月，殖民地召開第一屆大陸會議。在此同時，每個區域文化也自有一套回應新英格蘭局勢的方式。

洋基人的反應呼應了洋基文化：麻薩諸塞叛軍領袖立刻宣布成立新議會——麻省議會，並且要求所有城鎮舉辦選舉來選出代表填滿議會席次。一七七五年初，二百位民選代表儼然成為殖民地實際掌權的政府，負責稅收與組織革命的民兵部隊。即使危機當前，洋基人依然以群體角度出發，用選票決定重要決策，並且

透過代表組成的政府指揮軍隊。新英格蘭人在反抗行動中極度團結，蓋奇將軍的帝國政府在波士頓以外毫無斬獲，而且必須仰賴上千名英國士兵管制街道才得以控制住波士頓。蓋奇無能為力且人手不足，於是向倫敦要求增兵兩萬，相當於七年戰爭期間對抗新法蘭西時部署的人力。正面衝突已成定局。6

　　掌控潮水地方的貴族並不如洋基人團結，而且無意尋求社會意見。他們跟洋基人一樣反對新帝國政策，但是對於採取叛國行動卻意見分歧。一如往常，乞沙比克仕紳擔心的是帝國對他們的特權以及「自由」所造成的威脅。幾個世代以來，他們幾乎完全壟斷維吉尼亞低地、馬里蘭與北卡羅來納的政治、司法和教會，而且當時他們的勢力正往德拉瓦擴張。他們自視為英國鄉村仕紳，也跟許多英國仕紳是親戚關係，因此在這些潮水地方仕紳眼中，英國保障的自由僅限英倫本島使他們受到屈辱。派任的主教抵達後，嚴重損及他們對教區事務的掌控。新的殖民地稅收也損及他們的農園獲利。不過維吉尼亞的潮水地方仕紳階級分成兩大地方陣營。傑佛遜、麥迪遜、梅森與華盛頓等居住在皮埃蒙特（Piedmont）的紳士頻繁與阿帕拉契偏遠地區接觸，且熟知群山背後廣袤土地的龐大潛力，而維吉尼亞在此主張擁有一條寬闊的帶狀土地，一路延伸到太平洋。皮埃蒙特的仕紳深信自己的社會能夠自立，因此主導了反抗英國的行動，對波士頓茶黨讚譽有加，並且堅決不償還積欠英國債權人的債務。另一群仕紳的態度則明顯較為謹慎，他們居住在拉帕漢諾克河（Rappahannock River）以南的潮水地方核心聚落，反對建立地方武裝力量，還認為波士頓茶黨事件侵犯了私人財產。儘管如此，他們的意見在

市民院（下議院）遭到否決。原因是他們的殖民地包含大片阿帕拉契地區，該區的代表熱切希望擺脫英國對於後來成為肯塔基和田納西一帶的限制。但是仕紳間的社會凝聚力非常強，以至於即使是輸家也能泰然面對。最終只有極少數潮水地方的菁英願意為帝國而戰，或抵抗他們的乞沙比克同鄉。至於住在低地的白人平民，他們基本上都聽命行事。7

　　不出所料，大阿帕拉契地區的情況截然不同，這片廣袤的邊境地帶同時住著愛國者和效忠派雙邊陣營中最熱情堅定的支持者。每個地區根據他們判斷誰對自己的自由造成最大威脅來決定立場：是沿海的殖民地菁英威脅大，還是大西洋另一端的英國菁英威脅大。在賓夕法尼亞的邊境居民恨不得利用任何藉口攻入費城，推翻那群啜飲馬德拉酒的軟弱菁英，或許還可以終結中部地方的獨立文化，因此這群邊境居民成為了狂熱的愛國者。在馬里蘭和維吉尼亞，這些邊境地區的居民視英國人為最大敵人，因此選擇與潮水地方的皮埃蒙特派系貴族站在同一陣線。然而再往南走，這裡的邊境居民最痛恨的就是低地的農園主，並且將與英國的衝突視為大好機會，可以趁機推翻他們的主人並且清算舊帳。北卡羅來納的不滿情緒最為高漲，因為就在短短幾年前，潮水地方菁英激烈鎮壓了「管制者」反抗軍。阿帕拉契人的立場分歧，但不論支持的是哪一陣營，他們的目標都相當一致：打倒壓迫者。8

　　中部地方絲毫不想與革命扯上關係，而且其實樂見倫敦集中權力的企圖。中部地方的領袖極力避免捲入衝突。宗教和平主義在此發揮了作用，特別是對於曾經逃離德意志殘暴宗教戰爭的阿

米許人、門諾教徒與摩拉維亞（Moravian）教徒。大部分德裔希望置身事外且保持現狀，他們不認為脫離帝國會帶來任何好處，反而可能只會讓他們討厭的蘇格蘭－愛爾蘭人與潮水地方鄰居獲得更多權力。在中部地方依然深具影響力的貴格會對君主制度不抱敵意，畢竟當初威廉・佩恩就是從君王手中獲得特許狀，才創立了這片殖民地。此外，他們對其他宗教相當寬容，因此聖公會的勢力擴張並未使他們不安，甚至他們的許多後代也開始加入。幾年前因為帕克斯頓男孩闖入費城，許多人被迫拾起武器自保，如今他們期待帝國更加掌控中部地方後可以避免舊事重演。帝國同時也可以讓他們遠離真正的威脅，即偏執的洋基人；另外還有好戰且不斷擴張的邊境居民，他們已經成為賓夕法尼亞的主要人口。隨著革命逼近，貴格會表明他們的中立態度，但同時繼續與帝國貿易往來。中部地方，包括賓夕法尼亞東南部、紐澤西西部、馬里蘭與德拉瓦北部，在整場戰事中都保持消極的親英立場，讓移居至此的愛國者費城人深感挫折。英國出身的前貴格會成員湯瑪斯・潘恩（Thomas Paine）怒道：「貴格會的精神原則會讓人變得沉默且溫順，任由政府控制擺布。」[9]

　　新尼德蘭是北美最重要的效忠派據點，荷屬殖民地的輿論壓倒性地反對抵抗帝國，即如今形成布魯克林區、皇后區以及史塔登島的三郡，再加上布朗克斯、韋斯切斯特南部和曼哈頓。統治該省的荷蘭與英國帝國主義菁英都深怕革命會推翻他們的勢力，讓大部分的紐約地區落入洋基人手中，這在許多地區其實已經發生。洋基人的聚落分布在長島東部、韋斯切斯特北部、阿爾巴尼郡鄉村地帶，以及位於綠山山脈（Green Mountains，新法蘭西人

稱為Verts monts）的七個東北郡，這些地區也跟著洋基之國公開叛亂。一旦殖民地起義，大家心知肚明該省會陷入內戰，而且極有可能瓦解。[10]

英國官員也有理由相信深南地方奴隸主會保持忠誠，這些大農園主大多信奉聖公會，排斥民主，而且完全仰賴糖與棉花的出口維持生計。深南地方奴隸主跟潮水地方仕紳階級一樣，自認是諾曼人或騎士黨，這些詞彙都帶有保王色彩。他們隨心所欲地治理南卡羅來納、喬治亞和北卡羅來納南端的低地。但他們跟在乞沙比克的親戚不同，這裡奴隸數量是後者的三倍，因此他們深怕任何動亂會讓他們的財產趁機反叛。在英屬西印度群島的奴隸主完全無意對抗君主，因為英國對此地的掌控確保了內部與外部安全。然而深南地方農園主並非居住在島上，因此他們可以視情況調整立場。他們確實不滿帝國增稅且限制他們的權力，但他們反彈時也顧慮到要讓「在地敵人」持續受制。一七七五年，農園主亨利・勞倫斯（Henry Laurens）與友人通信時提到，他們只想在帝國內部尋求「合理的自由」，「清醒且明理的人……不會希望看到美洲獨立。」[11]

故奴隸主透過議會支持抵制英國產品，並且等著看倫敦退讓。一七七五年初一位查爾斯頓醫師回憶起當時氛圍時表示：「南卡羅來納的反對手段是避免流血衝突的自我克制，他們也認為這將是唯一需要做出的犧牲。」農園主設定的目標極為保守——極力避免改變現狀，但他們殖民地上的居民卻不這麼想。在邊境地區，居民渴望終止農園主的權力壟斷，並且願意支持任何幫助他們達到目標的陣營。低地的農園主也開始感到不安，因

為他們聽到奴隸間開始耳語流傳,「眼前與英國的衝突會逼迫我們給予他們自由。」農園主暗自祈求其他區域文化不會把整個北美拖入正面衝突,因為他們深知自己的暴政不可能挺過動盪。「我們最大的弱點,」一位民兵官員提到,「就是奴隸人口過於龐大。」[12]

✳

　　第一屆大陸會議在一七七四年九月初於費城舉行,各區域文化領袖首次齊聚一堂,一同協調殖民地政策。出席的五十六名代表心知肚明,要促成殖民地合作絕非易事,更何況各區域文化對彼此抱有負面刻板印象。新英格蘭對平等的堅持,使得他們無法獲得新尼德蘭、潮水地方和深南地方菁英信任。麻薩諸塞代表約翰·亞當斯(John Adams)對紐約代表約翰·李文斯頓(John Livingston)的印象是他「很擔心新英格蘭,以及平等精神等等。」貴格會信徒並未遺忘清教徒如何凌虐與處刑他們的祖先,其他人則擔心洋基人打算奪下整個英屬北美。一七七三年的一場晚宴上,一位南卡羅來納的農園主告訴亞當斯的表哥小約西亞·昆西(Josiah Quincy Jr.):「波士頓的目標絕對是整個北美的主權,我很確定。」塞繆爾·亞當斯(Sam Adams)也說:「我們追求完全獨立的目標引發一些人的嫉妒……而憑藉我們的堅韌和勇氣,最終會統治他們所有人。」昆西自己在拜訪深南地方時發現,當地「領袖的奢侈、放蕩、生活、情感與舉止,使得他們鄙視且忽視了人間真正的公共利益。」[13]

　　亞當斯最著名的一段話中指出,後續的革命所展現的「原則

數量就跟加入革命的十三個殖民地一樣多。」他們「在不同政府下茁壯」，而且「行為與習慣毫無共同點……他們鮮少與彼此互動，對彼此的了解也少得可憐，因此試圖讓他們透過相同原則與行動系統團結在一起，絕對是項艱難的工程。」雖然亞當斯提到的分歧確實存在，但其實革命中呈現的並非十三種樣貌，而是六種，且並非依照殖民地的界線劃分。[14]

會議過程中，新英格蘭四個殖民地的代表口徑一致，而背後支持著他們的則來自洋基人定居的索夫克、長島，以及橘郡（Orange County）和紐約。會議正是由他們召開，他們也不斷說服其他代表同意全面禁止英國商品，並且立刻停止向英國出口。洋基人也希望其他殖民地拒絕向英國繳稅，並且建立自己的地方部隊與臨時政府。[15]

洋基的主要盟友是來自潮水地方皮埃蒙特派系的代表：維吉尼亞的理查・亨利・李（Richard Henry Lee）、派屈克・亨利（Patrick Henry）和喬治・華盛頓，以及馬里蘭的湯瑪斯・強森（Thomas Johnson）。他們深信自己有能力治理獨立的國家，因此與洋基人站同一陣線，並且說服立場較為溫和的「舊潮水地方」同僚加入。

深南地方的代表立場則非常模稜兩可，喬治亞拒絕派遣任何一位代表，他們的領袖表示是因為菁英的意見「似乎在自由與便利間擺盪」。五位參與大陸會議的南卡羅來納代表中，有四位深怕與帝國決裂。他們反對出口禁令，而且大多希望抵制英國進口商品就能夠讓倫敦退讓。[16]

新尼德蘭則呼應了外界對他們的刻板印象，代表團內部口角

不斷。九位代表中，五位反對抵抗倫敦。四位支持革命的代表則都是反對紐約當時帝國主義局勢的男士，其中兩位中產階級的荷蘭人，一位是從洋基橘郡移居至新尼德蘭的律師，另一位名叫菲利普・李文斯頓（Philip Livingston），出身阿爾巴尼，是位畢業於耶魯大學的長老教會信徒。保守派認為他們是不文明的鄉巴佬。紐約和紐澤西的絕大多數代表都是新尼德蘭保守派，這些紳士希望避免公開叛亂和完全獨立，因為他們深知自己在普選中必定不敵大量洋基移民，特別是紐約上州。而且進出口貿易是新尼德蘭的經濟命脈，因此他們反對抵制英國貿易，但是最終票數不敵其他區域文化的代表。[17]

中部地方代表的保守立場相當一致，不論是賓夕法尼亞、紐澤西、德拉瓦或馬里蘭的代表都一樣。十三位來自中部地方的代表中，有十一位反對武裝反抗，並且認為英國完全有權對殖民地人民課稅和管理。來自中部地方的費城代表喬瑟夫・蓋洛威（Joseph Galloway）帶領著大陸會議中的保守派，他主張殖民地間不可能合作，因為殖民地各自的法律、習俗與目標「各自完全獨立」。面對洋基的策略，他提出一個替代方案：殖民地依然隸屬帝國，但是要成立「美洲議會」，共享英國國會的立法權，雙方可以互相否決法案。這項提議雖然獲得新尼德蘭保守派支持，卻遭洋基之國、潮水地方與深南地方代表反對，拒絕將這些被他們稱為「家園」的地方控制權再讓渡給中央。[18]

最值得關注的是，第六個區域文化是賓夕法尼亞與南北卡羅來納的主要人口，卻在大陸會議完全沒有獲得代表席次。殖民地議會拒絕讓阿帕拉契參與，此舉剝奪了這片廣袤地區的所有話語

權。湯瑪斯・麥基恩（Thomas McKean）是最接近阿帕拉契的代表，這位熱切的阿爾斯特－蘇格蘭裔愛國人士代表的是德拉瓦北部，在會議中不斷否決中部地方代表的意見。北卡羅來納的主要人口為邊境居民，而此地的三位代表中有兩位協助在一七七一年擊敗了偏遠地帶的「管制者」。阿帕拉契人被排除在費城召開的會議外，因此他們本能地反對自己省分代表的立場。賓夕法尼亞的邊境居民因此成為狂熱愛國者（藉此反對中部地方菁英的順從態度），而卡羅來納與維吉尼亞邊陲地帶則成為效忠派的根據地（以反制低地寡頭謹慎的愛國者立場）。

　　大陸會議確實集結了其他五個區域文化，但這僅是具有條約關係的聯盟，而非國家統一的序曲。一七七四年十月底休會，決議聯合抵制英國商品，且若一七七五年中倫敦拒絕退讓，則實施出口禁令。他們簽署了一份給國王的請願書，當中承認國王的權威，並且請求國王解決他們的不滿。代表們打道回府，焦慮地等待英國回應。「我們都在等待回覆，」一位南卡羅來納農園主在當年冬天寫道，「天知道我們根本沒有武力面對衝突。[19]

　　但英國統治者完全無意退讓。出口禁令開始施行時，新英格蘭早已堆滿戰死的洋基人與英國人。美洲的解放之戰已然開打。

第十一章

# 六場解放之戰

歷史學家費雪在一九八九年出版的《阿爾比恩的種子》一書中，主張美國獨立戰爭並非一場，其實是四場，分別是新英格蘭的人民起義、南部有組織的「紳士之戰」、偏遠地區的野蠻內戰，以及一場「經濟與外交的非暴力抵抗」，由我稱為「中部地方」的菁英帶領。他主張這四場戰爭接連爆發，以不同方式進行，參與者也各自為了不同目標而戰。

我們所謂的美國革命其實在大西洋沿岸的不同區域文化以截然不同的方式展開，沒有四場依序進行的戰爭，並非一場戰事落幕後，下一場才開始。事實上共有六場迥異的解放之戰，即受到影響的區域文化各自參與了一場。有些戰事同時爆發，且有兩場戰事出現一個區域文化入侵另一個區域文化的情況。即使名義上有一支大陸軍隊存在，大部分戰事其實皆由地方民兵和游擊隊進行；而在許多場血腥的戰鬥中，英軍甚至完全沒有參與。殖民地解放之戰大多相當混亂，一方面要抵抗帝國勢力，同時伴隨著對立派系爭奪控制權的內鬥。少數族裔與原住民菁英擔憂他們在新秩序下的命運，因此往往選擇支持殖民勢力，美洲解放之戰也不

例外。

我們必須要勾勒每個區域文化參戰的動機和方式，才能夠了解這場「革命」的本質，以及了解對隨之誕生的奇特邦聯造成何種限制。

✳

第一場戰事從洋基之國爆發，因為英國試圖瓦解該地區的自治以及重要文化組織，導致人民起義。新英格蘭地區和新英格蘭人所居住的紐約和賓夕法尼亞地區全面支持叛亂，整個英屬北美殖民地唯獨這些地區有此現象。在一七七五年之前，洋基人已經建立了祕密情報與通訊系統，組織了名為「公共安全委員會」的替代政府，還擁有一支以社區為基礎且可以隨時出擊的軍事組織。洋基人並非試圖爭取普世人權、宗教自由或統治階級特權，他們是為了守護他們一貫的生活方式和自治模式。他們捍衛的是由民選代表掌控的地方權力（這裡的地方大多指的是鄉鎮政府而非整個省分）、公理教會（即清教徒）的核心地位，還有他們身為盎格魯－撒克遜人與生俱來反抗壓迫的自由。身為「神選的子民」，他們絕不輕易放棄神所指定的生活方式。

這是場典型的洋基戰爭，主要是在民選軍官帶領下，由地方的民兵部隊上戰場。當這些鎮民成立新部隊時，他們親自起草了自己的「公約」，明確規定每個部隊的運作方式。對這些充滿獨立精神的洋基民兵來說，他們的領袖是公僕而不是上司，且在戰事初期，他們經常質疑領袖的決策；畢竟洋基人就是為了不要聽命於他人而戰，所以在戰場上他們也不可能乖乖地接受指令。

這種主張人人平等的性格，讓來自其他地方的大陸軍官感到既困擾又擔憂。一七七五年夏季，洋基軍隊包圍被英軍占領的波士頓，當華盛頓將軍前來接管時，他見到的是一支毫無軍紀的軍隊，不但會違抗長官，而且只願意加入由鄰居組成和指揮的部隊，令他十分詫異。後來外來的指揮官學會開始解釋每道指令背後的動機，才逐漸獲得洋基部下的信賴。華盛頓在私人信件中稱他們為「粗野之人」，儘管他公開呼籲「北美聯省的士兵」應該放下「所有殖民地間的差異」。不久後，幾隊潮水地方的專業狙擊手加入圍城戰。這些維吉尼亞人震驚地發現，軍隊中竟有前奴隸與新英格蘭的白人民兵並肩作戰。[1]

一七七五年四月十九日，一隊英軍從波士頓被派往麻薩諸塞的康科德（Concord），去搶奪該地儲備的火藥，戰事正式爆發。民兵與英軍在萊辛頓（Lexington）的城鎮綠地交鋒，接著又在康科德橋交火，當地民兵在此成功逼退英軍。帝國部隊撤兵時，慘遭周邊鎮上民兵的伏擊，造成重大傷亡。英軍勉強涉水逃回波士頓，卻發現自己被數以千計的洋基民兵包圍。同時，開戰消息迅速傳開，在北美殖民地拋下了震撼彈。

英國最終未能突破波士頓的圍城，在十一個月後撤至新斯科舍，又遇上緬因東部的洋基人發起海上突襲。事實上，到了一七七六年三月，洋基之國已成功獨立。新英格蘭自此成為其他區域文化解放軍的主要據點，並且把大量的食物、物資、資金和兵力提供給華盛頓的大陸軍。沿海地帶居民經常遭受英軍突擊，洋基人有超過一年的時間依然害怕英國可能從西方入侵。但到了一七七八年，喬治三世已經放棄將新英格蘭重新併入帝國。整體而

言，雖然美國的獨立仍充滿未知數，但洋基人的解放之戰已圓滿落幕。

＊

若說洋基之國是叛亂的重鎮，新尼德蘭則恰好相反，這裡是北美的效忠派中心，也是英軍在北美的據點。其他區域文化的效忠派難民紛紛逃往此地，而且英國皇家海軍和陸軍在此重整旗鼓。從一七七六年九月開始，大紐約市在英軍的持續控制下，迅速變成一座繁榮而自足的城邦，並幾乎壟斷了帝國貿易。

新尼德蘭人普遍對叛亂抱持疑慮，主要原因有三。首先，他們與周邊的區域文化不同，並不認為有必要捍衛主權，因為他們過去從未真正擁有主權。過往的荷蘭西印度公司、約克公爵和皇家總督治理時，絲毫沒有徵詢當地民意。此外，一旦紐約獨立，勢必落入洋基人手中（他們已經握有紐約大部分的內陸地區），但新尼德蘭還有大約五分之一的居民是荷蘭人，他們無法確保自己一向珍視的文化和宗教寬容不會因此受到威脅。對新尼德蘭所有族群的菁英階級來說，解放似乎不會為他們帶來自由或獨立。一七七五年初第二次大陸會議召開，省議會以兩票對一票的結果決定不派代表出席會議，就連由叛軍委員會所選派的代表，也不被允許投下支持獨立的票。

不過當萊辛頓的戰況傳到曼哈頓，少數支持叛亂的人透過組織幫派恐嚇當權者和其支持者，藉此成功奪權。總督逃至皇家海軍停駐在港口的戈登公爵夫人號（Duchess of Gordon），在此停留數月，召開議會並頒布毫無作用的命令。其他知名人士選擇逃

往英國，而許多留在城裡的人遭受毆打、嘲笑、監禁，或者被憤怒的暴民在城中「拖行」。一七七六年二月，華盛頓麾下由洋基人主導的軍隊進駐了這座城市，卻未受到大眾歡迎。「這裡有上百人明目張膽地反對我們，」一位來自紐約的愛國者在給約翰·亞當斯的信中表示，「那些保守派人士公開支持敵人，卻未受懲戒。」[2]

　　一七七六年夏天，隨著一支由三十艘戰艦、四百艘運輸船和二萬四千名士兵組成的英國艦隊抵達，新尼德蘭愛國者的起義突然遭受重大打擊。龐大的英軍輕易地驅散了華盛頓的部隊，奪回城市，並在九月底前迅速占據了與新尼德蘭邊界幾乎一致的領土。叛軍四散，興高采烈的市民則將英國士兵抬上肩慶祝。如同一位德裔牧師描述的：「每一張臉龐上都流露著喜悅。」許多效忠派難民也湧入紐約，首先是隱匿於周邊鄉村的人口，接著是來自波士頓、中部地方、諾福克、查爾斯頓和薩凡納的逃亡者。戰爭期間，在英軍後方的紐約人口從二萬二千人躍升到三萬三千人，這些新居民加入了效忠派的軍隊，或協助重建跨大西洋貿易。政府秩序逐漸恢復，劇院、酒吧和咖啡館綻放生機。同一時間，流亡的宣傳家約翰·里文頓（John Rivington）歸來，擔任北美最具影響力的效忠派報紙《皇家報》（*Royal Gazette*）主編。數以千計的效忠派加入了新尼德蘭民兵隊和地方武裝部隊，他們經常在康乃狄克和紐澤西巡邏，並在整場戰爭中不斷與洋基部隊爆發小規模衝突。[3]

　　新尼德蘭不僅是理查·豪（Richard Howe）上將的艦隊總部，還是其弟威廉·豪（William Howe）將軍的北美司令部，因

此成為絕佳的備戰之地,準備反攻洋基之國和占領態度中立的中部地方。豪氏兄弟了解英屬北美各地區的文化差異,因而制定了兩種作戰策略,最終,反攻洋基之國以慘敗收場,占領中部地方則大有斬獲。第一場戰役正確地認定洋基之國是叛亂的根源,並計畫透過兩路攻進哈德遜河谷來封鎖該地區;接下來,一旦平定洋基在紐約內部的地盤,英軍計畫從三方同時進攻新英格蘭核心地區。對於中部地方,他們正確地認定此地大部分居民都希望和平解決與帝國間的分歧,不希望發生正面衝突。豪氏兄弟深知若要在中部地方取得勝利,關鍵是贏得民心,而非使用強大的軍事力量壓制當地居民。在華盛頓的軍隊撤退到曼哈頓上城之後,英軍採取了謹慎的策略,明顯採用側擊方式將叛軍趕出新尼德蘭,旨在避免傷害到平民,同時展示英國軍隊的強大。豪氏兄弟還特地在港口的戰艦上為叛軍領袖舉行晚宴,希望能夠說服他們和平地放下武器,但最終徒勞無功。[4]

不幸的是,一七七七年十月時,豪氏兄弟的第一項策略在紐約薩拉托加(Saratoga)受挫,他們的北方軍隊遭到由新罕布夏、麻薩諸塞和紐約北部組成的洋基軍隊擊敗,被迫投降。這場勝利是戰事的轉折點,不僅鞏固了洋基之國的獨立地位,還成功吸引法國參戰,進而徹底改變整場戰爭的權力平衡。稍後我會談及豪氏兄弟的第二項策略執行結果,但無論是該項策略還是英國後續的其他作為,都未能挽回英國在北美的帝國地位。

最終英軍於一七八二年在約克鎮投降,即便如此,許多新尼德蘭人還是希望英國王室在與自稱「美利堅合眾國」的脆弱新邦聯談判時,能在和平條約中保留對新尼德蘭的控制權。一七八三

年，消息傳出英國不會保留任何一個殖民地，因此約有三萬名居民（相當於該區域整個戰爭期間的半數人口）選擇逃離大紐約地區，前往英國、新斯科舍和新布倫瑞克。新尼德蘭打了一場「反對」解放的戰事，而且輸得一敗塗地。[5]

✳

　　在提倡和平主義的中部地方，大部分居民都不想被捲進衝突，因此他們盡力在戰爭中保持中立。即使在萊辛頓與康科德之役後，當地領袖詹姆斯·威爾遜（James Wilson）與約翰·狄金森等人依舊反對獨立，他們的政治盟友也在一七七六年五月的賓夕法尼亞議會選舉中成為最大贏家。若非第二次大陸會議上多數出席的州決定「完全打壓」賓夕法尼亞政府，這個地區可能完全不會採取任何反叛行動。事實上，洋基之國、潮水地方和深南地方的代表介入了中部地方的事務，批准發動政變行動以推翻這個合法但謹慎的政府。

　　到了一七七六年中，政變結果導致一小群在賓夕法尼亞相當活躍的愛國者掌權，他們的支持主要來自該殖民地中的阿帕拉契地區，他們的合法性則完全依賴大陸會議。由於這個愛國者政府在當地不受支持，於是他們和德拉瓦政府攜手，逮捕任何反對戰爭的人，甚至進入「未曾明確支持美國獨立事業」的人家中搜查。一七七七年，賓夕法尼亞的貴格會領袖遭到集體逮捕，他們被剝奪了獲得人身保護令的權利，並流放到維吉尼亞的阿帕拉契地區關押，這使得貴格會信徒更加排斥政府。紐澤西則直接陷入無政府狀態，「這個州完全陷入混亂且無政府的狀態，」一位大

陸軍將軍描述英軍進駐前的情況，「許多官員已經投靠敵人以求自保，其他人已經離開，留下來的少數人則大多猶豫不決。」[6]

　　在占領紐約後不久，豪將軍派遣兵力前往掌控中部地方，並鼓勵當地居民加入帝國陣營。在一七七六與一七七七年間的冬天，英軍與華盛頓逐漸衰弱的軍隊交戰後，從海路入侵了馬里蘭、德拉瓦和賓夕法尼亞的中部地方區域。由於英軍在當地幾乎沒有遭遇太大的反抗，在一七七七年九月成功占領費城，並把大陸會議驅逐到阿帕拉契的偏遠地帶。豪將軍的軍隊受到費城居民夾道歡迎，並在德意志鎮成功抵擋了華盛頓麾下由洋基人和邊境居民帶領的反攻，最終英軍在溫暖的城內落腳過冬。華盛頓的軍隊在往北約二十英里處的福吉谷（Valley Forge）紮營，但他們隨即發現中部地方的農夫更傾向於供貨給英國，因為英軍會用錢幣付錢。有些德裔和平主義者提供醫療和救援物資給叛軍，但極力避免直接參與任何一方的戰鬥。同時，前大陸會議代表喬瑟夫·蓋洛威接手了費城的行政作業，並組成效忠派部隊來襲擊福吉谷的叛軍補給線。蓋洛威盡其所能地以費城為模範，當作展示仁慈的英國皇家政府優點的地方，以期能基於他先前提議的「美洲議會」計畫進行和平談判。儘管舞會、音樂會和劇院表演等社交活動熱烈地在城內進行，但英國在薩拉托加的落敗讓蓋洛威的計畫宣告破滅。英國擔憂法國海軍的攻擊，在一七七八年夏天撤出中部地方，並將他們的兵力轉移陣地至紐約和西印度群島。[7]

　　英軍一撤退，中部地方便遭到大陸軍占領，此次行動是由賓夕法尼亞的阿帕拉契居民所主導。原先在蘭卡斯特流亡的賓夕法尼亞叛軍議會制定了嚴格的法規，禁止以口頭或書面方式反對

議會的任何決策。一般市民可以不經審判直接關押他們心目中
「美國獨立事業的敵人」。最高執行委員會（Supreme Executive
Council）是革命政府的主要行政部門，該組織實際上是由偏遠
地區的邊境居民掌控。委員會特意讓邊境居民的代表權遠超出他
們的實際人數，因此他們得以沒收任何被控訴不忠誠的人的財
產，或直接處決這些人。這項法律不僅用於打壓反對者，甚至和
平主義者也成為打壓的目標，例如部分門諾派農民就被沒收了全
部財產，只因為他們出於宗教理由拒絕宣誓效忠。在整場戰爭期
間，中部地方的寬容與多元主義不斷遭到其他占領此地的區域文
化打壓。[8]

※

　　在萊辛頓戰役之前，深南地方的統治者遲遲無法決定是否要
投身解放戰爭。這並不令人意外，因為該地區的特色正是階級制
度、尊敬上位者、代代相傳的特權和貴族統治，與英國統治階層
的目的完全吻合。底層的白人無意武裝對抗英國，因為他們無法
參與政治，而且完全仰賴農園主提供租地、購買他們的產品以及
替他們解決法律糾紛。農園主不考慮任何可能導致動盪並再度引
起暴動的作為，以保住他們的奴隸。諷刺的是，他們馬上會發
現，唯有脫離英國統治才能守住他們的地位。

　　萊辛頓之役徹底震撼了深南地方的奴隸主，讓他們一夕間改
變主意。議會代表亨利・勞倫斯寫道，深南地方的白人居民陷入
一陣「恐懼與熱情」所造成的「狂喜」。農園主原本全力支持大
陸會議抵制對英貿易，深信英國最終會妥協，但如今他們的如意

算盤落空，世界天翻地覆，許多人開始相信各種陰謀論。流言蜚語甚囂塵上，傳言英國正祕密運送武器給奴隸，等著籌備一場大型暴動。當地報紙指出，從來自英國的船載運了七萬八千把帶刺刀的槍械，意圖提供給黑人、羅馬天主教徒、印第安人和加拿大人，來「壓制」殖民地。派駐查爾斯頓的皇家軍醫表示，人們懷疑「國王陛下的大臣和手下」正籌劃讓「奴隸起身反抗主人並割開他們的喉嚨。」為了防範暴動，有人建議居民在星期天上教堂時帶上武器和彈藥。奴隸只要稍稍遭受懷疑就會被逮捕，然後會被以公開且殘暴的手段處決。皇家總督阿奇博·坎貝爾（Archibald Campbell）本想釋放一名明顯被冤枉的奴隸，但有人警告他一旦這麼做，私警會在他家門前絞死這名奴隸，並「引發一場大火，大到連庫柏河（Cooper River）的河水也撲滅不了。」驚恐的總督因而作罷，不久後選擇退隱。9

　　在這場極為反動的叛亂中，深南地方的領袖並不打算推翻他們不信任的皇家政府，而是選擇孤立它，當作沒有看見。當奴隸起義的風聲傳到農園主的耳中，他們立即透過省議會和新成立的安全委員會來組織軍事反擊，並於一七七五年六月動員民兵化解危機。事實上，他們在沒有經歷過多思考、辯論或衝突的情況下直接掌握了權力。只要坎貝爾總督沒有威脅性，農園主就可以容許他的存在，但當總督開始接觸農園主在大阿帕拉契的敵手時，他們便考慮要逮捕他。坎貝爾意識到局勢對他不利，便於九月逃上了小型風帆戰艦添馬艦（HMS Tamar），到了隔年二月，南卡羅來納民兵奪走了一座具戰略地位的島嶼，坎貝爾才被迫離港。儘管如此，殖民地的農園主依舊沒有正式宣布獨立，他們反

而宣告他們的政府只會運作到「英國和殖民地當前的衝突」結束為止，但他們的臨時憲法卻簡直跟殖民地的憲章一模一樣。心直口快的農園主威廉・亨利・德雷頓（William Henry Drayton）事後表示，英國人迫使他們在「奴隸或獨立」兩者間做出艱難的選擇。實際上，農園主是為了保護奴隸制度，才被迫走向獨立。[10]

喬治亞低地的情形也相當類似，差別是當地的農園主更加不願破壞與英國的關係。喬治亞的效忠派氛圍濃厚，以至於當地拒絕派遣代表參與第一屆大陸會議，並在第二屆時只派出一位代表與會，該代表是位居住在公理會飛地的洋基移居者。另一位喬治亞的「元勳」詹姆斯・伍德（James Woods）對於農園主初期拒絕支持戰爭感到非常失望，因此返回故鄉賓夕法尼亞加入當地民兵部隊。後來加入大陸會議的代表約翰・祖布利（John Zubly）堅定地向議會表達了深南地方的看法：「比起一個魔鬼治理的政府，共和政府並沒有好多少。」有關英國支持奴隸叛亂的謠言對當時的主流心態產生了影響，皇家總督詹姆斯・萊特（James Wright）甚至預測這會帶來「極糟糕的後果」。但總督最後認為，喬治亞的農園主只是受到那些南卡「過於熱中的人的聲音和意見」所影響。[11]

一七七八年底，英國輕易地靠著「南方戰略」重新掌控深南地方。在英國黯然接受不敵洋基之國的事實後，倫敦當局決定將焦點轉向喬治亞和卡羅來納，因為他們正確地認定深南地方的居民沒有興趣發動革命。如果情勢發展順利，維吉尼亞可能會被兩面夾擊，形成一個範圍從大紐約地區到佛羅里達（當時為受英國控制、人煙稀少的地區），殘存的英屬北美地帶。[12]一七七九年

一月，一支由三千五百人組成的小型英國部隊不費一槍一彈地重新占領了薩凡納，並在短短幾週內就完全控制了喬治亞低地。（溫順的喬治亞是唯一在戰爭中被重新納入帝國的反叛殖民地，並在剩下的戰事期間繼續留在帝國。）一七七九年，查爾斯頓成功地阻擋了第一次圍城，但在一七八〇年初的第二輪攻勢下投降。像亨利・米德爾頓（Henry Middleton）這樣的著名愛國者宣示效忠英國王室，保住了財產，其他人則被為數眾多的效忠派鄰居射殺。深南地方已經被英國平定，要不是英國還得對付喬治亞和卡羅來納中的大阿帕拉契地區，他們的「南方戰略」幾乎肯定會成功。[13]

既然大部分英屬北美殖民地面對獨立是如此舉棋不定，甚至表示反對，非洋基殖民地究竟是如何成功從大英帝國手中奪回自由的呢？背後有兩大因素：第一個因素是潮水地方的仕紳階級，他們堅持捍衛個人獨立；第二個因素則是阿帕拉契人，這支作為賓夕法尼亞、卡羅來納和喬治亞主要人口的民族願意反抗任何試圖壓迫他們的勢力。

貧困且遭到孤立的大阿帕拉契不受任何單一殖民地政府控制，他們在解放戰爭中所扮演的角色相當複雜。邊境居民會藉「革命」之名，要求擺脫外部控制，走向獨立，但如前文所述，每個地區，甚至每個社群，都以不同的方式發展。

在賓夕法尼亞，邊境居民是革命中的突擊隊，因此他們有機會從費城的中部地方菁英手中篡奪政權。例如說，蘇格蘭－愛爾

蘭人就徹底掌控了叛軍部隊，英國官員甚至稱他們為「愛爾蘭力量」。倫敦的喬治三世稱這整場衝突為「長老教會的戰爭」，賀拉斯·沃波爾（Horace Walpole）則告訴國會：「美利堅這位表親已經跟一位長老教會的牧師私奔了！」當初在福吉谷那支讓人膽寒的軍隊幾乎完全是由洋基人與邊境居民組成，一七七六年賓夕法尼亞的憲法則是由偏遠地區的蘇格蘭－愛爾蘭人領袖起草，讓大阿帕拉契各區獲得控制殖民地的權力。到了戰爭尾聲，他們已經同時擺脫中部地方與英軍的掌控。[14]

　　在潮水地帶控制下的馬里蘭與維吉尼亞，由蘇格蘭－愛爾蘭人帶領的邊境居民視英軍為自身自由的最大威脅。他們迫切渴望拓展勢力到山的另一側，因此與潮水地方仕紳階級有了共同目標，他們也從仕紳階級手中獲得合理的政府代表權。當地唯一的效忠派是深具中部地方文化色彩的德裔社群，被孤立在一大片的愛國者當中。

　　相反地，大部分北卡羅來納的邊境居民認為潮水地方菁英是主要的壓迫者，並要提起武器為幾年前的鎮壓管制者行動復仇。約翰·亞當斯日後表示，該殖民地偏遠地區的墾民「對其他民眾深惡痛絕，以至於在一七七五年戰爭爆發時，他們拒絕一同參戰。」這些人在皇家總督支持下，抵抗一七七六年由仕紳帶領的叛軍，但最終以失敗收場。與此同時，其他偏遠地區的人們正在抵抗英軍，在沙場上大舉蘇格蘭旗幟，部分邊境居民還在旗幟上寫著蘇格蘭的格言「Nemo me impune lacessit」，大概的意思是「不准踐踏我」。一七八〇年，康瓦里斯（Cornwallis）勛爵帶領的英軍抵達，邊境居民互相殘殺，引發的血腥內戰足以相比他們

祖先在大不列顛邊境地區參與的戰事。效忠派部隊會在父母面前性侵年輕女孩,愛國者則會鞭打與凌虐他們懷疑的通敵者。許多武裝幫派並無效忠任一陣營,純粹任意鎖定目標,綁架孩童賺取贖金,打家劫舍並且暗殺對手。15

南卡羅來納與喬治亞偏遠地區也陷入內戰,不過是出於截然不同的原因。掌握著殖民政府大權的深南地方寡頭極度不願意跟暴民分享權力。在南卡羅來納,雖然偏遠地區的居民占了該殖民地白人的四分之三,但在四十八席的省議會中只占有兩席。這種不平等的待遇使得一名抗議者痛斥地主將「一半的人民視為奴隸對待」,但他所指的不是黑人,而是像他一樣的邊境居民。這裡只有少數效忠派真的在乎英國,但是他們之所以支持國王,就只是因為國王對抗的是他們的低地敵人。在某些地方,邊境居民視英國人為主要壓迫者,這不僅引發了邊境居民與低地居民間的糾紛,還導致偏遠地區的內戰。戰事一開打就變得十分醜陋,爆發了突襲不斷的游擊戰,囚犯慘遭處決,甚至一般平民也被凌遲、強暴和掠奪。一位英國軍官表示卡羅來納偏遠地區居民「比印第安人還野蠻」,而大陸軍的亨利·李將軍(羅伯特·李將軍的父親)表示喬治亞人策劃的「劫掠、殺戮和邪惡行徑,比哥德人和汪達爾人還野蠻。」16

當英國重新占領深南地方時,事態進一步惡化。康瓦里斯勛爵相當不智地派出熱切的手下前往「平定」偏遠地區。這些指揮官率領著不同軍團,混合了英國士兵、黑森傭兵(Hessian mercenaries)、新尼德蘭志願兵和偏遠地區的民兵。他們模仿邊境居民的作戰方式,用劍冷酷地砍殺囚犯,並放火燒毀民房。

愛國者邊境居民以牙還牙，長驅直入鄉間，毫不保留地大肆施暴。效忠派的法蘭西斯・金洛（Francis Kinloch）向前皇家總督表示，英國讓內戰變得更加血腥殘暴，因此失去了南卡羅來納的民心。「那些底層民眾……最初大多是忠於英國政府的，但他們遭受劇烈衝擊且屢次受騙，導致英國的敵人從原先的一人增加到現在的一百人。」[17]

到了戰事尾聲，南卡羅來納已經滿目瘡痍。一位旅行至低地的人表示：「每處田野和農園都留下了災難的痕跡，道路上更是杳無人煙。不僅牛、馬、豬和鹿都不見蹤影，就連各式各樣的松鼠和鳥也徹底滅絕。」另一位旅人如此描述偏遠地區：「在這裡見不到任何生物，只會偶爾看到一些禿鷹正在啄食森林中不幸遭射殺或砍殺的骨骸。」[18]

阿帕拉契人散布在方圓一千英里大的險惡地形中，而且沒有自己的政府，因此他們的政治行動並非一致，但他們的行為模式仍然相當類似。當他們的自由面臨外部威脅，各地區會毫不遲疑地揮舞武器，不擇手段奮勇抵抗。大阿帕拉契北部迅速消滅了他們的敵人並奪取政權，範圍不僅限於賓夕法尼亞，甚至包括日後成為肯塔基與西維吉尼亞的地帶。但在較落後的大阿帕拉契南部，勝利似乎遙不可及，使得這片土地儼然變成他們祖先當初逃離的英國邊境地區。這裡上演了一場解放戰爭，並以失敗收場。

＊

潮水地方大部分地區逃過一劫，直到戰爭尾聲才被捲入衝突，但其他前線的眾多軍官與士兵皆來自於此。仕紳階級習慣了

發號施令，再加上洋基之國與阿帕拉契幾乎沒有出身良好教育的人，因此這些仕紳誤以為自己是大陸軍的領導階層。雖然大陸軍總司令華盛頓確實出身潮水地方名門，但其他大陸軍將軍都是洋基人，其中包含幾位出身平民，但極為成功的人物，如亨利・諾克斯（Henry Knox）、約翰・史塔克（John Stark）和威廉・希思（William Heath）等人，這也凸顯出大部分志願軍皆來自新英格蘭地區。潮水地方仕紳階級確實命令手下組成維吉尼亞狙擊手部隊，帶領他們從波士頓前進喬治亞，但整體而言乞沙比克鄉間幾乎沒有人參戰。在戰場上，潮水地方的軍官往往嚴守十八世紀戰爭中的紳士行為守則，以榮譽和莊重作為最高指導原則。

　　潮水地方很早就贏得解放，而且相對來說傷亡不多。維吉尼亞的皇家總督約翰・莫瑞（John Murray）威脅要武裝奴隸以捍衛王室權威，此舉簡直是自掘墳墓。一七七五年六月他被逐出威廉斯堡，同樣躲到乞沙比克的皇家海軍艦艇上。幾個月後他呼籲各地的效忠派前來，並且昭告四方只要奴隸拾起武器為國王奮戰，就可以獲得自由之身，潮水地方自此與他為敵。有數百名奴隸聚眾投靠總督莫瑞，在鄰近諾福克的大橋之戰（Battle of Great Bridge）中與潮水地方的民兵交戰。最終，莫瑞吞下敗仗，被迫拋下乞沙比克，帶著幾名「黑人效忠派」手下落荒而逃。[19]

　　一七八〇年，英軍返回維吉尼亞潮水地方，有大約一萬名奴隸逃離主人加入英軍，形成該地最大的效忠派勢力。一名農園主曾惋惜地說：「奴隸從四面八方加入他們。」後續的發展對於奴隸來說相當不幸，康瓦里斯勛爵的軍隊在約克鎮的小菸草港遭法軍艦隊與大陸軍夾擊，於一七八一年十月棄械投降。這場戰役為

戰爭畫下了句點，確立了潮水地方的解放，也摧毀了二十五萬名奴隸追求自由的最後希望。[20]

　　儘管面對共同的威脅，這些區域文化並沒有在這場衝突中團結起來。每個區域文化都有自己的解放戰爭，但在新尼德蘭、中部地方和阿帕拉契南部的大多數人站錯了邊，並在一七八一年潰敗。勝利的一方，諸如洋基之國、潮水地方、深南地方和阿帕拉契北部，即將爭奪戰後的權力分配，其中包括如何鞏固戰時成立的聯盟。

第十二章

# 獨立抑或革命？

美洲解放戰爭結束後，東海岸六個區域文化之間的關係前所未有的緊密。這些主流的區域文化被迫結為軍事聯盟，成功地捍衛了他們的身分認同和信仰習俗，並打敗了主張和平主義的中部地方及效忠派的新尼德蘭人。但為了維護各自的文化，意外地產生了兩大副作用：一是形成了類似國家性質的鬆散政治聯盟，另一則是民間興起了鼓吹「民主」的運動，讓各區域文化的領袖感到相當不安。戰後不久，各區域文化都必須面對這兩大挑戰，並各自採取獨特的因應之道。他們透過協商或強硬手段所達成的妥協，深深影響了美國的歷史。

戰爭初期，各殖民地間只有一個外交機構，也就是大陸會議。大陸會議實質上是個區域文化間的協議機構，成員透過多數決通過決議。若其中一名成員拒絕履行義務，其他成員也束手無策，僅能訴諸武力。因此為了確保得以制衡的軍事力量，並且更有效對抗英國的威脅，各方簽約建立了一支聯合軍團，相當於一百五十年後的北大西洋公約組織。他們將其命名為「大陸軍」，而經過各區域文化一番爭論後，終於決議由華盛頓擔任總司令。

　　戰爭時期有一件事益發明顯，即該組織必須擁有更大的權力才能滿足聯盟的軍事需求，而且更重要的是，如此才能維持各成員間的和平。一七七六年七月，來自賓州中部地方領土的約翰·狄金森深怕新英格蘭可能會與其他殖民地劃清界線，導致整個聯盟瓦解。他曾出言警告，這種分裂會釋放出「無盡的分裂、犯罪和災禍，數個世紀的相互忌恨、仇隙、戰爭和破壞，直到最終這些彈盡援絕的省分淪落為某位僥倖征服者的奴隸。」來自新尼德蘭紐澤西北部的約翰·威瑟斯彭（John Witherspoon）在同一個月警告大陸會議的同僚：「我們之間的不和是我們最大的風險。」潮水地方維吉尼亞的理查·亨利·李主張正式的聯盟對於確保「內部和平」至關重要。威瑟斯彭進一步指出，如果戰後的殖民地仍然分離，那麼「在各殖民地間會爆發一場更加長久、更加血腥且更令人絕望的戰鬥。」[1]

　　這些擔憂讓美國的第一部憲法就此誕生——起草於戰爭期間的《邦聯條例》（*Articles of Confederation*），於一七八一年才正式得到批准。由於區域文化間彼此猜忌，因此這份文件並未建立一個完整的民族國家，甚至不是個統一的聯邦，反而更像二十一世紀初期的歐盟，即一個由主權政體自主組成的聯盟，其中各政府同意將特定的權力交付給共同的行政機構。各政府所交付的權力反映出北美領袖的保守本質，基本上皆為過去英國皇家負責的事務，即外交及戰爭的策劃和發動。各成員可以照常自行治理，不必肩負新的職責。大陸會議的角色類似於英國國會（或現今歐洲議會），負責處理與外交和戰爭相關的聯盟層級立法，其他絕大部分的權力則保留給各州政府。各州都可以否決不認同的大陸

會議決策，並各自保有「其主權、自由與獨立。」邦聯的組織與歐盟相似，其組成與服務對象皆非「人民」，而是各成員州，這些州則由其最高立法機關所代表。[2]

　　儘管已經起草並簽署了第一部憲法，各區域文化在大陸會議中仍存在明顯分歧。在一七七七年八月至一七八七年五月期間，洋基的新英格蘭與來自潮水地方和深南地方的四名南方州代表針鋒相對。在這十年間，這兩大區域的代表從未投下一致的選票。來自「中部州」的代表相當關鍵，他們會選擇與其中一方結盟；儘管傳統學者認為這些中部代表像是搖擺選民，但仔細觀察後可發現，新尼德蘭、中部地方和阿帕拉契的代表通常會堅持自己的立場。舉例來說，紐澤西代表在大陸會議以及新成立的州議會中，都分為紐澤西北部的新尼德蘭派和紐澤西南部的中部地方派，這兩派的投票行為跟「同州」的紐澤西代表並不一致，反而更貼近來自紐約市或賓州西南部的代表，因為這兩地與他們同屬特定區域文化。同樣地，就連在戰爭期間，賓州內部也有兩大派別互相角逐控制權，其中一方（憲政主義者）受到阿帕拉契的蘇格蘭－愛爾蘭人青睞，而另一方（共和主義者）則是受到費城及周邊地區的貴格會和聖公會信徒支持；阿帕拉契派始終與洋基人站在同一陣線，而中部地方派則往往支持南方人。[3]

　　在許多議題上，每個地區代表在投票時均會考量經濟，但其他議題則牽涉到根本價值觀。例如一七七八年時，大陸會議投票表決是否應對大眾課稅，以便給付大陸軍的軍官終身半薪，但並不包括應募入伍的士兵（他們已獲得不值錢的紙幣作為固定薪資）。洋基代表一致反對此措施，他們認為此舉相當不道德，不

應從窮人身上課稅以賦予（通常較為富裕的）軍官特殊權利。潮水地方、深南地方和新尼德蘭的權貴則熱烈支持該項提議，因為這完全符合他們的價值觀，即社會的存在是為了支撐特權階級。中部地方和賓州阿帕拉契地區的代表則採取務實立場，他們認為給予年金可以確保軍官全心對抗英國，相比起來實在是筆小成本。（戰爭期間，賓州以外的其他阿帕拉契地區基本上未獲得任何代表權，導致他們對沿海的區域文化日益不滿。）一七八二年，大陸會議內部再陷分歧，謠言四起，據傳若不立刻全額支付積欠軍事承包商的債務，大陸軍可能會反抗一窮二白的大陸會議；洋基人反對那些富有的承包商和軍官所要求的特殊待遇，但卻被深南地方人、中部地方人和新尼德蘭人聯合否決了。[4]

　　區域劃分如此鮮明，以至於一七七八年時，英國間諜保羅‧溫沃斯（Paul Wentworth）表示，美國並非只有一個共和國，而是有三個：其一是「強調宗教與政治獨立的東部共和國」（洋基之國），其二是「強調宗教與政治寬容的中部共和國」（新尼德蘭和中部地方），以及其三是「南部⋯⋯形似英國的混合政府」（潮水地方和深南地方）。溫沃斯主張，這些區域間的差異甚至超過了歐洲各國間的分歧。倫敦的媒體在戰爭結束後依然如此報導：「北美自認是十三個獨立省分，僅受各自議會監管。他們在戰時只是出於必要而遵從大陸會議，而他們現在幾乎已經全體摒棄該組織了。」英國人為此感到憂慮，因為這會讓西班牙有機可乘。戰後的英國間諜愛德華‧班克羅夫（Edward Bancroft）預言美國的邦聯必定會分崩離析，因此只需思考「是要維持十三州各自獨立的聯盟，還是新英格蘭、中部州和南方州會組成三個新的

聯盟。」[5]

　　但除了大陸會議的問題外，北美各區域文化領袖還面臨著一項重大挑戰：在戰爭期間，大眾突然大力支持一項新概念，即「民主」。這對他們的權威形成莫大的威脅，迫使他們更加緊密地合作，並加強中央的控制。

　　洋基之國以外的其他區域文化中，大多數人民由於財富未達門檻，在法律上未獲得投票權，所以從未真正參與過政治。（在任何地方，婦女和黑人都不被允許投票或擔任公職。）在新英格蘭，投票所需的財產門檻相對較低，因此有八成的成年男性符合資格，但即使如此，選民仍然往往傾向於聽從該地區的知識分子和商業菁英，這些人幾乎壟斷全州的重要職位。相同家族在殖民地議會和政府高層職位中世代交接，特別是在潮水地方和深南地方，這兩地的大家族毫不避諱地自稱為貴族。不論在哪裡，幾乎所有殖民地的民眾都只能投票選出下議院的議員。總督、議會成員和其他高層官員都是由立法者或國王挑選，以確保下等人不會選出「不適任」的人選。[6]

　　但在帝國開始動搖的初期，北美的領導者開始對來自社會底層的異常騷動感到不安。「上帝賜予我們與生俱來的自由，」一位來自新罕布夏的洋基人高聲主張，「不要讓未來的世代以為在美國的開國者眼中，金錢是領導自由之人的必備條件。」這種觀念在阿帕拉契區域尤其猖獗。一七七六年初，來自維吉尼亞潮水地方的蘭登・卡特（Landon Carter）向華盛頓提出警告，這樣

的「野心」已經「利用了整個殖民地的無知」。他指出，這些無知的民眾認為獨立「意味著建立一個政府，讓每個人不再受到富人束縛，可以隨心所欲地生活。」在北卡羅來納州的梅克倫堡郡（Mecklenburg County）高地地區，當地邊境居民敦促他們的代表在憲法會議上力爭實現「純粹的民主制度，或是愈接近愈好」，並「反對一切傾向於貴族主義的政策，或集中於富人和領袖手中、用以壓迫窮人的權力。」來自賓州阿帕拉契地區的志願軍成員向立法者表示，「任何甘冒生命危險保衛國家的人，都應享有該國公民的全部權利和特權。」各地民眾都提出相似的訴求：希望能建立民主制的州政府，經由直接選舉選出所有的立法官員，且讓大部分的成年白人男性都有投票權。[7]

當殖民地領袖為戰爭動員時，他們將此鬥爭描述為一場對抗暴政和壓迫的戰役。統治階級鼓勵普羅百姓組織地方部隊，以及參與大型集會並熱烈贊同領袖提出的決議，甚至鼓勵他們群聚鬧事，用暴力手段強制執行決議，包含用棍棒毆打，或是在人身上淋焦油、灑羽毛。然而這一過程卻啟發了許多平民，使他們意識到自己也可以積極參與政治，有些人甚至開始閱讀和寫作，探討民主的理念。一七七六年，湯瑪斯・潘恩的《常識》（Common Sense）以及《獨立宣言》問世，激起了大眾對民主的熱情。在各殖民地中，解放戰爭煽動了大眾，使其熱切渴望真正的變革。一七七六年，波士頓的一般民眾發現有錢人可以花錢逃避兵役，於是群起暴動，高喊著：「暴政就是暴政！」一七八一年，來自賓州偏遠地區的蘇格蘭－愛爾蘭士兵廢黜了他們的指揮官，並到費城示威抗議，要求討回拖欠已久的薪餉。在他們的大砲瞄準大

陸會議的大廳之前，華盛頓急忙答應了他們的要求。潮水地方維吉尼亞貧窮的白人示威者告訴民兵同袍，他們所參與的戰鬥是「因為紳士的恣意放縱所引發」，戰事本身對大眾毫無利益。從波士頓一直到查爾斯頓的自由黑人開始要求他們應有的公民權。他們在諾福克迫切地要求可以出庭作證，而在麻州則有七人的小組上書，請求賦予他們投票權。面對來自民間的壓力，菁英階級不得不在戰時做出一些不情願的讓步。多數殖民地的投票權財產門檻都降低了，而賓夕法尼亞當時由阿帕拉契主導的政府甚至完全撤銷門檻。馬里蘭的議會調整了稅收政策，使蓄奴的農園主需要承擔更重的稅負。在新尼德蘭的哈德遜河谷，忿忿不平的佃農終於可以擁有自己的農場，而願意再次入伍大陸軍的洋基、阿帕拉契和中部地方士兵也享有相同待遇。在紐澤西，女性（短暫）獲得了投票權。在潮水地方，當地領袖面臨的是讓自由黑人得以投票的訴求，在馬里蘭甚至有人要求讓自由黑人出任公職。與此同時，麻州西部有一群貧困退伍軍人從未真正收到軍餉，退伍後務農的他們卻又遇到政府意圖沒收其家園，因此發起了武裝叛亂，奪取位於春田的聯邦彈藥庫，最終出動聯邦軍隊才得以鎮壓。[8]

許多區域文化的領袖擔心「底層秩序」逐漸失控，認為要確保他們的安全並維持權力，就必須建立更緊密的聯盟，以嚴格監管民意和各州的獨立。約翰・亞當斯對《常識》震驚不已，因為文中呼籲組成直接選舉的單一議會制，他認為這樣的制度太過「民主」，而且完全缺乏「由富人自身利益所帶來的任何約束或平衡，這將導致混亂和各種敗行。」紐約州代表亞歷山大・漢彌

爾頓（Alexander Hamilton）形容這個邦聯「只是聯邦政府的形影」，並預測如果不做出改變，領土和經濟上的分歧很快就會引發「州際戰爭」。「我預測這樣一個始終蹣跚、資源極度匱乏且仰賴外部支持的政府，將帶來可怕後果，」華盛頓在一七八六年寫道，「我認為我們將無法以國家的形式持續存在，除非我們建立一個強而有力的中央權威，與各州政府對其轄下領地一樣有效地管理整個聯盟。」[9]

　　鑑於麻州西部的叛亂，上述三位和其他富裕的美國領袖呼籲大陸會議召開各州的特別會議，目的是改革政府制度。一七八九年在費城舉行的制憲大會上，來自洋基之國、潮水地方和深南地方的菁英代表共同支持所謂「維吉尼亞計畫」（Virginia Plan），要仿照潮水地方制度，建立一個強大的中央政府，以指派方式產生總統和議員。（紐約州代表漢彌爾頓更為激進，他主張由一位大權在握的君主進行終身統治，同時確保政治不受未受教育的人和地方利益影響。）來自中部地方和新尼德蘭的代表反對「維吉尼亞計畫」，並共同支持「紐澤西計畫」（New Jersey Plan），希望根據當時類似歐盟的聯盟形式進行微調。「維吉尼亞計畫」取得了最終勝利，以七票對五票勝出，馬里蘭代表團的票則平均分布在中部地方和潮水地方。

　　之後的討論聚焦於兩院的代表制度，最後達成的妥協方案以五州對四州的票數通過，決議根據人口數決定眾議院的席位，參議院的席位則在各州之間平均分配。有趣的是，投票分歧不是源自州的大小，而是洋基之國與深南地方的對立。新尼德蘭支持洋基人，潮水地方和中部地方則分為對西部有領土要求的州，以及

對西部沒有領土要求的州（因為預期有領土的州將比沒有領土的州多出更多人口）。阿帕拉契地區照舊被排除在討論之外，只有來自賓州的詹姆斯・威爾遜作為代表，無法參與會議的阿帕拉契接下來將成為美國成立初期的要害。[10]

　　對新憲法達成共識是一回事，但讓各州逐一批准則更具挑戰性。從一七八七到一七九〇年間，各州都召開了審查會議來投票決定是否批准新憲，同時間，無論是憲法支持者還是反對者都發表了大量的演說、文宣和文章，部分帶有過度渲染的言論。（反對派甚至警告憲法的措辭可能讓教宗有機會被選為總統，以及國家首都可能遷至中國。）新尼德蘭人不願投票批准憲法，直到大陸會議同意增加關於公民權益的修正案，參考自「割讓新尼德蘭投降協議」，這項協議是一六六四年荷蘭將新尼德蘭殖民地交付給英國前所協商而成。新尼德蘭人長久以來一直受到遠在天邊的統治者專制統治，他們希望確保自己的宗教寬容和探索自由不會受到新帝國壓制。如果大陸會議沒有通過《權利法案》以回應這些要求，美國可能無緣慶祝第十屆國慶。[11]

　　若我們仔細觀察各州批准會議上投票結果的地理分布，可以發現其中的分歧是由區域文化界線所劃分的。洋基地區的代表，包括賓州北部和長島東部的代表，普遍支持修訂憲法。新尼德蘭、中部地方、深南地方和潮水地方的代表也加入他們。反對者則包括阿帕拉契居民（除了維吉尼亞州代表，其他此區代表都反對憲法）、新罕布夏州的蘇格蘭－愛爾蘭區域、麻州西部（該地農民起義遭到鎮壓），還有紐約上州心懷不滿的洋基和蘇格蘭－愛爾蘭裔農民。紐約州的投票情勢十分緊張，促使新尼德蘭人威

脅如果洋基內陸區域的代表拒絕批准新憲法，他們就脫離紐約州並獨自加入新聯邦。有評論家警告，此舉「對於曼哈頓、長島和史塔登島將會造成近乎毀滅」的影響。「若史塔登島決定和紐澤西州聯手，以及紐約和長島選擇跟康乃狄克州合作，那麼這兩大州以及新聯邦都會有責任保護他們。」最終，這些威脅很可能讓他們取得了上風。一七八八年七月二十六日，紐約州以三十票對二十七票接受了新憲法，確保新聯盟得以正式成立。[12]

最終，美國憲法誕生自各區域文化之間混亂的妥協。潮水地方仕紳階級與深南地方讓我們以「選舉人團」選出大權在握的總統，而非透過民眾直選。新尼德蘭讓我們獲得《權利法案》，體現了深厚的荷蘭特色，確保人們享有良知、言論、宗教和集會的自由。多虧了中部地方，我們沒有成為強勢統一、由英國式國會管理的國家，因為中部地方強調各州主權的重要，以防南方的獨裁和洋基的干預。洋基確保了小州在參議院也能有相同話語權，就連人口稠密的麻州都反對潮水地方和深南地方希望按人口比例舉派代表的要求；洋基也促成了一項妥協，即在計算代表人數時，奴隸主只能將其奴隸人口乘以五分之三。①按照洋基的觀點，那些沒有投票權的人其實沒有真正得到代表，這樣的現象應當反映在議會代表的分配中。[13]

這個新聯邦所代表的聯盟搖搖欲墜，不可避免地充滿動盪，而接著將出現兩波激烈的分離運動導致其瀕臨瓦解，第一波來自阿帕拉契，接著是洋基之國。

---

① 編按：即在計算州人口數時，一個奴隸只能算做五分之三個人。

第十三章

# 北方區域文化

　　若您是美國人，您有沒有認真思考過為何加拿大存在？當美國革命爆發時，為什麼只有十三個北美殖民地起義，而不是十八個？為什麼年輕的新斯科舍殖民地會比年輕的喬治亞殖民地更忠於大英帝國？新近被英國征服的新法蘭西居民，為什麼不急於推翻占領者，成立擁有自己主權的一個州或多個州？跟他們南邊的鄰居一樣，答案取決於每個區域文化的特色，以及他們自認最佳的生存策略。

　　現今的加拿大東部沿海三省確實曾經有人起義，而且絕大部分都來自新英格蘭，他們視該地為洋基之國的一部分。一七七五年時，在現今的新斯科舍和新布倫瑞克一帶住著二萬三千名歐裔美洲人，其中半數為洋基人，他們在此重建了家鄉的新英格蘭社區，建立有力的地方政府並公平分配農地。位於新斯科舍紫貂角島（Cape Sable）西緣地帶的洋基漁民，其生活和經濟活動都深受緬因灣對岸的波士頓影響，幾乎無視新建哈利法克斯村（Halifax）的英國當局。新斯科舍歷史學家約翰‧布雷伯納（John Bartlet Brebner）曾表示，這些洋基人「為新斯科舍的生活

模式奠定了根基」，他們的存在使得「效忠派和後續的移民形成的社會氛圍更接近新罕布夏和緬因，而與另一效忠派避難地有所區隔」，布雷伯納指的是安大略。當革命爆發之際，當地洋基居民拒絕與他們的弟兄開戰，並成功向新斯科舍議會申請免除參與民兵的義務。位於現今新布倫瑞克省的帕薩馬科迪灣東部居民請求大陸會議允許他們加入革命陣營，同時，聖約翰谷（St. John Valley）的居民則請求麻薩諸塞併入他們並提供保護。在新斯科舍半島的洋基代表開始不再參與省議會的會議，同時，英軍官員也警告上級，當地多數居民可能會支持叛軍的侵略。緬因與加拿大東部沿海三省的洋基人都曾請求華盛頓支援他們一七七五年的入侵計畫，但這位將軍決定不從圍攻波士頓的行動中撥出有限的資源。一七七六年四月，大量英國援軍抵達哈利法克斯，任何起義的希望都隨之終結。然而，正如我們即將探討的，東部沿海三省的主流文化至今仍然保持洋基特色。[1]

　　新法蘭西的情況出乎意料地相似。阿卡迪亞省無法參與任何叛亂，因為在七年戰爭初期，英國已經將它從地圖上抹去，並清除了大部分法語人口。（當時，數千名被驅逐的人民逃到了當時仍由法國統治的路易斯安那領地南部沼澤地，這些卡津人至今仍保持著新法蘭西的文化特色。）不過魁北克的人口過於龐大，英國無法進行同樣的種族清洗。在一七六三年的和平會議上，英國向當地七萬居民保證他們可以獲得說法語和信仰天主教的自由。因此，新法蘭西的核心在英國接管後得以保存，事實上，在此後的幾個世紀也是如此。當美國革命開始時，沒有人能確定魁北克人會站在哪一邊。[2]

相較於新斯科舍，華盛頓將軍的團隊認為魁北克具有戰略地位。當英軍撤離波士頓後，由洋基主導的大陸軍在一七七五到一七七六年的冬季，從兩路攻入了這片廣袤的殖民地。新法蘭西的居民絲毫未曾試圖捍衛英國政權，當新英格蘭的軍隊抵達時，數千人夾道歡迎，視他們為解放者。「我們擺脫了束縛！」當美軍進駐蒙特婁時，當地的一群人高呼，「我們期盼已久的光榮自由終於到來，我們現在可以享有自由，並向其他殖民地表示，我們對這次聯盟懷抱著真實且絕非虛假的喜悅。」數百名魁北克人響應叛軍，成立了兩支加拿大部隊，其中一隊參與了整場戰爭，包括遠至南方的戰役。三河鎮（Trois Rivières）的鑄造廠製造了大量的迫擊砲和軍械，以支援包圍魁北克城的部隊。但不幸的是，對魁北克人而言，圍城戰未能成功。一七七六年五月，面對英軍增援的壓力，洋基部隊被迫撤退。他們撤退時招惹了民怨，士兵有時會用刺刀要脅，掠奪居民的物資，或是用幾乎沒有價值的紙幣購買物資。當最後一批新英格蘭士兵離開魁北克時，幾乎沒有人感到惋惜。

要再經過二百年的光陰，新法蘭西才會再次獲得獨立的機會。[3]

從加拿大的誕生直至一九七〇年代，連續幾代的加拿大人都深受「效忠派神話」（Loyalist Myth）的影響，認為美國革命結束後，逃亡至此的二萬八千名難民所擁抱的政治信仰、態度和核心價值形塑了加拿大的國家認同。效忠派被塑造成英勇且光榮的

英國子民,他們被迫離鄉背井是因為他們堅決不背叛國王和國家,結果遭到野蠻的美國人民攻擊。經歷重重磨難後,他們打造了一個更加文明的社會,以階級制度、秩序和尊重權威作為堅實基礎。效忠派對他們的英國認同和他們在帝國中的地位感到驕傲,因而在此打造了理想中的北美:一塊宜人且守法的淨土,這裡的人們追求的是更高的社群目標,而不是讓最強硬的個體獨占一切。「效忠派神話」認為加拿大和加拿大人本質上屬於英國,並且自豪自己與美國毫無瓜葛。我認為第一個看法基本上完全錯誤,第二個則不完全正確。

真相是,效忠派的難民並未成功為使用英語的加拿大塑造出文化基因,且完全無法取代新法蘭西的文化遺產。他們試圖在加拿大東部沿海三省創立大英帝國主義的理想國,但是未能取代該地的洋基和新法蘭西遺風,更遑論該地仍深受鄰近的新英格蘭和魁北克影響。他們在安大略的計畫以失敗收場,因為絕大多數遷移到那裡的「效忠派」並不是真正的英國人,而是來自中部地方和新尼德蘭的德裔、貴格會教徒和荷蘭裔。儘管英屬加拿大的政治發展受到帝國官員嚴格監控,但魁北克東部的文化傳承主要受洋基文化影響,西部則是受中部地方文化的影響。

效忠派在海洋省分的努力有成,從新斯科舍切割出一塊全新的殖民地成為避風港,接納了大批逃出叛亂殖民地的平民難民和敗北的民兵。新布倫瑞克省因而成立,因為難民領袖認為新斯科舍受到洋基和共和主義的影響。(此地的命名是為了致敬來自布倫瑞克家族的英王喬治三世。)「他們受到新斯科舍舊居民的無止境傷害,這些人對英國政府的不滿更甚於任何新成立的州。」

一七八六年，湯瑪斯・鄧達斯男爵（Baron Thomas Dundas）從聖約翰城如此回報上級，他還補充說新領土上的這些「舊居民」是群「卑鄙之徒」。效忠派合理相信他們具有人數優勢，將能壓制洋基人；一七八三年，有一萬三千五百人遷居到了今天的新斯科舍，使該地的人口幾乎增加了一倍，而一萬四千五百人遷居到了後來的新布倫瑞克省，外來人口躍升為當地卑鄙舊居民的五倍之多。但洋基人具備一項效忠派缺乏的特質：統一且凝聚力高的文化，而且可以輕易從聖克羅伊河和緬因灣對岸的緬因州和麻州獲得支持。同理，新布倫瑞克省的北部和東部約有一千六百名殘存的法國阿卡迪亞人，他們也因為可以直接接觸魁北克而受益。[4]

　　反之，效忠派缺少了文化凝聚力。大部分效忠派人士於一七八三年底抵達，當時英國人放棄了新尼德蘭的堡壘，帶來這波龐大移民浪潮。當時大紐約市成為反對獨立者的最後一個美國庇護所，從各殖民地吸引了眾多家庭和民兵。抵達新布倫瑞克的移民中，約七成來自新尼德蘭或中部地方，這個兼容並蓄的群體包括費城的貴格會教友、曼哈頓的聖公會商人、紐澤西的農夫和工匠，以及賓夕法尼亞「荷屬」鄉村地區使用德語的和平主義者。百分之七的人來自乞沙比克和深南地方的低地，他們之中許多人都帶著家奴。另有百分之二十二的人來自新英格蘭，撇除政治不談，相比其他難民同胞，他們與「舊居民」有更多的共同點。而唯一具有凝聚力的效忠派聚落位於帕薩馬科迪灣的半島和島嶼，居民為來自緬因州的洋基人。新斯科舍的效忠派組成也相當類似，但還有額外約三千名非洲裔，他們大多數都是當初響應英國的提議，為了換取自由而為國王奮戰。因為領導力真空且缺乏自

然而然的凝聚力，效忠派分化成各種敵對的宗教、職業、社會階級和種族派別。他們不但沒有吸收周圍的洋基人，反而大部分被更為開放的洋基文化同化。他們的商業和文化生活更傾向鄰近的波士頓，而不是遠在天邊的倫敦。一八一二年時，英國和新成立的美國發生軍事衝突，但新布倫瑞克的西南部居民不僅拒絕攻打他們在緬因州東部的鄰居、親戚和朋友，還出借火藥，確保一年一度深受喜愛的美國國慶煙火表演能如期在七月四日舉行。5

　　效忠派在五大湖地區的計畫似乎有更好的開始，因為那裡有個特別為他們打造的新殖民地。上加拿大地區（Upper Canada）從受英國控制的魁北克區域脫離了出來，就是為了提供效忠派難民在東部沿海三省缺乏的關鍵要素：一個全新的起點，讓他們能建立不受歐裔美洲競爭者影響的新社會。該殖民地後來被重新命名為安大略，並成為加拿大聯邦政府的中心，擁有仿照英國西敏寺模式的議會，而且當地的車牌上還鑲有英國王冠的標誌。這片土地上的地名彰顯出了大英帝國的傳統，諸如金斯頓、倫敦、溫莎和約克等等。但安大略並非效忠派的地盤，雖然這些「效忠派」比其他的北美競爭對手更早抵達此地，他們卻發現彼此間實際上沒有太多共同點，甚至連政治觀點都大不相同。

　　在一七八三至一七八四年間，初來乍到安大略的「真正」效忠派數量很少，只有大約六千名來自紐約上州的農民，以及那些已經被解散的英軍和黑森傭兵。然而，從一七九二到一八一二年，有一萬名「遲來的效忠派」相繼抵達加入他們。英國官方和後期的神話傳頌者傾向於相信，這些後來者也是崇尚君主制的忠實英國子民，只是他們恰巧花了額外的十年或二十年才選擇逃離

可憎的美利堅共和國。實際上，他們是群貧困的移民，受到英國提供的低廉土地和極低的稅負所吸引，為了尋求機會而來。這些「遲來的效忠派」老家在美國中部州，他們大多經由陸路抵達安大略，其中四分之三是農民，不到五分之一是工匠，其他大部分則是身無分文的勞工或水手，每二百五十人中只有一位是仕紳。「加拿大墾民似乎更為樸實。」一七九八年，一名曾遊歷紐約上州和安大略的遊客表示，「他們大多是窮人，最關心的是如何妥善經營政府賜予他們的農地。」但與真正的效忠派不同，這些墾民確實有共同的文化。他們來自中部地方，他們寬容和多元的文化傳統也將在五大湖北岸生根。[6]

從當時的英國檔案可以看出，有近九成移民來自紐澤西、紐約和賓夕法尼亞這些「中部州」。當時的紀錄還顯示，大量的移民來自德拉瓦河谷的和平主義教派。說英語的貴格會信徒和說德語的門諾會和登卡爾派（Dunkers，又稱弟兄會）在解放戰爭中拒絕選邊站和拿起武器，因而深受迫害，所以他們決定尋找能夠不受干涉、和平生活的地方。許多他們的同胞後來選擇往西部的俄亥俄河谷移居，將中部地方的文化帶到了美國心臟地帶。在一七九〇年代時，易洛魁聯盟的印第安人奮力抵抗外人侵略他們的土地，相反地，安大略地區卻相對和平，這是因為英國在占領新法蘭西的三十年間學到了外交手段，並開始將印第安人視為重要的戰略夥伴。英國的帝國官員還提供了這些中部地方的移民整個城鎮的土地，並承諾不會介入他們的日常生活。在一八一二年戰爭中斷移民浪潮前，有數以千計的人從中部地方遷移到這些區域，定居在以種族劃界的小鎮裡，並和人數較少的新尼德蘭人、

新英格蘭人和蘇格蘭高地人為鄰。早期從中部地方遷來的移民去信家鄉朋友時提到，在安大略「他們可以看到美洲戰爭之前的賓夕法尼亞。」安大略的開創者是群包容和多元的人，他們對外部世界相對冷淡，更願意讓帝國官員去處理複雜的政治和國家事務。到了一八二〇年代，大量的愛爾蘭、英格蘭和阿爾斯特蘇格蘭人開始從大不列顛群島移居到此，此時的安大略已有了明確的文化規範。在這廣大的省分中，人口集中的南部地區至今仍保有獨特的中部地方風格。[7]

值得注意的是，無論是在東部沿海三省的洋基人或是安大略的中部地方居民，他們在當地政治體制的發展上都沒有太大的影響力，這點有別於他們在美國的同鄉。在十八世紀晚期和整個十九世紀，倫敦官員主宰了國王的領地如何治理以及由誰治理。鑑於美國獨立運動，英國官方採取種種政策確保這些殖民地不會形成獨特的政治體制、價值觀或習俗。政府遵循潮水地方的模式，唯一的區別是用皇家指派的官員取代了當地的仕紳階級。選舉權被嚴重限制，且媒體也受到嚴格監控。當地選出的立法組織所做的決策，必須經由王室指派且任期終身制的顯貴委員會許可，並且獲得王室指派的總督和位於倫敦的帝國行政部門核准。總督一定是英國人，絕不會是殖民地的子民，總督可隨時解散當地的立法機關，且預算不需經過他們的審查。用安大略首任總督的話來說，這個制度最終目的是「徹底消除或鎮壓民主的顛覆精神」。[8]

安大略、魁北克和東部沿海三省在文化上有其獨特性，但它們都共同經歷了強權的遠端控制。必須再等一個世紀，它們才能重新掌握自己的命運。

第十四章

# 第一波分離主義

我們從小就被教導要把一七八九年的批准憲法視為美國革命的最高成就，但當時的許多美國居民並不這麼認為。

除了潮水地方和深南地方，很多人對這份他們看來反革命的文件感到擔憂。該文件似乎是故意設計來壓制民主，並確保權力落在地方菁英、新興的銀行家、金融投機者和土地大亨手中，而這些人對北美地區的各個區域文化幾乎沒有忠誠感。確實，受世人稱頌的開國元勳從未隱瞞這個目標。他們讚揚未經人民選舉的參議院，因為它可以「遏制民主的放肆」（亞歷山大‧漢彌爾頓），並避免「民主帶來的亂象和愚行」（埃德蒙‧藍道夫）。他們還對巨大的聯邦選區表示讚賞，因為這些選區可以「劃分社群」，以「防止民主帶來的不便」（詹姆斯‧麥迪遜）。[1]

許多洋基之國的人對新成立的美國興趣缺缺。在戰爭期間，位於紐約東北部的洋基居民分裂出來，成立了名為佛蒙特（Vermont）的獨立共和國，該國的憲法明文禁止奴隸制以及投票的財產限制。佛蒙特領袖拒絕加入邦聯，因為對紐約土地投機者的手段和新的邦聯政策感到反感，這些政策從窮人身上徵收稅

款，替原本就相當富有的戰爭債券投機者紓困。戰後，為了確保當地居民的權益免受上層菁英影響，佛蒙特領袖甚至試圖與大不列顛帝國協商組成同盟。麻薩諸塞西部和康乃狄克西北的農民則爭取要將他們的土地劃入這個小山區共和國的版圖。最後是在漢彌爾頓向紐約土地大亨施壓，要求他們明智地回應訴求之後，佛蒙特的居民才不情願地答應加入美國。

　　大阿帕拉契地區對於憲法修改的反彈最為激烈，新憲法侵害了邊境居民對於生而自由的深厚信念，並取消了他們早先於一七七六年在賓夕法尼亞推出的激進憲法。阿帕拉契的民眾在大陸會議和制憲大會上都沒有得到適當的代表，因此他們對這兩大組織抱持著深深的疑慮。他們在賓夕法尼亞的代表（賓州也是邊境居民在當時唯一真正握有政治權力的州），反對批准新憲法，並氣憤地衝出議會，因為他們發現中部地方打算在擬議憲法的副本還未送達西境各郡時，提前進行全州投票。這些代表後來被一群所謂的「志願紳士」拉下床鋪，強行帶到議會大廳並丟到座位上，以達到開會員額。一直等到中部地方的郵政部門銷毀了所有反對憲法的報紙、文宣和他們搜出的信件之後，賓夕法尼亞議會才正式批准憲法；最終，僅有百分之十八符合資格的選民出席投票，而這些人大多來自中部地方。在其他州，屬於阿帕拉契的地區投票站數量稀少，以確保該區投票率遠低於菁英階級所控制的潮水地方或深南地方。一七八九年，阿帕拉契居民強烈反對建立一個由菁英主宰的強大聯邦政府，至今，許多人仍持有相同的看法。[2]

　　這些邊境居民的反抗一直被認為是由於他們無知，不懂納稅的重要或償還債務的必要，才會展現出野蠻行為。事實上，這些

邊境居民並非反對納稅或維持誠信的行為，他們所反抗的是極度腐敗、貪婪且厚顏無恥的陰謀，其惡劣程度可媲美二十一世紀初期的華爾街。

在解放戰爭的困境中，大陸會議無力支付士兵軍餉，也無法賠償農民被徵收的糧食和家畜。大陸會議選擇提供這些人政府的借據，這種借據的方式持續了好幾年，直至惡名昭彰的敗德銀行家羅伯特・莫里斯（Robert Morris）接管財政後，賓州宣布人民不得再以大陸會議的借據來抵稅。由於多數鄉村地區沒有其他流通的貨幣，許多貧困家庭只能賤價出售這些借據，而富有的投機者則以票面價值六分之一到四十分之一的價格收購。不久之後，賓州百分之九十六的戰爭債務握在僅僅四百多人手中，而近半數更落入二十八人手中，其中多數是莫里斯的親友和生意夥伴。隨後，莫里斯提攜的漢彌爾頓接手了聯邦的財政政策，巧妙地將他們朋友手中一文不值的紙張變成了黃金白銀。在莫里斯和漢彌爾頓的策劃下，聯邦政府計畫以面值再加百分之六的利息回購這些債券。這筆款項將由貴重金屬支付，其資金來源是透過評估新聯邦消費稅，而這項稅收計畫將主要由原先被迫收下不值錢的借據的窮人來承擔。

但別急，這一切還沒完。阿帕拉契的居民已經多年沒有接觸到現金了。對這裡的農人來說，他們所能製作最像現金的貨幣就是威士忌，因為不易壞、好銷售且方便運輸。莫里斯和漢彌爾頓知道這點後，便假公濟私地對這項阿帕拉契的重要產品加重稅負，同時卻告誡他們的下屬不要向沿海商人收稅。他們還利用自己的地位，與他們的私人銀行家朋友一手控制新國家的貨

幣發行,大部分甚至是由莫里斯私人的北美銀行(Bank of North America)來印製。但如果出問題,卻是要由國家的納稅人來埋單。另外值得注意的是,莫里斯和漢彌爾頓都是外來移民,並沒有對此地的族裔和區域有太深的情感。出生在英國的莫里斯和來自西印度群島的漢彌爾頓都像英國一樣,視北美為一頭等著榨奶的母牛。[3]

不過跟一九二九年或二〇〇八年不同的是,這次的受害者很清楚他們如何受到利用,而最堅決反抗這些聯邦菁英陰謀的就是阿帕拉契人。隨後爆發的最大規模起義,也被輕蔑地稱作「威士忌叛亂」(Whiskey Rebellion)。但這次叛亂的真正原因,是因為退伍軍人沒有得到他們應有的報酬,而且被迫賣掉政府的借據來支付政府稅收,爾後他們甚至再一次被徵收稅款,就為了讓群禿鷹從他們的苦難中獲取高達五十倍的暴利。那些稅款必須用真金白銀來支付,但在鄉村的人民已經多年未曾見過這兩種貴重金屬。而當他們無力繳稅時,他們的土地和財產會被查封和賣掉,進一步讓莫里斯、漢彌爾頓和他們在沿海的投機友人更加富有。[4]

邊境居民並沒有眼睜睜看著他們的土地或天賦的主權被奪走,當政府開始嘗試徵稅和查封資產時,邊境居民拾起武器並希望退出他們已經完全無法認同的同盟。這場集中於阿帕拉契的抵抗運動持續了超過十年,影響範圍從賓夕法尼亞的文化核心區域,經過馬里蘭、維吉尼亞、北卡羅來納的阿帕拉契地帶,以及後來成為西維吉尼亞、肯塔基和田納西的地區。一七八四年,北卡羅來納的西部居民(現今的田納西東部)開始對潮水地方的統治感到不滿。他們採取了典型的邊境居民行為:他們

在未獲任何人允許的情況下，自行創立了「富蘭克林州」（State of Franklin）。他們起草了一部憲法，禁止律師、教士和醫生參選，於格林維爾村（Greeneville）成立了政府，並立法讓蘋果白蘭地、動物皮革和菸草成為合法交易工具。他們還嘗試加入大陸會議，並得到七個州的支持。但由於潮水地方和深南地方的代表反對，他們未能達到三分之二票數門檻。一七八八年，受潮水地方控制的北卡羅來納軍隊很快入侵富蘭克林，並在現今的田納西詹森城（Johnson City）設立了反對政府，與當地民兵發生小規模衝突並獲得勝利。富蘭克林的領導者與西班牙轄下密西西比河谷的外國官員接觸，期望能夠達成某種聯盟。然而，與切羅基人的戰爭再次爆發，使邊境居民被迫回到北卡羅來納的庇護之下，結束了他們的自治實驗。[5]

在富蘭克林州解體的同時，賓州西部的居民與外部世界完全斷絕了聯繫。將近十年間，這些居民讓稅務員、警長和聯邦官員無法進入他們的社區，他們採用各種手段封鎖道路，包括挖溝、砍伐樹木、河流改道、引起雪崩，甚至某次他們還蓋了一堵由糞便堆成的四英尺高牆。政府辦公室遭到縱火以消除債務紀錄。群眾對警長、稅務員和法官發起攻擊，他們追回了被債權人沒收的牲畜、財物和工具，並幫助鄰居逃出監禁債務人的監獄。許多叛亂的社區成立了自己的軍隊，並至少有一個社區共同署名發誓要「冒著失去生命和財產的危險，反對新憲法的實施。」[6]

漢彌爾頓一七九〇年實施的威士忌稅使偏鄉居民面臨失去土地的危險，因此中部地方控制的州政府制定了一條法規，禁止地方官員查封大型土地投資客的土地。面對這項最新的暴政，邊境

居民的反應就像他們的蘇格蘭和蘇格蘭－愛爾蘭祖先一樣強烈：他們團團包圍稅務員，要求他們交出帳本和所收取的所有款項和財物。如果稅務員不從，他們會被毆打、折磨，甚至被脫光衣服、澆上滾燙的焦油並在羽毛中打滾，對此進行調查的執法人員也會受到同樣的待遇。

到了一七九二年，這些手段在肯塔基、維吉尼亞、喬治亞和卡羅來納的邊境居民間盛行。因為該地區的消費稅收入和財產查封已經終止，阿帕拉契的領袖開始大膽討論摧毀整個聯邦金融系統。賓州的邊境居民終於提議建立一個「阿勒格尼山脈（Allegheny Mountains）以西人民的緊密聯盟」，這將結合他們與馬里蘭西部，以及現今的西維吉尼亞和肯塔基一帶的同胞。[7]

邊境居民深信州和聯邦官員已背叛了革命，因此他們直接發動叛亂。一七九四年八月，來自阿帕拉契地方的賓州人組成了一支九千人的軍隊，大舉前進中部地方的匹茲堡，並警告要將其燒毀。為了避免城市被破壞，匹茲堡的官員迅速投降並命令自己的民兵加入叛軍行列。一週後，邊境居民在附近開闊地區組織了一場區域性的獨立大會，吸引了來自賓州西部和維吉尼亞的二百二十六名代表參加。代表們揚起了一面新的旗幟，印有六條紅白相間的條紋，分別代表賓夕法尼亞的四個西部郡和維吉尼亞的兩個西部郡。他們考慮向西班牙和英國尋求保護。看來，美國北方的邊境地區正處在成為一個獨立民族國家的關鍵時刻。

這場獨立會議舉行到一半，代表們驚悉華盛頓總統正朝他們進軍，帶領著一支裝備精良、由中部地方和潮水地方窮困地帶募來的一萬人大軍。面對可能被軍隊鎮壓的風險，地區代表們投票

決議向聯邦政府投降。當華盛頓的軍隊行經賓州中西部時，當地居民態度冷漠，並豎立了代表反抗的自由柱，這種高大的木旗竿在革命時期是愛國者的忠誠標誌。雖然氣氛緊張，但沒有爆發任何衝突。隨著夏季的結束，邊境地區的反抗逐漸平息。[8]

✳

在洋基之國情況完全不同，反抗的聲音很快就消失了。雖然新英格蘭人一直對聯邦的腐敗感到擔憂，但他們發現了一個令人驚喜的事實：在世紀之交的此刻，他們的區域文化在聯邦政府中握有了主導地位。一七九六年，隨著華盛頓退休，選舉人團在一場勢均力敵的投票中選出約翰・亞當斯作為國家的第二任總統。當時的十六個州中，只有半數州採用普選選出選舉人團，其他州則由立法者來指定。然而不論是哪種方式，選舉人團的選擇都遵循當地風俗。作為一名典型洋基人的亞當斯，贏得了所有洋基和新尼德蘭的選票，並獲得中部地方的大部分票數。農園主仕紳湯瑪斯・傑佛遜是他的競爭對手，在選舉中獲得了深南地方和阿帕拉契的全力支持，以及潮水地方的絕大多數支持。最終，亞當斯以七十一票對上六十八票當選總統。

亞當斯的總統任期充滿爭議，因為如歷史學家費雪所述，亞當斯試圖將洋基文化和政治價值觀強加於其他區域文化。新英格蘭人認為，自由的主要受益者應該是整個群體，而非個人。新英格蘭人擔心，如果每個人都追求絕對的自由和財富，那麼可能會破壞社群的連結，產生像英國或深南地方一樣的權貴階級，使大多數人遭受壓迫。在一個由自認是神選子民的群體所建立的文明

中，保護公共利益意味著要維護內部的和諧和文化的一致性。新英格蘭認為，那些不同於他們洋基價值觀的外人，無論是來自維吉尼亞的人、愛爾蘭人或是非洲奴隸，都可能造成威脅，因此他們極力反對移民、宗教多元和進口奴隸。「我們所面臨的主要問題，」亞當斯的姪子兼私人祕書在一七九八年指出，「是大量的外國人移民到美國。」[9]

雖然這個信仰體系在新英格蘭運作良好，但對其他區域文化的價值觀構成了嚴重威脅，這使得始於地緣戰略危機中的亞當斯總統任期，更顯得困難重重。一七八九年，法國人民起義，推翻並處決了國王，宣布成立共和國。然而，這場革命逐步淪落為充滿混亂和恐懼的動盪局面，國家開始強制推行無神論，任意逮捕和處決人民，最終由拿破崙・波拿巴（Napoleon Bonaparte，又稱拿破崙一世）掌握政權。隨著拿破崙的軍事勢力在歐洲迅速擴展，北美居民感受到了強烈的恐慌和不安。根據洋基地區的報紙報導，法國計畫重新奪回其在北美的領土，並有大約一萬人的軍隊已蓄勢待發。約有二萬五千名法國難民逃到美國（大多來自奴隸起義成功的海地），人們開始擔心這些法國人可能會跟拿破崙勾結。[10]

鑑於當時的不安和排外情緒，亞當斯決定推行一系列法案，旨在打壓反抗的聲音、確保統一、強化司法系統，並將外籍人士驅逐出境。一七九八年，惡名昭彰的《外國人與煽動法案》（*The Alien and Sedition Acts*）在國會以微小差距通過，獲得洋基和深南地方的代表支持，阿帕拉契的代表則強烈反對。法案授權總統可驅逐任何外籍人士或未入籍的移民，或者逮捕任何出生在

美國敵對國家的人。該法還將入籍所需的居住年數從四年增加到
十五年。同時，任何人只要發表、寫作或出版反對政府、大陸
會議或總統的內容，如果可能導致他們「聲譽受損」，或被視為
「有害風化」，都要面臨高達五年的監禁和五千美元的罰款。有
二十四人因叛亂行為被捕，其中有費城的貴格會成員詹姆斯・羅
根（James Logan，他曾前往巴黎執行和平任務）、多位報紙的作
家和編輯（他們曾批評亞當斯的擅權行為），還有佛蒙特的議員
馬修・里昂（Matthew Lyon，他後來移居到肯塔基，並獲邊境居
民票選連任當地四屆議員）。[11]

　　洋基之國的居民捍衛了這些法令，認為這符合他們的集體自
由觀念。他們認為，雖然公民有選擇代表的權利，但選後應完全
尊重該代表，不只是其通過的法，還包含其任期間的一切發言或
作為。若有異議，選民應該等到下次選舉再表達，屆時可以選擇
其他候選人。耶魯大學校長提摩希・戴特（Timothy Dwight）在
一七九八年的講道中指出：「政府在制定重要政策時，應該確保
與公民和諧且愉快的合作。」而另一位新英格蘭牧師則認為：
「當人民將權力交給領導者時，他們實際上是放棄了自己的權
力。」麻州的立法機關認為，亞當斯的總統任期「是美國的黃金
時代」。[12]

　　而在「一七九八年的戰爭狂熱」期間，許多北美居民支
持他們的領袖及其所制定的嚴格法律。亞當斯所屬的聯邦黨
（Federalist）甚至在阿帕拉契勝選，該地的人民不論任何戰事目
標、對手或後果，只要美國一開戰就會全力支持。深南地方的農
園主並不反對威權主義，而其中來自南卡羅來納的羅伯特・哈

波（Robert Harper）甚至發起了反叛法案，認為這是鎮壓反叛分子的必要手段。反對者主要是潮水地方的仕紳（他們認為自己的自由受到聯邦政府的威脅），以及多族裔的和平主義中部地方人士。湯瑪斯‧傑佛遜和詹姆斯‧麥迪遜就草擬了反對這些政策的決議案，並於維吉尼亞和肯塔基的州議會通過。這些決議案批評了所謂的「無條件屈服」聯邦政府，並強調各州「有義務」阻止聯邦政府侵犯他們的權力。在維吉尼亞議會中，決議案的發起人是來自潮水地方卡羅來納郡的約翰‧泰勒（John Taylor），他甚至主張脫離聯邦。同一時間，位於賓州西南部的德裔農民在一七九九年反叛，抗議試圖徵收戰爭時期特別財產稅的聯邦稅務人員。中部地方的人民從獄中救出他們的夥伴，並批評亞當斯企圖「當上國家的國王」，他們還高舉著「拒絕禁言令，不自由毋寧死」標語。亞當斯動用了聯邦軍隊來鎮壓這些示威民眾，後來又將他們貶低為「對本地語言和法律都一無所知的可憐德意志人」。[13]

　　但亞當斯很快發現，壓制反對聲浪並不會讓共和國變得強大，反而為貴族統治開了大門，而這正是新英格蘭之道希望避免的局面。威脅從亞當斯政府內部浮現，漢彌爾頓正試圖鞏固其軍事權力，成為聯邦軍隊的實際領導者。他手下的軍官不僅干涉選舉，還對與他們政治看法牴觸的平民動粗，甚至連一位聯邦國會議員也受害。傑佛遜擔心這個「軍事飛地」可能會隨時攻擊維吉尼亞，導致內戰爆發。聯邦軍事政變一觸即發，亞當斯緊急反轉了他的外交政策，與法國和解，終止了戰爭危機。亞當斯從內閣肅清了漢彌爾頓和他的同夥，並用新英格蘭人取而代之。[14]

戰爭威脅一解除，阿帕拉契迅速與亞當斯切割，因為亞當斯的政策與他們的價值觀格格不入。深南地方的居民對亞當斯感到非常憤怒，南卡羅來納的國會議員哈波私底下甚至希望他在回麻州的途中摔斷脖子。傑佛遜則鬆了一口氣，但他仍然不滿亞當斯與海地的「黑鬼反抗者」建立了外交和商業關係。即使反對派受到《外國人與煽動法案》壓制，但亞當斯在一八〇〇年的選舉中依然潰敗，只獲得了洋基選民的支持。自此，新英格蘭失去了對聯邦政府長達十二年的控制，而且在短短幾年後，新英格蘭可能會試圖完全脫離聯邦。[15]

✳

在接下來的二十五年裡，美國由一個不穩定的聯合政府主導，這個聯盟終結了新英格蘭的統治。阿帕拉契、中部地方、新尼德蘭、潮水地方和深南地方放下歧見，聯合起來拒絕了新英格蘭對「公共自由」和內部統一的追求。這些地區無所不用其極地推翻亞當斯總統任期所立下的法案，包括《外國人與煽動法案》、一八〇〇年的《破產法案》、一八〇一年的《司法條例》，以及他提出的所有新稅務措施。

在傑佛遜總統的統治下，這個聯邦選擇靠向法國，背離英國，並向西部拓展，這一切都進一步疏離了洋基之國。洋基人認為，跟抱持無神論和帝國主義的拿破崙政權結盟，是違背道德的。此外，與英國斷交會對新英格蘭的商業航運造成重大打擊，破壞該地區的經濟。洋基人也警告，朝西部快速擴張會為共和國帶來巨大的危機。

　　事實上，美國早已朝北美內陸西進了一大步。在華盛頓執政期間，聯邦政府接管了先前的印第安土地，即現今的俄亥俄、印第安納、伊利諾、威斯康辛和密西根。新英格蘭人同意建立這個被稱為「西北領地」（Northwest Territory）的領土，主要是因為他們知道這裡大多將由洋基人進駐。首先被殖民的地區就是未來俄亥俄州的北部，由康乃狄克州（其所謂的西部保留地，Western Reserve）和洋基人所控制的瑪麗埃塔公司（Marietta Company）共同持有。少部分人擔心人口外流將導致新英格蘭人口減少，但大多數人為擴張洋基文化的機會感到驕傲，他們樂見洋基文化提升競爭力。

　　但傑佛遜總統於一八〇三年購入了八十二萬八千平方英里的路易斯安那領地，這筆與法國的交易又完全是另一回事了。①美國突然增加了五萬名路易斯安那克里奧爾人；在這個新法蘭西熱帶飛地的紐奧良港，法國人和西班牙人與黑人、印第安人相互交融；使用法語的阿卡迪亞人則在密西西比河三角洲的沼澤地區奉行一種特殊的天主教信仰。未來的國會議員和哈佛學院校長約西亞・昆西警告這次交易「帶來了一群在性格、教育背景和政治觀念上都與美國憲法原則不符的人」，這還提供「奴隸州更多機會和更大權力，畢竟該地區適合發展奴隸制。」昆西警告，這將使「奴隸制在聯邦中獲得最終支配地位」。一八一〇年傑佛遜併吞佛羅里達西部的西班牙領土（即現今佛羅里達狹長地帶和阿拉

---

① 作者注：西班牙在一七六二到一八〇〇年曾控制該地區，隨後該地被讓給了拿破崙的法國。

巴馬與密西西比的墨西哥灣沿岸），對深南地方擴張的擔憂也隨
之升溫，因為這使得奴隸制霸權得以暢通無阻地擴張至西屬德
克薩斯的邊界。事實上，傑佛遜也鼓勵深南地方居民這樣做，
以確保下路易斯安那（lower Louisiana）被認為是「一個美國的
州，而非法國的領土。」像波士頓商人史蒂芬・希金森（Stephen
Higginson）這樣的洋基人認為這證實了南方的陰謀，目的是
「統治和打壓新英格蘭」並「保護南方的影響力和安全」。[16]

　　洋基人在國家事務上的影響力逐步被削弱。隨著其他州不斷
吸引移民和進口奴隸，從一七九〇到一八一三年，麻州在聯邦中
的可用資源占比從第二名跌至第四名；到了一八二〇年，其人口
排名從第二名跌至第五名，甚至落後於新成立的俄亥俄州。在亞
當斯敗選後，這個地區長達二十五年都沒有再提名任何一位重量
級的總統候選人。隨著洋基之國的影響力下降，當地人民開始認
為一八〇〇年的選舉是由於「人的墮落和激情所引起的道德革
命」，並認為這甚至象徵「上帝的不悅」。「上帝不會讓好人受到
邪惡統治者的統治，」有一位牧師在談及傑佛遜時表示，「這顯
示了整個國家的道德敗壞。」國會議員塞繆爾・柴契爾（Samuel
Thatcher）警告，曾經希望組成的「自由共和國」聯盟已經被
「中央集權的帝國」和「恐怖專制的深淵」取而代之。一些重
要人物已在私下議論，為了拯救這個剛起步的共和國，可能導
致新英格蘭退出聯邦，建立一個自由的「北方邦聯」（Northern
Confederacy）。[17]

　　當國會於一八〇七和一八〇八年間通過一連串禁止與外國貿
易的嚴苛法律後，洋基的獨立議題開始受到大眾關注。洋基人控

制了絕大多數與英國、東部沿海三省與西印度的貿易，他們認為這次貿易禁令彷彿重現了喬治國王當年的波士頓港法案，認為這是「絕對的專制」。他們還把傑佛遜和他在潮水地方及深南地方的盟友，跟拿破崙政權相比擬，後者的帝國將因貿易禁令而受益。他們認為阿帕拉契和中部地方的人民就如同一群支持民主的烏合之眾，可能將法國革命的暴行帶入美國。不久後，駐新英格蘭的英國間諜透露，有人提議在「加拿大邊境進行暫時性的武裝停戰，甚至還考慮和英國結盟。」有人從波士頓回憶道：「如果再經過數月的困境和商業上的損失，新英格蘭的居民可能會考慮退出聯邦，並建立他們自己的政府。」麻州參議院議長哈里森‧歐蒂斯（Harrison Gray Otis）迅速召集一場新英格蘭地區的全區大會，尋找「一種能夠與這些新英格蘭州共存的解決方案」。（歐蒂斯考慮到洋基文化在紐約大部分地區的影響力，還考慮邀請紐約州參與大會。）《波士頓公報》（*Boston Gazette*）也認同這種看法：「寧願截肢，也不願意失去整個身體。我們得為手術做好準備。」其他媒體則報導說，新英格蘭的政要正在計畫「成立一個與美國分家的北方邦聯，並與大不列顛結盟，最終與新斯科舍、新布倫瑞克及加拿大諸省結合。」[18]

　　一八一二年春天，詹姆斯‧麥迪遜總統向大不列顛宣戰，終於將洋基之國逼到了極限。在新英格蘭人看來，南方人因為跟拿破崙結盟，背叛了革命，且暴露了他們對專制大國的忠誠。麻州州長卡里布‧史壯（Caleb Strong）迅速宣布大眾禁食一天以示懺悔，反對與大不列顛開戰，不願對抗「我們的祖國，以及多代來為我們信仰提供屏障的國家。」史壯及其在康乃狄克、羅德島

和佛蒙特的同僚，都拒絕了總統在各州發布的民兵徵召令，將之貶低為來自「宮中小人物」的命令。波士頓的銀行家不願意提供貸款給中央政府。喬治‧卡柏（George Cabot）也發表聲明：「我們不該為自認為有違道義的事情自願付出。」波士頓舉行了盛大慶典，歡慶俄國和英國打敗拿破崙在歐洲的軍隊，而當美國的武裝民船來到新英格蘭港口時，群眾更試圖救出被俘的英國水手。麻州的紐伯里波特（Newburyport）開始飛揚一面有五顆星和五條橫紋的特製美國旗，每一顆星星象徵新英格蘭的一州。[19]

　　新英格蘭的居民不願意和他們的加拿大鄰居發生衝突，特別是由洋基主導的沿海省分居民。當中央政府試圖入侵加拿大並企圖迫使它加入聯邦時，洋基人義憤填膺，視之為一場帝國式的不義之戰。「我們會提供百萬資金用於防禦，」屬於洋基文化的紐約奧奈達郡（Oneida County）議員莫里斯‧米勒（Morris Miller）表示，「但絕不拿出一分錢來侵略加拿大，更不會為了消滅其居民而付出一絲一毫。」新英格蘭的居民不只拒絕攻擊他們的沿海省分鄰居，當英軍於一八一四年入侵後，還選擇放棄捍衛或試著解放東緬因州。（新布倫瑞克和新斯科舍的民兵則拒絕參與英軍行動。）史壯州長還特地派遣一名特使前往新斯科舍與當地首長會面，詢問若新英格蘭試圖脫離美國，英國是否會提供軍援。來自倫敦的回覆姍姍來遲，未能扭轉局面，不過倫敦的回覆允許新斯科舍首長與洋基人另外簽訂休戰協議，並提供他們「武器、裝備、彈藥、服裝以及海軍合作支援。」[20]

　　一八一四年十二月，在哈特福（Hartford）舉辦的新英格蘭領袖大會中，洋基人的不滿持續升溫。在大會即將召開之際，

該地區名門的富家子弟約翰・羅爾（John Lowell）提議，代表們
應該起草一部新的聯邦憲法，並只允許最初的十三州加入。革命
時代的同盟關係會在洋基的條件下重建，而山脈另一頭由野蠻邊
境居民占據的領土則可以加入大不列顛。羅爾的提議受到廣大歡
迎，並獲得新英格蘭幾乎所有報紙的支持。「我們不應再讓我們
的自由受到理論學者的操弄，在新英格蘭為美國的獨立作戰時，
西部還是一片荒野，我們不該讓西部奪走我們所分享的祝福。」
深具影響力的《哥倫比亞百年報》（*Columbian Centinel*）如此宣
告，「一旦我們踏上尋求榮譽和獨立的崇高之旅，我們就不因任
何困境受到阻撓，不為任何風險而退縮。」不只是支持者，連反
對派的報紙也不得不承認，多數麻州的居民都支持脫離聯邦。代
表們接到排山倒海而來的提議，內容包括查封聯邦的海關大樓，
並終止徵兵和戰爭。21

當局勢到了緊要關頭，這些大會代表卻退縮了。經過一連串
的祕密會議後，他們公開了一份旨在與聯邦政府談判的憲法修正
案推薦清單。當決定國會代表席次時，南方將不能再以五分之三
的奴隸人口計算，此舉大大削弱了潮水地方和深南地方的政治影
響力，確保洋基在美國的領先地位。總統任期僅限一屆，而且繼
任者不能來自他本身的州，這終結了維吉尼亞長久以來幾乎獨占
此職的局面。未來的戰爭、貿易封鎖或新州的加入都需要國會三
分之二多數的支持，等同於賦予洋基之國否決權。

麻州隨後派遣了三名代表至華盛頓進行這些條款的協商22，
但這座首都死氣沉沉，白宮和國會大廈早已被英軍焚毀，而代表
抵達後不久，一個震撼的消息讓一切天翻地覆。

美軍在紐奧良成功抵擋了英軍的入侵，英國簽署了和平條約。在國家取得勝利後，洋基的要求似乎變得相當荒謬，哈特福會議的代表看起來簡直像在叛國。洋基默默地撤回了他們的要求，與此同時全國都在慶祝紐奧良的新戰爭英雄。他是來自已消失的富蘭克林州的阿帕拉契鄉村律師，性如烈火且好鬥，與洋基之國截然不同，他即將引領他所屬且長期被冷落的區域文化進入美國的權力中心。他的名字叫做安德魯・傑克遜（Andrew Jackson）。

第三部

# 西部爭霸戰

Wars for the West: 1816 to 1877

第十五章

# 洋基之國西進

　　革命過後，四大北美區域文化翻過阿帕拉契山脈，逐漸向西擴張到俄亥俄與密西西比河谷地帶。因為政治、宗教、種族偏見、地理位置和農業的影響，這四大區域文化的墾民鮮少交融，形成四個獨立區域。直到今日，這些文化各自的印記還可見於語言學家繪製的美國方言地圖，以及人類學家的物質文化地圖中，也出現在政治學家根據十九世紀初期一路到二十一世紀初期的選舉結果，所繪製的地圖中。除了南路易斯安那的新法蘭西飛地外，北美中部的三分之一地區都被這四大相互競爭的區域文化所占據。

　　新英格蘭人迅速向西擴張，主宰了以下地區：紐約上州、賓夕法尼亞、俄亥俄、伊利諾與愛荷華北部，以及日後成為密西根與威斯康辛的地區。中部地方的居民越過山巒，散布在美國心臟地帶，並像過往一樣將德、英、蘇格蘭－愛爾蘭等多種族文化混合在一起，形成棋盤般多元族裔民族文化的景象。阿帕拉契的居民透過船筏沿著俄亥俄河下游前進，控制南部河岸，並逐步征服田納西、阿肯色西北、密蘇里南部、奧克拉荷馬東部高地，最終

抵達德州山鄉。深南地方的奴隸主在未來的佛羅里達、阿拉巴馬及密西西比低地上建立了新農園，也擴及北路易斯安那的大泥濘河（Big Muddy）沖積平原到未來的孟斐斯市（Memphis）一帶，日後也抵達德克薩斯東部海岸平原地區。潮水地方和新尼德蘭被其競爭對手從西部隔絕，受困於海岸線一帶，在此同時其他區域文化則積極在北美洲擴展，互相競爭以塑造此地的未來。

✳

　　新英格蘭的西進是由於土地受到限制。到了十八世紀末，農民發現佛蒙特、新罕布夏和緬因的土地貧瘠且遍布石礫，已不適合耕種。在北美洲人口極為密集的地區，優質的農田已經被占據，而農民的年輕後代只能選擇在緬因東部經冰川侵蝕的土地上生活，面對的是日益嚴峻的前景。革命前，已有大量人口越過紐約的邊界並抵達賓夕法尼亞北部；革命後，他們大量移居至紐約西部，使得原本的荷蘭區阿爾巴尼及哈德遜河谷淹沒在洋基的人潮中。

　　他們早期的遷徙受到政要支持，因為這些領袖所屬的州聲稱擁有紐約、賓夕法尼亞以及未來俄亥俄地區的大片土地。康乃狄克稱對賓夕法尼亞北部三分之一地帶有管轄權，而在一七六〇至一七七〇年代，康乃狄克居民甚至為了這片土地與蘇格蘭－愛爾蘭的游擊隊爆發衝突，但這場戰爭如今已遭遺忘。康乃狄克的移民在蘇格蘭－愛爾蘭佣兵和喬治一世的支持下取得了初步的勝利，並建立了威爾克斯－巴里與威斯特摩蘭（Wilkes-Barre and Westmoreland）；革命後，大陸會議將這片土地歸還給賓夕法

尼亞，賓州人便試圖用武力將洋基人逐出。一七八二年，康乃狄克和佛蒙特出兵支援當地居民抵抗賓州人的進攻，引發了最後的「洋基與賓夕法尼亞戰爭」（Yankee-Pennamite War）。最終，儘管賓夕法尼亞保留了該地的管轄權，但當地居民還是保住了他們的土地。

　　同樣地，麻薩諸塞主張擁有現今塞內卡湖以西的紐約地區，總面積達六百萬英畝，甚至比整個麻薩諸塞還大。雖然皇家特許狀中有矛盾之處，麻薩諸塞的主權主張卻非常有力，以至於紐約在一七八六年被迫做出重大妥協：塞內卡湖以西屬於紐約，但土地所有權歸麻薩諸塞，而且能賣地獲利。因此，塞內卡湖以西大部分的區域是由波士頓的土地投資者做決策，而且居民幾乎全都來自新英格蘭。十九世紀初，當耶魯大學校長兼公理會牧師提摩希·戴特到訪時，他發現這裡的城鎮與他的家鄉康乃狄克如出一轍，他甚至預言不久紐約將成為「新英格蘭的一部分」。洋基人定居的城鎮，例如位於西部的奧奈達郡和奧農達加郡（Onondaga County），或是北部的艾塞克斯、柯林頓（Clinton）和富蘭克林（Franklin），無論在風貌或投票結果都神似新英格蘭的城鎮。[1]

　　一七八六年，各州放棄了對俄亥俄和上中西部的管轄權，任由聯邦將這些先前屬於印第安人的土地納入「西北領地」。然而康乃狄克仍保留了北俄亥俄的三百萬英畝土地（稱為西部保留地），這塊土地後來被交給了出售過大量紐約西部土地的波士頓投資者，另一家新英格蘭土地公司則獲得聯邦政府提供的馬斯金更河谷（Muskingum Valley）的一片土地，這兩塊地都幾乎完全

由洋基人定居。

新英格蘭在傳統上喜愛以社區的形式西遷，家家戶戶將他們的財物整理好與鄰居會合，然後大規模地前往全新目的地，通常由他們的牧師帶領。抵達後，他們不只是各自分頭建立農場，而是打造一座計畫完善的新城鎮，裡面預留了街道、公共綠地和公共場所、公理會或長老會聚會所，以及最重要的公立學校。他們還帶來了城鎮集會式政府制度。在洋基人重視公共自由和地方自治的文化中，有組織有規劃的城鎮不僅是公民生活的基礎，更是文明的體現。

洋基的移墾團體常把遷移看作是新英格蘭宗教使命的延續，就如同他們的祖先在一六○○年代初進行的使命一樣。一七八七年時，第一批從麻州伊普斯威治前往馬斯金更河谷的移民，於離開前在鎮上的聚會所接受牧師的告別，內容效仿了天路客在離開荷蘭前所聽到的話語。在他們的旅程即將結束時，他們造了一批船隊沿著俄亥俄河而下，而旗艦被命名為「西部五月花號」。此外，在設立密西根的佛蒙特維爾（Vermontville）之前，佛蒙特州艾迪森郡（Addison County）的十個家族與他們的公理會牧師共同起草並簽署了一份成文憲法，內容參考自《五月花號公約》（*Mayflower Compact*）。「我們認為，虔誠的移民是上帝手中最有效的方式，以去除那籠罩密西西比河谷的道德陰影。」移民如此表示後，便承諾「嚴格遵守神聖安息日」且決意「彼此住在同一社區」，重建他們「故鄉的社會與宗教待遇」。在麻州的格蘭維爾（Granville），移民在前往俄亥俄建立同名的格蘭維爾前，已先起草了一份相似的契約。[2]

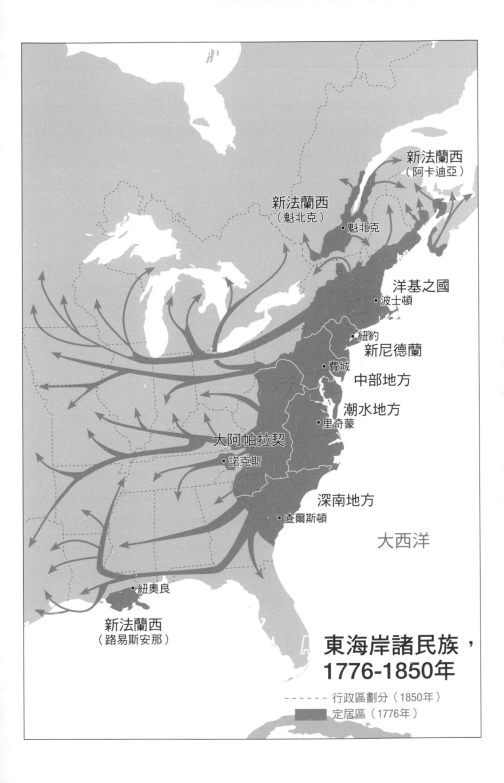

新法蘭西
（阿卡迪亞）

新法蘭西
（魁北克）

• 魁北克

洋基之國

• 波士頓

• 紐約

新尼德蘭

• 費城

中部地方

潮水地方

• 里奇蒙

大阿帕拉契

• 諾克斯

深南地方

• 查爾斯頓

大西洋

• 紐奧良

新法蘭西
（路易斯安那）

東海岸諸民族，
1776-1850年

------ 行政區劃分（1850年）
　　　 定居區（1776年）

　　這些新英格蘭據點很快遍布西部保留地，從名稱可以看出其創立者在康乃狄克的故鄉：布里斯托（Bristol）、丹柏立（Danbury）、費爾菲爾德（Fairfield）、格林威治（Greenwich）、基爾福（Guilford）、哈特福（Hartford）、利奇菲爾德（Litchfield）、紐黑文（New Haven）、新倫敦（New London）、諾瓦克（Norwalk）、賽布魯克（Saybrook），族繁不及備載。西部保留地毫不意外地很快被稱為「新康乃狄克」。

　　洋基人刻意將新英格蘭文化拓展至中西部北部地區。登上「西部五月花號」的移民皆為典型洋基人，他們一抵達東俄亥俄就建立了瑪麗埃塔鎮（Marietta），並且自願提升自己的稅負以建立學校、教堂與圖書館。他們抵達九年後，建立了洋基中西部的第一所新英格蘭式學院，往後這些教育機構將林立此區。瑪麗埃塔學院（Marietta College）由出身新英格蘭的喀爾文牧師主持，並致力於「全心全意地灌輸」那些「基督宗教的核心教義和責任」。此外，創立的受託人宣布，「我們不會教授任何教派的特殊信仰。」隨著洋基人的擴散，許多相似的學院應運而生，每一所都成為了文化傳播的重要據點，如俄亥俄的歐柏林（Oberlin）和凱斯西儲（Case Western Reserve），密西根的奧利弗（Olivet），威斯康辛的伯洛伊特（Beloit）、里彭（Ripon）和麥迪遜（Madison），明尼蘇達的卡爾頓（Carleton），愛荷華的格林內爾（Grinnell）和伊利諾學院（Illinois College）。[3]

　　洋基人為下列地區打下了深厚的文化基礎：俄亥俄的大部分地區、愛荷華和伊利諾的部分區域，以及密西根、威斯康辛和明尼蘇達的絕大部分地區；他們幾乎在整個十九世紀主宰了後三州

的政治。密西根的首六位州長中，有五位是洋基人，且其中四位出身新英格蘭。而威斯康辛的前十二位州長中，有九位是洋基人，其餘的則是新尼德蘭人或是外國人。（然而在伊利諾，中部地方和阿帕拉契的文化才是主流，因此首六位州長中並無一人具洋基背景，而且他們全都出身梅森－狄克森線以南的地區。）在明尼蘇達首屆的領土議會中，三分之一的議會成員出身新英格蘭，而其他多數人則來自紐約上州和洋基中西部地區。在大湖區的三個北部州，洋基人主宰了制憲大會的討論，並將他們的法律、政治和宗教風俗移植過來。在洋基中西部地區，晚來的移民（不論是外國移民或是來自其他北美區域文化的居民），都必須面對一個源自新英格蘭的強大文化。[4]

十九世紀的遊客經常對舊國家公路（old National Road）的南北兩側地區差異做出評論（這條道路是早期貫穿俄亥俄的高速公路，現名四十號公路）。道路北側的房屋堅固且屋況良好，屋外有健壯的家畜，屋裡住著受過良好教育、能讀寫的居民。村內常可見到綠意盎然的公共空地、白色的教堂尖頂、市政廳的鐘樓和裝有綠色百葉窗的房子。道路南側的農舍則未經油漆，居民相對較貧困且教育程度不高，其中較好的房子則採磚砌結構，帶有希臘羅馬的設計風格。「當你沿著俄亥俄州向北行駛時，」如俄亥俄州立大學的院長哈蘭・哈契（Harlan Hatcher）於一九四五年所述，「你會以為自己從維吉尼亞來到康乃狄克。」當然也有例外，例如洋基人在前往密西根和伊利諾的路上，跳過了印第安納和俄亥俄東北的濕地。而在阿帕拉契「維吉尼亞」與洋基「康乃狄克」之間，有一片作為過渡的中部地方區域。但大致上的觀

察不外乎如此：我們口中所稱的「中西部」，實際上是由數條東西向的文化層帶組成，一路跨至密西西比河，甚至更遠的地方。5

抵達中西部的外國移民，通常會根據他們自身對於當地主流文化的親近程度或排斥程度，來決定落腳地點，而中西部各地也會根據移民的文化選擇接納與否。首波大批移民是德意志裔，因此毫不意外地，他們大多選擇加入中部地方的同鄉。未加入中部地方的德裔則需要在洋基人和阿帕拉契人中做出抉擇，而很少人選擇阿帕拉契人控制的地區。

瑞典人和其他斯堪地那維亞人很容易融入洋基人，他們都珍視勤儉、肅穆和對公眾的責任，同時都反對奴隸制，且接受政府管理的教會。「斯堪地那維亞人就如同舊大陸的新英格蘭人，」中西部的一位公理會傳教士這麼告訴他的同事。「我們可以信賴他們，協助美國基督徒正確地推廣**為基督打造的美國**，就像我們信賴麻薩諸塞的那群人一樣。」6

其他與新英格蘭價值觀存在根本分歧的群體選擇避開此地，因為眾所皆知洋基人經常干涉他人事務，或對新來者施加文化壓力。愛爾蘭、南德和義大利的天主教徒都不太欣賞洋基的教育方式，他們清楚地知道這些學校旨在讓他們的孩子融入洋基文化。在天主教移民與洋基人共同生活的地方，新移民特地建立了自己的教區學校，就是為了讓自己的孩子免受洋基文化的洗禮。洋基人常對此表示強烈的反感，他們指責天主教移民毫無自覺自己已成為梵諦岡陰謀的工具，意圖破壞共和國。天主教移民盡可能選擇住在更加包容、多元的中部地方，或是偏向個人主義的阿帕拉契，因為在這些地方，那些自認為道德崇高的人常被覺得自以為

是，或惹人討厭。即使是德裔新教徒也感受到與洋基鄰居間存在分歧，這些洋基鄰居會試圖讓他們放棄釀酒傳統和啤酒花園，改以嚴肅和簡樸的方式遵守安息日傳統。多元文化主義有待日後才會成為洋基的標誌，直到清教價值觀不再被視為促進公共利益的必要條件之後。[7]

　　研究投票行為的政治學家調查了十九世紀初的選舉紀錄，透過每個選區的人口結構來分析投票模式，結果令人詫異。先前我們普遍認為階級或職業是影響選民的關鍵因素，但此觀點完全被推翻，族裔才是真正的關鍵。十九世紀的中西部地區提供了最有說服力的證據，當地結果顯示從一八五〇年起，族裔背景就成為投票的首要決定因素，其影響遠勝其他因素。在威斯康辛北部，貧窮的德裔天主教白人礦工和同區的英裔衛理公會白人礦工的投票模式就大相逕庭；且不管英國公理會的人住在城市還是農村，他們都做出類似的投票選擇。此外，斯堪地那維亞的移民和當地的洋基人投票時會持相同立場，他們共同反對的候選人和政策，則受到愛爾蘭天主教移民和阿帕拉契地區的美國南方浸信會（Southern Baptists）在地人支持。[8]

　　一八五〇年代，當美國瀕臨內戰邊緣時，由洋基人率先定居的地區開始支持新興的共和黨。共和黨最忠實的支持者來自新英格蘭或斯堪地那維亞移民主導的郡，也普遍獲得德裔新教徒的支持。這導致密西根、威斯康辛和明尼蘇達在整個二十世紀中葉都堅定支持共和黨；其他州則基於所屬區域文化而有所分裂。當共和黨後來在反對民權運動的鬥爭中占上風時，中西部由洋基人主導的州和郡就跟新英格蘭的選民一樣，大規模轉向民主黨。此

外，在二○○○年、二○○四年或二○○八年總統選舉的各郡選區地圖上，仍可以清晰地看到西部保留地的輪廓。

雖然上中西部很多地方都屬於洋基之國的延伸地帶，但該地區最大的城市——芝加哥，卻不是。芝加哥是在一八三○年代由洋基人建立，位於迪爾伯恩要塞（Fort Dearborn）附近，迅速成為洋基之國和中西部地區兩大文化之間的邊界城市，也成為主要的貿易中心和交通樞紐。新英格蘭人在早期就有很大的影響力，他們建立了菲爾德自然史博物館（Field Museum，以來自麻州康威的馬歇爾・菲爾德〔Marshall Field of Conway〕命名）、紐伯里圖書館（以康乃狄克的華特・紐伯里〔Walter Newberry〕命名）、《芝加哥民主黨》（*Chicago Democrat*）和《跨洋》（*Inter Ocean*）報紙以及芝加哥神學院（Chicago Theological Institute）。但隨著來自歐洲、中部地方、阿帕拉契和其他地方的新移民大量湧入，新英格蘭人在芝加哥的影響力逐漸被削弱。堅守傳統的洋基人向北遷徙，建立了艾凡斯頓（Evanston），一個典型的洋基郊區。其他的洋基人對這個自以為是、混亂且族裔多元的大城市表示反感。根據一八七○年的人口普查，新英格蘭出生的居民只占了芝加哥總人口的三十分之一。9

儘管新英格蘭人極力改造這個邊界地帶，他們自己同時也受到了該地的影響。洋基文化也許仍然擁有那份想要讓世界變得更好的初衷，因此走向了現在所見更世俗化的清教道德觀念，但也已不再那麼堅持宗教的正統性了。

在邊界地帶，很多洋基人仍然保持對公理會或相近的長老會信仰，但也有一些人改變了他們的宗教信仰。新英格蘭本質上是神權社會，培養了大量非常虔誠的信徒。用已故歷史學家弗雷德里克・默克（Frederick Merk）的話來說，這些人「急切地想要與上帝建立直接的聯繫，親眼看到上帝，從高處聽到祂的聲音。」在受到嚴格控制的洋基故鄉，那些自稱是先知的神祕人物大多受到約束，但在邊界土地上，正統宗教的戒律則較為寬鬆，結果導致許多新宗教在紐約西部興起，該地的宗教狂熱如此高漲，人們甚至稱其為「焦土地區」（Burnt-over District）。[10]

許多新興宗教之所以誕生，往往是為了尋求早期基督教的原始純真，即在其尚未發展出複雜機構、書面經典及神職體系前的狀態。路德教派、喀爾文教徒或衛理公會曾企圖透過去除教會高階層如大主教、樞機和梵諦岡的影響力來讓信徒更親近上帝，但這些新福音教派更進一步，幾乎剔除整個中介組織。信徒可以直接與上帝建立聯繫，一旦達到這種境界，他們便將重生。他們必須尋找自己的信仰之路，並在那些聲稱能夠與上帝有特殊聯繫的領袖指引下前進，這些具有魅力的領袖就跟先知一樣，堅信上帝親自向他們揭示了救贖之路。

在洋基的邊界地帶，上帝提供的啟示顯然互相矛盾。出生於麻州、成長於佛蒙特邊界的農夫威廉・米勒（William Miller）宣稱，基督將於一八四三年歸來淨化世界。然而基督未在他預言的日期歸來，他便將日期修正為一八四四年十月二十二日，結果使眾多信徒經歷了被稱為「大失望」的事件。這群人仍然期待基督的再次降臨，並在星期六進行宗教儀式。他們的飲食特色

是冷穀物。（目前他們被稱為「基督復臨安息日教會」〔Seventh-Day Adventists〕，擁有超過一百萬名成員。）畢業自耶魯大學的佛蒙特人約翰‧諾伊斯（John Humphrey Noyes）認為基督的第二次降臨已發生，他自稱「完美無罪」，並引領追隨者在紐約上州建立了一個基督千年王國理想社會，名為奧奈達社區（Oneida Community），特色為共同生產、集體財產和自由性關係，該社區鼓勵年長男性和停經女性替處女破處。佛蒙特的農夫老約瑟斯密（Joseph Smith）及其兒子是「占卜師」，這群人自稱有尋找隱藏寶藏和破除其魔法防護的能力，通常要預先支付費用才能使用他們的服務。小約瑟斯密為詐欺而被逮捕之後，聲稱在紐約曼徹斯特的山坡上找到了一套金頁片（禁止其他人察看），他說上面（以只有他能懂的語言）透露出耶穌將在密蘇里的獨立市（Independence）再度降臨。數以萬計的人跟隨小約瑟斯密前往伊利諾的諾弗（Nauvoo），抵達他所建立的多重伴侶制千禧年王國，該地區曾試圖脫離州政府以成為獨立的美國領土。但在小約瑟斯密遇刺後，他的追隨者遷移到猶他州，也就是今日的「耶穌基督後期聖徒教會」（Church of Jesus Christ of Latter-day Saints），現有超過五百萬成員。上述團體及其他在洋基邊地進行的烏托邦運動，對整個北美的未來走向產生了深遠影響。[11]

在洋基之國，正統的公理會和長老會教堂也開始失勢，信眾紛紛轉向其他與之競爭的教派，這打破了該地區原先的宗教一致性。新英格蘭的某些教會接受了「一位論」（Unitarianism，該教派相信只有一位神，而不是三位一體），而其中有些人後來更偏向「一神普救論」（Unitarian Universalism），認為每個人都

可以自由探尋宗教和存在的真義。還有更多洋基人轉投衛理公會
（Methodists），該教派起源於十八世紀，分離自英國聖公會，強
調社會改革；另有些人則選擇追隨羅德島創始者的信仰，加入
浸信會（Baptists），堅信只需憑藉信仰便可得救。這樣的轉變對
於洋基的宗教傳統造成重大影響，而這也受到了公理會高層的
批評。萊曼・比徹（Lyman Beecher）可說是十九世紀中期最具
影響力的洋基神學家，他嚴厲批評浸信會和衛理公會，認為他們
「毫無價值」，並指責信奉一位論的信徒是「真理的敵人」。[12]

　　雖然十九世紀時新英格蘭的宗教正統性受挫，但洋基人仍舊
堅信人世可以趨近天堂的完美。比徹與其他正統宗教的高層人士
努力對抗這波新興的宗教思潮，但終究徒勞無功。然而洋基的道
德使命還未落幕，前方等著他們的是前所未見的挑戰：他們即將
面對與之對立的南方區域文化。

第十六章

# 中部地方西進

　　當新英格蘭的居民越過西北地區北緣往西進發的同時，極度渴望土地的中部地方移民正大批湧向中西部的核心地帶。來自中部地方的移民把各自多元的文化傳入美國心臟地帶，其中許多人說德語。這個區域一向以其和睦的鄰里關係、以家庭為核心的進步務實政治觀念和對大政府的不信任而著稱。大中部地方擴展到了俄亥俄、印第安納以及伊利諾的中北部地帶，進一步延伸到愛荷華的中南部、密蘇里的北部、內布拉斯加和堪薩斯的東部，甚至到了德克薩斯的最北端，其覆蓋範圍遠超過中部地方最初在德拉瓦灣岸的發源地。中部地方聚落由互相包容的不同族裔小區組成，就像在東岸一樣成為一道緩衝帶，介於洋基之國嚴苛的共同體道德觀和大阿帕拉契追求個人享樂主義之間。新英格蘭和阿帕拉契的居民經常定居在中部地方的聚落中，但這兩種不同的價值觀在此都未能成為主流。中部地方文化下的中西部地區將成為一個以溫和與寬容為特色的中心，各種信仰的族群和各式民族在此和諧共處，各自生活而不相干涉。儘管中部地方文化下的中西部居民僅有少數貴格會信徒，但他們在不知不覺中延續了威廉・佩

恩的理念。

　　絕大多數來自中部地方的移民都是透過「國家公路」抵達這個區域，這條路帶領他們前往密西西比河畔以及更遠處定居。賓夕法尼亞的德裔移民竭力再現他們故鄉的面貌，例如位於俄亥俄州的新費城（New Philadelphia）是由摩拉維亞教派的信眾建立，很快便吸引了說德語的門諾教徒前來定居。在俄亥俄州，賓夕法尼亞的荷裔掌控了位於洋基西部保留地南邊廣達五十英里的農業地帶，並建立了一系列聚落，如柏林（Berlin）、漢諾威（Hanover）、德勒斯登、法蘭克福（Frankfort）、波茨坦（Potsdam）、史特拉斯堡（Strasburg）和溫斯堡（Winesburg）等。阿米許人和登卡爾教派建立了拿撒勒（Nazareth）、迦南（Canaan）和伯利恆（Bethlehem）等社區。整齊的農舍和麥田間，隨處可見賓夕法尼亞荷蘭式穀倉和聯合弟兄會的教堂。從一八三〇年代起，眾多直接從德意志來的移民深受此地濃厚的故鄉文化氛圍吸引，他們大多聚集在辛辛那提（Cincinnati）。[1]

　　中部地方的移民聚落在印第安納的分布相對狹窄，因為他們不習慣大阿帕拉契在當地事務上的影響力。印第安納的邊境居民自稱「胡希爾人」（Hoosiers）①，他們來自肯塔基和維吉尼亞西部的偏遠地區，對奴隸制抱持矛盾態度。然而在洋基人和中部地方居民眼中，這群人簡直就像深南地方人。「避免遷徙至奴隸制盛

―――――――――――――

① 譯注：該詞不僅代表著印第安納的文化和地域特色，在籃球領域也十分著名，如印第安納大學的籃球隊便以此為名，另有一九八六年的同名籃球電影《火爆教頭草地兵》（*Hoosiers*）。

行的州份，」費城的一份報紙對潛在的西遷移民如此建議，「你
們的孩子將受到當地不良風俗腐蝕，而奴隸主絕不會視你們為同
等的基督徒或公民。」而一旦選擇在由洋基人主導的密西根或威
斯康辛定居，則意味著要忍耐新英格蘭人讓每個人都變成洋基人
的強烈欲望。多數中部地方人最終落腳此地（密爾瓦基自稱為
「美國的德裔首都」），但必須耗費精力抵抗洋基人，因為洋基人
試圖在安息日勒令啤酒花園關門、逼迫當地人接受僅用英語授課
的公立學校，並且拔除他們的德裔根基。在中部地方的地區，外
國人、天主教徒和其他族群建立了不排斥多元的社會，但抵抗奴
隸制、戰爭以及對個人主義的過度崇拜。[2]

　　中部地方的居民在伊利諾的中北部地區成家立業，並以芝加
哥和聖路易這兩座邊界城市作為核心據點。北密蘇里同樣成為
中部地方的堡壘，到了一八四五年聖路易市已擁有兩份德文日
報。巴伐利亞移民喬治・施奈德（George Schneider）於一八五
二年在當地建立了巴伐利亞釀酒廠，幾年後將其出售給了艾伯哈
德・安海斯（Eberhard Anheuser）與阿道夫斯・布希（Adolphus
Busch）。[②]源源不斷的德裔移民浪潮讓中部地方的文明在美國心
臟地帶維持主導地位，在與好鬥的洋基人和邊境居民的競爭中勝
出。到了十九世紀中葉，德裔移民乘著渡船抵達聖路易，隨後他
們散布至北密蘇里及東部的草原地區，緊隨其後的鐵路運輸則送

---

② 譯注：兩人共同經營的安海斯－布希集團（Anheuser-Busch）於二〇〇八年與
　比利時的英博集團（InBev）合併，成為全世界規模最大的啤酒製造集團，旗
　下知名品牌包括百威、可樂娜等，市值上千億美元。

來了來自歐洲與中部地方的沿海移民。[3]

　　德裔因為種種原因棄中歐而去，當地四十個獨立的德意志邦國正為法國革命帶來的諸多問題而爭吵不斷，包括封建制度與君主政體的正當性，以及讓多數民眾陷於赤貧的經濟體系。一八四八年，儘管有人嘗試將這些邦國統一成代議制的單一國家，卻以失敗告終，許多德裔因而逃離隨之而來的軍事專制。早在所謂的「一八四八年革命」崩解之前，自由派就已經渴望尋找一片得以創立新德意志的土地，希望這裡能成為民主平等社會的典範，亦即他們原本對眼前分裂的國家所抱持的期盼。「在偉大的北美共和國，我們有能力奠定一個新自由德意志的基石，」一位率領德裔移民至美國中西部的探險隊長於一八三三年對其追隨者如是說，「至少在北美的一處領土上，我們可以建立從根基開始都是德裔風貌的國度，讓那些無法忍受祖國未來的人們能在這裡尋得庇護。」除此之外，普魯士出身的戈特弗里德・杜登（Gottfried Duden）讚揚這個地區是現成的烏托邦，眾多遠征隊伍因此被吸引前往北密蘇里。新成立的費城德裔社團（German Society of Philadelphia）也進一步推動了這股移民潮，他們希望在西部建立一個「新德意志」，作為「我們和後代子孫的安全港」。一八五〇年代晚期美國內戰一觸即發，兩位德裔頂尖政治分析師預言聯邦將會分裂成若干獨立國家，其中一些可能會是由「德裔統治」。這些觀點可能並非最終驅使成千上萬的普通德裔移居美國中部地方的原因，但它們確實提供了移民的途徑，包含實用資訊、組織化的移民協會和政治支持。不過德裔沒有成功掌握任何一個州，威斯康辛的德裔人口在一八六〇年達到百分之十六後就

停滯，但一八三〇至六〇年間大量來自「祖國」（Fatherland）的
移民人口確保中部地方多元且包容的文明，成為美國心臟地帶的
主流。[4]

　　貴格會移民數量雖少，但他們因為類似的原因被吸引到中部
地方文化下的中西部地區。在十九世紀早期，「上帝之友」仍然
寄望遺世獨立，而許多人發現在人口密集的東海岸愈來愈難做到
這點。在整個十九世紀，一些位於中部地方之外的貴格會聚居地
遷移到了俄亥俄和印第安納中部；對奴隸制感到厭惡的百年古老
貴格會社區放棄了潮水地方和深南地方。到了一八五〇年代，印
第安納超越了費城，成為北美貴格會的重鎮。直到今日，印第
安納的里奇蒙（Richmond）在貴格會人口總數上僅次於友愛之
城。貴格會成員在德裔、蘇格蘭－愛爾蘭人、英裔衛理公會成
員、摩拉維亞人、阿米許人等社區中，找到了一個幾乎與賓州東
南部相同的文化景觀。[5]

　　大中部地方的開拓者以相似於洋基之國的方式在中西部擴
張，亦即以家族群體遷徙，這些家庭原本在東部海岸或歐洲往往
相鄰而居。跟洋基人不一樣的是，這些開拓者對於融合鄰近社群
的人並無太大興趣，更別提融合整個州的居民了。就如同德拉瓦
河谷地區的情形，各個小鎮經常是由特定族裔主宰，但整個郡則
呈現多元化的態勢。中西部小鎮的棋盤式街道規劃，源自於賓夕
法尼亞先前的設計模式。德裔移民影響了當地發展的風格，他們
購買土地多半是為了打造長久的家族住宅，而非尋求投機的投資

機會。這些移民追求與土地間持久且天然的連結，採取特殊的土壤和森林保護措施以確保土地的永續生產力，這些都是起初在中歐小農地上實踐並改良的技術。無論是來自歐洲或賓夕法尼亞的定居者在建造住所時都儘量使用石材，因為這比洋基人或阿帕拉契地區居民常用的木材更加堅固耐用。[6]

學者發現，德裔移民堅持要以集體方式融入美國這個大熔爐，並且要依據他們自訂的方式，帶入他們認為美國缺少的文化要素。從歐洲來的德裔通常在教育、工藝和農業知識上都超越了他們大部分的美國鄰居，他們覺得這些鄰居既貪婪又沒教養。「美國人對藝術的欣賞是半野蠻的，」一八三四年，移民古斯塔夫・柯爾納（Gustave Koerner）如是說，「他們的審美也好不到哪去，跟那些鼻子上穿著金屬環的印第安原住民差不多。」德裔拒絕同化，他們在學校和報紙上堅持使用自己的語言，到了一八八〇年代仍幾乎只與其他德裔通婚。德裔在這個狂熱開拓邊疆的地方顯得與眾不同，他們重視穩定、長久、深根的社區，且家庭會世代耕作同片土地。這種對土地的深厚依戀，或許成為了他們對中部地方，乃至於整個美國中西部文化最長遠的貢獻。[7]

在政治價值觀上，中部地方文化下的中西部居民不同於由洋基主義主導的上中西部和阿帕拉契所屬的下中西部。中部地方反對洋基的文化帝國主義，因而抗拒了由洋基主導、新興於一八五〇年代的政黨——共和黨。中部地方居民並不追求打造一個高度同質的區域文化：貴格會教徒倡導宗教自由，至少對基督教徒是如此；新來的英國移民追求的是經濟機遇，而非建立喀爾文教派的理想共和國；德裔則習於與不同信仰的人共處。儘管定居在中

部地方的這些團體間可能存在不悅與分歧，但他們都未試圖去統治或同化其他城鎮或鄰里的群體。他們也一致抵抗洋基人同化的企圖。

因此在一八五〇年代，中部地方的大多數民眾支持了反對洋基的民主黨，該黨當時代表了深南地方、潮水地方和移民群體，尤其是天主教徒。在這個時期，民主黨人駁斥了政府有道德任務的想法，不認為需要透過同化少數民族或廢除奴隸制提升社會福祉。無論是深南地方的奴隸主或是波士頓的窮困愛爾蘭天主教移民，都應該有按照自己的意願去生活和工作的自由。

然而到了一八五〇年代末，這群人對民主黨的忠誠度開始出現變化，因為奴隸制擴張至密蘇里、堪薩斯及其他新成立的州和領土，導致衝突上升。中部地方的觀點開始依據教義的不同而出現分歧。那些主張透過善行、道德改革或建立理想國來救贖世界的宗教團體，最初在奴隸制度問題上與洋基人站在同一陣線，隨後在抑制酒癮、瀆神言行和反社會行為上也與洋基人取得共識；這促使荷蘭喀爾文教徒、德意志宗派主義者（German Sectarians）、瑞典路德教會、北方衛理公會、自由意志浸信會及北美福音路德教會會議的信徒轉而支持共和黨。另外則有些教派不強調或甚至反對致力於讓當代世界變得更神聖，其信徒依然支持主張自由放任的民主黨，包括認信派路德會（Confessional Lutheranism）、羅馬天主教徒、南方浸信會和南方衛理公會的信徒。在這些爭議上持中立立場的團體（如聖公會和基督的門徒教會）則意見不一。[8]

最終的局面充分反映了中部地方的特徵：此地大量的中間選

民在未來每個議題上都對聯邦各陣營的成敗具有關鍵影響。在南北戰爭爆發前夕，奴隸制的爭議促使中部地方的微弱多數轉為支持共和黨。二十世紀晚期政治學家對一八六〇年總統選舉進行的細緻分析表明，中部地方選民，尤其是德裔的意見轉變發揮了關鍵作用，導致伊利諾、俄亥俄和印第安納的選舉結果倒向林肯，使他成功掌控白宮。中部地方文化下的中西部選民轉變，導致深南地方在聯邦的失敗，他們因此幾乎立刻採取了脫離聯邦的行動。9

第十七章

# 大阿帕拉契西進

　　歷史學家將阿帕拉契的居民視作拓荒的象徵，背後原因不難理解。邊境居民是第一批穿越阿帕拉契山脈的人，他們在美國革命後不久強行進入美洲原住民領土。早在大陸會議創立「西北領地」或制服當地印第安人之前，他們就已率先成立了叛亂政府，如特蘭西瓦尼亞和富蘭克林州。洋基人和中部地方的居民通常會等到聯邦軍隊擊敗了印第安人之後才遷移到他們的土地上；邊境居民不同，他們經常自己征服印第安人。當新英格蘭人還在開發紐約上州時，阿帕拉契居民已經開始沿著俄亥俄河而下，前往南印第安納和伊利諾占領土地。當中部地方的居民抵達俄亥俄時，邊境居民已在田納西中部與切羅基人交戰。他們經常身處歐系美洲文明擴張的最前線，這是因為他們不僅願意，甚至希望生活在不受政府管轄的地方。

　　大阿帕拉契文化的擴散速度和覆蓋範圍顯然超越了其他區域文化，這裡有更佳的土壤以及廉價且精確量測的土地，還可以透過俄亥俄和密西西比的河流通往不同市場，因此十九世紀上半時，數十萬人離開了維吉尼亞，這導致舊自治領（Old

Dominion）不再是聯邦人口最稠密的地區。維吉尼亞及其他東岸州份的人口遷移被稱作「大遷徙」，實質上卻是阿帕拉契人的大規模遷移。一八〇〇年時，邊境居民已開發今日的肯塔基、田納西中北部以及伊利諾西南部的泰半地區。三十年過去，當洋基之國的居民還未踏足伊利諾或威斯康辛時，邊境居民已在阿拉巴馬北部、田納西剩下的大部分地區、阿肯色的奧沙克山區，以及伊利諾南部與密蘇里的密西西比河谷地帶占有一席之地。一八五〇年，他們已經向德克薩斯北部擴展，把阿爾斯特和英格蘭邊疆的語言風格帶入了他們在牧場上的家園。他們不安定且遷徙性高，唯有遇到強大的深南地方農園主才稍微轉向，以及在達到遠西地方光禿的荒漠大草原邊界時才停止擴張。他們所建立的文化（他們聲稱這是「真正美國人」的文化）與周邊地區的文化大相逕庭，而許多人對於這種失序的文化產生反感。

　　但在一八二五到一八五〇這段期間，邊境居民人數龐大且分布廣泛，他們的領袖甚至因此能夠掌控國家事務，入主白宮，並將他們的價值觀深刻地印記在某時期的美國歷史中。

　　大阿帕拉契無疑是帶有鄉村特色的區域文化，邊境居民擴及肯塔基及中西部的南部，但他們並非以社區為單位整體遷移，而是以個體或小團體逐步擴展。他們散布在森林和河谷中，幾乎是事後才形成城鎮，而且拒絕投資公共資源。大阿帕拉契的地方稅收低，學校和圖書館稀少，市政府寥寥可數。一八五〇年，肯塔基的公立學校入學率僅為緬因的六分之一，而緬因可說是新英格

蘭地區中最貧困且最像邊陲地帶的州；同時肯塔基的圖書館人均藏書量甚至不到緬因的一半。[1]

　　阿帕拉契的文盲問題讓歷史學家在追蹤其居民進步發展的過程中遇上重重阻礙。關於中西部邊境居民的大多數記載來自鄰近洋基之國訪客的大量著作，這些人通常對當地的貧窮感到驚愕不已。例如來自費城的醫生理查・梅森（Richard Lee Mason）在一八一九年冬天穿越南印第安納時，描述了「最悽苦的小屋」：一堆木板緊貼著豬圈，裡面住著一位婦女與「兩個凍得發抖、飢腸轆轆的孩子」，他們都赤腳並且沒戴帽子；孩子的父親正「外出尋找食物」。一位農夫說：「南伊利諾成了奴隸州貧民的庇護地。我去年在這裡看到……孩子們在吃土，他們實在太餓了。」中西部的洋基人則給邊境居民取了一個綽號──「胡桃」（butternuts），指的是他們身上粗製衣服的顏色。「胡希爾人」本是南方笑稱鄉村笨蛋的俚語，在印第安納州阿帕拉契居民之間反而成了榮譽的標誌。[2]

　　阿帕拉契的農業十分隨興且帶有破壞性，邊境居民主要為游牧民族，到處尋覓森林地，接著燒掉樹木或用環狀剝皮的方式讓樹枯死。他們的玉米種植在樹樁之間，收成後用來飼養豬和牛，或加工成玉米麵包、玉米粥，甚至釀造威士忌。家庭經常只在特定地點停留幾年就搬家，有時是因為他們非法占地，而真正的地主出現了，但更常見的原因是當地變得過於擁擠。一位學者這般解釋：「當五英里內出現鄰居時，他們就會感到擁擠。」學者發現，邊陲地帶居民在抵達後的十年內有六至八成會遷移，其中最貧窮的人搬家最為頻繁。[3]

外來者認為這些人的貧窮完全是咎由自取。梅森博士評價南印第安納的居民「極度輕率和懶惰」，一位來自俄亥俄的記者也認同：「洋基的精神和創業動力並不在這些人的性格之中。」出身洋基之國的州參議員傑森‧斯特雷維爾（Jason Strevell）在州議會上則這樣告訴同僚：「南伊利諾的資源之限制，僅僅是因為其居民沒有充分利用這些資源。」「懶惰和獨立性是他們性格的主要特徵，」一位麻州的牧師如此評論西維吉尼亞人，認為兩項特點分別是「他們的主要樂趣」和「最高志向」。另有人將「胡桃」描述為「高個瘦弱、無知至幾乎處於野蠻狀態的生物，他們滿足於和一大群營養不良、衣衫不整、遊手好閒且無知的孩子們擠在一間小木屋內。」一份伊利諾的報紙哀嘆阿帕拉契聚落「籠罩著一片智識、道德和政治的黑暗。」[4]

外來者也對這個地區居民的不安定本質做出評論，印第安納是阿帕拉契主導的地區，當地居民被形容為「普遍有著移居他方的渴望」，一個「漂泊不定、等待時機出售財產並遷往遠方的群體。」《新英格蘭農夫報》（*New England Farmer*）的一位記者表示擔憂，這些人可能永遠不會「安居樂業，形成像新英格蘭那樣道德和宗教兼具的社會。」麻州的一位農夫在一八三九年預測，還需要經過「很長的時間」，這個地區的居民才能夠「同化並融入成為一個均質群體」。[5]

洋基之國向阿帕拉契地區派出傳教士以促進同化，但是宗教和文化上的差異讓他們受挫。受過大學教育的新英格蘭人以嚴肅的態度朗讀他們精心準備的書面講道，然而他們的聽眾卻習慣於巡迴牧師激昂即興的演說。「他們不太閱讀，比較常思考和

談話，」一位在南伊利諾的傳教士回報，「他們習慣於捕捉眼前人的眼神，並從對方活生生的話語中得到指導和激勵。」其他人對邊境居民過於隨便的行為表示不滿：男性進入教堂時不摘下帽子，小孩可以隨意在教堂的坐椅間奔跑，成人則隨意進出。更令人頭痛的是，邊境居民拒絕提供洋基牧師全職薪資，因為他們習慣傳教士兼職腳踏實地的工作，例如農夫或工匠。其他人則純粹因為這些傳教士來自新英格蘭而心生排斥，有一名邊境居民就說：「從那裡來的沒一個是好東西。」[6]

洋基人也難以理解阿帕拉契方言和詞彙。印第安納的一位洋基人注意到兩種文化的居民以不同方式描述失控馬匹，一位洋基人可能會說：「牠衝進灌木叢，撞得七零八落，把車輪軸（neap）、拉桿（reach）和平衡木（evener）都弄壞了。」他的胡希爾人鄰居聽到後則會這樣詮釋：「馬嚇壞了，衝到小樹上，把車舌（tongue）、雙輪連桿（double-tree）和聯結桿（couplin pole）都弄壞了。」洋基人對於年輕邊境居民稱呼他們的配偶為「老太婆」或「老頭子」感到不解，並對他們的許多用語感到新奇：他們用「彼」（yon）代替「那個」，「估計」（reckon）代替「猜想」，「一堆」（heap）代表「很多」，以及用「很是」（powerful）來代替一般新英格蘭人會用的「非常」。[7]

另外還有諸多差異，中西部的洋基人將住宅興建在街道上，他們的澱粉來源為馬鈴薯，會栽種果園，建造穀倉以及筆直的圍欄，將馬匹套在馬車上進行賽馬，透過書面合約協議，並且將死者埋葬於公共墓園。中西部的阿帕拉契人為了隱私會將住宅蓋在田地中，偏好食用玉米作為澱粉來源，他們厭惡果園，頂多以簡

易的開放式棚屋為牲畜提供遮蔽，用橫木圍籬圍起牧地，騎在馬背上賽馬，以口頭約定並用個人名譽做擔保，而且將親戚葬在家族田地或是獨立的墓地。[8]

阿帕拉契地區的居民老早就對潮水地方和深南地方統治者的自大態度感到不滿，對洋基人居高臨下的態度也同樣反感。來自肯塔基的伊利諾人奧蘭多・費克林（Orlando Ficklin）感激地說：「感謝上帝在造洋基人之前就造了世界，否則他們肯定會妨礙祂的創造，毀掉我們所在的美麗世界。」據說肯塔基人因一位洋基人的宗教熱忱而將其看作「某種耶穌會士」，而在伊利諾，「被洋基」（yankeed）一詞已經成為「被騙」的代名詞。[9]

不出所料，邊境居民在政治偏好上也與他們的洋基鄰居大相逕庭。一般來說，他們支持「真誠的農民和技工」，對抗著受教育的專業人士、富裕的貴族農園主或低地的奴隸主。一位胡希爾人編輯呼籲他的同胞投票給「知道要透過辛勤工作賺取麵包的人」，因為「他們會知道如何代表你們的利益」。否則，「我們勞動的成果將被竊走，以支持一個最終會顛覆我們自由的貴族階層。」阿帕拉契居民普遍對政黨抱有不信任感，視它們為強權利益集團，他們支持的是任何看起來能促進平民利益的政黨。[10]

對阿帕拉契中西部的居民而言，愛管閒事的洋基人危及他們的個人自由理念，因此構成最大威脅。這導致邊境居民主導的地區在整個十九世紀乃至民權運動時期，都堅定支持由深南地方領導的民主黨。正如凱文・菲利普所觀察的：「胡桃民主黨支持者

不太在乎奴隸問題，但他們無法忍受洋基人。」他們的政治代表強烈反對洋基人，因為洋基人試圖透過聯邦政府施加自身的道德觀念到其他區域文化上。俄亥俄的國會議員克萊門特·瓦蘭迪漢（Clement Vallandigham）談到：「新英格蘭的清教徒圓顱黨①和維吉尼亞的騎士，以及波士頓那些嘴巴上反對奴隸制但有時又從事奴隸貿易的人，還有薩凡納那些擁有奴隸的罪人，他們共同攜手以兄弟情誼制定了一部憲法，該憲法對禁酒默不吭聲，禁止宗教測試和制度，卻規定逃亡奴隸應被引渡。」接著他抨擊洋基人反對奴隸制的擴張，從而危及聯邦的整體安全。「你們真是一群與眾不同的人，」他如此評價新英格蘭人，「因為你們推翻了耶和華，自己立了反對奴隸制的新神。」在國家層面上，民主黨利用這股對自由的熱忱，強調須保護個人自由（包括擁有奴隸的自由），免受政府干預。主要由邊境居民定居的郡通常在一八〇〇年支持傑佛遜而非亞當斯，在一八二八和一八三二年支持安德魯·傑克遜而非約翰·昆西·亞當斯，並在一八六〇年支持道格拉斯而非林肯，並且選出民主黨成員作為他們在國會大廈的代表。11

✳

更往南，遷徙中的邊境居民面對的不是洋基人的挑戰，而是

---

① 譯注：圓顱黨（Roundhead）原指英國內戰中反對國王、支持議會的清教徒派別。此詞在美國用以形容新英格蘭的清教徒，強調其宗教嚴謹和反對階級制度的立場。

一個正在吸納歐洲文化的強大民族。在一七四○年代，切羅基印第安民族控制了現今阿帕拉契地區的核心地帶：包括現在的肯塔基和田納西的大部分，以及南卡羅來納、喬治亞、阿拉巴馬和西維吉尼亞的三分之一，還有維吉尼亞和北卡羅來納西緣的一大片區域。數百年來，切羅基人一直捍衛他們的農村和獵場，對抗來自易洛魁族、克里克族和肖尼族的侵略。當邊境居民在一七五○年代開始入侵他們的領土時，切羅基人奮起抵抗。在美國獨立戰爭期間，他們支持英國，明智地認定只有帝國的力量能夠遏制邊境那些貪婪的非法占地者。「大自然的神將我們置於不同的境遇中，」切羅基族長柯恩・塔索（Corn Tassel）在獨立戰爭時期的和平會議上對談判官說，「確實，祂給予了你們許多優勢；然而，祂並未創造我們來成為你們的奴隸。我們是不同的民族。」[12]

的確，雙方有所不同，但即便與邊境居民存在衝突，兩族群間仍持續進行大量的文化和基因交流。一些阿帕拉契居民「入境隨俗」，透過通婚進入切羅基村落；許多人則與切羅基女性交往。到了十八世紀末，一個混血兒的切羅基上層社會已經成型，這些人能說英語，改信基督教，並且能夠作為文化的中介者。傑佛遜在總統任內鼓勵切羅基人「繼續學習耕作大地」，向他們保證「總有一天，你們會像我們一樣」。他們的混血菁英深受此言啟發，鼓勵自己的人民仿效傑佛遜的維吉尼亞潮水地方模式。族長柯恩・塔索的混血姪子塞闊雅（Sequoyah）開發了一種書面切羅基文字，很快被他的人民採用。聖經被翻譯成切羅基語；一八二八年時，《切羅基鳳凰報》（*Cherokee Phoenix*）在他們的首府新艾喬塔（New Echota）開始印刷發行。切羅基領導層也通過

了一部以美國憲法為藍本的成文憲法，同時治療師、草藥師和巫師首次記錄了他們的古老習俗和知識。農田和小村落逐漸發展成大型農莊和城鎮，當地望族原先雇傭白人來協助他們不斷擴大的商業活動，隨後開始購買大批非洲奴隸來從事最繁重的工作。截至一八二五年，上層階級擁有一千二百七十七名奴隸，占了該民族總人口的一成。同時，他們明確表態不再割讓任何土地，當時他們的土地已經剩下喬治亞和阿拉巴馬的北部三分之一，以及與北卡羅來納和田納西相鄰的部分地區。「不再讓出任何一英尺。」派往華盛頓的代表團如此宣告。[13]

對於切羅基人來說不幸的是，阿帕拉契地區靠著人口與影響力的增長，在一八二九年把一位邊境居民戰士送入了白宮，他對法治毫無耐心，且對其他種族缺乏包容心。

※

安德魯・傑克遜是我們首位來自阿帕拉契地區的美國總統，他是蘇格蘭－愛爾蘭移民之子，出生於兩個卡羅來納州的邊界。他遵循邊境居民的戰士品德，參與了美國獨立戰爭，領導田納西民兵在一八一二年戰爭中對抗克里克人，並在擊敗英軍的紐奧良之役成為國家英雄。傑克遜曾居住於曇花一現的富蘭克林州，後來移居田納西，他身兼多職，是一名奴隸主、鄉村律師、聯邦參議員，以及鍥而不捨打擊印第安人的戰士。一八一八年，傑克遜自發侵入西屬佛羅里達，以懲罰塞米諾爾（Seminole）印第安人，因為他們為逃亡奴隸提供庇護。當他贏得總統之位時，他已經親自監督了數千萬英畝美洲原住民土地的徵用，促成了深南地

方擴張至佛羅里達、阿拉巴馬和密西西比。傑克遜後來對國會表示，印第安人「缺乏改變命運所需的智慧、產業、道德操守和進步的野心。處在一個更卓越種族之中，他們既不理解自己的不足也不尋求改變，終將不可避免地受形勢所迫，很快就會消失。」[14]

　　傑克遜在阿帕拉契、潮水地方以及深南地方的壓倒性支持下贏得了總統大選，拿下了阿帕拉契以西及梅森－狄克森線以南的所有選舉人票。他主張的政策為政府干預最小化、個人自由最大化、積極擴張軍事力量、白人至上主義，以及各區域文化有權不受外界干擾地保持其傳統，這讓他在中部地方和洋基之國幾乎沒有支持者。他的就職日立即就為接下來的兩屆任期定調，當時成千上萬的支持者湧入白宮，弄壞了家具，打碎了價值數千美元的瓷器和玻璃用品，就為了「搶食點心、潘趣酒和其他物品。」「總統官邸內吵雜與混亂的場面，讓我想起了曾讀到有關杜樂麗宮和凡爾賽宮暴民的描述，」一位目擊者如是寫道，「我擔心如果這樣的人掌權，就會成為最野蠻、殘酷和專橫的暴君。」傑克遜自己則大量將政府職位分配給朋友，開創了他的一位盟友所說的「勝者取得敵人戰利品之原則」。傑克遜面對切羅基人的議題時，很快就棄置剛宣誓要維護的憲法於不顧。[15]

　　傑克遜的首要任務是將切羅基人趕出阿帕拉契地區。過去的總統曾支持這個部落對抗喬治亞政治菁英，這些菁英出現背叛行為，想要強行奪取所有「野蠻和未開化部落」的土地，但傑克遜放任喬治亞人為所欲為。當喬治亞的立法機構單方面通過了一項法案，使該州所有針對種族的歧視性法律適用於切羅基人時，傑克遜選擇了沉默。就像深南地方的其他「低等種族」，切羅基人

被禁止投票、擁有財產、對白人作證、獲得貸款或提起訴訟。幾個月後，在切羅基土地上發現了金礦，傑克遜下令被分配來保護印第安人的聯邦部隊撤離該地，取而代之的是四處掠奪的喬治亞民兵。他接著起草並提交了駭人聽聞的《印第安人遷移法》（ *Indian Removal Bill* ），這項法案旨在對切羅基人及其鄰近部族進行種族清洗，並把他們遷移到一千英里外的奧克拉荷馬乾旱平原。這項法案僅以五票之差在眾議院通過，洋基之國和中部地方對此表示反對，深南地方則熱烈支持。同時，最高法院判定喬治亞併吞切羅基人土地之舉違憲，因為這違反了該部落與聯邦政府間的條約。喬治亞州和傑克遜的政府直接無視了最高法院的裁決。切羅基人在喬治亞的土地遭到白人抽籤瓜分，切羅基人自己則被美軍圍捕到拘留營，接著在惡劣的條件下被迫長途跋涉至奧克拉荷馬，途中有四千人慘死。幾年後，阿拉巴馬和密西西比併吞了克里克和奇克索人（Chicksaw）的領土，逼迫他們跟著踏上切羅基人的「淚之路」（the Trail of Tears）。16

　　阿帕拉契是直接受益者，但卻在土地併吞的過程中分裂，出身自田納西的著名人物大衛・克羅克特（Davy Crockett）在眾議院譴責《印第安人遷移法》，稱之為「報復式壓迫」。雖然該地並未完全支持總統的行動，大阿帕拉契最南端卻開始讓邊境居民進行擴張。

✳

　　歷史學家習慣提及「上南方」（Upland South）文化，彷彿光是奴隸制就讓這個地方獨立於同樣由邊境居民定居的俄亥俄河

以北一帶。但實際上，大阿帕拉契居民享有相同的文化和特質，不論是沒有奴隸的印第安納或擁抱奴隸制度的田納西和阿肯色都是如此。然而相較於住在草原的同胞，南部邊境居民面臨更險峻、充滿不確定且危險的生活。山脈一帶的邊境是與世隔絕的化外之地，瀰漫好鬥氛圍，與印第安人的衝突、盜匪行動、血親復仇與私刑正義都不是新聞。十九世紀初期的訪客對他們在南部邊界所見聞的暴力與糜爛感到震驚不已，當地男人在公共場合因為被輕視或其他枝微末節的事發生衝突，彼此「粗魯纏鬥」，會互挖眼球、咬下對方嘴唇或耳朵，甚至拔下對方鼻子。暴力行為在洋基之國或中部地方會讓人名譽受損，但在大阿帕拉契卻備受推崇，男人的評價來自有多凶狠，而非辛勤工作、正義感或物質生活的成就。著名的鬥毆人士會留長指甲，用燭火讓指甲硬化，並且上油，好更輕易地挖出對手的眼球。獲勝者的名聲將會透過當地誇大且渲染的傳言流通，他們的血腥殘暴會獲得大肆盛讚。一名鬥毆者說：「我可以跑贏、跳贏、射贏、吹噓贏、打贏、纏鬥贏所有住在密西西比河兩岸的男人，從匹茲堡到紐奧良再回到聖路易。來啊……蒼白無力的技工，來看我多會打。我已經兩天沒有幹架了，現在拳頭很癢。咕咕咕！」[②17]

　　邊境居民跟洋基人一樣，在美國革命後經歷了激烈的改宗和實驗，特別是南部地區，因為長老教會的勢力和權威在邊境情勢下無法發揮作用。但是洋基拓荒者加入或發明的教派是強調勤奮工作、烏托邦社群和正義行為，邊境居民卻受到另一種教派吸

---

② 譯注：原文 Cock-a-doodle-doo 為英文中公雞的叫聲。

引，他們強調的是個人救贖，與神的雙邊關係，以及死後世界的
獎勵。

　　邊境居民的宗教傳統在情感表達和自發性方面，遠超過洋基
清教徒或源於英格蘭南部的聖公會信徒。他們的祖先在蘇格蘭和
阿爾斯特參與了長老會的「聖會」（holy fairs），這是種規模龐
大的戶外聚會，信徒們在此哭泣、暈厥，以各種方式與神互動。
革命後，這類聚會在阿帕拉契地區變得極為普遍。大約二萬名來
自田納西、肯塔基、維吉尼亞西部和俄亥俄南部的信徒於一八〇
一年八月，在肯塔基的肯恩嶺（Cane Ridge）聚集，參加一次盛
大的基督教復興運動。「數百人在上帝強大的力量前伏地，就如
同戰場上倒下的戰士，」一位參加戶外聚會的人回憶道，「有時
超過一千人突然齊聲高呼，那呼喊聲在數英里外都聽得到。」到
了一八三〇年代，南方的浸信會和衛理公會已經建立，他們因為
支持奴隸制度而與北方教區有所區隔。這兩個教派在大阿帕拉契
迅速盛行，因為他們強調個人靈魂的重生和每個人都可以直接與
上帝溝通，不需透過書籍、牧師或教會體系的介入。身無分文的
傳教士承諾幫助信徒開啟通向神明的個人管道，甚至鼓勵他們在
感受到神的召喚時講道、祈禱或分享自己的感受。這些福音派信
仰與邊境地帶的條件和文化相契合，到了一八五〇年成為大阿帕
拉契地區的主要信仰，吸引了大量信徒，更有學識底蘊的長老會
和聖公會便隨之式微。在此過程中，他們擴大了阿帕拉契和洋基
之國之間的文化差異，並縮小了與他們日益強大的南方鄰居之間
的部分差異。[18]

第十八章

# 深南地方西進

常有人認為在一八三〇年代之前,「南方」對於奴隸制抱持羞愧感,視為一種應逐漸淘汰的陳舊體制。然而自一八三〇年起,「南方人」開始公開讚揚奴隸制,不僅在北美各地推廣,還甚至將其描繪成受到聖經認可的高尚制度。

雖然這些變化確實存在,但驅動這個進程的具體原因至今仍未明朗。新興南方邦聯中奴隸制的神聖化,源自於潮水地方與深南地方這兩大北美奴隸文化勢力間權力重大轉移的結果。至於第三個奴隸文化勢力——大阿帕拉契,則是在內戰後才真正融入我們所說的「狄克西聯盟」。

早在一八二〇年前,潮水地方就已經掌控了北美東南部。在殖民時期及共和國早期,維吉尼亞一直是英屬殖民地及北美各州中人口最稠密的地區。潮水地方的仕紳階級剝奪了大阿帕拉契地區的適當代表權,從而在地區及國家政治上保持極大影響力,為《獨立宣言》和一七八九年制定憲法的階段提供了智識基礎,而且首五任美國總統中有四位出自潮水地方。潮水地方不僅地域更廣、更富裕,而且比深南地方更為精明,在全國舞台上一直

是「南方」的代言人。潮水地方的菁英出身於崇尚開明鄉紳的社會，因此他們對奴隸制的存在表示遺憾，並期盼著奴隸制能夠逐漸消失。[1]

　　然而在一八二○年代及三○年代，潮水地方的大部分權勢與影響力已被急速崛起的深南地方超越。潮水地方被邊境居民團團包圍，在十九世紀初的大遷徙中無法有效向西擴展其勢力。與此同時，大阿帕拉契與深南地方的居民迅速擴張了他們文化影響力的範圍。在一七八九至一八四○年間，大阿帕拉契的地理面積擴大了一倍以上，有效掌控了四個新成立州的政府。在這個時期內，深南地方的領土增加了近乎十倍，由原本的兩個州議會擴增至六個。隨著這番擴展，蓄奴派的話語權不再屬於維吉尼亞仕紳，像是華盛頓、傑佛遜和麥迪遜等人，如今話語權落到了南卡羅來納的強硬派人物身上，如約翰・卡洪（John C. Calhoun）、路易・威福爾（Louis Wigfall）和羅伯特・瑞特（Robert Rhett）手中。

　　深南地方不同於潮水地方的是，他們成功排擠邊境居民，憑藉的是精巧控制某種可盈利的資源。原先潮水地方農園的主要優勢是生產菸草，但如今菸草市場日漸萎靡；同時間，只在深南地方的亞熱帶氣候中生長的棉花卻蒸蒸日上，來自舊英格蘭和新英格蘭紡織廠的棉花需求似乎無窮無盡。棉花的熱銷使深南地方的農園系統得以突破沿海低地的界線，因為這些作物在較高和較乾燥的地面上生長良好。種植棉花的勞動力需求大，因此蓄奴的大農園主們輕鬆擊敗了小規模家庭棉花農。隨著需求的增長，適合種植棉花的土地價值也水漲船高，促使這些土地轉入資金更雄厚

者手中。土地價格上漲後，阿帕拉契的牧羊人、獵人和小農常常選擇賣地並遷往他處。特別是在一七九一年，康乃狄克的洋基人伊萊・惠特尼（Eli Whitney）發明了軋棉機，大大提升了棉花加工的效率與獲利，因此阿帕拉契人找到了迫切的買家。如此一來，深南地方在十九世紀初期便從邊境居民手中奪取了南卡與喬治亞大片內陸地區的控制權，其後又迅速擴張至喬治亞、阿拉巴馬、密西西比、佛羅里達北部、路易斯安那，以及西田納西、東阿肯色和德克薩斯。在一八〇一到一八五〇年間，隨著深南地方領土的擴張，他們在全球棉花生產中的占比，也從百分之九增長到百分之六十八，而同時間全球棉花產量翻了三倍。[2]

棉花的成長導致奴隸的需求也暴漲。自從美國在一八〇八年禁止奴隸進口後，臨墨西哥灣的新州與領地農園主便開始向潮水地方及大阿帕拉契的農園主購買奴隸，單是潮水地方在一八一〇到二〇年間就出口了十二萬四千名奴隸。奴隸販子會將他們的「商品」銬在一起，在鄉間行進，其中多數是永遠無法與家人重聚的年輕男性，這一創傷性事件被歷史學家艾拉・柏林（Ira Berlin）稱為「中間航道再現」。[①]大多數人面對的工作條件比過往更為惡劣，因為氣候更加嚴酷，而且勞動比在山地和乞沙比克地區還要艱辛。被送往路易斯安那南部及密西西比產糖農園的奴隸最為不幸，在那裡，把奴隸壓榨至死甚至還能獲利。「被賣到

---

① 譯注：「中間航道」（Middle Passage）指數百萬非洲人被迫運送至新大陸（美洲）的航段，此航道為商船路線的中段，由歐洲出發，至非洲擄取奴隸，再銷至美洲，航程條件極端惡劣，死亡率高。

河下游」這個說法，最初就是用來描述肯塔基和田納西的大阿帕拉契人將奴隸賣給深南地方下游的農園主。[3]

深南地方的居民仍然深深地恐懼奴隸起義，這並非毫無根據。一八二二年，一位富有領袖魅力、恢復自由之身的前奴隸丹麥·維西（Denmark Vesey）發動了數千名奴隸起義，他們計畫殺害主人，占領查爾斯頓，並乘船逃往自由的黑人國家海地。但在奴隸告密者背叛下，計畫失敗，維西與他的三十四名同伴被處以絞刑。為此，查爾斯頓人創立了一所名為「堡壘」（Citadel）的軍事學院，目的是訓練年輕一代以鎮壓未來可能發生的奴隸叛亂。

隨著深南地方的擴張，這裡發展出一種獨特的社會與政治哲學，不僅僅為奴隸制辯護，甚至還大為推崇。在其他人眼中，這是一個權力和財富集中於少數菁英手中的專制社會，深南地方的寡頭卻認為這是人類成就的頂峰。他們效仿古希臘羅馬的奴隸制國家，建立起自己的民主體制，在這種體制下，菁英階層將繁重的工作全部交給奴隸和被剝奪選舉權的階層，自己則自由享受更高品質的生活。一位深南地方的政治領袖認為，南方的仕紳階層比北方人優越，因為他們擁有一個「可以培育高尚人格特質的貴族階層」。他還說，洋基人只是「商賈民族」，而深南地方的人則是「政治家、辯士、軍事領袖和仕紳的種族，與北美地區或其他大陸上現有的任何人相等，甚至可能更優秀。」此外，由於有奴隸的存在，他們避免了「因受壓迫和挨餓的勞動階級引起的

無知、偏見和嫉妒。」在自由放任主義的哲學指導下，南卡羅來納的首席法官威廉・哈珀（William Harper）等理論家就聲稱人類「生來就是要服從」，並且「按照自然法則與上帝的旨意，那些具有較高才智和知識、較強力量的存在，應當控制和處置那些低等的存在。」內戰爆發前夕，喬治亞的亞歷山大・史蒂芬斯（Alexander Stephens）發表演說，批評開國元勳口中假定的「種族平等」，稱那是「徹底錯誤」的理念。史蒂芬斯堅稱，南方邦聯「奠基於黑人與白人不平等的偉大真理，以及奴隸服從更優越的種族是天經地義的事。」就史蒂芬斯當上了南方邦聯副總統這點看來，就證明了他的觀點正是深南地方的主流看法。[4]

在宗教上，南方的浸信會和衛理公會牧師也跟他們的北方同僚決裂，他們支持奴隸制的理由是非洲人是聖經中被詛咒的「含」（Ham）的後裔，所以黑人就該負責為白人主子「砍木頭和取水」。奴隸主樂見黑人群體出現這樣的思想轉變。他們在阿帕拉契的長老會中找到了盟友，像是深具影響力的北阿拉巴馬牧師弗雷德・羅斯（Fred A. Ross）。「赤道以南的人，無論是在亞洲、澳洲、大洋洲、美洲，還有特別是非洲，都不如他的北方兄弟，」羅斯在一八五七年的著作《上帝命定的奴隸制》（*Slavery Ordained of God*）中寫道，「奴隸制是上帝所定，並且應該為了奴隸、主人以及整個北美家庭的福祉而持續下去。」[5]

隨著對奴隸制的爭議加劇，深南地方的人也開始宣稱他們在種族上優於洋基人。該地區的思想家重申他們屬於高人一等的諾曼人，不同於洋基之國的盎格魯－撒克遜人，而且還更加優越。「那些定居在南方的騎士黨、詹姆士黨（Jacobites）和胡格

諾派自然地憎恨、藐視並鄙視那些定居在北方的清教徒，」深南地方的主流雜誌《帝波評論》（*DeBow's Review*）聲明道，「前者是統治者種族，後者是奴隸種族，是來自北方寒冷濕地的撒克遜農奴的後裔，在那裡的人類不過是冷血的兩棲類雙足動物。」內文繼續說：「我們是世界上最具有貴族精神的人民，種姓、膚色和特權的自豪感讓每個白人感覺都成為了貴族。貴族制是捍衛自由的唯一屏障，是唯一警覺性高且強大到能夠排除君主專制的力量。」另一份報紙則主張：「諾曼騎士萬萬不能容忍撒克遜洋基人那粗鄙的模樣，因為他們不斷謀劃要使自己的貴族鄰居沉淪到跟自己一樣的可憎程度。」[6]

隨著這個「優越種族」向西部拓展，他們也被接觸到的其他文化冒犯了。而諷刺的是，他們遇到一個比他們更純粹的諾曼文化。

一八〇三年美國接管了南路易斯安那地區，他們發現了一塊新法蘭西的飛地，當地居住著生活在河口濕地的阿卡迪亞難民後代，以及來自法屬西印度群島的商人和甘蔗農園主。這些阿卡迪亞人以狩獵和捕捉動物為生，且以樂於享受生活著稱，卻被輕視為平凡的農民。可能有人會認為深南地方的居民會跟紐奧良及其河畔教區的甘蔗農園主和睦相處，因為他們有著相似的加勒比海經濟模式，且據稱都有諾曼人的血統。但事實正好相反，深南地方人十分排斥紐奧良，因為紐奧良的奴隸制度和種族關係源自法國和西班牙，是個遠比深南地方寬容的奴隸社會。在西班牙人的

統治下，所有奴隸都有權買回自由，因此城市中有四成五的黑人是自由人。雖然白人和黑人被禁止通婚，但私下的往來、情事，甚至是非正式的婚姻都公然發生，這違背了深南地方的風俗。很多自由黑人具有一定社會地位，甚至比大量湧入城市較貧窮地區的愛爾蘭和其他白人移民的地位還來得高。自由黑人甚至組成了自己的民兵團，並在一八一二年被禁止參與當地第一次美國國會選舉投票時，勇敢地提出了抗議。[7]

十九世紀上半葉，紐奧良的法裔和西裔白人居民（克里奧爾人）與「新來的移民」不斷持續著緊張關係。美國人從北美各地蜂擁而來，其中最大宗的移民來自深南地方，因為深南地方跟這裡有著類似的地理和氣候。但不論新移民來自何方，他們都對紐奧良的克里奧爾人抱持懷疑的態度，理由是克里奧爾人的羅馬天主教信仰和他們的獨特生活方式。克里奧爾女性會在臉上塗抹胭脂，這在其他區域文化中聞所未聞。克里奧爾領袖會舉辦與眾不同的狂歡節慶祝活動和遊行②，並且不與外人社交。即使到了一八六○年代，當地居民與新移民間的通婚依然相當少見。在政治上，「法國」派系與「美國」派系的分歧持續存在，法語使用者會致力於維持法國的法律體系和以教區為單位的行政標準。紐奧良和密西西比河下游的種糖教區在被納入美國六十年後，儘管被深南地方和阿帕拉契包圍，但仍舊保留自己的特色，像是他們會

---

② 譯注：原文的「Mardi Gras」是法文，意指「肥美的星期二」，是大齋期前一天，也是天主教徒可以吃肉的最後一天。這是一個結合了宗教傳統與嘉年華會的節日，最初由從巴黎歸來的年輕人傳入路易斯安那。

支持共和黨，並且反對南方的分離主義。路易斯安那南部作為深南地方核心地帶的新法蘭西飛地，一直抵抗同化，直到二十一世紀都保持著獨特的地位。[8]

✳

到了十九世紀中葉，深南地方的急速擴張終於停止了。四十多年來，深南地方已經吞併了墨西哥灣周邊的亞熱帶低地，並將種植業推進到密蘇里南部和德克薩斯的乾燥地區邊緣。但是到了一八五〇年，深南地方在美國已經無法進一步擴張，因為受到氣候、生態和北方競爭對手的限制。深南地方的領袖意識到，他們的文化在遠西地方無法立足，因為他們無法在此經營倚賴奴隸的農業。他們預見到了一個未來，洋基、中部地方和邊境地帶的人將持續在北美洲擴張，從而在人口、經濟和國會代表權方面增強他們的相對實力。如果洋基人控制了聯邦政府，奴隸制可能會被判為非法，深南地方社會的基石將會動搖。深南地方和潮水地方的貴族將失去他們的崇高地位，他們的地區會變成「商賈國度」，貴族們的下人可能會插手政治，破壞彬彬有禮的恭敬社會。他們擔憂一旦深南地方的發展停滯，它在聯邦內將無立足之地。[9]

但如果深南地方能夠向美國境外擴張又會如何呢？

在一八五〇年代，深南地方的居民開始執著於併吞他們的熱帶鄰國。一八二〇年代初，西班牙在新世界的帝國隨著各個殖民地的獨立戰爭而瓦解。到了一八五〇年代，這個帝國已分崩離析成數十個較小、較弱、也較不穩定的國家。一些臨近美國的國

家，像是墨西哥和尼加拉瓜已宣布奴隸制非法，這對美國南方的奴隸主來說是令人不安的變化。更令奴隸主害怕的是，西班牙可能給予古巴及其黑人主要人口獨立的機會，因為古巴距離佛羅里達僅九十英里，對逃奴而言是避難的首選之地。一位德克薩斯人就聲稱，古巴將很快「在塵土中痛苦掙扎，在百萬黑人手中窒息而亡！」開始有謠言說西班牙官員正在武裝黑人並推廣種族間的婚姻。密西西比州參議員約翰・奎特曼（John Quitman）強烈建議美國入侵墨西哥，以避免出現「黑人或混血帝國」，進而導致深南地方被激起更多奴隸起義。一八五四年，路易斯安那州議會中的深南地方多數派通過了一項決議，譴責西班牙「在古巴廢除奴隸制並犧牲白人種族」。[10]

　　深南地方提出的解決方案是征服並吞併古巴，他們熱切地開始了這項行動。私人傭兵試圖入侵古巴，背後則有密西西比州時任州長和一位前州參議員的支持。身為新罕布夏洋基人的美國總統富蘭克林・皮爾斯（Franklin Pierce）明確表示，他將起訴任何後續行動參與者，不過在那之前已有幾次失敗的遠征行動。皮爾斯在一八五四至五五年期間曾試圖向西班牙購買古巴，但談判破裂後，他遭到深南地方人士的猛烈批評，指稱他向「反奴隸制勢力」妥協。身為蘇格蘭－愛爾蘭裔邊境居民的總統詹姆斯・布坎南（James Buchanan）也嘗試透過購買古巴來爭取深南地方的支持；然而他在一八五八年遭遇洋基和中部地方的國會議員反對，這兩個區域文化罕見地聯手，因為他們反對獲得新的奴隸州，同時間深南地方代表也阻撓了總統的購買古巴計畫，因為他們試圖修正資金法案以迫使總統入侵該島。直至內戰爆發前，深

南地方、潮水地方和阿帕拉契的報紙仍在持續呼籲併吞古巴。反對深南地方的人主要擔心併吞會導致大規模的奴隸從他們自己的區域文化外流。《里奇蒙詢問報》（*Richmond Enquirer*）警告，奴隸的流失將改變「馬里蘭、維吉尼亞、卡羅來納、田納西、肯塔基、密蘇里、阿肯色，甚至是墨西哥灣沿岸各州自身的政治地位。」維吉尼亞的馬修・莫里（Matthew Maury）是潮水地方少數的廢奴主義者之一，他支持吞併古巴這個熱帶地區，因為他認為這將「解除咱們神聖維吉尼亞所背的詛咒」，並「避免那場幾乎要降臨我們頭上的恐怖種族戰爭。」[11]

也有人計畫併吞尼加拉瓜。一位名為威廉・沃克（William Walker）的阿帕拉契傭兵在一八五六年時在這個小小的中美洲共和國成功奪權，他就任「總統」後的首要行動就是重建奴隸制，希望藉此贏得深南地方的支持。他的計畫奏效了，來自深南地方報紙的讚譽如潮水般湧來。紐奧良《每日三角洲報》（*Daily Delta*）將尼加拉瓜稱為「南方人的家園」；《塞爾瑪哨兵報》（*Selma Sentinel*）宣稱沃克的舉動對南方的重要性超過了「世上任何其他運動」。[12]

幾個月後，沃克的運動因為霍亂和叛亂而潰散，但他回到紐奧良時卻受到了英雄式的歡迎，並策劃了另一次入侵。他在於莫比爾（Mobile）出版的一本書中宣稱：「白人將黑人帶出他原生的荒野，教會他生活的技藝，並賜予他不可言喻的真正宗教祝福。」他的第二次入侵軍隊就是從這裡出發。沃克主張，奴隸制是種「積極的良善」，應當在一個蓄奴帝國中被推廣。沃克原計畫將他的奴隸帝國從尼加拉瓜向北擴張，以包含中美洲和墨西哥

的大部分地區。然而，他最終被一名美國海軍軍官逮捕，他的第二次遠征也隨之告終。深南地方的國會議員試圖追究該軍官的責任，但在這個事關軍人榮譽的問題上，甚至連他們的阿帕拉契夥伴也表示反對。[13]

沃克被捕之後，深南地方的支持者團結在名為「黃金圈騎士團」（Knights of the Golden Circle）的祕密團體旗下，這個團體試圖建立一個比沃克時代更大的奴隸帝國。「黃金圈」以古巴為中心，其影響範圍包括深南地方、墨西哥、中美洲、部分的南美洲以及整個西印度群島。黃金圈騎士團的創始人是來自潮水地方、在肯塔基工作的雜誌編輯喬治·畢克利（George Bickley），他預計僅墨西哥一個國家就能創造出二十五個新奴隸州，擁有五十位參議員和六十位眾議員。這將確保深南地方對聯邦政府的統治地位（如果聯盟得以倖存），或者為「南方邦聯」掌控「國家所有財富與力量的要素」（如果聯盟解體）。黃金圈騎士團的主要支持力量集中在德克薩斯東部和喬治亞，他們計畫征服整個墨西哥。[14]

然而早在這之前，有一大部分的墨西哥土地早已被美國併吞。北部地方的征服行動早已開跑。

第十九章

# 征服北部地方

　　當奴隸領主開始關注北部地方時，這裡已陷入極端的脆弱之中。一八二一年，墨西哥在混亂與破產中誕生。國家剛成立，墨西哥的經濟就因為血腥的獨立戰爭而崩潰，這場戰爭奪走了十分之一墨西哥人的生命，還讓國內生產總值銳減了一半，直到一八七〇年代才恢復到一八〇五年的水準。此外從一八三三到一八五五年，遠在墨西哥城的中央政府更迭頻繁到令人擔憂的地步，光是總統就換了三十六次，因而這段期間墨西哥的各地方政府幾乎都只能自主管理。[1]

　　在墨西哥獨立後，北部地方從中央政府得到的微薄援助也隨之瓦解。士兵與傳教士的薪酬停發，貨幣供應中斷。原本定期抵達的商隊不再為哨站補給，也不運走當地生產的皮革與牛脂。士兵開始掠奪傳教所，就為了尋找食物。方濟會傳教士遭禁止入境墨西哥，北部地方官員也收到指令驅逐當地傳教士出境。（加利福尼亞的州長拒絕執行此命令，他認為若照做，「其他居民與軍隊將會滅亡。」）中央政府提供的那一點點幫助反而造成反效果。為了增加當地人口，一批囚犯被送到加利福尼亞，但因為缺

乏補給，他們轉而掠奪當地的花園和果園，給州長帶來麻煩。新
頒布的墨西哥法律規定，成為國會議員需年收入達一千五百披
索，成為州長需二千披索，這些法律排擠了北方人。一位觀察員
就評論道：「在加利福尼亞，沒有人有足夠的資金去擔任州長、
參議員或代表。」2

　　與墨西哥中部的聯繫被切斷後，北部地方的領袖開始轉向美
國尋求貿易、物資和新移民。德克薩斯人公然違反墨西哥的外貿
禁令，驅馬至路易斯安那的市場做生意，而加利福尼亞的西裔或
拉美裔①方濟各會士則將牛皮和海獺皮賣給走私者。政府官員未
曾企圖制止這些交易，一位官員甚至表示：「匱乏使非法之事成
為合法。」加利福尼亞州長馬里亞諾・奇科（Mariano Chico）則
提到，如果沒有走私，「加利福尼亞將不復存在。」

　　不僅是貨物，北部地方的邊境還對其他事物逐漸開放。一八
二〇年代，從北方和東方湧入了尋求經濟機會的非法移民潮，墨
西哥官方無從阻擋。路易斯安那和阿肯色人口不斷增長，由於德
克薩斯與這兩地有著長長的邊界，德克薩斯因而首當其衝受到了
移民潮衝擊。根據墨西哥法律，盎格魯－美國人是不受歡迎的，
但德克薩斯官員迫切需要新移民，因此選擇了睜一隻眼閉一隻
眼。「我們如果接納那些誠實且勤勞的人，帶來的益處是顯而易
見的，不管他們來自何方……就算是地獄也沒關係。」聖安東尼
奧的政治人物法蘭西斯科・魯伊茲（Francisco Ruiz）如此表示。3

　　一八二三年，約有三千名盎格魯－美國人（主要來自深南地

---

① 譯注：原文Californio意指十七至十九世紀西班牙與墨西哥移民的後代。

方或阿帕拉契地區）非法定居在德克薩斯，這個數量大致上與當地的官方人口相當。還有數百人跟隨了摩西和史蒂芬・奧斯丁（Moses and Stephen Austin）父子檔而來，他們在墨西哥獨立前夕說服了西班牙官方給予他們一大塊土地。奧斯丁父子檔的行為鼓舞了改革移民政策的支持者：父親死後接替職務的史蒂芬學會西班牙語，成為了墨西哥公民，並在移民和當地政府之間擔任仲裁。（南加利福尼亞少量的早期移民也展現了相似的行為，他們通常融入並尊重當地的文化。）改革者在一八二四至二五年獲得進展，當時的聯邦政府和當時的哥瓦維拉－德克薩斯領地（Coahuila and Texas）將移民合法化。聖體城（Corpus Christi）以北的大部分德克薩斯地區實際上被分給了像奧斯丁這樣的殖民代理，而他們後來將土地轉賣給移民時，會一次以四千四百英畝大的地塊進行零售。當局希望新移民能夠融入北部地方的生活方式；為此，他們禁止了奴隸制，並要求移民改宗羅馬天主教。[4]

　　然而這場移民實驗迅速失控了，許多逃離了深南地方債主的移民開始湧入東德克薩斯，到了一八三〇年，人數至少達到七千，超過北方人的兩倍。更令人擔憂的是，新移民無意融入當地社會，他們拒絕信奉天主教，並選擇落腳在聖安東尼奧和戈利亞德（Golidad）周邊等非北方人的聚落。

　　一名墨西哥將軍前往東德克薩斯蓬勃發展的納科多奇斯鎮（Nacogdoches）時，察覺到自己踏入一片充滿異文化的土地。他在給上司的信中寫道：「從聖安東尼奧行至納科多奇斯，人們會發現墨西哥的文化景象逐漸式微，最後根本不復存在。」納科多奇斯地區曾被賦予一位來自阿帕拉契、性格暴躁的蓄奴農園主

哈登・愛德華茲（Haden Edwards），他設法驅逐了北方人和非法占地者，好讓「體面」的深南地方農園主進駐。一八二六年，愛德華茲非法的徵地行為促使官方撤回他的土地授權，他隨即宣告獨立，自立為「弗雷多尼亞共和國」（Republic of Fredonia）的元首。墨西哥軍隊把他趕回邊界另一側，但這起事件仍驚動了當局。美國移民逐漸侵蝕該地區的墨西哥文化特色，藐視當地的法律、語言和風俗民情，墨國勢必要有所作為。[5]

　　一八三〇年，墨西哥政府逆轉了政策並全面禁止美國移民，因擔心不這麼做的話「德克薩斯將落入（美利堅）共和國手中」。許多北方人反對這個決定，數名德克薩斯政要甚至向墨西哥城請願要求撤銷這項政策。無論如何，這項法律未能阻止移民潮。美國的移民數量實際上日益增加，到了一八三五年每月甚至達到一千人，這時候的德克薩斯人已被美國移民以高於十比一的比例超越。一八三一年，負責該區域的將軍回報：「沒有任何實質力量能阻止北美人，他們已獨占了德克薩斯的海岸和邊境。」（由於從美國更難抵達新墨西哥和加利福尼亞，故這兩地移民數量較少，並未對當地文化造成直接挑戰。）墨西哥中部的當局擔心，如果該地區被深南地方人淹沒，可能很快會迎來叛亂和被美國吞併的局面。諷刺的是，當叛亂真的爆發時，北方人自己卻扮演了主導的角色。[6]

✳

　　北部地方在個人主義、自給自足和商業導向的態度上皆勝過墨西哥中部，因此常被視為墨西哥改革和革命的先驅。而這一名

聲始於該地區武裝反抗墨西哥的首位軍事獨裁者安東尼奧・洛佩茲・德・聖安那（Antonio López de Santa Anna）將軍，聖安那於一八三三年掌權，暫停了憲法，並且驅逐了他的政治對手。這位獨裁者被迫在北部地方鎮壓一連串的叛亂，先是從哥瓦維拉開始，接著是德克薩斯、新墨西哥和加利福尼亞。蒙特雷的西裔和拉美裔加利福尼亞立法者甚至宣布在憲法恢復前，他們的州是獨立的州，因此當一位新州長從墨西哥城抵達時，新州長和他的警衛就被解除武裝並遭遣送回墨西哥城。與此同時，新墨西哥的普布羅印第安人奪取了聖塔菲，處決了聖安那任命的州長，並以一名麥士蒂索水牛獵人取而代之；幾個月後，叛亂被聖安那的軍隊平息。一八三九年，塔毛利帕斯、新萊昂和哥瓦維拉等北部州宣稱他們獨立且忠於舊憲法；幾個月後，他們建立的格蘭特河共和國被摧毀，領袖們逃至鄰近的德克薩斯尋求庇護。[7]

　　一八三五至三六年的德克薩斯革命是所有起義中最為成功和關鍵的一次。德克薩斯的許多政治機構因聖安那的獨裁作風而感到激憤，紛紛加入叛亂，其中包括聖安東尼奧的雙語市長胡安・塞金（Juan Seguín），他也是史蒂芬・奧斯丁的同盟。最初，像奧斯丁和塞金這樣的溫和派只是希望從哥瓦維拉分裂出去，但仍然維持是墨西哥的一部分，這樣的立場讓他們被要求徹底獨立的東德克薩斯阿帕拉契和深南地方居民，冠上了「保守派」（Tories）的稱號。大部分的德克薩斯人對此事似乎持中立態度，只希望能盡量不被衝突波及，好好生活過日子。然而當聖安那的軍隊侵入這個叛亂省分時，塞金和其他德克薩斯領導人加入了分離主義者的行列，宣告建立獨立的德克薩斯共和國。塞金在革命

軍中擔任軍官，後來被選為共和國參議員；另一位德克薩斯人洛倫佐・德・薩瓦拉（Lorenzo de Zavala）則出任了共和國副總統。在阿拉莫戰役（Battle of the Alamo）中，有七名德克薩斯人為德克薩斯犧牲，塞金在此役擔任奧斯丁的斥候，隨後還負責監督死者的埋葬工作。深南地方的報紙大肆報導了這場戰爭，將其描繪成野蠻拉美裔和高尚白人之間的種族爭鬥，鼓舞了成千上萬的南方冒險者越過邊境進入德克薩斯參戰。最終，聖安那的軍隊被吸引到東德克薩斯，他們在那裡小憩時被一支叛軍突襲，帶頭的是阿帕拉契奴隸主山姆・休士頓（Sam Houston）。聖安那被俘虜，為了保住性命，他答應撤軍到格蘭特河以南。雖然戰爭往後還持續了數年，但此時的德克薩斯實際上已是獨立之地。[8]

　　但對於德克薩斯人來說不幸的是，他們來自阿帕拉契和深南地方的鄰居並無意在新秩序中為他們保留一席之地。大多數有英格蘭血統的美國人對拉美人持有根深柢固的偏見，這種偏見源自十六世紀西班牙君主對抗新教徒的十字軍東征。墨西哥人為盎格魯－美國的社會準則帶來了額外的侮辱，在當時的說法中，墨西哥人大多是「混血兒」，他們既有歐洲血統也有美洲原住民血統，因此被認為是低劣且懶惰的。這樣的種族混合特別受到深南地方拒斥，在與印第安人作戰的阿帕拉契地區也同樣不受歡迎。即便是溫和派的史蒂芬・奧斯丁也將德克薩斯人爭取獨立的鬥爭描述為「一場野蠻專制戰爭，由雜種的西班牙－印第安人和黑人種族發起，與文明和盎格魯－美國人種族對立。」[9]

　　北方人地主很快就在自己的土地上感到格格不入，因為數以萬計的阿帕拉契和深南地方移民不斷湧入。根據人口普查紀錄

顯示，阿帕拉契人定居在德克薩斯中北部，來自深南地方的移民則在德克薩斯東部建立殖民地，聚集在布拉索斯河谷（Brazos River），建立他們的奴隸農園。這些入侵者將北方人看作是次等人，也視之為敵，認為應該剝奪他們的財產，就如同切羅基人受到的對待一樣。在接下來的十年中，新移民透過武力、威脅和詐欺，剝奪了北方人的牲畜和土地，把他們貶到了社會的底層。所有北方人的公民權和財產權都被剝奪，除非他們能夠證明自己支持過革命。此外，一項旨在禁止有色人種投票的法案僅以微弱差距被否決。即便胡安‧塞金是德克薩斯革命的英雄和聖安東尼奧的當選市長，但在一位當地惡棍聲稱他支持墨西哥後，塞金也慘遭驅逐出境。「有些人嫉妒我這個墨西哥人所擁有的地位；其他人則視我為眼中釘，阻礙他們執行惡毒的財產搶奪計畫，」塞金哀嘆道，「我被一群暴民審判，未經聽證就被定罪，因此我被迫要保障自己的安全。」幾年後他回到德克薩斯，發現「墨西哥人」無法爬上領導地位，並且只有很少數人保住了自己的財產。[10]

實際上，德克薩斯革命將北部地方的東北邊界推回至今日的位置，也就是聖安東尼奧以北和聖體城以南。東北部、中北部和中部德克薩斯，這些區域從未真正有大量北方人居住，此時被納入了阿帕拉契地區，同時墨西哥灣沿岸的北半部被劃入了深南地方，這形成了如今鮮明的分歧：德州州內分為休士頓與達拉斯、沿海平原與丘陵地區，以及拉美裔主導的南部與盎格魯裔主導的北部。北部的狹長地帶後來自成一派，由中部地方居民所定居。[11]

但革命僅僅是北部地方文化領域逐步退縮的第一步。在深南地方及其「黃金圈」遊說團的施壓下，一八四五年美國國會開始

審議一項法案，研議將德克薩斯共和國併入美國，成為一個奴隸州。不出所料，投票結果明顯沿著區域文化界線劃分：洋基之國和中部地方反對；阿帕拉契、潮水地方、新尼德蘭和深南地方贊成。墨西哥拒絕承認新邊界，其中包括了格蘭特河谷的爭議領土。美軍被派到該地區，封鎖了前往馬塔莫羅斯城（Matamoros）的河流通路，該城市毫無爭議屬於墨西哥。來自阿帕拉契的詹姆斯・波爾克總統（James K. Polk）謊稱該小規模衝突是「墨西哥的侵略」，聯邦眾議院隨即以一百七十四票對十四票通過宣戰，其中所有的反對票都來自洋基之國。

如同許多未來的衝突一樣，反對美墨戰爭的勢力集中在洋基之國，洋基人視之為一場帝國主義的征服戰，背叛了共和主義價值觀和虔誠的基督教道德。「誰會認為擊敗墨西哥並『吞併』她的一半領土，會為我們帶來比現在更多的自由、更純潔的道德和更繁榮的產業呢？」洋基出身的知名新聞工作者霍拉斯・格里利（Horace Greeley）質問道，「謀殺不可能靠著一片被稱為旗幟的薄布片而躲過上帝的法眼……在大屠殺的罪惡吞噬你們的靈魂之前，快覺醒並阻止這種屠戮！」麻州立法機關譴責該戰爭是場「對自由、人性、正義的戰爭」，因為其有「擴大奴隸制、加強蓄奴權力和控制自由州的三重目的。」[12]

事後證明，這場戰爭確實是場屠殺。美軍橫掃墨西哥，征服了上加利福尼亞、新墨西哥，以及北部地方的大部分地區。到了一八四七年初秋，他們已經占領了墨西哥城和韋拉克魯斯。

對於政策制定者而言，問題不是如何贏得戰爭，而是他們應該吞併多少墨西哥領土。爭論再次主要沿著區域文化分界線展

開。洋基人普遍反對任何領土吞併，因為他們擔心這會增加更多
奴隸州，並使國家變得太過龐大，無法完全按照新英格蘭的方式
同化；中部地方人採取了和平主義立場；阿帕拉契地區的人熱切
支持軍事征服和帝國主義計畫，他們主張徹底消滅墨西哥；潮水
地方和新尼德蘭則持矛盾態度。[13]

最終，美國僅占領了墨西哥人口稀少的北部，包括現今的亞
利桑那、新墨西哥、加利福尼亞、內華達和猶他。有趣的是，進
一步的領土吞併計畫受到深南地方領導人的反對，因為他們擔心
墨西哥中部和南部地區人口較多且種族混合，無法被同化。「超
過一半的墨西哥人是印第安人，另一半則主要是混血部落，」約
翰・卡洪參議員警告，「我反對這種結合！先生，我們的政府是
白人的政府。」[14]

一八四八年戰爭結束，隨後的加茲登（Gadsden）購地協議
在兩個國家間劃分了北部地方的土地。人口較少的南加利福尼
亞、南亞利桑那，跟著人口較多的新墨西哥和南德克薩斯一起成
為了美國的領土。這些地方的北方人將會遭受歧視、被剝奪選舉
權，並面臨來自新統治者的巨大文化挑戰，然而他們在一個世紀
的占領中存活下來，在二十世紀末挑戰他們的被征服狀態。北部
地方的南部區域，諸如塔毛利帕斯、新萊昂、哥瓦維拉、奇瓦
瓦、索諾拉和下加利福尼亞將留在墨西哥，但繼續深受美國鄰居
的影響，也往往樂於接受。這些北部州與墨西哥中部的關係始終
不睦，北部州不但是墨西哥革命的支持核心，還在一九九〇年代
初期的選舉推翻了腐敗的革命制度黨（Revolutionary Institutional
Party）。[15]

　　然而被美國併吞的墨西哥領土中，有很大一部分從來沒有真正成為北部地方的墾殖地，從文化角度來看，這些地區從未真正融入北部地方文化，其中包括北加利福尼亞、內華達、猶他和大部分的科羅拉多與亞利桑那。美國人即將從原住民手中奪取這片廣大的地域，成為兩個全新區域文化的搖籃。令人驚訝的是，左岸地方和遠西地方的發展將完全對立，與他們南部被占領的西班語區域文化形成鮮明對比。

第二十章

# 建立左岸地方

為何加州北部、奧勒岡和華盛頓的沿海一帶與新英格蘭的相似程度，遠超過與自己州內其他地區的共通點呢？從選舉投票、文化戰爭到外交政策，為什麼左岸地方自建立以來便在這些議題上與洋基之國站在同陣線，並與南邊和東邊鄰居對立呢？

根本原因在於，左岸地方的早期殖民者大多是搭船而來的洋基人，他們的願景是在太平洋岸邊建立另一個新英格蘭。但這群洋基人並未圓滿達成使命，左岸地方與其東部盟友在性情上始終有所不同。儘管如此，洋基人留下的烏托邦理念印記，即將令左岸地方這個年輕的區域文化，會跟慣於順從的北部地方和崇尚自由的遠西地方鄰居產生衝突。

十九世紀初期，北美洲的太平洋沿岸仍主要由美洲原住民控制。西班牙名義上對如今的加利福尼亞全境擁有主權，但實際上，北部地方的勢力在蒙特雷以北逐漸消散，到舊金山一帶已完全沒有影響力。英國與美國當時都尚未決定誰主宰太平洋西北地

區，僅同意這個地區最終會由他們分割占據。他們在地圖上劃出了一片廣袤地域，名為「奧勒岡領地」（Oregon Territory），範圍包括今天的卑詩省、華盛頓州、奧勒岡州以及愛達荷州。在此之前，該區域的角力主要是新法蘭西與洋基之國間的對立。哈德遜灣公司是英國毛皮貿易巨頭，員工皆為新法蘭西人，這間公司當時扮演著政府的角色，控制如今加拿大西部與北部一帶。在該地區，新法蘭西人負責營運公司大多數的堡壘式毛皮貿易站，他們退休後，有些人會按照梅蒂人的習俗，與美洲原住民配偶共組家庭。直到一八三〇年代，他們的主要競爭者都還是來自新英格蘭的船運毛皮商人，這些商人並未打算建立長期的交易據點。[1]在接下來的一個多世紀中，奇努克印第安人（Chinook）稱所有英國人為「喬治國王的人民」，並直接將美國人稱為「波士頓人」。[2]

　　這種極度長途的毛皮交易讓新英格蘭人比美國其他地區的人，對太平洋海岸有著更深入的了解。不出所料，他們的知識分子與宗教領袖認為這塊新開闢的「荒野」亟需洋基式的救贖。一八三〇年代時，萊曼・比徹號召他的信徒，要把西部從教宗及其順從的天主教移民追隨者的陰險圖謀中，拯救出來。比徹寫道，「那些對我們的體制陌生、不習慣自治、難以獲得教育且容易受到不良勢力操弄的外來移民潮」，危及了「我們共和國的安全」。比徹提出的解方是藉由教育讓這些新移民「完全融入我們的學校體系與共和國的制度」。當時在辛辛那提訓練傳教士的比徹，特別關注的是大湖區與上密西西比河谷的德裔與愛爾蘭裔天主教移民。然而對於熟悉太平洋的人士而言，比徹的警示也適用

於哥倫比亞河的新法蘭西天主教商人，而且不久後也適用加利福尼亞的北部地方居民。方濟各會傳教士已在聖荷西教育印第安兒童，更凸顯了傳教工作的緊迫性。[3]

　　一八二〇年代末，洋基人這場嶄新的「荒野中的使命」，在跌跌撞撞中展開。新罕布夏一名異想天開的校長霍爾·凱利（Hall Jackson Kelley）勤奮不懈地推廣他的宏大殖民夢想，即使他從未涉足這片區域。他精心制定的公民和宗教共和國計畫從未實現，但他在新英格蘭到處張貼海報、出版書籍，並向國會請求援助，這些行銷手段確實啟發了其他人。傑森·李（Jason Lee），一位來自佛蒙特的北方衛理公會牧師，於一八三四年跨越北美大陸，抵達今日奧勒岡州塞勒姆（Salem）附近開始傳教。李起初跟美洲原住民合作，從新英格蘭招來教師和移民，最終創立了一所學院，日後成為美國西部的第一所大學，即今日的威拉米特大學（Willamette University）。來自麻薩諸塞的長老會傳教士塞繆爾·帕克（Samuel Parker）於一八三五至三六年間，積極地在奧勒岡領地佈道並選定未來傳教地。他撰寫的《遠西地方》（The Far West）吸引了更多洋基人前來此地，他們大多聚集在李牧師的威拉米特河谷傳教所附近，位於現今的奧勒岡州。一八四三年五月，奧勒岡領地的洋基移民召開會議，成立了臨時政府，起草禁止奴隸制的法律並選出官員，其中四分之三的當選者來自新英格蘭。該法後來也成為奧勒岡州憲法的基石。[4]

　　儘管說洋基人主導了政界和知識界，但他們的人口並非多數。臨時政府成立數月後，一列載有七百多名新移民的馬車隊抵達，這讓威拉米特河谷的非原住民人口增加了一倍，大部分新移

民都是來自阿帕拉契中西部的農夫。正如一位歷史學家所說的，邊境居民「帶到奧勒岡的態度……是對地方自治、草根組織、獨立生產者的倫理，以及『弱政府原則』的堅持。」邊境居民通常選擇在鄉村的農場定居，把城鎮和政府的事務交給洋基人處理。這種定居模式貫穿了整個一八四〇年代和五〇年代，儘管出生在新英格蘭的洋基人數量只有其他人的十五分之一，但前者依然掌控著大多數的公共機構。[5]

洋基人在奧勒岡的影響力十分驚人。一八四六年，奧勒岡先是與日後成為卑詩省的地區劃清界線，接著在一八五三年，又從奧勒岡領地中拆分出了華盛頓領地。塞勒姆與波特蘭這兩座城市均由新英格蘭人建立，「波特蘭」這個名字甚至是靠擲硬幣定下來的，源自當時有位緬因州波特蘭人對決波士頓人，前者獲勝贏得了命名權。《奧勒岡政治家》（*Oregon Statesman*）是該州第一份且最具影響力的報紙，由洋基人創立並經營，其競爭對手《奧勒岡人》（*The Oregonian*）亦然，後者更是助長了一種類似比徹對天主教移民的畏懼。洋基人主導著絕大部分的公立學校、大學和神學院，並在一八五七年的制憲大會上主導了辯論，最終制定了一份文件，內容強調獨立的家庭農夫社群和洋基人的核心理念，也就是個人利益應服膺於公共利益。在奧勒岡最初的八位州長和八位聯邦參議員中，有六位州長和六位參議員是來自新英格蘭、紐約或賓州懷俄明河谷的洋基人。[6]

哥倫比亞河以北的華盛頓領地人煙稀少，與英國的領土爭議讓潛在移民望而卻步，因為一旦主權變更，他們的土地權益無法得到保障，然而當地的文化形成方式卻與奧勒岡十分類似。一

八四〇至一八五〇年代，普傑海峽（Puget Sound）與奧林匹克半島（Olympic Peninsula）充沛的木材資源吸引了大量洋基人湧入，分別來自東緬因、北佛蒙特和五大湖地區森林地帶。緬因州東馬奇阿斯（East Machias）的波普與塔爾伯特木材公司（Pope & Talbot）打造了兩座城鎮，分別是甘博港（Port Gamble）和勒德洛港（Port Ludlow），並有組織地引進東緬因沿岸的鋸木廠和工人，此遷徙過程持續了七十年。（「那裡的人和他們的父親幾乎都來自東馬奇阿斯，」一位甘博港的老居民半世紀後懷舊地說，「我們在甘博總能吃到茄汁焗豆、強尼麵包，還有大量的鱈魚。」①）在一八六〇年代，普傑海峽迫切需要女性，當時白人男女比例達到了九比一。因此當地領導人招募了一百名新英格蘭單身女性，將她們送往西雅圖；這些定居者的後代至今在當地仍享有如五月花船民般的特殊地位。緬因州的奧爾登・布雷森（Alden Blethen）來此創立了當地主流報紙《西雅圖時報》（*Seattle Times*），而麻州的艾薩克・史蒂文斯（Isaac Stevens）則成為華盛頓領地的首任領地長官兼眾議院代表。然而與奧勒岡一樣，這個地區並非洋基人占多數，因為也有大批斯堪地那維亞、愛爾蘭和日本移民在內戰後來到此地定居。沿海的卑詩省發展較晚，其居民大多是來自西雅圖、奧勒岡和北加利福尼亞的移民，他們帶來了自己的公理會和長老會教堂。[7]

---

① 譯注：茄汁焗豆、強尼麵包與鱈魚皆為新英格蘭傳統料理。強尼麵包（Johnny Bread）源自美國原住民，主要由玉米粉、水和鹽製成，又稱玉米麵包，這種簡單實惠的麵包在新英格蘭地區特別受歡迎。

✳

　　因為加利福尼亞的部分地區已經被其他區域文化殖民了，洋基人在加利福尼亞的使命就變得更錯綜複雜。在蒙特雷以南，北部地方的文化已扎下根基，而選擇在美國併吞前就移居南加利福尼亞的洋基商人和旅遊者，也普遍適應了此地西裔或拉美裔的生活方式。洋基人乘船而來，集中落腳在聖芭芭拉和蒙特雷，學會西班牙語，皈依天主教，成為墨西哥公民並娶了當地配偶，用西班牙語版本的名字，尊重當地政治並積極參與。有一些洋基人功成名就，像是來自麻州的船舶代理商艾貝爾・史蒂恩斯（Abel Stearns）在一八二九年移居洛杉磯，入贅豪門，經營了一家獲利可觀的貿易公司，過世前已成為極為富有的牧場主人；湯瑪斯・拉金（Thomas Larkin）來自麻州的查爾斯頓，他是經商失敗的木匠，希望該地的人民能從墨西哥獨立出來，按自己的意願加入美國，他在蒙特雷建造的住所融合了新英格蘭的設計比例和屋頂，以及西班牙式的完整長陽台和土坯建築，創造出現稱作「蒙特雷風格」的流行混合建築樣式。到了一八四六年美國征服加利福尼亞的時候，當地非原住民人口為四千人，其中約一成為深受墨西哥文化影響的洋基人。[8]

　　然而一旦遷離海岸或越過蒙特雷以北，北部地方的文化影響便不復存在。在舊金山灣與沙加緬度地區，北方人寥寥無幾，移民群體也呈現出截然不同的面貌。征服時期，加利福尼亞十分之一的人口居住在灣區或沙加緬度河的支流旁，這支流不久後被稱為美國河（American River）。與奧勒岡領地相似，這些居民組

成為洋基人（通常由海路抵達並聚集於城鎮）和阿帕拉契人（由陸路抵達，分散至農場、牧場和磨坊）。儘管兩個群體有所差異，但他們都對南加利福尼亞、墨西哥的統治和北部地方的文化同樣抱有反感。這些人普遍拒絕成為墨西哥公民，往往未經允許便占據土地，並公開支持美國的吞併。[9]

如果加利福尼亞的南北分裂在一八四五年已經顯而易見，那麼一八四八年在美國河河谷（American River Valley）的淘金熱則進一步明顯區隔開左岸地方與當時仍是無人荒野的內陸。這種分裂的成因是由於洋基人聚集在舊金山灣及其鄰近太平洋沿岸地帶，也預示了不久後太平洋西北的舊海岸線與喀斯喀特山脈另一側的乾旱地帶的分裂。這些洋基人更勝他們在奧勒岡的同鄉，他們被一項特殊的使命所迫：必須從野蠻人手中拯救加利福尼亞。

在這裡指的野蠻人是「淘金客」（forty-niners），他們一心想要發財的淘金心態完全牴觸了洋基清教徒的倫理觀念。「從未有過如此渴望黃金的一群人聚集在一塊，」一位居民如此描述在一八四八至五〇年來到加利福尼亞的大群人潮，「他們的原則是要盡快地榨取這片土地上的所有財富，然後去其他地方享受。」[10]這場淘金熱是當時人類歷史上最大的自發性移民，僅僅五年內加利福尼亞湧入三十萬人，讓這塊美國新領土上的非印第安人口增加了二十倍。不到兩年，舊金山從一個僅有八百人的小村莊躍升為一座擁有二萬人口的都市。渴望淘金的礦工隨地棄置舊船，塞滿舊金山港口，而隨著礦工而來的還有酒吧、賭場、妓院、持刀鬥毆、犯罪幫派和酗酒派對，這些都堪比海盜時代的羅亞爾港。

這一切深深激怒了東西兩岸的洋基人，促使他們又發起了

一場道德運動，這次的目標是拯救加利福尼亞。耶魯畢業的約瑟夫・班頓（Joseph Bendon）牧師是清教徒傳道者約翰・埃略特（John Eliot）的後裔，班頓將淘金熱視為新教徒的挑戰，接續著方濟會傳教士開啟的文明進程。公理會的美國本土傳教協會（American Home Missionary Society）迅速用蒸汽船派出傳教士，這項使命在他們眼中不僅是拯救加利福尼亞的機會，更可能讓他們在亞洲建立對抗「異教徒堅固堡壘」的新教前哨。「如果我們能在加利福尼亞植入一群人，帶有我們的文明、聖經、清教徒精神，以及傳播我們所知所信的熱忱，這將是直接照亮海島和更遠的罪惡之地的手段，」該協會的期刊在出發前夕宣布，「上帝的意旨是要充分利用前往奧勒岡和加利福尼亞的新運動。」[11]

這些傳教士及其洋基信徒將他們的旅行看作是再度前往荒野的朝聖任務，也是再度興建「山上之城」的機會。「新英格蘭的兒女們，你們所代表的土地為所有其他地方樹立典範，」長老會牧師提摩希・杭特（Timothy Dwight Hunt）於一八五二年對著舊金山新英格蘭協會（New England Society）說，「這是我們的殖民地。沒有什麼抱負比這更能驅使我們去實現如此崇高的任務，也就是基於普利茅斯的模式，把加利福尼亞打造成太平洋的麻薩諸塞。」[12]

大量洋基人參與了移民潮，光是一八四九年人數就達到一萬人，占當年透過海路抵達者的四分之一。雖然有些人無疑是直接投入「挖礦」，但也有一大部分人投身於打造具有洋基風格的加利福尼亞。有人捐出土地、資金和建材，供傳教士在舊金山、沙加緬度和蒙特雷建造教堂和學校。安默斯特（Amherst）、博登

（Bowdoin）、哈佛、耶魯等公理會學院的畢業生深入山區，在礦工間開辦了戶外學校。來自麻州安多弗（Andover）的約翰‧佩爾頓（John Pelton）攜帶學校用品、教材和一口大鐘，創辦了加利福尼亞第一所免費公立學校。到一八五三年，舊金山學校委員會完全由新英格蘭人組成，他們將波士頓的課程設定為這座城市的必修課程。耶魯大學校長之子舍曼‧戴（Sherman Day）與一群新英格蘭的律師和神職人員合作，將一所公理會預備學校轉型為加利福尼亞學院，被稱為「西部的耶魯」，也是加州大學柏克萊分校的前身，當時多數的教授都來自新英格蘭。波士頓和加利福尼亞聯合股份礦業和貿易公司在一八四九年帶來了一名牧師和一群神學生，公司規定他們在週日宣講福音，在平日組織祈禱會。邦克山礦業貿易公司（Bunker Hill Mining and Trading Company）的成員承諾「遠離加利福尼亞的所有惡習和恐嚇」。[13]

　　儘管洋基人資金充足且組織完善，但他們在沿海據點以外的地方未能如期發揮影響。他們成功說服州議會通過了保護安息日的法律，但加州最高法院當時已由來自礦區的邊境居民主導，他們宣判該法律無效。大多數舊金山居民排斥清教徒的道德觀念。「加利福尼亞大眾普遍忽視安息日，」《舊金山公報》（*San Francisco Bulletin*）在一八六〇年報導，「那些墮落之徒更傾向於上賭館，他們在那裡一邊飲用掺了藥的威士忌和染料紅酒，一邊將他們上週的收入豪賭一擲或是投入一場疑似詐賭的牌局。」洋基人的確對左岸地方有影響，但他們未能將其轉化為聖人齊聚的地方。[14]

　　顯然核心問題在於從一八五〇年開始，加州左岸地方以及全

州的絕大部分居民都不是洋基人。淘金熱招來了世界各地的人，有著阿帕拉契的農民、智利和澳洲礦工、愛爾蘭和義大利冒險家，以及滿懷希望的中國勞工。在殖民文化未臻成熟的土地上，很少有人願意緊緊跟隨洋基人的領導。天主教徒完全置之不理，他們擁抱自己的夢想，認為加州因其相對的隔離和西班牙傳統，有機會成為躲避新教美國的避難所。他們也建立了自己的學校、傳教站、孤兒院和大學：在柏克萊還僅是一所預備學校時，義大利的耶穌會已在聖克拉拉（Santa Clara）授予學位。選民在一八四九年為該地的制憲大會選出代表時，洋基人顯然是少數，數量不及邊境居民和北方人。加州最初的兩位州長都居住在舊金山，但他們都來自阿帕拉契地區。[15]

　　雖說洋基人未能實現他們廣大的使命，但他們對蒙特雷以北的加州海岸地區確實產生了深遠的影響。沿岸地區融合了洋基菁英的道德、知識和烏托邦理念，以及阿帕拉契及絕大部分移民人口的自給自足個人主義。最終形成的文化既理想化又注重個人，與內陸的淘金地區截然不同，卻與西奧勒岡和華盛頓的文化極為相似。大眾幾乎花了一個世紀的時間才意識到這是一種新的地域文化，而且最終將與洋基之國聯合起來改變美國。

第二十一章

# 西部爭奪戰

　　長久以來，美國內戰會被描繪成「北方」與「南方」之間的鬥爭，但實際上這兩個地區在文化和政治上並不存在。歷史學家在這個問題周邊打轉，提出各種區域名稱試圖支持這個有缺陷的分類法，諸如邊境南方（Border South）、中部南方（Middle South）、上南方（Upper South）、下南方（Lower South）、棉花南方（Cotton South）、邊境北方（Border North）或上北方（Upper North）。眾多州內部的嚴重分裂令他們傷透腦筋，例如像是馬里蘭和密蘇里、田納西和路易斯安那，以及印第安納、維吉尼亞和德克薩斯等等。他們激辯戰爭是否是奴隸制引發的，抑或是凱爾特人與盎格魯和德意志族群的衝突。在我看來，以州為分析單位必然會帶來混亂且難以令人滿意的結論。

　　若我們透過北美洲的區域文化視角觀察，則各方的動機、忠誠和行為則變得清晰許多。南北戰爭其實是兩個聯盟之間的衝突，一邊是深南地方及其附庸潮水地方，另一邊則是洋基之國。其他區域文化希望保持中立，並考慮分離，自己建立一個既不受奴隸主也不受洋基人影響的聯邦。如果理智占上風，美國在一八

六一年可能會分裂成四個聯邦，這對世界史會造成劇烈的影響。然而戰爭的爆發無法避免，不穩定的聯盟最終得靠軍事力量維持。

＊

十九世紀上半葉，為搶奪北美西部三分之二的土地，洋基之國、中部地方、阿帕拉契、深南地方展開了四方角逐，各自將文化帶到阿帕拉契山脈西部地帶的不同區域。各方都明白，他們爭奪的是對聯邦政府的控制權。贏得最多土地的一方可能得以統治其他人，確立社會、經濟和政治行為的規範，這與俄羅斯人、奧地利人、西班牙人或土耳其人在他們各自多元文化帝國中的做法如出一轍。

然而到了十九世紀中葉，這場人口與外交上的角逐升級為北美兩大新興勢力間的暴力衝突，即洋基之國和深南地方。這兩者在四方競爭中，以其龐大的財富和強烈的民族自我意識脫穎而出，而且這兩大勢力都無法忍受生活在對方所主導的帝國下。

在過去五十年裡，深南地方一直在這場競賽中領先。棉花和糖業的繁榮加速了奴隸制文化向西部擴散，並為這個地區帶來了巨大的財富。深南地方已取代潮水地方成為南方的主導力量，並得到阿帕拉契領導人和政客的支持，推動一場白人至上運動，清除了南方和西南部的印第安民族和墨西哥官員。自一八一二年戰爭後，他們的南方聯盟就掌控了聯邦政府，削弱了反對帝國擴張的洋基人和主張和平的中部地方人，開始進行一系列的領土擴張戰爭。一八四八年美軍控制墨西哥城時，深南地方開始幻想完成

他們提出的「黃金圈」計畫，意圖透過增加奴隸州來永久主導聯邦政策和整個西半球的事務。對他們來說，勝利似乎唾手可得。

　　然後事態開始分崩離析。以農園為基礎的奴隸州未能贏得廣泛世界的認同，此時受洋基和中部地方控制的中西部地帶吸引了大量外國移民，他們明智地認知到在深南地方和潮水地方的發展機會有限；很多人在自己的國家已經遭受過貴族封建壓迫，因而他們決意避開北美的類似制度。到了一八五〇年，自由州內出生自外國的居民數是奴隸州的八倍。隨著時間的推移，洋基之國、中部地方和新尼德蘭占據了大部分的國家人口，因此在眾議院中也擁有更多席位。洋基人對左岸地方的影響也使問題更加複雜，他們確保了加利福尼亞、奧勒岡和華盛頓以自由州身分加入美國，同一時間，聯邦政府則拒絕在加勒比海地區擴張新領土。到了一八六〇年，深南地方和潮水地方的領袖們意識到其他區域文化已有足夠的政治力量來控制聯邦政府和政策，無需他們參與。深南地方的生活方式正面臨威脅，為了保全這種生活方式，他們只能選擇退出聯邦。[1]

　　儘管一八五〇年代的美國人對奴隸制有所顧慮，但大部分生活在洋基之國以外的人仍願意對其視而不見，包括奴隸制引發的諸多問題。然而，洋基人受到改善世界的使命感驅使，不打算忽視奴隸制及其對道德造成的侵犯，因此新英格蘭就成為了廢奴運動的重鎮。來自麻州的洋基人威廉・加里森（William Lloyd Garrison）創立並出版了知名的反奴隸制期刊《解放

者》（*The Liberator*）；萊曼・比徹的女兒哈里特・比徹・斯托（Harriet Beecher Stowe）寫了《湯姆叔叔的小屋》（*Uncle Tom's Cabin*），擄獲不少讀者的心，這本書激發了公眾起身對抗要求美國公民將逃奴送回主人手中的聯邦法律。弗雷德里克・道格拉斯（Frederick Douglass）是名逃離潮水地方的奴隸，他在麻州獲得庇護，並成為美國最具影響力的廢奴倡導者之一。當聯邦政府決定讓新堪薩斯領地的居民自行決定是否容許當地存在奴隸制時，波士頓人成立了新英格蘭移民社會（New England Emigrant Society），該社會在堪薩斯建立了勞倫斯和曼哈頓兩個城鎮，並讓洋基人移居到這片土地。一八五六年，來自阿帕拉契的居民襲擊並焚毀了勞倫斯城，另一位康乃狄克出生的洋基人約翰・布朗（John Brown）就殺死了五人作為報復。後來，布朗又企圖透過攻占西維吉尼亞的一座聯邦軍械庫來引起奴隸叛亂，這讓他在洋基人心中成了烈士，但在深南地方和潮水地方人民眼中則成了惡名昭彰的恐怖分子。

　　洋基廢奴運動人士指控深南地方和潮水地方實行專制統治，他們主張奴隸主對奴隸的絕對控制腐蝕了家庭倫理和基督教美德。「眾奴隸州就是一家龐大的妓院。」出生於英國的公理會牧師喬治・伯恩（George Bourne）在波士頓出版的一本小冊子中聲明。他和其他人控訴奴隸主和他們的子嗣強暴了奴隸，這解釋了為何有那麼多奴隸女性生下混血兒童。在一八三九年西奧多・韋爾德（Theodore Dwight Weld）的暢銷廢奴運動文集《美國奴隸制的面貌》（*American Slavery as It Is*）中，康乃狄克的牧師法蘭西斯・霍利（Francis Hawley）提到：「女性奴隸生白人孩子是

如此普遍，以至於幾乎沒有人對此做出評論。」書中的另一位作者是康乃狄克的治安法官，他描述了一位潮水地方北卡羅來納的農園主為了感謝他的朋友讓自己的奴隸受孕，作為報酬，只要一個奴隸受孕就支付朋友二十美元。「毫無疑問，此舉是為了提升奴隸數量，」他補充道，「就像農人會為了提升牛隻數量而讓不同品種的牛雜交。」南方報紙的分類廣告也被廢奴刊物轉載重印，以宣傳奴隸家庭常常必須分家以償還債務，通常包括賣掉嬰兒甚至是配偶。他們主張這種「家庭制度」對家庭生活造成威脅。[2]

一八六〇年，洋基壓倒性地投票支持共和黨總統候選人亞伯拉罕・林肯，來自伊利諾的林肯是洋基、中部地方與阿帕拉契的後代，這些區域文化皆反對奴隸制。林肯橫掃了新英格蘭、俄亥俄西部保留地、洋基控制的賓州懷俄明谷所有郡的支持，在紐約上州與洋基中西部也贏得絕大多數郡的支持。[3]

洋基政要主張要用武力阻止深南地方脫離聯邦，在南卡羅來納人攻擊桑特堡（Fort Sumter）之前，他們是唯一支持使用武力的政府黨團。在戰爭期間，洋基之國是聯盟的核心，提供了主要的兵員、武裝和物資，其中包括聯邦軍中最受嘉獎的黑人部隊——麻薩諸塞第五十四志願步兵團。

毫無疑問，深南地方是為了捍衛奴隸制度而脫離聯邦並參與內戰，當地領導者也從未試圖隱瞞這點。他們反覆辯稱，奴隸制是種品德高尚、得到聖經認可的社會制度基礎，比自由州更優

越。當十九世紀的深南地方人談及捍衛他們的「傳統」、「遺澤」和「處世之道」時，他們自豪地將奴役他人視為這三者的核心。事實上，不少領導者甚至聲稱為了下層階級的福祉，應將他們不分種族地全部納入奴隸制度之中。

面對洋基之國和中部地方廢奴運動者的挑戰，深南地方的領袖精心構築了一套理論來為奴役人類的行為辯護。南卡羅來納前州長詹姆斯・哈蒙德（James Henry Hammond）在其影響深遠的著作中提出，奴隸工人比英國和北方的「自由」工人更幸福、更健康，並受到更好的關照，因為這些「自由」工人正遭到工業資本家的無情壓榨。因此，自由社會是不穩定的，被剝削者隨時可能反抗，從而導致「共和制度的嚴重危機」。相對地，奴隸被暴力手段壓制，無權投票、反抗或作證，這保障了共和國「精心設計且穩固的根基」。他甚至認為將白人工人階級納入奴隸制將是「一項光榮的解放事業」。他在文中嘲諷傑佛遜的「人人生而平等」理念「荒謬至極」。哈蒙德的共和國理念根植於深南地方的傳統，仿照古希臘羅馬的模式，只有菁英擁有權利和民主，下層人民則應處在奴隸和順從的地位。他們認為，這一制度甚至得到基督教上帝的認可，因為耶穌在傳世教誨中未曾明確譴責奴隸制。這是個理想的貴族共和國，理應成為全世界的榜樣。4

哈蒙德嘲笑批評他的清教徒是「學識淵博的老處女」，這些人「無法自拔地沉迷」於關於主人強暴奴隸的荒誕及淫穢幻想之中。他聲稱深南地方混血兒的「比例」極低，並將這些混血兒歸咎於大城鎮中的洋基變態。這些性指控嚴重危及深南地方種族種姓制度，因此被他稱作「荒謬的造假資訊」，起因為「對此地旅

客開的玩笑過了頭」。然而這些都是真實指控，哈蒙德也心知肚明。學者日後在他一八三九年的私人文件中發現他購買了十八歲的奴隸以及她兩歲的女兒，先後與這對母女發生性關係，並且與兒子共享這對母女。他表示他的妻子無法滿足「他的欲望」，妻子得知真相後離家多年。這對奴隸母女產下的孩子被關在宅邸中，因為哈蒙德無法忍受「我的小孩或疑似我小孩的人成為陌生人的奴隸，在這個家為奴是他們這輩子最快樂的狀態。」5

農園主擁護奴隸制度，因為這可以確保共和貴族制度的穩定和永續發展。「農園主是真正的貴族，他們在奴隸制支撐下的閒逸中自我提升，」《倫敦時報》（*London Times*）記者威廉·羅素（William Russell）在戰爭前夕從南卡羅來納報導，「他們毫不掩飾對英式君主制、特權階級，以及擁有土地的貴族和紳士的讚賞，而且態度十分真誠。」一位農園主對羅素說：「如果我們能得到一位英國王室成員來統治我們，我們就會心滿意足。」很多人對革命感到遺憾，他們表示「如果可以的話，希望明天就能回到過去。」6

農園主對洋基人的強烈憎惡讓外人感到震驚。「有人告訴我，南卡羅來納由紳士創立，而非燒死女巫的清教徒，也不是那些殘酷迫害者，這些人在北方及其新殖民地灌輸了宗教裁判所般的野蠻、嗜血和狂熱不容異己的態度，」羅素報導，「在人類激情的黑暗深處，沒有一處能比南卡羅來納人對洋基人的仇恨更加殘酷和致命。」他又接著說：「對他們來說，新英格蘭代表了道德和政治的邪惡、社會的腐化……是南卡羅來納一切厭惡之事的根源。」另一位莊園主向他透露，如果當初五月花號沉沒的話，

「我們就不會走到如今這般極端的地步。」[7]

✳

　　南方大部分的居民認同深南地方的白人至上主義和對洋基人的不信任感，但很多人並不贊成深南地方所嚮往的貴族共和國。在一八六〇年的選舉前，民主黨在年會上因對奴隸制的歧見而分裂，南卡羅來納代表帶領深南地方的同僚離開會議廳。農園主威廉・普雷斯頓（William Preston）在他的離席演說中陳述：「奴隸制是我們的國王，是我們的真理，更是我們神聖的權利。」只有由潮水地方主導的馬里蘭和德拉瓦代表團加入他們，邊境居民和北方的代表團（大多數代表著天主教移民）則選擇留守。整個「南方」存在著廣泛的異議，這些分歧並非基於州別、階級或職業，而是基於區域文化的劃分。阿帕拉契地區都反對脫離，無論是在阿拉巴馬的北部、田納西的東部，還是德克薩斯的東北部。深南地方主導的地區則熱烈支持脫離聯邦，諸如阿拉巴馬的南部、田納西的西部和墨西哥灣沿岸的德克薩斯。在德克薩斯的鬥爭中，與南卡羅來納的路易・威福爾對立的是邊境居民約翰・雷根（John Regan）和山姆・休士頓。在密西西比，來自肯塔基的邊境居民詹姆斯・艾爾科恩（James Alcorn）帶頭抵抗激進派分離主義政客，這是由另一位南卡羅來納人亞伯特・布朗（Albert Gallatin Brown）主導的運動。路易斯安那最富裕的農園主是最堅定的聯邦支持者；他們不屬於深南地方，而是紐奧良周邊新法蘭西飛地的一部分。（「紐奧良幾乎可以稱為自由之地，」一位觀察家評論，「克里奧爾人……直到他們的黑人奴隸被從田裡帶

走，才會意識到自己的危險。」）日後成為南方邦聯總統的深南地方人傑佛遜·戴維斯（Jefferson Davis）在一八五〇年參選密西西比參議員，但在密西西北北部慘敗，因為該區是由阿帕拉契人主導，他們支持的是戴維斯的對手，即來自當地諾克斯市（Knoxville）的羅傑·巴頓（Roger Barton）。到了一八六〇年，墨西哥灣沿岸各州的阿帕拉契地區已經選出了支持聯邦的代表，他們與低地地區的代表發生激烈衝突。[8]

在有投票權的深南地方地區，選民壓倒性支持強硬脫離聯邦的候選人約翰·布雷肯里奇（John C. Breckinridge）。（南卡羅來納的立法者持相同立場，只不過他們不肯屈就自己，拒絕賦予民眾選擇首長的權利。）在深南地方主導的每個州都由布雷肯里奇勝出，而像約翰·貝爾（John Bell）和史蒂芬·道格拉斯（Stephen Douglas）這樣的溫和派僅在少數的郡勝出，其中大多數位於亞特蘭大周邊，這是一個有著眾多外地居民的城市。在深南地方控制的州，林肯的名字甚至未出現在選票上。

林肯勝選後，南卡羅來納率先宣布脫離聯邦。林肯就職之前，只有深南地方控制的州選擇加入南卡羅來納的行列，其中包括密西西比、阿拉巴馬、喬治亞、佛羅里達、路易斯安那和德克薩斯。一八六一年二月八日，這些深南州在阿拉巴馬集會，著手建立新政府。潮水地方和阿帕拉契主導的州則並未參與，我們緊接著就會看到他們選擇另行組成自己的聯邦。

倘若深南地方人在一八六一年四月未曾發動對聯邦郵局、造幣廠、海關船隻、軍械庫和軍事基地的攻擊，他們或許能夠協議如何和平脫離聯邦。實際上，在南卡羅來納民兵圍攻桑特堡之

前，洋基之國是孤立無援的，他們雖然想要用武力平息深南地方
的叛亂，但未獲得任何區域文化盟友的支持。林肯總統承諾不會
挑起戰爭，但同時他也拒絕放棄該地區的美國軍事基地。負責守
衛查爾斯頓港的桑特堡出現物資短缺時，林肯選擇謹慎以對：他
只送去了食物而不是武器和彈藥，並提前告知了南卡羅來納。如
果南方邦聯攻擊了堡壘或救援物資，他們將失去阿帕拉契、中部
地方和新尼德蘭中那些支持以談判解決問題的盟友，邦聯政府對
這點心知肚明。「如果北方被迫開戰，就不會做出任何脫離聯邦
的妥協，」邦聯國務卿理查·拉瑟斯（Richard Lathers）警告戴
維斯總統，「破壞聯邦完整性或國旗尊嚴的首場武裝示威，會使
這些原本對立的黨派成員團結在同一愛國旗幟下，起身保衛這兩
者，並讓北方的每個人，不論黨派或地區派系，都轉而支持政府
和國旗。」戴維斯相信上述的三個區域文化在戰爭時會選擇與邦
聯站在同一陣線，因此他忽視了拉瑟斯的忠告。這最終成為北美
歷史上最嚴重的誤判之一。9

　　桑特堡戰役前，新尼德蘭積極支持深南地方的立場。請記得
正是新尼德蘭將奴隸制帶到了北美，並且直到十九世紀初他們都
一直依靠奴隸工作。一七九〇年，該地區的農業郡中（國王郡、
王后郡和里奇蒙郡）白人蓄奴家庭的比例甚至超過了南卡羅來
納。新尼德蘭的文化核心是寬容而非道德，這種寬容包括容許蓄
奴；如果不受外界干涉，新尼德蘭可能永遠不會廢除奴隸制。對
新尼德蘭人來說不幸的是，到了十九世紀，他們手中控制的紐

約州政府被洋基人奪走了，而洋基人也在一八二七年廢除了奴隸制。（在紐澤西，新尼德蘭人依然勉強保持權力，到了世紀中葉該地仍有七十五名奴隸。）儘管這個州整體上支持廢奴，但這裡最大的城市卻非如此。逃奴和自由黑人經常被紐約市眾多名為「黑鳥貿易者」①的賞金獵人綁架，並遣送回農園。紐約的商人和銀行家與深南地方和潮水地方的奴隸領主關係密切，並且不想看到這些關係被破壞。正如一八六〇年當地《晚報》（*Evening Post*）所說：「紐約市的南方性幾乎等同其北方性。」[10]

在一八六〇年的選舉中，新尼德蘭地區每一郡都選擇了林肯的對手史蒂芬・道格拉斯，這包括了紐澤西州北部、長島西部以及哈德遜河谷的南端。選舉結束後，絕大多數新尼德蘭人都希望南方邦聯能和平地脫離。包括政治高層領袖在內，部分人主張趁這個時機宣告獨立，建立一個獨立城邦，仿照德國由自由城市組成的漢薩同盟（Hanseatic League）。「當我們州的其他地方不幸地感染到驅動新英格蘭部分民眾的那份狂熱精神。」紐約市長費爾南多・伍德（Fernando Wood）在南卡羅來納宣布脫離聯邦之後對市議會表示，紐約這座城市並未「參與對奴隸州的憲法權利或其內部制度的戰爭。」他進一步指出，這座城市「可能更需要擔心來自我們自己州的危險，而不是外部威脅」，並應該藉由脫離聯邦，和長島的郊區一起成為一個獨立、低賦稅的城邦國家，

---

① 譯注：黑鳥貿易者（Blackbirder）原指十九至二十世紀初南太平洋上強擄當地原住民為奴隸的人，後來泛指從事奴隸貿易相關活動的人士，象徵人權侵犯與剝削。

以擺脫「這種可憎且壓迫的聯繫」。這項建議獲得了知名的銀行家與商人的支持，至少有一位城市中的民主黨國會議員和至少三份報紙贊同。第四份表達支持的報紙是有影響力的《紐約先鋒報》，他們報導了漢薩同盟政府結構的細節，以便「更深入地理解」一個獨立的紐約市可能會如何自行組織。倘若深南地方的人沒有攻擊桑特堡，新尼德蘭也許能走向獨立。[11]

在戰爭即將爆發之際，新尼德蘭的六位美國國會議員在大多數重要議題上與深南地方的代表保持一致立場，成為唯一保持此立場的紐約代表。南卡羅來納脫離聯邦之後，國會議員丹尼爾・斯提克爾斯（Daniel Stickles）持續支持深南地方，他在美國國會對同僚表示，「沒有人會穿越紐約市的邊界，對這個聯邦的任何州發動戰爭。」他還說，這座城市「絕不會同意淪為某個清教徒省分的附庸或奴隸。」

但桑特堡事件一夜間扭轉了大眾觀點，如拉瑟斯所預測，新尼德蘭在紐約和新澤西的部分地區突然湧現了極端的美國愛國情緒，伍德市長、斯提克爾斯國會議員、紐約商會以及《紐約先鋒報》迅速聚集起來支持林肯和聯邦。「桑特堡的攻擊已經使北方團結起來，」斯提克爾斯去信聯邦戰爭部長時寫道，「我們正在與一股外來勢力作戰。」他自己將會召集志願軍團，並領導他們對抗南方邦聯。[12]

✴

雖然中部地方擁有悠久的廢奴主義氛圍，但在桑特堡事件之前，對於南方脫離聯邦一事仍抱持著矛盾的態度。此時貴格會／

重浸派對和平的承認，已經凌駕於對奴隸制度的道德顧慮之上。賓州屬於中部地方的報紙和政治人物提倡應該允許深南地方和平脫離聯邦。受中部地方控制的德拉瓦州北部與潮水地方主導的州南部發現彼此立場相左，有些人擔心兩個地區之間可能會引發暴力衝突。中部人控制的紐澤西州南部無意加入一個以奴隸貿易為主的高譚城邦②，即使紐澤西州北部有這個意願。

　　在一八六〇年的總統大選中，中部地方的絕大多數選票都投給了林肯，唯獨馬里蘭北部和德拉瓦除外，因為該地的選票上壓根沒有他的名字。（這些地方的中部地方選民轉而投給了較為溫和的貝爾。）林肯輕易地獲得了中部地方文化下中西部地區的大部分選票，即從俄亥俄中部至愛荷華南部一帶，這讓伊利諾和印第安納也納入了他的勝利之列。儘管中部地方的選民與他們的洋基鄰居持相同的投票立場，但他們並不希望接受洋基鄰居的治理。面對國家可能解體的局面，中部地方的許多政治及意見領袖希望能與阿帕拉契主導的州合作，建立「中央邦聯」（Central Confederacy），範圍包括從紐澤西到阿肯色一帶。這個計畫中的國家將成為洋基之國和深南地方之間的緩衝區，避免這兩個敵對陣營爆發戰爭。巴爾的摩出版商兼前國會議員約翰・甘迺迪（John Pendleton Kennedy）提倡成立「邊界州邦聯」（Confederacy of Border States），反對深南地方征服式擴張計畫，

---

② 譯注：高譚（Gotham）是紐約市的別稱，出自十九世紀作家華盛頓・歐文（Washington Irving）筆下。這一名稱呈現出紐約作為一個有影響力、繁華且獨立的都市中心的形象，有時用以指代其複雜的社會和政治背景。

也反對洋基以武力保全聯邦的計畫。他主張，這將是「解決所有差異的自然且恰當的最終途徑。」馬里蘭州長湯瑪斯・希克斯（Thomas Hicks）認為這個提案有其價值，因為它能在中部地方、阿帕拉契以及潮水地方分裂的州中維持和平；他頻繁聯繫賓夕法尼亞、紐澤西、德拉瓦、俄亥俄和密蘇里（這些州的許多地區受中部地方文化影響）以及紐約和維吉尼亞的州長，為建立聯盟奠定基礎，若聯邦解散就可派上用場。[13]

然而在桑特堡事件之後，深南地方完全失去了中部地方的支持。費城、伊斯頓（Easton）和西徹斯特（West Chester）先前是賓州支持分離主義的重鎮，但當地暴民開始破壞支持南方的報社，驅逐支持南方的政治家，在街頭襲擊分離主義者，並強迫民宅和商家懸掛聯邦旗幟。在馬里蘭州，中央邦聯的提議一夜之間乏人問津；中部地方和阿帕拉契主導的地區轉而支持聯邦，而潮水地方則支持南方邦聯。在旗幟遭受攻擊的情況下，印第安納、伊利諾和密蘇里內受中部地方主導的地區決定與洋基站在同一陣線。[14]

✳

到了十九世紀中葉，潮水地方在政治上幾乎失去了影響力，在馬里蘭、德拉瓦、北卡羅來納，乃至於維吉尼亞都淪為少數派（這個狀況一直持續到一八六一年，當時西維吉尼亞的脫離使局勢再度對潮水地方有利）。奴隸制爭議持續升溫，潮水地方發現自己不得不尋求深南地方的保護，即使雙方在文化上有差異。相對於糖跟棉花的市場，菸草的全球市場已經走弱，潮水地方的

仕紳階級將許多奴隸賣給了深南地方，或是乾脆遷移到墨西哥灣地區繼續經營。潮水地方的菁英階層感到被圍困，許多人開始接受深南地方的意識形態，儘管他們在自己的州內無法施行這些理念。

　　來自維吉尼亞古老望族的喬治・費茲修（George Fitzhugh）成為了該地區支持奴隸制的代表人物。費茲修在其廣泛的著作中，支持並發揚了哈蒙德的觀點，即應當奴役所有貧困人口。他說明，貴族實際上是「國家的大憲章」，因為他們家財萬貫，並且「懷有每個人都會對自己所有物抱持的情感」，這自然使他們有了責任感來保護和照顧「妻子、孩子及奴隸」。費茲修的書籍廣受好評，他宣稱自己「對於廢除自由社會的決心不亞於你們北方人廢除奴隸制的決心。」[15]

　　與洋基的衝突持續籠罩，潮水地方的舊有觀點再度引起關注，有人開始認為種族差異是衝突的根源。在戰時宣傳中，深南地方的菁英被明確地劃入所謂優越的諾曼／騎士種族，目的是加強兩個地區間的聯繫，甚至經常將明顯不是諾曼人的阿帕拉契地區也納入其中。對潮水地方而言，將這場衝突描繪為從盎格魯－撒克遜暴政下解放諾曼人的戰爭，巧妙地規避了奴隸制的棘手問題。潮水地方的重要刊物《南方文學信使》（*Southern Literary Messenger*）在一八六一年承認，「圓顱黨[16]可能會因其優勢和條件而贏得許多勝利」，但肯定地說，「他們將會輸掉最後一場戰鬥，然後沉淪到他們過往相對下等的位置。」這份刊物主張南方邦聯的目標是創立「某種貴族共和國」，由「超越這個大陸上所有其他種族的人」進行統治。

　　這種宣傳在深南地方也廣受歡迎。傑佛遜・戴維斯在一八六二年的一次演說中，對密西西比立法者表示，他們的敵人是「一個無傳統、無家園的種族，由克倫威爾從愛爾蘭北部和英格蘭的沼澤地帶集結而來」，成為了「世界和平的破壞者」。《帝波評論》則聲明，這場戰爭是為了逆轉那場計畫不周的美國革命，該革命違反了「騎士精神，即崇敬既定權威形式而非空泛思想。」奴隸主廢除君主制的行為危及了美好的「家庭制度」，這種制度基於「不平等和從屬的原則，其所偏好的公共政策在於體現社會地位。」民主制度「將政治影響力交給了毫無組織的大眾」，這造成了「騎士階級受到清教徒智識所奴役」。其他潮水地方和深南地方的思想家開始認為這場鬥爭實際上是「尊重傳統貴族秩序」，對決「危險的清教徒理念」，後者認為「個體的價值高於任何政治體系」。引用費茲修的說法，這是一場在「保守派和革命派之間、基督徒和異教徒、貞潔者和放蕩者、婚姻和自由戀愛之間」的戰爭。有些人甚至提倡一個有爭議的理念，認為南方邦聯正在進行一場胡格諾派－聖公會的反宗教改革，針對的是清教徒的暴行。他們辯稱奴隸制不是主要問題，奮鬥的真正核心是為了打敗民主制度。[17]

　　一八六〇年總統選舉期間，潮水地方的選民在溫和派貝爾和主張南方脫聯的布雷肯里奇之間產生分歧，貝爾的支持主要集中在馬里蘭東岸和潮水地方的北卡羅來納。南卡羅來納脫離聯邦後，潮水地方也有意跟進，但受到其他區域文化阻撓，因為他們掌控了馬里蘭、維吉尼亞及北卡羅來納政府。直到桑特堡被攻陷及林肯發出徵兵令後，維吉尼亞和北卡羅來納才宣告脫離聯邦，

而馬里蘭與德拉瓦則未曾脫離。在這四個案例中，決定因素皆非潮水地方，而是邊境居民的態度。

※

大阿帕拉契對於深南地方的脫聯行動和洋基之國的戰爭號召，抱持著極為矛盾的態度，從賓夕法尼亞中部到伊利諾南部和阿拉巴馬北部，邊境居民內心極為掙扎，擺盪在對洋基的厭惡和對深南地方農園主的憎恨之間。這兩個區域文化以不同的方式對邊境居民的理想構成威脅，洋基人的理念不相容於阿帕拉契人對個人自由的追求，因為前者強調要為了「公益」犧牲個體願望和利益，洋基人試圖改變他人行為的道德征戰讓人極其厭惡，而且還無止境地絮絮叨叨種族平等。另一方面，邊境居民已經經歷好幾代貴族奴隸主的壓迫，他們清楚知道那些農園主口中談及要奴役的「低等白人」，就是自己。[18]

在衝突前夕，許多邊境居民對廢奴主義者抱持敵意，打斷他們的講座、破壞他們的印刷機，並且對他們的政客投擲雞蛋。伊利諾州長約翰・雷諾茲（John Reynolds）把廢奴主義者比喻為早期新英格蘭狂熱的女巫獵人，印第安納州的胡希爾人報刊也有相同的看法。同時，邊境居民也譴責《逃亡奴隸法》（*Fugitive Slave Law*），一位胡希爾人形容該法案「把北方的自由民轉變成南方的奴隸捕獵者」。出生於肯塔基的詹姆斯・伯尼（James G. Birney）原本是奴隸主，後來成為廢奴主義者，他說出許多邊境居民的心聲，公開指責深南地方的制度：「這個制度導致多數人被迫生活在貧困與悲慘中，而少數人則在懶惰的奢靡中虛度光

陰。」確實，該制度意圖讓普通人「臣服於南方奴隸主之下，**如同被鞭打、瑟瑟發抖的西班牙獵犬一般。**」[19]

邊境居民被夾在自身自由所遭受的威脅之間，成為了「人民主權」概念的堅定支持者，這一原則讓當地居民決定新領土是否允許奴隸制度。當這種妥協未能維繫聯邦時，許多邊境居民希望保持中立或加入研議中的中央邦聯。南卡羅來納一脫離聯邦，維吉尼亞的邊境居民州長約翰・萊徹（John Letcher）就向該州立法者預言，聯邦將分崩為四個獨立的區域，而維吉尼亞、賓夕法尼亞、紐澤西和其他邊境及中西部州將形成「強大的第四力量」。來自賓夕法尼亞的前總統詹姆斯・布坎南是阿帕拉契地區的重要政治人物，他主張應允許南方和平分離，但聯邦若遭攻擊則應自我防衛。一八六〇年的選舉中，該區域意見極為分化，溫和派的貝爾以些微差距贏下四個阿帕拉契人主導的州（肯塔基、維吉尼亞、田納西及德克薩斯），林肯在賓夕法尼亞贏得阿帕拉契地區的支持，而道格拉斯則取得了阿帕拉契文化下中西部地區的廣泛支持。

當墨西哥灣沿岸各州為一八六一年一月的脫聯會議選出代表時，當地的阿帕拉契地區對此表示反對。肯塔基州堅決不召開會議，並在隨之而來的戰爭中保持中立。二月時，阿帕拉契占主導地位的北卡羅來納與田納西舉行了公投，決定是否舉辦脫聯會議。在這兩州，提案均遭到否決。在阿肯色州東南部低地的深南地方民眾威脅要脫離聯邦，因為其主張脫離的提案被同州西北部的阿帕拉契代表阻擋。維吉尼亞州在四月脫離聯邦時，州內受阿帕拉契主導的西北部地區發動反抗，奪取了巴爾的摩與俄亥俄鐵

路這一戰略要地的控制權。[20]

　　桑特堡事件和隨後林肯的徵兵令再一次成為轉折點，促使阿帕拉契人在兩種他們厭惡的文化間做出抉擇。深南地方的人認為阿帕拉契會因為共同的白人至上主義而支持邦聯。但事實正好相反，邊境居民維持他們一貫的作風，他們會拿起武器對抗他們視為最大威脅的敵人，並進行激烈抵抗。令南方農園主震驚的是，大部分阿帕拉契居民認為他們對阿帕拉契人的自由造成的威脅，會更甚於洋基人。西維吉尼亞人在惠靈（Wheeling）建立了聯邦政府，眾多人自願加入聯邦軍，並於一八六三年成立了一個新的州。東田納西的選民以超過二比一的多數否決了該州的脫聯公投，並嘗試建立他們自己的聯邦政府；雖最終計畫未能成功，但有數千人逃到肯塔基穿上藍軍（聯邦）制服，其他人則著手破壞鐵路橋梁。阿拉巴馬北部的阿帕拉契居民成立了聯邦溫斯頓自由州（Unionist Free State of Winston），並代表阿拉巴馬在聯邦軍中作戰。總計有二十五萬來自南方邦聯中阿帕拉契地區的男子自願加入聯邦軍，其中的軍團來自各州，南卡羅來納州是唯一例外。在賓夕法尼亞，詹姆斯·布坎南宣布支持聯邦，同時有數以萬計的蘇格蘭－愛爾蘭人自願加入聯邦軍一同懲罰深南地方的叛徒。在中西部的阿帕拉契地區，多數邊境居民將桑特堡攻擊事件視作叛國行為，並團結起來支持星條旗。「我本是肯塔基人，」一位胡希爾人對記者說，「但現在我是美國人。」[21]

　　桑特堡遭到攻擊後，賓夕法尼亞、密蘇里、印第安納和維吉尼亞西部的阿帕拉契主要人口轉而加入聯邦陣營。其他阿帕拉契地區則投靠南方邦聯，他們將林肯的徵兵令視為對自身社群的直

接攻擊。在阿帕拉契低地地區，加入南方邦聯的情緒特別高漲，因為當地奴隸制較為普遍，特別是在北卡羅來納中部及西部、田納西中部、維吉尼亞西南部和阿肯色北部。桑特堡事件後，這些地區支持舉辦脫聯投票，最終在深南地方成立邦聯三到四個月後，這些地區依照投票結果加入了邦聯。[22]

✳

眾所皆知，南方邦聯在一八六五年戰敗，其城市遭「外來」部隊占領，當地奴隸則因總統令而獲得解放。洋基人希望在這場代價高昂的軍事勝利後，占領部隊可以執行大型國家建設計畫，將深南地方、潮水地方及南方邦聯轄下的阿帕拉契地區，按照洋基和中部地方的標準進行民主化改造。在軍隊維持秩序的同時，數千名來自洋基和中部地方的學校教師、傳教士、商人和政府官員被分派到這三個地區。他們引進了公共教育，創立了種族隔離的小學和黑人學院（許多保存至今）。他們廢除了強化深南地方種姓制度的法律和慣例，保障新近解放的奴隸有權投票和擔任公職，而前南方邦聯的重要官員則被剝奪這兩項權利。在一八七〇至七七年間，十五位非裔美國人從前邦聯地區被選入聯邦眾議院，另外以黑人為多數的密西西比選出兩位非裔代表進入聯邦參議院。[23]

然而，外來的占領者總會發現要徹底改變一種文化極其困難。潮水地方、深南地方和南方邦聯轄下的阿帕拉契人，會盡其所能堅決抵制洋基人的改革措施，而當聯邦軍於一八七六年撤退後，這些「重建」地區的白人便撤銷了這些改革。他們廢止洋基

人設立的公立學校，改寫強行實施的州憲法，恢復白人至上主義，並施行人頭稅、「識字測試」和其他手段，以便讓白人官員剝奪非裔美國人的投票權。（因為這些措施，南卡羅來納的總統選票從一八七六年的十八萬二千六百票降至一九〇〇年的五萬票，即使該州的人口有所成長。）三K黨的成員殺害了尋求公職或挑戰傳統種姓制度的「傲慢」黑人。儘管歷經戰爭和有組織的占領，深南地方和潮水地方的文化仍然保持了核心特徵，為下個世紀的文化衝突鋪路。[24]

第四部

# 文化戰爭

## Culture Wars: 1878 to 2010

第二十二章

# 建立遠西地方

遠西地方是北美洲最後開發的地區，背後原因並不難理解，因為對於歐系大西洋文化而言，這裡十分不適宜居住，他們偏好耕種、依靠水生植物與動物維生及建立固定居所。遠西地方起始於西經九十八度線，這條線貫穿了達科他、內布拉斯加、堪薩斯及奧克拉荷馬。這條線以西，每年僅有二十英寸雨量滋潤這片乾燥的大地，不及阿拉巴馬州莫比爾降雨量的三分之一。從內布拉斯加西部與科羅拉多東部的枯黃草原，一路到內華達與加利福尼亞內陸的沙漠，再到奧勒岡與華盛頓內陸的乾燥灌木山區，倘若沒有灌溉工程的支援，農作物在此幾乎無法存活。這裡海拔之高，連平原與河谷也超越了阿帕拉契山的最高峰，許多常見農作物完全無法生長，尤其是在鹹鹽汙染的土地上。這片廣闊地帶的河流多半過淺，不宜航行，使得居民與他們農作物的潛在市場相隔絕。當地美洲原住民部落在引進北部地方的馬匹後，有長達二百年的時間精進騎馬戰術，從而更有效地制衡外來入侵者。阿帕拉契開拓者所掌握的技術和洋基及中部地方的農耕方法一樣，在遠西地方幾乎派不上用場，至於深南地方的農園作物則完全無法

在此地生長。

因此其他區域文化的移民往往匆匆越過這個地區，直奔肥沃的左岸地方或是邊界的金礦區。一八六〇年時，舊金山的非原住民人口已超過整個遠西地方。經過這片地區的人鮮少會有理由駐足，在灌溉設施、火車或冷氣空調出現之前，高原及西部沙漠深受旅人畏懼，因為在那裡得忍受刺眼的太陽，還有酷熱又單調的環境。

橫跨大陸的道路上遍布著牲畜和旅人的屍骸，死因多為脫水，或遭土匪及印第安人巡邏隊襲擊而喪命。「游過溪流，蹚過泥澤，到了晚上我們都濕漉漉、筋疲力盡地就寢，」一位移民在一八五〇年從內華達東北部如是描述，「早晨醒來時，我們發現四肢僵硬，必須檢查是否有蜱蟲附著，有時候發現的蜱蟲大如玉米粒。我們整日行進中皆遭受蚊蟲和小黑蚊的騷擾，而且直到夜晚才找到水源和草料。」[1]

遠西地方極端的條件使得其他區域文化無法在這裡生根。大阿帕拉契、洋基之國和中部地方都成功適應中西部水源豐富的平原，在當地開墾。但一旦接近九十八度線便戛然而止，因為此地的社會機制無法支撐起個人或社群。歐裔美國人只有兩種方式能進一步向內陸擴展，一是學習該地大部分美洲原住民的游牧生活方式，這對哈德遜灣公司早期派遣至此地的皮毛商人來說十分有效；另一個方法是隨著新興工業公司深入廣袤的內陸，這些企業投入資本、機械、雇傭兵和工人，態度冷酷又執著。幾乎所有抵達遠西地方的人都是依附後者而來，或依賴著他們。

遠西地方在北美洲相當獨特，形塑這個區域文化的並非民族

地域文化勢力，而是外部的需求。這裡的自然環境真正打敗了移民的文化傳統，當地的挑戰促使歐裔美國人投入大量技術資金來解決問題，包括開採硬岩、鐵路、電報、格林機槍、鐵絲網和水力發電廠等。這導致遠西地方長久以來都是內部殖民地（internal colony），由北美原本的區域文化及擁有所需資本的聯邦政府進行開發。其居民現今依然經常對於他們的依賴地位感到不滿，但還是普遍支持能維持現狀的政策。

✳

不過，遠西地方的首批移民是例外，在一八四七至五〇年間，早期的歐裔美國殖民者早工業資本一步，分成兩波抵達。一群猶他的洋基摩門教徒在猶他和南愛達荷建立了自耕農的獨特次文化。另一群人則是渴望黃金的「淘金客」，他們是典型的阿帕拉契文化下誕生的個人主義拓荒者。但這兩個群體都未能在西部內陸達到文化主導地位。

摩門教追隨的是由洋基領導的烏托邦運動，他們發源於佛蒙特和紐約的焦土地區，於一八四〇年代末開始在猶他的大鹽湖岸邊定居。在一八四七年逃避中西部的迫害時，摩門教徒原本打算定居在美國境外，但美墨戰爭打亂了他們的計畫，緊接著美國又併吞其位於沙漠的應許之地。他們的領袖是佛蒙特出生的楊百翰（Brigham Young），在一八五〇年被任命為猶他領地的首任首長，兩年後，有二萬名摩門教徒在此定居。幾乎所有人都來自洋基之國，這正是為何到了二〇〇〇年猶他州的英裔美國人比例為聯邦中最高，超越了佛蒙特和緬因。

　　由於摩門教徒相當團結又有強烈的凝聚力，他們得以建設並維護灌溉系統，讓小農得以在遠西的惡劣條件下生存。在這過程中，他們建立了一個獨立生產者的社區，在這個被外地業主和其他外力控制的地區中顯得獨樹一幟。雖然遠西地方的摩門教徒社區在許多問題上與洋基之國存在分歧，但是在社區主義、對道德和行善的重視，以及同化他人的願望上也顯露出其洋基根源。如今這個地區的影響力遍及猶他、愛達荷南部和內華達東部，成為遠西地方最具政治影響力的在地勢力。

　　湧入加州中央河谷和東部山區的淘金客則與摩門教徒不同，他們獨立行動、性格各異且追求享樂。這些人來自世界各地，但大多是來自北美東部的阿帕拉契地區。跟東岸的人口一樣，這些移民最初注重努力與競爭，當時主要由小規模的採礦者開採地面的礦物並獨自享有所得。早期一個人能夠開採的範圍有限，並不需要太多資金。「礦工的生活充滿了勞動和危險，並暴露在惡劣環境中，」一位記者如此描述當時情況，「但同時也有著自由的魅力和無限財富的承諾。」[2]

　　然而不幸的是，這些報酬無法持久。不久後，加利福尼亞的地表礦床就被開採一空，採礦活動轉至地下，只能仰賴企業和銀行家提供的資本和勞動力進行開採。採礦活動很快就變成企業主導，礦工的角色限縮為領薪水的勞工，而「無限報酬」則流入了業主的口袋。一八五九年，在今天內華達州的山區發現了富含銀礦的康斯托克礦脈（Comstock Lode）後，數千人湧向東部，到維吉尼亞城這個新興城鎮周邊的山丘上打工，那裡的臨時工廠處理著運來的礦石。內華達的領土立法機關被這些「老加州人」掌

控，他們支持獨立的探勘者和小企業主，與此同時，喧鬧的人群在他們的會議廳外集會，表達公眾意願。然而，這樣的繁榮也未能持久。

接下來的將近一百年，遠西地方的礦業和政治體系都遵循內華達模式，由企業掌控。早在一八六四年，康斯托克的地表礦床就已經開採殆盡。代表在該年夏天聚集起來草擬內華達的首部憲法時，儘管礦業明明是該地區主要經濟活動，礦業利益團體卻提出一項實質上使礦業免稅的法案。與礦業勾結的代表聲稱徵稅將迫使企業搬離，從而危及礦工的工作，並進一步影響當地人生計，包含對於農產品、牲畜、木材及其他當地人提供的物資和服務的需求。擔心受怕的代表最終通過了法案，將稅收負擔轉移給了內華達的其他居民。這種伎倆在遠西地方會一再上演。[3]

不久後，大公司不需再以恐懼宣傳來達成目的，因為他們直接掌握了內華達的立法者和國會代表。到了一八七〇年，內華達的政治場不再是個人生產者與企業利益的角力，只剩下財團間的競爭。在經濟衰退期間收回了大量採礦權的加州銀行（Bank of California）擁有加工設施、木材和水源供應，並掌控康斯托克地方的主要鐵路。隨後，沙加緬度的中央太平洋鐵路公司（Central Pacific Railroad）加入商戰競爭，買下了加州銀行在各領域的大部分競爭者，同時獨占了內華達通往北美其他地區的運輸，並控制著其鐵路周圍一百英里寬的地帶。這兩個相互競爭的財團都揮金如土，把自己的人安插到公職，並建立了政治勢力以培養新一代的企業人才，以便進入州和聯邦的職位。從一八六五到一九〇〇年，所有來自內華達的聯邦參議員都與這兩個財團有

著密切的關聯，僅一人例外。最終兩大財團達成了協議，決定共同分割內華達州。加州銀行集團專注於賄賂州立法者通過對產業有利的法律和規定，而中央太平洋鐵路公司則負責賄賂國會代表。地方公職被工會占據，但他們不為勞工發聲，而是全力阻止非白人（尤其是華人）進入礦場和其他工作場所，有時候甚至動用暴力。獨立生產者的時代已然結束，而且這不僅僅在內華達上演。[4]

✳

在遠西地方，礦區以外的開發主要由鐵路公司主導，它們實際上控制了該地區大片土地的發展。聯合太平洋（Union Pacific）、中央太平洋（Central Pacific）、堪薩斯太平洋（Kansas Pacific）和北方太平洋鐵路公司（Northern Pacific）對其各自區域的通行擁有實質的壟斷權，得以自訂乘客和貨物的運費。這些公司都不是來自當地。

鐵路公司同時也經手遠西地方的主要地產和殖民開發。為了促進這些耗資巨大的橫貫大陸鐵路工程，聯邦政府分配了大片土地給鐵路公司，即該公司轄下鐵路周圍六十至一百英里寬的土地。加總起來，十九世紀下半葉這些鐵路公司總共獲得了超過一億五千萬英畝的土地，相當於蒙大拿州和愛達荷州的總和。這些公司可以將土地分割出售給移民，而移民則完全依賴鐵路來運輸貨物和人員進出該地區。但是，他們首先需要吸引移民前來。[5]

在北美其他地區，鐵路會隨著開發腳步而興建，按照需求延伸路線。然而在遠西地方的大部分地區，鐵路公司卻先行一步，

並且自行指導開發活動。

　　這些公司投入巨額行銷經費，透過發行報紙、地圖和雜誌來宣傳乾燥的西部地區。懷俄明的拉勒米平原（Laramie Plain）被宣稱可媲美「伊利諾的肥沃草原」，儘管其海拔高出五千英尺，年雨量卻僅為後者的三分之一，生長季節還短了兩個月。大鹽湖地區被描述為跟「聖地」有「驚人地相似程度」，鐵路公司甚至發行了比較地圖來佐證這個說法。堪薩斯被讚譽為「世界的花園」。[6]北太平洋鐵路公司在倫敦、利物浦、德國、荷蘭、挪威和瑞典設立殖民辦公室，發放當地語言版本的宣傳手冊，並與蒸汽船公司合作提供優惠的「移民票」。聯合太平洋和伯靈頓鐵路公司在當時光是內布拉斯加的廣告上就投入了一百萬美元，而那個時代建造一座房子的費用僅為七百美元。北太平洋鐵路公司在二百家北美報紙和一百家歐洲報紙上刊登了土地廣告。鐵路公司建造或資助了教堂和學校的建設，為新建立的草原小鎮打下根基，甚至鼓勵人們在其控制範圍之外的土地上定居，並且深信這些移民依然會依賴鐵路系統。

　　這些詐騙廣告僥倖遇上了一八六〇年代末的一次氣候異常，帶來了破紀錄的降雨量，當時恰逢第一波殖民浪潮開始在高原地區定居之際。棕黃的地景變得綠草茵茵，使得陶醉於天命論的美國人自認為見證了神蹟。當時的知名科學家支持這種觀點，認可了「雨隨犁至」的荒謬理論。知名氣候學家賽勒斯・湯瑪斯（Cyrus Thomas）宣稱：「人口愈多，水分就愈多。」當時盛傳觸發雨水的是火車的煙霧、種樹和耕地，甚至是來自人類和牲畜產生的震動。政府官員將這種新氣象理論的假設融入土地資助的分

配決策中,他們假定一個家庭能在科羅拉多一百六十英畝的未灌溉草原上生存,就如同他們可以生活在伊利諾或印第安納肥沃的一百六十英畝草地上一樣。數以十萬計的自耕農乘坐鐵路來到杳無人煙之地,並將他們珍貴的資本投入曾在舊地圖上被標記為美洲大沙漠(Great American Desert)的土地上。[7]

　　著名探險家和地質學家約翰・鮑威爾(John Wesley Powell)出身紐約的洋基地區,他試圖透過提交一份厚重的報告書給國會以揭露真相。他向全國宣告,遠西地方的大部分地區不適宜農業,即便將所有溪流和河水都拿來灌溉,也只能讓百分之一到三的土地可以耕作。根據東部經驗制定的政府土地資助計畫顯得相當不周全,因為以東部的標準來說,一百六十英畝的灌溉農地對一個家庭來說過大,但以西部的標準來說,一百六十英畝的非灌溉地又過於狹小,後者只適合用來牧牛,而在這種情況下需要二千五百英畝才能成功。鮑威爾堅稱,「雨隨犁來」的理論是無稽之談。這個地區「可能很快就會再次面臨極度乾旱的狀態,」他警告,「這將導致當前發展中的大量農業受害。」他提出建立一系列以流域為基礎的聯邦灌溉地區和公共牧場,並推薦個體生產者在審慎的公共投資支持下,慎重逐步地移居至遠西地方。而顯然,鮑威爾的建議並未被採納。[8]

　　一八八六年冬天,美夢破滅了,遠西地方遭逢極地般的氣候,數星期的零下低溫奪走了高原上三分之一至四分之三的牛隻和許多自耕農的性命。接下來的一年降雨未能如期而至,而且這種乾旱狀況持續到了隔年。到了一八九〇年,大批獨立農戶逃離遭受嚴重乾旱的地區,導致堪薩斯和內布拉斯加的人口減少了近

一半。平原上大約一百萬農戶中，有六成的人放棄了。寒冷的冬天也結束那些在鐵路區外公共土地上過度放牧的牧牛人的生計，他們破壞了表土，隨後這些土壤被沖刷到密蘇里河的支流中，導致河水從清澈見底變成了深褐色。乾旱迫使牧牛人離開，但傷害已經無法復原。「自那些遙遠的時光以來，這些牧場再也無法養育本來可能養育的牛群數量，無法回到牧牛大戶濫用前的光景，」遠西地方的當地人伯納德・德沃托（Bernard DeVoto）在一九四七年寫道，「在整個人類文明所處的地質時代中，這些草地將永遠無法再養育足夠的牛群。」一九三〇年代上演的沙塵暴讓情況更為嚴峻，被稱為「黑色風暴事件」。正如德沃托後來所說，遠西地方「導致邊疆文化的崩塌，也徹底結束了所謂的美國夢。」9

　　在遠西地方，除了摩門教徒飛地外，唯一存活下來的群體都要跟大型外部企業或更大規模的聯邦基礎建設計畫合作。聯邦政府建造了水壩，修建了輸水道，並提供資金建設和維護廣泛的灌溉系統，這一切都是為了讓少數農民能在沙漠地帶耕種。礦業公司擴展到新的地區和州，往往把那裡當作自己的封建領地一般經營。鐵路公司由於缺乏競爭者，得以隨意定價收費，使得進出遠西地方的鐵路票價每英里比東部和左岸地方的票價貴上數倍。直到二十世紀，人們發現即使是乘坐同一班列車，從芝加哥經海倫娜運送貨物到西雅圖，竟然比直接從芝加哥運到海倫娜還要便宜。鐵路公司故意制定了一個計畫，使原物料運出遠西地方的運

輸成本低於成品，這是為了阻止製造業在該地區落地生根，並確保該地區繼續依賴左岸地方、洋基之國、中部地方和新尼德蘭的城市。10

　　遠西地方企業對政治和社會的全面控制達到了令人不安的地步。在十九世紀晚期至二十世紀初期，安納康達銅礦公司（Anaconda Copper）實際上主導了蒙大拿州，他們賄賂法官、地方官員和兩大政黨的政治人物，甚至透過「死人票」來操控州選舉。這家公司的政治代理人反過來推動了有利於安納康達及其高層的規範、法規和稅收政策。安納康達銅礦公司由殘酷無情的馬可斯・達利（Marcus Daly）創立，他是一名來自愛爾蘭的移民，也曾參與內華達銀礦繁榮時期。安納康達銅礦公司得到了舊金山的礦業大亨喬治・赫斯特（George Hearst）的支持，公司擁有礦山、精煉礦物的冶煉廠、為冶煉廠提供動力的煤礦場、供應礦廠所需木材的森林、為所有產業提供電力的發電設施、連接各場域的鐵路，甚至還擁有為其提供融資的銀行。達利在一九〇〇年去世時，他的公司雇用了蒙大拿州四分之三的有薪勞工。甚至在一九五九年，該公司還擁有該州六大日報中的五家，這些報紙壓下了對公司不利的新聞報導（比如公司因向二戰中的盟軍提供不良電線而遭罰款一事）。直到一九七〇年代，該公司在海倫娜的州議會大廈內都還設有「招待室」，招待的是與公司關係良好的立法者，提供女伴和酒水招待溫順的政治人物。安納康達以其吝嗇聞名，除了一個小型工人公園外，從未對其公司所在地標特（Butte）做出任何貢獻；這座公園後來連同城鎮的大部分地區一同被拆除，以建設一座巨大的安納康達露天礦場，該地區後來成

為聯邦的超級基金場址（Superfund sites）。①11

　　同一時間，未被轉讓給鐵路公司、沒有被礦業利益團體占領，也沒有作為印第安人保留地的遠西地方土地大多仍然屬於聯邦政府。直至今日，聯邦政府仍然擁有蒙大拿和科羅拉多大約三分之一的土地，猶他、懷俄明和愛達荷的半數土地，遠西地方奧勒岡的三分之二土地，以及內華達八成五的土地。遠西地方的居民對這些土地幾乎沒有控制權，聯邦政府常將土地交由已控制該地區其他部分的企業進行開發。木材業巨頭以幾乎零成本的方式伐清了國有森林。畜牧公司在公共土地上放牧，石油和天然氣公司在聯邦政府監管的印第安人保留地上探勘，而聯邦機構經常未要求它們支付規定的使用費。科羅拉多大學的莫里斯・格恩西（Morris Garnsey）在一九四五年總結了其他區域文化對遠西地方的態度，他寫道：「奪取原物料的控制權，以盡可能低廉的成本提取，並儘快運走。當地利益是次要考量，該地區成為工業帝國的殖民附庸。」12

✳

　　這些經歷造成了深遠的影響，到了二十世紀初，遠西地方的居民開始同時對企業和聯邦政府感到憤怒，視它們為共同的壓迫者。遠西地方的政要透過與深南地方的結盟，成功削弱了聯邦對

---

① 譯注：超級基金場址（Superfund sites）是美國需長期清理有害物質汙染的地點，由環保署根據優先名單管理，涉及廣泛的清潔及復原行動，並向汙染者索取清理費用。

該地區資源的管理。然而諷刺的是，這一舉措反而增強了企業對該區域文化的控制。

　　遠西地方長期不斷地爭取要掌控自己的經濟未來，儘管鐵路、銀行和礦業公司擁有重大影響力，遠西地方的政要仍然成功制定了州憲法，通過八小時工作日法律來保護勞動者，禁止私人武裝組織（這些組織常被用來鎮壓罷工），並禁止雇主在工作契約中免除事故責任（有些公司的契約甚至企圖免除重大疏忽而引起的事故責任）。直到二戰爆發前，遠西地方都是經濟民粹主義、工會主義，甚至是社會主義的溫床。遠西地方的居民選出了眾多進步派人士，諸如出身自麻州的蒙大拿州參議員伯頓・惠勒（Burton Wheeler），他支持工人對抗安納康達銅礦公司，以及愛達荷州參議員威廉・博拉（William Borah），他曾發起成立聯邦勞工部的法案。小羅斯福於一九三二年橫掃了遠西地方的選票，這場勝利得益於該地區對華爾街金融家的敵意，當地居民深信正是這批人引發了經濟大蕭條。但是到了一九六〇年代，文化革命在遠西地方居民與代表左翼勢力的洋基之國、新尼德蘭和左岸地方間造成了分歧。「自由主義正逐漸遠離過去廣受歡迎的經濟進步主義，該主義是在山區州支持下形成的，」共和黨策士凱文・菲利普在一九六〇年代末寫道，「如今他們轉向建制主義，這對於那些保持激進傳統的山區州來說缺乏吸引力（無論是自由派還是保守派，東北人的目標在此地人們眼中都十分可疑）。」[13]

　　財團再次回歸，主要是透過支持那些代表他們利益的政治候選人，同時抨擊遠西地方居民的另一個傳統敵人：聯邦政府。一旦牽扯到政府，大部分民眾早已有明確的訴求，他們要政府退

場，不要干預我們的生活，並且給我們更多錢。他們期望維護哥倫比亞河上游的水壩運作，卻不希望實施保護鮭魚的法規。他們希望聯邦政府繼續提供二十億美元的灌溉補貼，卻不樂見政府阻止這些補貼導致該地區古老的大型地下水資源被耗盡。遠西地方許多參議員和眾議員的大部分競選資金都來自該地區之外的利益集團，他們已成為在該地營運的外來工業公司最可靠的支持者。但他們透過自由放任的言辭來達成目的，鼓吹個人自由應免於政府暴政。「我們反對聯邦政府干預我們這個偉大國家人民的日常生活，」懷俄明州參議員約翰・巴拉索（John Barrasso）在二〇〇九年宣布成立參議院西部核心小組（Western Caucus of senators）時解釋，「政府不應該阻礙繁榮和自由……也不能透過花費數十億的納稅錢或制定嚴格的環保法規來立法讓經濟進步。」猶他州參議員歐林・哈契（Orrin Hatch）進一步指出：「參議院西部核心小組的一大目標，是要阻止華盛頓菁英及其極端環保主義盟友的反石油計畫。」他的猶他州同事羅伯特・班內特（Robert Bennett）補充道：「我們應該認清美國西部所代表的巨大財富，並以明智的方式去開發利用」，並提到這些能源資源「延伸到了加拿大」。參議員們並未提議透過提升公共土地上的伐木權利金或放牧費用至市場水準，來提高企業金主的開發成本，也未要求大型農企支付真正的成本補償納稅人，即用於營運水壩和水利項目的開支，就是這些設施讓他們得以在沙漠中種植棉花。[14]

　　事實上，正是因為遠西地方對聯邦權力的敵意，這才讓他們跟北美最專制的區域文化結成了同盟，否則這種結盟是不可能發生的。這對北美和全世界都產生了深遠的影響。

第二十三章

# 移民與身分認同

　　若確實在十七至十九世紀前四分之三的歷史進程中，存在著不同的北美區域文化，或許還是會有人好奇，這些文化如何能延續至現代。畢竟，美國不正是由移民組成的國家嗎？加拿大不也是這樣嗎？在十九世紀末到二十世紀初，我們不是接納了數千萬來自世界各地的人民嗎？不正是那些渴望自由且疲倦又貧困的群眾途經艾利斯島與天使島①，共同鑄造了今天多元而璀璨的美國嗎？無庸置疑，從一八三〇到一九二四年間那股強大的多元文化潮流已經淹沒各地的區域文化，如今這些文化只存留在一些老派貴族白人盎格魯－撒克遜新教徒②的幻想中，隱藏在最後的棲息

---

① 譯注：艾利斯島與天使島（Ellis and Angel Islands）是美國歷史上重要的移民站點。艾利斯島（1892-1954）是大量歐洲移民的入口，而天使島（1910-1940）則以嚴格審查亞洲移民著稱。兩島今口分別成為博物館與州立公園，反映美國移民史的豐富多樣性。
② 譯注：白人盎格魯－撒克遜新教徒（White Anglo-Saxon Protestants，簡稱WASPs）指的是美國歷史上具有英格蘭血統、新教信仰和財富背景的社會菁英群體。十九至二十世紀初，此群體在美國社會中占主導地位，但隨著文化多樣化的進展，其影響力逐漸減弱。

地：南特基島③、哈佛園④和骷髏會聚會⑤。真正的美國人（或加拿大人）認同感，難道不是透過在短短一生的時間跨度中融合數百萬愛爾蘭人、德意志人、義大利人、斯拉夫人、猶太人、希臘人和華人，而且透過兩次世界大戰凝聚國家意識而塑造出來的？

簡單來說，並不是。

這些浩大的移民潮豐富且鞏固了兩個北美聯邦，但並未取代原先已經存在的在地區域文化。這些地方文化仍舊屬於「主流文化」，而十九到二十世紀初期移民的後代若非融入這些文化，就是與之抗衡。移民群體可能在政治上主導某個城市或州（正如愛爾蘭人主導波士頓或義大利人主導紐約），但他們所控制的體系仍是該區域文化的產物。這些移民可能會保留並傳播他們自己的文化傳統，如食品、宗教、時尚和觀念，但他們也會發現這些會隨著時間演變以適應當地情況和風俗。這些移民可能面臨來自「本地人」的偏見與敵視，但這種反對的性質和表現會因本地人所屬的區域文化而異。移民並未改變整體的「美國文化」，而是

---

③ 譯注：南特基島（Nantucket）位於麻州沿岸外，是一個擁有豐富歷史、美麗景觀及富裕夏季社區的島嶼和旅遊勝地，也被視為盎格魯－撒克遜新教徒的桃花源。

④ 譯注：哈佛園（Harvard Yard）是哈佛大學中最古老的部分，象徵著學術和智識傳統的中心。在文中可視為白人盎格魯－撒克遜新教徒的象徵，代表著此菁英階層過去的影響力和衰落的趨勢。

⑤ 譯注：骷髏會（Skull and Bones）是耶魯大學的祕密菁英社團，創立於一八三二年。成員包括多位政治、商業及法律界重要人物。其聚會極為私密，通常在耶魯校園內的「墓穴」舉行，非成員禁止參加。由於其神祕性和成員的影響力，該社團常被與各種陰謀論連結。

改變了美國各個地區的在地文化。事實上，一八三〇至一九二四年間的移民浪潮在很多方面強化了這些區域文化間的差異。

　　我們首先來談談大移民潮的時代背景。一八三〇至一九二四年間，大約有三千六百萬人移民到美國。他們分三波抵達，前文已提及第一波移民，即一八三〇至一八六〇年間抵達的愛爾蘭人、德意志人和英國人，總計四百五十萬人。其中的天主教移民引發洋基人的焦慮，擔心這些人會因對教宗的絕對服從而威脅共和國；這波移民也激發新英格蘭「拯救西部」的使命，以洋基之道同化新來者。第二波移民於一八六〇至一八九〇年間抵達，人數為第一波的兩倍，他們大多來自第一波移民的國家，再加上斯堪地那維亞和中國。第三波是最大的一波，總計約一千八百萬新移民於一八九〇至一九二四年間抵達，主要來自南歐和東歐（尤其是義大利、希臘和波蘭），其中四分之三是天主教徒或猶太人；這一波也包括了許多中國人，部分北美本地人因而開始警覺，擔心新移民無法融入當地社會。一九二四年，美國國會設定了配額制，截斷了第三波移民潮，目的是為了保護聯邦免遭「低等種族」汙染，這包括義大利人、猶太人以及來自巴爾幹和東歐的移民。一直到一九五〇年代初期，移民政策持續限制移民人數，且明顯偏好北歐人。儘管移民規模龐大，新移民始終只占少數。在整個移民潮時期，外國出生的人口比例維持在美國總人口的大約一成，並在一九一四年達到百分之十四的高峰。累積下來的效應雖然重要，但並未造成過大的影響。即便將一七九〇至二〇〇〇年之間的所有移民，合計六千六百萬人及其後代加在一起，人口學家估算移民只大約構成了美國二十一世紀初人口的

一半。換句話說，若美國在一七九〇年封閉國界，到了二〇〇〇年，美國人口就不是二億五千萬，但依然有高達一億二千五百萬人口。一八二〇至一九二四年間的移民人口相當龐大，但從未真正造成威脅。[1]

　　另一值得注意的是，這些「大移民潮」並沒有平均分布於聯邦各地，而是聚集在少數幾個地區。在這整個時期中，大部分移民居住在新尼德蘭、中部地方和洋基之國，而其他大多數則居住在左岸地方。這些移民主要定居在幾個主要城市，特別是紐約、費城、波士頓、芝加哥和舊金山。實際上，幾乎沒有移民前往潮水地方、阿帕拉契、深南地方或北部地方。（遠西地方當時仍在墾殖過程中，只吸引了少數移民，但他們在該地區人口中占有重要比例，大約在一八七〇年占四分之一，一九一〇年接近五分之一。）單單是紐約市一八七〇年的外國出生居民就超過了潮水地方、阿帕拉契和深南地方的全部外國出生人口總和。學者指出，隨著財富和影響力的增長，移民傾向向郊區擴散，這導致「各族裔」的影響力集中在移民聚集的區域文化，而對那些少有移民定居的區域文化幾乎沒有影響。[2]

　　我們不難理解為什麼移民避開了三個南方區域文化。他們之中大多數人逃離家園，就是為了躲避根深柢固的貴族階級控制下的壓迫性封建制度；直至一八六六年，深南地方與潮水地方仍舊維持著類似封建的壓迫體制，由根深柢固的貴族階級控制，並在一八七七年重建時期結束後故態復萌。這兩個南方低地區域文化因工業薄弱且農業由大地主控制，對於剛抵達的移民幾乎毫無吸引力。大阿帕拉契地區依舊貧窮，城市和工作機會稀少。在這三

個南方的區域文化中，嚴守當地傳統習俗是被接納為「美國人」的要素，這點降低了對外國人的吸引力。

而在北部地方，凡是「非北方人」幾乎都可被稱為「美國人」。即使是講德語的天主教徒也被看作是「盎格魯人」。但北部地方因為缺乏主要的港口或大城市，對於大量移民來說過於偏遠，不適合定居。

相對而言，新尼德蘭和中部地方自創立以來就以多元文化為特色，人們認為不同語言、宗教和文化背景的人一同生活是常態。幾乎所有這些區域文化的主要城市都吸引了大批移民，並且出現「各族裔」成為多數人口的情況，包括紐約、特倫頓（Trenton）、費城、巴爾的摩、匹茲堡、辛辛那提和中部地方的邊界城市芝加哥及聖路易。紐約市在一八五〇年代的主要人口為愛爾蘭人，在一八七〇年代由愛爾蘭人掌管，一八八〇年吸引了全國四分之一的義大利移民，在一九一〇年則有百分之二十五的人口為猶太裔。斯拉夫人聚集在匹茲堡及其周圍，而芝加哥和費城出現各族裔的獨立社區。文化多樣性完全符合中部地方的世界觀。對這兩個區域文化來說，成為「美國人」與個人的族裔、宗教或語言無關，而更關乎一種精神或心態。當現今的專家談到美國一直以來都擁有多元文化、多族裔和多語言特性時，他們實際上指的是新尼德蘭和中部地方。在這些區域文化中，幾乎無法將移民群體描述為已同化，因為除了寬容的倫理觀、個人成就（特別是在新尼德蘭）以及可能使用英語外，根本不清楚還有什麼要同化的特質。美國的文化多元主義模型正是起源於這兩個區域文化的傳統。[3]

　　當大移民潮到來時，左岸地方和遠西地方尚處於發展初期，所以許多移民群體與本地居民有著同等的文化影響力。在這裡，一切都充滿新意，各個文化群體在競爭中共同塑造著社會面貌。然而，也有其侷限性，在左岸地方，洋基的菁英階層努力同化來自北美其他區域文化與海外的移民。但在遠西地方，控制經濟的銀行和財團會不惜使用暴力對付損及他們利益的人。在這兩個區域文化中，黑人、亞裔和拉美裔都面臨了明顯的敵意，而華人和日本人則被視作低等人，遭受跟奴隸一般的對待。甚至一直到一九〇七年，日本孩童仍被禁止進入加州學校的教室，理由是他們缺乏接受更高教育的天賦。[4] 然而，其他大多數移民群體得以把握機會參與這些西部區域文化塑造價值觀和權力架構的過程，且許多人在當中發揮了關鍵作用。在左岸地方及遠西地方，成為「美國人」從未關乎是否為新教徒或是否有英格蘭血統，這裡強調的是實現個人成就和追求「美國夢」。專家會天花亂墜地把「成為美國人」說成是擁抱「自由市場」理念及發揮個人潛力，他們的描述在這兩個區域文化時確實也站得住腳。

　　洋基之國的情況則更顯複雜。在一八三〇年之前，這個地區極為單一，且以其不容異己的名聲著稱。殖民時期的洋基之國大多排斥移民，但到了十九世紀中期，其快速發展的工業中心和中西部邊界的森林、農田及礦場吸引了眾多外國人，其中許多人既無英格蘭血統也非新教徒。前文已論及洋基人極力遏止來自天主教移民、蓄奴南方人和德裔釀酒人的「危險影響」，而且他們不只守護自己的疆域，甚至包含太平洋沿岸。然而，隨著十九世紀末的大移民潮湧向美國，洋基人加倍努力塑造新移民，以確保這

群人符合所謂的「美國標準」，不過這實則是新英格蘭的標準。

　　這場改革運動重點在於對移民及其子女的教育。在新英格蘭及其殖民地，學校始終被視為同化的機構。直至二十世紀，絕大多數人都是農民、勞動者或工廠工人，他們的「就業機會」並不會因為懂得閱讀、寫作和算數而提高。相反地，教育孩子的目的是使他們適應洋基之道，並建立社區連結，這被認為是防止貴族階級形成的關鍵，以此避免共和國瓦解。大移民潮只讓洋基人更加焦慮。「任由固定階級形成，對民主來說是相當致命的，」著名教育哲學家（同時也是佛蒙特人）約翰・杜威（John Dewey）在一九一五年指出，「以機會均等為理想的民主體制，其所需教育是從一開始就為所有人統一學習與社會實踐、觀念、工作及對所做之事的意義。」洋基人長期主張，每個人都應該在共同的學校接受相同課程的教育，以確保社會和文化的連續性。從十九世紀中期開始，新英格蘭地區的政府要求各城鎮持續提供免費教育，到了世紀末，許多由洋基人控制的州份已強制要求學校出席率。（相較之下深南地方缺乏有效的公共教育系統，且積極阻撓不同階級和種姓的融合。）[5]

　　移民帶來了額外的挑戰。公認為「美國公共教育之父」的洋基改革家霍拉斯・曼恩（Horace Mann）於一八四五年對其教育界同僚說：「在舊世界專制統治下出生並受迫的外國人，不能單靠橫渡大西洋或宣誓歸化就真正變成美國公民。」他主張，學校應該培養孩子「自我管理、自我控制」，以及「自願遵循理性和責任的法則」，以防止他們「保留過去被訓練出的服從態度」，或陷入「無政府和無法紀的罪惡中」。到了一九一四年，這項使

命將成年移民納入其中，為他們提供英語、數學、美國史和「衛生與良好行為」等免費夜校課程。在麻薩諸塞和康乃狄克，各城鎮必須實行這些計畫，而且所有十六至二十一歲不識字的人都必須強制參加。這些計畫也在新尼德蘭和中部地方落實（通常是透過移居的洋基人引入），但大多是以自願參與為原則。在深南地方、阿帕拉契和遠西地方，這些計畫幾乎沒有得到官方支持，這些地區的多數州憲法實際上禁止立法者將稅金用於成人教育。[6]

美國作為「大熔爐」將移民轉變為「盎格魯新教美國人」的概念，實際上是指洋基手段，亦即起源自幾乎全數具有英格蘭血統的民族、著重立約和建立烏托邦的風俗民情。這種同化學派最重要的推廣機構大概就是亨利・福特英語學校（Henry Ford English School），於一九一四年在洋基中西部核心地帶創立。在該校，福特的移民工人不只學習英語，還學習歷史和洋基的價值觀，包括勤儉、清潔和守時。在畢業典禮上，學生身著各自家鄉的服飾，在一艘模擬船的甲板上巡遊，然後走進一個標記著「大熔爐」的巨鍋中，老師接著用大湯勺攪動；幾分鐘後，畢業生穿著「美式」西裝和領帶，揮舞著美國國旗步出大鍋。同時，哈佛、耶魯等洋基學府的歷史學家正在構築一個神話般的「國家」歷史供學生慶祝，這段歷史強調了（此前被忽略的）天路客之旅、波士頓茶黨和洋基人物的核心地位，如民兵保羅・里維爾（Paul Revere）和「蘋果種子」強尼等。[6]（清教徒被重新定義

---

[6] 譯注：「蘋果種子」強尼（Johnny Appleseed）本名約翰・查普曼（John Chapman），他因為在十八世紀末至十九世紀初於美國邊疆地區廣泛種植蘋果樹而聞名，被視為美國民間傳奇人物。

為宗教自由的鬥士，若他們知情必定感到驚訝。同時，詹姆士鎮、新阿姆斯特丹和緬因早期的聖公會聚落則被忽略。）對洋基人來說，移民應當受主流文化同化，即跟隨「新教徒」（喀爾文教徒）的工作倫理、自制、投入公共利益，以及反對貴族制度。文化多元主義、個人主義或接受盎格魯－英國式的階級制度完全不在洋基觀念中。[7]

　　二十一世紀初，新一波的移民浪潮開啟了熱烈討論，特別是關於成為「美國人」意味著什麼，以及應用何種標準對待渴望成為美國人的人。已故哈佛政治學家塞繆爾‧杭亭頓（Samuel Huntington）等保守派人士認為，目前僅靠兩大要素維繫著搖搖欲墜的美國：「盎格魯－新教」主流文化持續保持的「中心地位」，強調的是英語和「新教工作倫理」；以及具有二百年歷史的「美國信念」共同意識形態，強調的是維護平等、個人主義、自由、個人發達致富及代議制政府。杭亭頓的支持者擔憂這些重要的整合因素正被他們的對手削弱，即那些魯莽支持多元文化和族裔多元主義的人。另一方面，多元文化主義者主張美國真正的優勢在於創造了一個環境讓不同文化、宗教、種族和語言的群體能夠和諧共處，各自保持自己的價值觀和身分。兩派觀點都基於歷史來界定美國的身分認同，並指出對方歷史觀點的不足之處，以守護自己的立場。[8]

　　事實上，雙方所援引的特徵只屬於北美特定幾個區域民族文化，而非整個「美國」。喀爾文主義的工作倫理無疑一直是洋基

認同的核心，而深南地方或潮水地方卻對此深惡痛絕，對他們而言，悠閒的「生活節奏」才是美德。（沒有任何深南地方的貴族擔心自己會因為無所事事而上不了天堂，但這個觀念卻縈繞在大多數洋基菁英心中。）「英格蘭特質」，包括語言及其他所有元素，完全不存在於中部地方和新尼德蘭的核心身分認同之中，畢竟在那裡多元文化才是常態；至於在北部地方，「盎格魯－新教」文化起源的理論更顯得相當可笑。極端個人主義是阿帕拉契和遠西地方認同的核心，但在新英格蘭和新法蘭西這些社群主義地區一直不受歡迎。杭亭頓所理解的「自由」絕不屬於深南地方或潮水地方眼中的美國認同，蓄奴菁英所倡導的代議制政府也僅限於他們自己作為代表。洋基人在歷史上從未真正擁抱多元文化，而是不斷排斥外來者，或是試圖將他們（以及美國其他地區）同化至新英格蘭的標準。尋找「美國認同」的特徵是徒勞的，因為每個區域文化對於美國人身分認同都有其獨特理解。

　　杭亭頓的門徒未能認知到這點，因此對當前「第四波移民」深感焦慮，因為他們認為其中人數最多的墨裔移民帶有異常的特質。一九七〇年，美國有大約七十六萬出生於墨西哥的人口，約莫相當於墨國總人口的百分之一點四。到了二〇〇八年，這個數字飆升至一千二百七十萬，約占全球墨裔人口的百分之十一。二〇〇八年，他們占美國非本地出生人口的百分之三十二，與一八五〇至一八七五年期間的愛爾蘭人比例相同。絕大多數墨西哥

移民居住在北部地方，他們在此構成了壓倒性的多數，並且無意被盎格魯－新教的標準「同化」。杭亭頓和居住在北部地方以外的人對此十分擔憂，他們擔心一種文化上的「收復失地運動」（reconquista）⑦正在上演。就某方面來說他們是對的：墨西哥人已奪回北部地方在美國境內的地區，而大量來自墨西哥南部的移民正在融入北部地方文化。但我認為這並不是對該地區「主流文化」的威脅，反而是回歸其文化起源。9

　　然而，墨西哥絕不可能吞併北部地方。比較可能的情況是，目前邊境兩側的北方人選擇脫離兩國，建立自己的共和國。畢竟北部地方在墨國境內的區域擁有相當於墨國南部三倍的經濟實力，卻被迫輸出稅金。如哈佛學者胡安‧恩里克斯（Juan Enriquez）所言，這一地區與首都墨西哥城的聯繫極為薄弱，後者並未為其提供技術、基本服務、安全或市場。如果位於墨西哥的北部地方區域，即下加利福尼亞、新萊昂、哥瓦維拉、奇瓦瓦、索諾拉和塔毛利帕斯能自己選擇，恩里克斯認為他們可能更願意與美國建立類似歐盟式的關係，而非留在墨西哥；與墨國境內其他地方相比，他們與位於美國境內的北部地方區域有更多共同之處。「（美國）西南部的奇卡諾人和墨西哥的北方人正在重新融合為一個民族。」新墨西哥大學奇卡諾研究教授查爾斯‧特魯希略（Charles Truxillo）在二〇〇〇年向美聯社表示，並認為

---

⑦ 譯注：原指西班牙和葡萄牙基督教王國從穆斯林手中奪回伊比利半島的歷史事件。在當代美國，此詞常用於討論墨裔或西裔人口對美國西南部的文化和政治影響力。

他們必然會創立一個獨立國家。他建議的國名是「北部共和國」
（República del Norte）。[10]

第二十四章

# 諸神和使命

　　在南北戰爭之後的數十年裡，移民現象強化了不同區域文化間的差異，而這些價值觀差異則劃分出兩個敵對陣營，彼此間則由緩衝州隔開。一場文化冷戰就此誕生，一邊是憤怒、受辱且追求救贖的狄克西聯盟，另一邊則是意氣風發、致力於社會改革的聯盟，由洋基之國、新尼德蘭和左岸地方組成。這場文化戰爭在阿波馬托克斯①之後持續醞釀了將近一個世紀，直到一九六〇年代才爆發正面衝突。本章追溯了這兩大陣營在重建時期的形成經過，及其不同的世界觀和宇宙觀，這些因素從重建時期起就讓它們持續處於對立之中。

　　這場衝突的起源可以追溯到南方邦聯戰敗後，那時深南地方、潮水地方以及大多數的大阿帕拉契地區被洋基主導的軍隊占

---

① 譯注：阿波馬托克斯（Appomattox）為一八六五年南北戰爭結束時，南軍向北軍投降的地點，象徵美國長期文化衝突的開始。

領。戰爭奪走五十多萬條人命,引發了各地長期的怨恨,而占領行動則使得深南地方和潮水地方的情緒更加惡化。因此這些區域文化形成了一個強大的狄克西聯盟,最終涵蓋整個大阿帕拉契,並在千禧年之際主導了北美的政局。

南北戰爭結束後,中部地方、新尼德蘭和洋基之國控制了南方邦聯的大部分地區,試圖按照洋基的模式重塑這些地區。占領軍設置了軍事區,指派了州長,並部署軍隊執行他們的決策。由聯邦支持的州長在當地人眼中被看作是傀儡,唯一例外是田納西州的威廉·布朗洛(William Brownlow),這位聯邦支持者是來自諾克斯的邊境居民。[1]占領軍禁止著名的南方邦聯成員擔任公職和行使投票權,允許外來商業利益掌控區域經濟的命脈,並修改法律以反映他們的價值觀。北方軍隊有信心,一旦該地區嗜血的領導人被推翻,當地人民將迅速接受他們的制度、價值觀和政治體制。他們建立了種族融合的新英格蘭風格學校體系,引入洋基教師來管理,並徵收地方稅來支付這些費用。他們「解放」了該地區的一群黑人奴隸,但未能為他們提供有利於生存的安全條件或經濟環境。他們預想支持聯邦主義的阿帕拉契地區會支持他們將占領區按照洋基形象重塑的作為。但儘管得到了軍隊的支持,控制了大部分政府部門、教育和經濟領域,以及執行了大型民間宣傳計畫,占領依然未能達成大部分目標,還反而使三個南方區域文化以前所未有的方式團結起來對抗他們。

學術界早已認知到「南方」其實是在南北戰爭之後才真正形成統一的實體。狄克西聯盟因為抵抗洋基主導的重建運動而凝聚在一起,最終還納入了在戰爭中反抗南方邦聯的阿帕拉契人。

在當地制度和種族階級體系遭到攻擊時，深南地方和潮水地方的人們組織了抵抗運動，仰賴的是他們唯一還能控制的公民機構——教會。福音派教會主導了這三個南方區域文化，成為那些想要保護該地區戰前社會體系的人的絕佳工具。不同於洋基之國主要的宗派，南方浸信會和其他南方福音派正逐漸成為宗教學者口中的「私人新教徒」（Private Protestants），這與主導北方區域文化的「公共新教徒」（Public Protestants）截然不同，我們稍後會針對後者進一步探討。所謂的私人新教徒（包括南方浸信會、南方衛理公會和南方聖公會），相信世界本質上是腐敗和罪惡的，尤其是在南北戰爭的衝擊之後。他們重視的不是社會福音，即改變世界以準備基督再臨，而是個人救贖，致力於在升天前將個人靈魂帶入正確思考的救生艇。私人新教徒無意改變社會，而是強調維護秩序和服從的重要性。在南方區域文化中，奴隸制、貴族統治以及大多數普通人的貧窮生活不被視為須對抗的邪惡，而是展現出一種神聖制度層級，必須好好維護，甚至不惜任何代價對抗洋基的異端人士。一位南方衛理公會的牧師聲稱，洋基反對奴隸制的行為表現出「對上帝和人類律法的不忠」，被形容為「狂熱的瘋子、瘋狂的無政府主義者、違法者，以及邪惡地干涉他人事務者。」由於聖經中的章節含蓄地支持奴隸制，因此廢奴主義者被指責為「比上帝還要仁慈」（more humane than God）。阿拉巴馬的聖公會主教理查·威爾默（Richard Wilmer）宣布，他的教會支持南方邦聯是正確的選擇，以達到「維護上帝之言和傳授普世傳統的至高地位」。堅決反抗聯邦占領南方的抵抗者自稱為「救贖者」，一八七七年聯邦占領的結束也被標榜為「救

贖」，這並不是偶然。[2]

南方的神職人員在前南方邦聯地區培養了一種新的公民宗教，學者稱之為「敗局命定說」（Lost Cause，又譯為「失敗的事業」）神話。循其教義，深南地方、潮水地方以及後來連阿帕拉契的白人都開始相信，上帝之所以允許南方邦聯陷入血戰、城市遭到摧毀，並被敵人統治，是為了考驗並淨化祂所青睞的人民。納什維爾（Nashville）長老會牧師兼隨軍牧師詹姆斯·麥克尼利（James H. McNeilly）指出，上帝的選民在戰場上的失敗，「並不意味著異教徒是對的，也不代表以色列人支持的是不義的目標。」麥克尼利還說，南方邦聯士兵可能「像在慶典中倒酒一樣流血」，但這並非徒勞，因為「正邪問題不是透過武力在上帝面前得到解決的。」深南地方的神學家會主張，正義之士反而將「透過堅守原則」來擊敗聯邦政府，而在神學家眼中，聯邦政府可被比擬為《啟示錄》中「七頭十角的野獸」。所謂正義正巧是盡可能地推廣深南地方的民風，堅持古羅馬奴隸制共和國的理念，為菁英階層提倡民主，而對其他人則要求服從。[3]

雖然「敗局命定說」在這個時期培養了強大的狄克西聯盟，但其中三個區域文化所追求的目標明顯不同。在深南地方和潮水地方，農園菁英通常有效控制著他們過往的奴隸勞動力，因此只要奴隸乖乖按照指示投票，農園主並不反對他們有投票權。但若「白人賦權」意味著讓當地的貧窮白人階級獲得權力，那麼就不是大農園主樂見的了。他們的目標是維持階級和種姓制度，因此必須確保任何洋基或中部地方關於「公共利益」或更平等社會的觀念，都不會傳達到黑人和白人下層階級之中。

　　然而如此嚴格的階級體系過去未曾出現於阿帕拉契地區，且自由黑人起初擁有更多的活動空間。諷刺的是，這種彈性社會結構在邊境地區引發了一場極為駭人的逆襲。戰爭和經濟動盪加劇了阿帕拉契的貧窮，許多白人邊境居民發現自己與新近獲得自由的黑人直接競爭，而且這些黑人普遍比低地區的黑人更加恭順。在這樣的氛圍下，出現了一個私警組成的祕密殺人組織，名為三K黨（Ku Klux Klan）。最初的三K黨出現於重建時期，在田納西州普拉斯基（Pulaski）成立，這個戰士組織致力於摧毀阿帕拉契的敵人，這點幾乎完全反映出阿帕拉契地區的特色。三K黨成員會虐待並殺害「目中無人」的黑人，恐嚇或謀殺洋基學校教師，燒毀學校，並襲擊牽涉到占領南方的法官和其他官員。後來的發展透露出這個黨的本質：三K黨在一八六九年應其最高領袖「大巫師」（Grand Wizard）的命令解散，因為狄克西聯盟的白人菁英開始擔心三K黨會鼓動下層白人自主思考和行動。[4]

　　這三個區域文化普遍成功抵抗了重建行動。雖然不可能恢復正式的奴隸制，但種族階級制度恢復了，並且透過法律和實際作為有效地阻止了黑人投票、參選或主張他們也具有人性。在深南地方和潮水地方，單一政黨統治成為常態，用來抵抗變革、社會改革或廣泛的公民政治參與。種姓制度變得屹立不搖，以至於當芝加哥大學的社會學家在一九三○年代進行研究時，市民竟公開吹噓曾參與針對黑人的折磨和謀殺，因為這些黑人未能對白人表現出「適當的尊重」。（「當一個黑人有了想法，」密西西比州的一名政府官員告訴研究人員，「最好的做法是盡快讓他消失。」）在阿帕拉契地區，蘇格蘭－愛爾蘭裔歷史學家兼聯邦參議員吉

姆・韋伯（Jim Webb）指出：「新穎或不同的觀點被由上而下壓制，有時還出現暴力手段，最終不僅降低了黑人的地位，也影響了許多白人。」當地教育程度下降，與聯邦其他地區的經濟隔閡加深。當美國其他地區在十九世紀末期擴張和發展時，阿帕拉契卻走向了衰退，其居民的生活狀態與他們殖民時代的移民祖先其實相差無幾。[5]

狄克西聯盟透過個人救贖和捍衛傳統社會價值凝聚起來，同一時間，北方形成的聯盟則圍繞著截然不同的宗教價值。它是由洋基之國的神職人員和知識菁英主導，但在中部地方、左岸地方和新尼德蘭都找到了現成的受眾。

從清教徒時期開始，洋基地區的宗教精神便集中於社會的救贖，而不是個人的救贖。實際上，清教徒認為每個人的靈魂狀態已經預定了，唯一需要做的就是實踐上帝的意志，努力使世界變得更加完美且更少罪惡。正如我們所見，這促使洋基人投身於各種烏托邦式的使命，從在麻薩諸塞建立「山上之城」，到根據《摩爾門經》（*The Book of Mormon*）在猶他建立模範社會，再到透過將其他北美地區融入啟蒙後的洋基文化來「拯救」他們。洋基人是公共新教主義的極端示範，這是種強調集體救贖和社會福音的宗教傳統。十九世紀末到二十世紀初的南方浸信會及其他注重個人救贖的教派將酗酒視為個人品格的失敗，但洋基的公理會、北方衛理公會、一位論教派和聖公會教徒則不這麼認為，他

們將酗酒視為需要立法解決的社會病症。雖然救世軍②專注於拯救貧窮者的靈魂，但社會福音③的支持者則努力推動勞動保護、最低工資和旨在直接減少貧困的其他集體手段。私人新教徒強調個人對自己命運負責，公共新教徒則努力透過政府力量來改善社會和提高生活水準，這些矛盾的世界觀使得這兩大陣營出現政治對立。[6]

　　戰後重建僅僅是北方聯盟首場大規模社會工程。當洋基教師對他們在深南地方和潮水地方教育和提升前奴隸的緩慢進展感到失望時，許多人轉而關注阿帕拉契地區的白人，這些白人被視為與「新英格蘭荒涼海岸的祖先」非常相似。一八八〇年代及九〇年代，邊境居民開始進入北方大眾的視野。當時出現了一系列文章，將他們描繪成困於十八世紀時間漩渦的民族，沉迷於內鬥、巫術和其他迷信之中。有研究錯誤地聲稱阿帕拉契人講的是伊莉莎白時代的英語，並且「沒有受到奴隸制的汙染」。肯塔基州伯里亞學院（Berea College）的洋基校長兼公理會牧師威廉·佛羅斯特（William Goodell Frost）致力於將現代文明的「救贖元素」帶到阿帕拉契，要把阿帕拉契轉變為「南方的新英格蘭」。一九三〇年代期間，該地區出現了數百所由洋基人經營的解放黑人學校。到了二戰前夕，這項行動已經失去了動力，並被迫退出了某

---

② 譯注：救世軍（Salvationists）是一個基督教派別，注重慈善與社會服務，致力於為貧困和弱勢族群提供靈魂救贖和物資救濟，包括食物、庇護所和災難救援等。

③ 譯注：社會福音（Social Gospel）運動主張將基督教倫理應用於解決社會問題，如經濟不平等和貧困。

些南方山區，但該地區依舊還是一貧如洗。[7]

　　當時，北方聯盟的改革者已經轉移注意力。禁酒令幾乎完全是由洋基人和中部地方人推動，緬因州是第一個禁止製造和銷售酒類的州（從一八五一到五六年），而有影響力的美國基督教婦女禁酒聯盟（Women's Christian Temperance Union）則是成立在洋基人定居的伊利諾州艾凡斯頓，由早期女性主義者法蘭西絲・維拉德（Frances Willard）領導，她是來自紐約州北部的公理會學校教師之女。反酒吧聯盟（Anti-Saloon League）是推動實現禁酒憲法修正案的遊說團體，於一八九三年由一位公理會牧師創立於俄亥俄州西部保留地；其最有影響力的領導者威廉・惠勒（William Wheeler）是西部保留地本地人，在歐柏林學院接受教育，來自麻州的清教徒家庭。深南地方後來接受了禁酒（密西西比州直到一九六六年才將飲酒合法化），但這場禁酒運動最初是由洋基人所發起和帶領。[8]

　　洋基人和新尼德蘭人同時也領導了世紀之交的一系列運動，旨在保障兒童福利。這兩個群體促成以下成就：嬰兒死亡率下降（透過在紐約州羅切斯特、麻州和紐約市開發的一個系統，以補貼方式向母親提供乾淨的牛奶）、興建與擴張都市地區的兒童遊樂場（麻州要求其四十二個最大城鎮的居民投票決定是否支付這些費用，其中四十一個城鎮贊成）、首次幫助流浪孤兒的行動（由耶魯畢業的康乃狄克州公理會成員查爾斯・布雷斯〔Charles Loring Brace〕創立的紐約市兒童援助協會發起）、第一部規範兒童勞動和領養的法律（均在麻州實施），以及第一批致力於預防兒童虐待的組織（麻州和紐約市兒童虐待防治協會）。致力於終

結兒童勞動的主要組織是國家兒童勞動委員會，由新尼德蘭和阿肯色州阿帕拉契地區的運動組織組成，致力於確保州法律禁止兒童勞動；這項倡議在北方聯盟相當成功，但在南方區域文化遭到抵制，最終這些地區在聯邦政府強迫下才推行改革。[9]

推動爭取婦女選舉權的改革者來自洋基之國以及最重視良知自由的兩個區域文化：新尼德蘭和中部地方。女權運動人士的歷史性首次會議於一八四八年在紐約州洋基地區的塞內卡瀑布鎮（Seneca Falls）舉行。兩年後，首次全國婦女權利大會在麻州伍斯特（Worcester）舉行，得到了許多洋基男性著名人士的支持，包括報社記者霍拉斯・曼恩、廢奴主義者威廉・加里森、作家溫德爾・菲利普（Wendell Phillips）和一位論教派哲學家威廉・查寧（William Henry Channing）；接下來的十次大會都在上述三個區域文化舉行，這並非巧合。一九一九年美國憲法第十九條修正案終於通過時，代表這些區域文化和左岸地方的州立法者迅速批准，而狄克西聯盟的州則並沒有。帶領這場長期鬥爭的女性也來自這三個東北部區域文化，包括蘇珊・安東尼（Susan B. Anthony），她是麻州貴格會成員的女兒；露西・史東（Lucy Stone），她出生於麻州，在歐柏林學院接受教育；伊莉莎白・史坦頓（Elizabeth Cady Stanton），她來自早期荷蘭移民家族，在洋基地區的紐約上州出生、成長及受教育；凱莉・凱特（Carrie Chapman Catt），出生於洋基的威斯康辛州里潘（Ripon），於中部地方愛荷華州阿美斯（Ames）受教育。[10]

在狄克西聯盟努力維持現狀或恢復過往體制的同時，洋基之國（特別是新尼德蘭）和左岸地方愈來愈能夠接受不尋常的社會

實驗和反主流文化運動。很適切地，新尼德蘭的老村莊格羅恩韋克（Groenwijck）成為聯邦首個且最重要的波希米亞區，其曲折的鄉村道路後來在紐約擴張時被納入並更名為「格林威治村」（Greenwich Village）。從一九一○到六○年左右，這個飛地吸引了各類文化革命者，包括無政府主義哲學家、自由韻律詩人、立體派畫家、女權主義者、同性戀者、佛洛伊德學派思想家、嗜酒作家、自由戀愛的編劇家，以及風格特異的音樂家。他們的貧窮和古怪行徑震驚了中產階級，使來自中部地方和深南地方的家長感到困惑，並如歷史學家羅斯・韋茲提恩（Ross Wetzsteon）所言，這裡創造了「對超驗理念服務……無憂無慮且不負責任的邪教。」新尼德蘭宛如一個寬容的繭，這個約一平方英里大小的地區湧現了許多狄克西聯盟的宗教保守派日後所反對的事物，諸如同性戀平權運動、現代藝術、垮掉的一代及其後繼者嬉皮、左翼知識分子和反戰運動。如同十七世紀的阿姆斯特丹，新尼德蘭為異教徒和自由思想人士提供了庇護，讓他們可以逃離更為強硬的區域文化，新尼德蘭也因此鞏固自己身為北美文化首都的地位。波希米亞文化在一九五○年代開始前往左岸地方，但最初他們是在荷蘭人建立的村莊發跡。[11]

在這三個東北部區域文化中，改善世界的渴望常常凌駕於宗教信仰本身，特別是當教會阻撓進步時。諷刺的是，清教徒透過善行淨化世界的使命最終反而埋下了自我毀滅的種子：在過去的二百五十年中，許多新英格蘭神職人員的後代開始認為如果是透過主流教會壓制異議分子，世界就無法達到純潔，因為以強硬手段傳播的信仰會失去意義。很多洋基菁英轉向了一位論教派，這

是新英格蘭教會的分支，主張科學探究和追求社會正義。在一位
論教派的校長查爾斯・埃略特（Charles Eliot）領導下，哈佛大
學在一八七〇年代達到世俗化，與此同時，由洋基人經營的美
國世俗聯盟（American Secular Union）極力禁止公立學校教導宗
教。中部地方和新尼德蘭人的社會是建立在宗教和文化多元主義
之上，他們傾向於支持這些作為，因為他們知道如果政教合一，
異議者將面臨歧視。這些地區的主要公共新教教派採用了比喻而
非字面的聖經詮釋方式，並接受了關於地球的年代與形成以及生
命演化的科學發現。不過在二十世紀初，這些區域文化中依然有
受過教育的人認為教會應該完全消失，以便為科學理性的勝利鋪
路。這一立場最終在世紀末占據了上風——不過是在北歐，而非
北美。在美國聯邦內，強硬的世俗主義者注定要敗給力量強大、
影響深遠且持久的私人新教反擊。12

✳

　　在十九世紀末和二十世紀初出現了反對聲浪，開始抵制現代
主義、自由神學和一些令人不快的科學發現，這些現象遍布整個
北美，但只有在狄克西聯盟中，這種反對現象成為主流文化立
場，得到了政府的支持並受到國家權力的保護免受批評。在緊接
而至的文化戰爭中，這三個南方區域文化一直是聖經無誤論的堡
壘，推動消除教會和國家間的隔閡，向兒童傳授宗教而非科學中
的宇宙起源和本質，維持對同性戀、公民權利和異族戀的法律、
政治和社會限制，以及阻止社會世俗化。

　　基督教基本教義派之所以在北美興起，是為了回應北方區

域文化日益盛行的自由神學觀念。該教的名稱來自《基本原理》（*The Fundamentals*），這是一套由阿帕拉契地區的浸信會牧師A・C・迪克森（A. C. Dixon）編輯的十二卷著作，內容攻擊了自由神學、進化論、無神論、社會主義、摩門教徒、天主教徒、基督教科學會和耶和華見證人。基本教義派的早期組織成員聚集到世界基督教基本原理協會（World Christian Fundamentals Association），該協會由另一位浸信會牧師威廉・賴利（William Bell Riley）創立，他出生於印第安納州的阿帕拉契地區，成長於肯塔基州的布恩郡（Boone County），並在明尼蘇達州教會擔任牧師期間接觸到了洋基的異端觀念。蘇格蘭－愛爾蘭裔總統候選人威廉・布萊恩（William Jennings Bryan）來自極具阿帕拉契特色的伊利諾州埃及區，在他的啟發下，擁有基本教義派思想的私人新教徒開始反對科學及其造成人心腐化的進化論。[13]

　　一九二〇年代，反進化論運動人士影響了整個聯邦，但他們只在阿帕拉契和深南地方取得了真正的成功。佛羅里達、田納西、密西西比和阿肯色的立法者立法通過禁止學校教導進化論。北卡羅來納州長下令移除所有「以任何方式暗示人類起源與聖經中記載不同」的教科書。在路易斯安那和德克薩斯（由深南地方和邊境居民控制的州），政府刪除了所有提到進化論的教科書內容。許多阿帕拉契和深南地方的大學教授因批評這些政策而遭開除，其他許多人則因擔心遭受迫害而拒絕公開表態。報紙支持攻擊科學的立場。「州立大學的教授或許相信他們的祖先是猿猴和狒狒，」肯塔基州布雷西特郡（Breathitt）的《傑克遜新聞》（*Jackson News*）評論道，「但大眾必須知道，布雷西特的良

民擁有純粹的盎格魯－撒克遜血統。」「州長，別讓密西西比人民失望，」傑克遜市的《克拉里恩紀事報》（*Clarion-Ledger*）在州長考慮否決一項反進化論法案時懇求道，「不要做出可能會動搖年輕人對聖經第一卷《創世記》信仰的事。」政治候選人競選活動的一大重心往往是壓迫進化論，同一時間，重新崛起的三K黨強烈反對達爾文理論，因為該理論牴觸了聖經中關於上帝將黑人創造為卑躬屈膝的低等生物的論述。南方浸信會大規模地加入了這場運動。這一運動在一九二五年惡名昭彰的「猴子審判」（Scopes Trial）中達到了高峰，當時一名高中生物老師因在課堂上教授進化論而被田納西政府起訴。最終田納西州最高法院判老師有罪，但全國重要媒體的關注也削弱了基本教義派的信譽。[14]

　　此後在洋基之國、新尼德蘭和中部地方，占據多數的公共新教派認為那些提倡「地獄永恆煎熬」的群體已經一敗塗地，他們的非理性信仰被視為迷信，他們的專制手段被認為違背了美國價值觀。然而，在一九三〇年代和四〇年代，基本教義派致力於組織自己，成立了聖經研究團體、基督教學院和福音廣播電台網絡。在北美的意見領袖毫無知覺的情況下，基本教義派的人數在一九五〇年代增加，同時主流新教教堂的人數卻在下滑。世俗主義同樣衰退，其支持者奮鬥的目的僅僅是為了確保國家遠離宗教的影響，而非人民。戰後美國在其繁榮與富足的外表下，正悄然醞釀一場全面的文化戰爭。到了一九六〇年代，這場戰爭終將引爆。[15]

第二十五章

# 文化衝突

　　經過近一世紀的醞釀，北美文化冷戰終於在一九五〇、六〇年代爆發正面衝突。

　　這個時期的各聯盟都爆發了內訌：在狄克西聯盟，非裔美國人起身反抗種族隔離和階級制度；北方聯盟的四個區域文化則經歷了年輕人帶領的文化起義。這兩起動盪事件均源於各聯盟內部不滿分子的在地行動，但不久後引來了外部地區的介入。首次起義為民權運動，其中北方各區域文化的支援極為關鍵，他們動用聯邦力量和軍隊，迫使潮水地方、大阿帕拉契及尤其是深南地方的白人廢除他們所珍視的種族階級制度。第二次起義為六〇年代的文化革命，這場北方聯盟的文化變遷發起自左岸地方、新尼德蘭及洋基之國的年輕革命者，他們的理念與深南地方和潮水地方的立場截然相反，而狄克西聯盟的政治領袖介入了這場文化運動。狄克西聯盟受到內部革命的削弱，領導人短期內無法遏制青年運動，但他們自此開始努力推翻許多起義所取得的成果。這兩次起義引發了南北聯盟間的仇恨，加劇了各區域文化間的分歧，因此二十一世紀初美國難以達成共識，也無法覓得彼此可接受的

解決方案。

✳

　　民權運動獲得了「第二次重建」的稱號，因為它對南方文化產生了深遠影響，也因為同樣是由洋基之國和中部地方所主導的聯邦政府在推動強制變革。跟第一次重建一樣，這場深南地方非裔美國人的和平起義[1]永遠改變了深南地方和潮水地方的某些文化面貌，但同時造成這兩個區域文化及大阿帕拉契的白人在其他議題上走回頭路。

　　一九五五年時，狄克西聯盟的三個區域文化仍然實行專制統治，要求所有公民（無論白人或黑人）嚴格遵守全面的種族隔離制度。在整個狄克西聯盟，成年黑人甚至必須尊稱白人青少年「先生」、「小姐」或「太太」等，而白人則被禁止對任何年齡的黑人使用這些尊稱，只能使用「小夥子」、「阿姨」或「叔叔」等稱呼。黑人和白人嚴禁一同進餐、約會、參加宗教活動、打棒球或就讀相同的學校。種姓制度規定黑人與白人使用不同的飲水設施、洗手間、候車室和建築入口；工廠必須設立各自的生產線，而且黑人員工無論資歷、能力或經驗如何，都不能晉升至「白人」職位；劇院、快餐館吧檯、餐廳、鐵路公司及大眾巴士都必須按種族劃分座位。在密西西比州，印製、出版或發送「支持社會平等或白人與黑人通婚的觀點是違法的」，違者可面臨高達六個月的刑期。三K黨成員和其他私警組織對違反這些規定的黑人進行酷刑和處決，而他們的行為常常得到民選官員、報社編輯、傳教士和當地望族的公開支持。違反規則的白人不僅面臨法

律處罰，更嚴重的是，他們的家庭會被貼上「黑鬼愛好者」的標籤，遭到社會排斥。狄克西的白人宗教領袖大多替這套制度提供上帝的認可，或是選擇沉默，只有少數人例外。[2]

深南地方的非裔美國人領導了民權運動，挑戰該地區的種族隔離政策，諸如阿拉巴馬州蒙哥馬利公共汽車的歧視（一九五五至五六年）；學校對黑人學生的禁令，像是阿肯色州小岩城中央高中（一九五七年）、路易斯安那州奧爾良教區小學（一九六〇年）以及喬治亞大學（一九六一年）和密西西比大學（一九六二年）；密西西比州剝奪的黑人投票權（一九六二年）；阿拉巴馬州伯明罕商業場所的種族隔離和對集會權利的壓制（一九六三年）；以及或許最令人痛心的，阿拉巴馬州塞爾瑪（Selma）血腥的投票權抗爭（一九六五年）。[①]運動中大多數著名人物都來自深南地方，包括馬丁・路德・金恩牧師（來自亞特蘭大）、約翰・路易斯（John Lewis，阿拉巴馬州南部）、詹姆斯・梅雷迪思（James Meredith，密西西比州中部）和羅莎・帕克斯（Rosa Parks，阿拉巴馬州塔斯基吉）。支持他們的人包括白人和黑人民權運動人士，例如來自新尼德蘭的羅伯・摩斯（Robert Moses）和被殺害的運動人士安德魯・古德曼（Andrew Goodman）和麥

① 譯注：阿拉巴馬州塞爾瑪的投票權抗議活動是美國民權運動中的關鍵事件，推動一九六五年《投票權法案》的通過。該法案由詹森總統簽署，是聯邦立法的里程碑，大幅削弱了阻止黑人公民投票的歧視性做法。抗爭活動包括從塞爾瑪到州首府蒙哥馬利的三次遊行，第一次遊行遭到警察使用警棍和催淚瓦斯攻擊，暴力場面在全國電視上播出，引起社會大眾憤慨。一九六五年三月九日的第二次遊行由馬丁・路德・金恩領導，為象徵性遊行，最終金恩在橋上帶領群眾轉身以避免再次衝突。

可・史維納（Michael Schwerner），以及來自洋基之國的麥爾坎・X（Malcolm X）。甘迺迪總統和司法部長羅伯特・甘迺迪（兩位都是洋基之國的代表人物）從白宮提供了重要支持，並留下了政策藍圖，讓阿帕拉契的德州人詹森在甘迺迪總統遇刺後可以遵循。

整個狄克西聯盟的南方白人最初對這一運動感到難以置信，他們習慣性地認為「我們的黑人」對於被壓迫、被施惠和剝奪基本人權及公民權是「滿意」的。很顯然地，他們所珍愛的黑人正被洋基人和新尼德蘭人操縱，即深南地方政治家口中的「外來煽動者」，這些人常被認為是共產主義者。白人抗議人士的行為符合深南地方和潮水地方對自由的觀念，他們一致認為這場起義意圖奪走白人的「自由」，包括壓迫他人的自由。美國最高法院裁定種族隔離違憲後，深南地方的立法者設立了反顛覆的州立機構，賦予這些機構竊聽和傳喚證人的權力，這些機構的任務是調查和摧毀「顛覆我們政府形式」的行動。（密西西比州的州主權委員會宣稱「學生非暴力協調委員會」這個民權組織破壞了「密西西比生活方式」，僅僅因為他們協助合法登記黑人選民。）

當黑人挑戰種姓制度時，狄克西聯盟的許多人誓言要進行「大規模抵抗」。狄克西聯盟為了捍衛當地「生活方式」所採取的極端措施，暴露了該地區的不人道和專制特色。阿肯色州長奧瓦爾・福布斯（Orval Faubus）動用配備刺刀的國民警衛隊，阻止九名黑人學生進入小岩城中央高中（Little Rock's Central High School）上課，此舉迫使艾森豪總統調動第一〇一空降師，並將整個阿肯色州警衛隊納入聯邦體制。當深南地方的學校開始接納

不同種族的學生時，憤怒的白人暴徒不僅嘲笑、挑釁和威脅驚慌
害怕的黑人學生，甚至也有白人學生和家長遭受威脅，因為他們
選擇繼續就讀名義上種族融合的公立學校。狄克西聯盟各地的社
區做出回應，關閉了他們所有的公立學校系統，削減財產稅，並
協助建立限白人就讀的私立學院。潮水地方維吉尼亞州的愛德華
王子郡（Prince Edward County）因此多年沒有公立學校，這也
剝奪了黑人和貧困白人的教育機會，直到最高法院裁定此舉違憲
才出現改變。當密西西比州傑克遜市的一名白人衛理公會教堂
牧師試圖讓黑人教徒進入教堂時，他的執事組成了「膚色守衛
隊」，在門口阻止黑人進入。三K黨成員會不分種族地殺害民權
運動人士，而當局則出動消防水槍、猛犬和騎警對付和平上街遊
行的民眾。該地區的白人會面臨以下選擇：種族融合學校或完全
沒有學校、結束種族隔離或接受暴民統治、放棄部分南方「傳
統」或被迫採取爭議性手段來捍衛南方傳統。最終，大多數人選
擇至少接受象徵性的變化。[3]

　　但狄克西聯盟內的接受程度不一，特別是當詹森總統在一九
六四年簽署《民權法案》之後。《民權法案》禁止聯邦資助種族
隔離學校，並迫使大多數商業機構進行種族融合。該法案幾乎遭
到了來自深南地方、潮水地方和阿帕拉契的每位國會成員反對。
甚至在南北戰爭期間留在聯邦的州也反彈，如西維吉尼亞州參
議員兼前三K黨成員羅伯特・拜爾德（Robert Byrd），他主導了
長達三個月的冗長發言拖延議事以阻撓法案通過。根據聯邦各地
記者的事後報導，在阿帕拉契和潮水地方，種族融合進行得相對
順利，但在深南地方農村遇到了最頑強的抵抗，特別是在密西西

比、阿拉巴馬和喬治亞的西南部。接下來在全國為種族隔離辯護的主要戰力就是深南地方人士,像是喬治亞州長萊斯特·馬多克斯(Lester Maddox,他自稱被改革所奴役)、南卡羅來納州長兼參議員史壯·瑟蒙(Strom Thurmond,堅定的種族隔離主義總統候選人,他在二十二歲時與家中十六歲黑人女傭產下一子),以及阿拉巴馬州長和四次參選總統的喬治·華萊士(George Wallace,他向「暴政」挑戰,宣誓「現在種族隔離,明天也要種族隔離,永遠都要種族隔離。」)。直到二十一世紀,深南地方仍會因為南方邦聯國旗發生爭執,也進一步因他們傳統的本質而發生衝突。不出所料,最激烈的衝突在南卡羅來納州上演,該州的政治領導人堅持在州議會大樓上高掛南方邦聯國旗。4

雖然第二次重建推動了重要的社會變革,但並未改變狄克西聯盟的私人新教價值。在阿帕拉契、潮水地方和深南地方的許多白人更加堅守南方福音派世界觀,他們反對社會改革,也抗拒打破文化禁忌,並且日益傾向打破政教間的分野,以便將自己的價值觀與道德標準強加於所有人身上。這場反擊起初悄無聲息,因為南方的福音派和基本教義派專注於構建所需的體制,以在全國舞台上對抗他們的北方敵手。原本白人設立私立學院以避免與黑人一起上學,此時這些機構轉變為基督教學院,提供「基於信仰」的教育,強調保守價值觀、創世論和對權威的服從。(這些學校對經濟較為拮据的白人家庭造成經濟負擔,因此福音派領袖支持推行「教育券」,讓納稅人資助這些機構。)狄克西牧師特別利用電視建立了強大的媒體帝國,如派特·羅伯森(Pat Robertson)的基督教廣播網、葛理翰佈道協會(Billy Graham

Evangelistic Association）和傑瑞・法威爾（Jerry Falwell）的PTL
俱樂部等。②他們建立了一個基本教義派大學網絡，如羅伯森的
瑞金大學（Regent University）旨在基督再臨前培養「神在世界
上的代表」，法威爾的自由大學（Liberty University）則教導恐
龍化石有四千年歷史，鮑勃・瓊斯大學（Bob Jones University）
則是到了一九七一年才接受黑人學生，甚至一直到二〇〇〇年都
還禁止異族戀和異族通婚。到了一九九〇年代初，狄克西聯盟的
宗教人物已準備好抵抗北方區域文化所強加的種種價值觀，包含
世俗化、性解放、科學和「大政府」精神等。5

＊

　　當狄克西聯盟的保守派奮力保存種族隔離制度之際，洋基之
國、新尼德蘭和左岸地方的保守派在一九六〇年代，則努力遏制
一種截然不同且由年輕人驅動的文化革命。
　　這場社會運動結合了世俗化清教徒追求烏托邦的道德衝動、
新尼德蘭的知識自由以及中部地方的寬容和平主義，旨在打破南
方白人奮力捍衛的傳統體制和社會禁忌，以重塑並改善世界。一
九六二年的「休倫港宣言」（Port Huron Statement）被認為是這
場「青年運動」的創始文件，當中融合了洋基和中部地方核心價
值觀。該宣言主張全面裁軍，終結「永恆的戰爭經濟」，並促進

② 譯注：PTL俱樂部（Praise The Lord，意思是「讚美主」）是由吉姆和塔米・
　貝克夫婦（Jim and Tammy Faye Bakker）主導的基督教電視節目，旨在傳播
　基督的愛。一九八〇年代末，貝克夫婦陷入醜聞，由法威爾接手。

每個人「無限珍貴與……未實現的理性、自由與愛的潛能。」這些觀點無疑會得到威廉・佩恩的早期墾民支持。該宣言呼籲終結「基於財產、特權或形勢的權力」,並建立「參與式民主」,決策「由公共團體制定」,這些觀點則宛若出自早期清教徒之手。公部門被視為一股善的力量,前提是公民能夠將其從企業和軍事的壓迫下解放出來。這一運動與深南地方和潮水地方的價值觀差異極大,而且越戰、一九六八年金恩博士及甘迺迪遇刺事件使其支持者變得更激進,導致價值觀差異進一步擴大。6

　　一九六〇年代的文化革命雖然受到民權運動啟發,但幾乎沒有波及狄克西聯盟。其主要事件、領導人和長遠影響幾乎完全侷限於四個北方區域文化:洋基之國、新尼德蘭、中部地方和左岸地方。嬉皮運動起源於舊金山灣區和曼哈頓中「垮掉的一代」老巢,「學生民主會」是這場青年運動的主力,成立於洋基之國的密西根,並在下列校園獲得最高度的支持:洋基之國的哈佛、康乃爾、明尼蘇達、威斯康辛、密西根、歐柏林、賓漢姆頓;左岸地方的柏克萊、史丹佛、里德;新尼德蘭的哥倫比亞、紐約市立大學;中部地方的斯沃斯莫爾、安提阿、厄勒姆。一九六四年的「自由言論運動」(Free Speech Movement)和一九六七年的「愛之夏」(Summer of Love)都集中在舊金山灣區。一九六九年的胡士托音樂節(Woodstock Festival)和一九七〇年的肯特州立大學慘案(Kent State University)③都發生在洋基之國。石牆

---

③ 譯注:一九七〇年五月四日,肯特州立大學發生大屠殺。該事件中,俄亥俄州國民警衛隊向抗議美國轟炸柬埔寨的無武裝學生開火,造成四名學生死

暴動④則是同志平權運動的關鍵里程碑，於一九六九年發生於格林威治村，同時舊金山的卡斯楚區則成為西方世界同性戀文化的中心。

隨後，更激進的團體也從這些區域文化湧現，例如在奧克蘭成立的「黑豹黨」（Black Panthers）和「地下氣象組織」（Weather Underground）的三個分支；開啟了現代環境運動的「地球日」（Earth Day），最初是由威斯康辛州的參議員提出，並在西雅圖的一場演講中提倡，後續由賓夕法尼亞大學的學生帶領推動。7

北部地方和新法蘭西在六○年代也同時經歷了文化解放運動，北部地方的運動取得了部分成功，而新法蘭西則只差臨門一腳就能建立獨立的魁北克民族國家。

自從美國併吞了大部分北部地方後，北方人一直被當作二等公民，尤其是在德州南部和加州南部，這兩地的大多數「盎格魯人」來自深南地方或大阿帕拉契。即使在拉丁裔人口占六成至九成的地區，當地政府和學校董事會也完全由盎格魯人掌管。水晶城（Crystal City）是個典型例子，這個以北方人為主的德州南部城市，直到一九六○年代初，人口占少數的盎格魯人仍幾乎掌控所有土地和商業，並控制著地方議會和學校董事會，他們甚至確保北方人青少年在啦啦隊中維持少數。但到了六○年代，年輕的

---

亡，九人受傷。這一慘劇震驚了全國，加劇了越戰的反戰情緒，成為美國在越戰時期分裂和動盪的象徵。

④ 譯注：當時警方突襲石牆酒吧（Stonewall），引發為期數天的抗議活動，以反抗警方長期對性少數社群的歧視和騷擾。

北方人開始維護自己的權利,積極推動選民登記和公民運動。他們的行動震驚了水晶城的盎格魯少數族群,包括在一九六三年透過悄然動員選民接管城市議會,並在一九六九年大膽奪取學校董事會多數席位,使他們能夠任命北方人為校長、大量教師及啦啦隊成員。聖安東尼奧的北方人社會運動人士與羅馬天主教神父攜手,動員選民在一九七五年奪取市議會的控制權。來自亞利桑那州尤馬(Yuma)的塞薩爾·查維茲(César Chávez)組織農工和抵制行動,以改善加州和德州南部農場的勞動條件。激進的「棕色貝雷帽組織」(Brown Berets)在洛杉磯組織學生罷課與反對警察暴力等抗議行動,甚至短暫占領了聖卡塔利娜島(Santa Catalina Island),宣稱該島屬於墨西哥。在一九六〇年代之後,北方人不再是北部地方軟弱無力的居民,他們重新掌控該地區,成為當地學校董事會、聯邦參議院的代表,甚至包括擔任新墨西哥州長。[8]

一九六〇年代魁北克人的革命被稱為「寂靜革命」(Quiet Revolution),但這個稱號不太適切。在經歷英裔加拿大人和天主教會統治一個世紀之後,魁北克人在一九六〇年選出了自由派改革者讓·勒薩熱(Jean Lesage)來帶領這個省。在接下來的十年中,勒薩熱及其盟友根據戰後法國大都市的樣貌重塑了魁北克的各項制度,包括世俗化公共教育,建立了強健的社會福利制度,讓公部門勞動力加入工會,並將能源產業國有化,創立了強大的國有企業,像是魁北克水力電力公司(Hydro-Québec)。勒薩熱領導的自由黨宣告,新法蘭西的人民現在將成為「我們自己家中的主人」。魁北克解放陣線(Front de libération du Québec)

的創始人皮埃爾·瓦列爾（Pierre Vallières）也寫了一份宣言，名為「美國的白色黑鬼」（White Niggers in America），文中比較了魁北克人的解放鬥爭與美國南方黑人的鬥爭。但魁北克解放陣線並未採用金恩牧師的非暴力策略，在一九六九至七〇年期間，他們炸毀了蒙特婁證券交易所（造成二十七人受傷）和蒙特婁市長的官邸，並綁架且謀殺了蒙特婁省副省長，導致渥太華宣布戒嚴，最後成功擒獲其主謀。接下來，選民讓主張分裂的魁北克黨上台，該黨立即承認原住民的自決權，將法語設定為該省的唯一官方語言，並分別在一九八〇年和一九九五年發起獨立公投。雖說兩次公投都以失敗收場，但第二次公投僅以百分之零點四的票數差距落敗。如今，魁北克人的的確確是自己家裡的主人。接下來要問的是，他們是否願意將自己的家留在加拿大聯邦之內。[9]

　　一九九〇年代和二〇〇〇年代的文化戰爭本質上是六〇年代鬥爭的延續，其中四個北方區域文化的大多數人普遍支持社會變革，而狄克西聯盟的絕大多數人則捍衛傳統秩序。（北部地方和遠西地方的觀點則根據不同議題有所差異。）北方聯盟支持的公民自由、性自由、女性權利、同性戀權利和環境保護等都是造成地區分裂的議題，如同狄克西聯盟所倡導的創世論、學校祈禱、只教禁欲的性教育、禁止墮胎和州權主義等議題一樣。

　　以環境運動為例，「地球日」出現之前，整個運動都侷限在四個公共新教區域文化，這些地區更注重改善當下世界，而不是關注來世。塞拉俱樂部（Sierra Club）是北美首個草根環

境組織，一八九二年成立於舊金山，獲史丹佛和柏克萊大學教師的大力支持。喬治‧格林內爾（George Bird Grinnell）是在耶魯受教育的紐約人，他在一九○五年創立紐約的奧杜邦學會（Audubon Society），以此對抗休閒獵者的大規模獵鳥行為。另一位紐約人，老羅斯福總統，開創了聯邦政府參與環境保護的先河，建立了國家森林、公園和野生動物庇護系統。老羅斯福的洋基堂親小羅斯福則於一九三六年成立了國家野生動物聯盟（National Wildlife Federation）。野生動物管理科學之父和荒野協會（Wilderness Society）創始人奧爾多‧李奧帕德（Aldo Leopold）是德國移民之子，在耶魯受教育，職涯大部分時間都在洋基威斯康辛度過。著名環境作家瑞秋‧卡森（Rachel Carson）曾出版《圍繞我們的海洋》（一九五一年）及《寂靜的春天》（一九六二年），她是賓州的中部地方人，曾在洋基的緬因州分析生態系統。六○年代興起的兩個著名環保組織，自然資源保護委員會（Natural Resources Defense Council）和環境保護基金（Environmental Defense Fund）也都位於新尼德蘭。綠色和平（Greenpeace）在左岸地方的溫哥華成立，激進的海洋守護者協會（Sea Shepherd Conservation Society）在華盛頓州沿海地區成立，地球之友（Friends of the Earth）則在舊金山成立，由柏克萊本地人大衛‧布勞爾（David Brower）主導，他還創立了地球島嶼研究所（Earth Island Institute）和環保選民聯盟（League of Conservation Voters）。阿帕拉契山徑之父班頓‧麥凱（Benton MacKaye）其實並非來自阿帕拉契地區，而是在哈佛大學受教育的康乃狄克人，他的祖父母甚至是知名的洋基廢奴主義者。[10]

雖然狄克西聯盟占據了美國本土接近一半的領土，但卻長期在環保運動中缺席，直到六〇年代環保運動成為全球焦點才有所改變。北部地方和遠西地方的政治領袖通常與狄克西聯盟一樣，質疑保護自然資源的必要。二〇〇九年時，為了應對全球暖化，聯邦眾議院僅以些微差距通過了一項限制並交易碳排放的法案，獲得新尼德蘭、左岸地方和洋基之國幾乎一致的支持，包括新英格蘭每位國會議員的支持；遠西地方則是兩黨幾乎一致反對，他們的立場得到了阿帕拉契和深南地方立法者壓倒性多數的支持；潮水地方和中部地方則出現意見分歧。11

一九七二年《平等權利修正案》⑤所引起的反對聲浪也因各區域文化而異，所有被深南地方控制的州政府都拒絕批准該修正案，而阿帕拉契主導的州則反對或撤回批准（西維吉尼亞州除外）。由洋基、中部地方和左岸地方主導的州都批准了修正案，唯一例外是伊利諾州，雖然該修正案獲得多數支持，但從未達到州憲法要求的五分之三多數。⑥潮水地方雖不再主導任何一州，但其影響在維吉尼亞州最為根深柢固，該州也拒絕批准《平等權利修正案》（遠西地方則意見分歧）。

在二〇一〇年，對同性婚姻的看法同樣遵循了區域文化分界。北部三個新英格蘭州的立法機關已通過了允許同性婚姻的法律，另外三個州法院裁定同性婚姻合法，分別是洋基的康乃狄

---

⑤ 譯注：旨在保障美國憲法下所有公民性別平等，消除法律上男女差異。一九二三年提出，一九七二年於國會通過，需三十八個州批准方能生效。

⑥ 譯注：伊利諾州於二〇一八年終於批准《平等權利修正案》，成為第三十七個同意的州。此舉象徵性地反映了美國性別平等運動的長期奮鬥和複雜性。

克州、洋基／中部地方的愛荷華州，以及跨三個區域文化的加州。（加州中由遠西地方和北部地方主導的地區則大為反彈，居民透過二〇〇八年的推翻投票法院決定，而幾乎每個左岸地方的郡都對此持反對意見。）相反地，每一個狄克西聯盟控制的州都通過了禁止同性婚姻的法律或憲法修正案。關於墮胎議題，《今日美國》（*USA Today*）在二〇〇六年報導，如果「羅訴韋德案」（Roe v. Wade）被推翻，可以預期每一個由深南地方控制的州都會禁止或大大限制墮胎權利；每一個新英格蘭州，加上新尼德蘭和左岸地方的州，都預計會保護婦女的選擇權。[12]

下一章將深入探討軍國主義和國防的問題，但在企業方面，這兩大陣營同樣存在顯著的分歧。北方在一九六〇年代的反叛者將大企業視作一種壓迫力量，剝奪地球資源並削弱個體人性。相較之下，狄克西聯盟的區域文化持續推行政策，以確保其作為低工資資源殖民地的地位。這些地區由一黨政治體制所控制，致力於確保富裕菁英的利益。為了維持低工資，狄克西聯盟的所有州都通過了相關法律以阻礙工會形成（這在政治家口中成為保護「工作權利」的手段）或阻止提高最低工資。稅收過低，不足以支持公立學校運作和提供其他公共服務。

四個北方盟友中很常見的城市規劃和土地使用分區在南方則被視為阻礙商業發展，即使是像休士頓這樣的大城市，直到八〇年代仍有長達數百英里的街道未鋪設柏油且缺乏照明。從路易斯安那的天然氣田到北卡羅來納的產業養豬場，這些地方的環境和工安規定都寬鬆到惡名昭彰的地步。

經濟發展、稅收政策和社會支出上的政策差異加劇了兩大文

化陣營間的緊張關係，民權運動和六○年代的各場運動之後，狄克西聯盟提供國內外企業明顯較低的工資、稅收和寬鬆規範，以及非工會化的環境，藉此吸引了大部分洋基和中部地方的製造業。一九九○年代和二○○○年代，北美的洋基汽車工業幾乎被摧毀，改由深南地方和大阿帕拉契地區的外資工廠稱霸，就像過去的紡織業和林業一樣。部分觀察家擔心「新南方邦聯主義者」會迫使其他區域文化跟隨其腳步，將整個聯邦變成一個龐大的「低工資出口平台」，面向的是先進且教育程度高的西歐和東北亞工業社會。與此同時，創新和研究愈來愈集中於知識聚落，這些聚落大多位於強調教育和理性主義的區域文化。谷歌、蘋果、微軟和亞馬遜都出現在左岸地方的城市，而第一個「矽谷」則在波士頓的一二八號公路周圍形成，該公路也被稱為洋基高速公路。13

　　然而文化戰爭並不侷限在美國國內，實際上，美國南北文化最為激烈的衝突關乎的是戰爭與和平、人道主義干預，以及美國在國際舞台上的角色。

第二十六章

# 戰爭、帝國與軍隊

　　這兩大「超級力量」對文化議題的歧異也同樣出現於美國在國際間應扮演的角色、如何對待他國及其他聯邦，以及當「國家」榮譽或安全岌岌可危時，是否應容忍國內異見。這些觀點再次根據民族性質而產生分歧，自一八三〇年代起，深南地方的三個區域文化始終堅定地支持幾乎每場戰事，不論其目的和敵人為何，同時主張使用武力來擴張及維持美國的勢力，並壓抑異議。對外戰爭的反對聲浪主要集中在北方聯盟的四個區域文化中，不過在衝突爆發之前，大阿帕拉契對海外的帝國主義行動也常保持疑慮。遠西地方和北部地方則在外交政策上搖擺不定，就如同他們對其他議題的態度。

　　回顧一八九八年西班牙與美國之間的戰爭，當初美國迅速告捷，重挫西班牙軍隊，占領了古巴、波多黎各、關島和菲律賓。起初每個區域文化都支持這場「輝煌的小戰爭」，表面上是為了幫助古巴人爭取獨立，及替被西班牙特工在哈瓦那所摧毀的美國海軍緬因號（USS Maine）報仇。當時聯邦政府仍由北方聯盟掌控，總統辦公室中坐鎮的是來自西部保留地的洋基人威廉・麥金

利（William McKinley），但當榮譽受到威脅時，狄克西聯盟的居民卻依然熱烈加入聯邦軍事服役，視之為對聯邦展現忠誠的絕佳機會。多位南方邦聯的退役軍人擔任了高階將領，其中包括少將約瑟夫・惠勒（Joseph Wheeler），據傳他在古巴戰鬥時，激動到大喊：「我們把那些該死的洋基人趕跑了！」

　　但是占領領土的處理爭議導致聯邦分裂，這些領土包括波多黎各、關島、菲律賓，以及獨立的夏威夷王國（戰爭期間，美國主張若不占領夏威夷，便會被其他國家奪走，以此作為占領夏威夷的藉口）。世紀之交時，反對建立美利堅帝國的聲音主要集中在洋基之國，但他們是出自全然不同的動機。這些反對聲浪即便在洋基之國也不是主流意見，不過這些批評者認為征服外國領土完全違背了新英格蘭人在美國革命中奮鬥的原則，尤其是組織代議政府的權利。反對派組織了一場反帝國主義運動，其中最知名的發言人都是洋基人，包括前總統格羅弗・克里夫蘭（Grover Cleveland），他稱吞併行動為「對我們國家使命的危險扭曲」；支持菲律賓獨立的麻州參議員喬治・霍爾（George F. Hoar）強調「對自由的愛好不因膚色而異」；約翰・亞當斯的曾孫查爾斯・法蘭西斯・亞當斯二世（Charles Francis Adams Jr.）支持菲律賓人「英勇抵抗」美國占領。位於波士頓的反帝國主義聯盟（Anti-Imperialist League）同樣由洋基人主導，該聯盟的四十三位副主席中，有二十八人為洋基人。（只有三人來自深南地方，而沒有任何人來自遠西地方。）當菲律賓起義演變為暴力衝突，反帝國主義聯盟揭露並譴責了美軍的暴行，例如美國指揮官命令部隊屠殺一個擁有二十五萬人口的省分的所有人（據信至少有一

千名菲律賓人遇難，死亡人數甚至可能高達五萬人）。哈佛校友集結起來，阻止學院頒發榮譽學位給麥金利總統。雖然洋基有許多帝國主義者，其中最為人所知的大概就是麻州參議員亨利·洛奇（Henry Cabot Lodge），但洋基也是唯一同時出現大型反戰運動的地區。[1]

狄克西聯盟贊成單方面使用軍力，以打敗假想敵人並增加美國威望，但大眾仍對重建時期歷歷在目，因此對於聯邦政府試圖建立和維持一個由次要領土組成的海外帝國，他們產生了疑慮。狄克西聯盟認為，唯一可行的帝國就是被占領的領土最終在種族和地理上「適合」被納入聯邦成為正式州。這將讓深南地方可能得以在熱帶地區實現其「黃金圈」計畫的其中一部分。狄克西聯盟的領袖不太熱中於併吞那些擁有「難以同化」人口的領土，以及需要大量陸海軍來維持秩序和壓制的領土。他們擔憂日後擴張的聯邦軍事力量可能會反過來對狄克西聯盟構成威脅，甚至可能將其轉變為北方區域文化的附庸殖民地。充斥著被視為「低等」自由民的地區一旦獲得州的地位，將對狄克西聯盟所珍視的種族隔離制度帶來更大壓力。因此，許多狄克西聯盟的政治領袖反對吞併夏威夷，因為該島上居住著大量亞洲人和夏威夷原住民。如阿帕拉契的密蘇里州參議員查普·克拉克（Champ Clark）就問道：「如果一位來自夏威夷的華裔參議員頂著他的小辮子，手持異端神像，從高官坐椅上站起來，用洋涇濱英語與參議員喬治·霍爾或亨利·洛奇辯論時，我們怎能忍受這種恥辱？」狄克西地區的其他人謹慎地支持吞併，但他們的先決條件是要對島上的非白人施行類似深南地方的種姓制度，以確保白人的優勢地位。用

殘暴軍事力量摧毀美國的敵人還不賴，前提是最終不會讓洋基開始再造、「提升」以及同化低等人民。[2]

※

　　美國參與第一次世界大戰並鎮壓異議人士及和平主義者時，狄克西聯盟的三個區域文化也成為最熱烈的支持者。來自阿帕拉契的維吉尼亞人伍德羅・威爾遜（Woodrow Wilson）是自內戰以來首位南方總統，在他的驅使下，南方區域文化認為上帝支持這場戰爭，而若反戰則等同於叛國。威爾遜公開宣稱和平主義者滿腦「愚昧」，且反戰人士應當遭受「嚴厲的壓制」。阿拉巴馬州代表詹姆斯・赫夫林（J. Thomas Heflin）宣稱，任何反戰的國會議員「都應受到每位忠誠美國公民的蔑視」。喬治亞州參議員湯瑪斯・哈德威克（Thomas Hardwick）聲稱，因為威斯康辛州有十萬人在參議院初選中投給了一名和平主義候選人，這意味著他們「對美國和全世界民主事業不忠」。密西西比州傑克遜《克拉里恩紀事報》的社論主張反戰領袖應該被「槍殺或絞死」，而查爾斯頓《新聞和信使報》（*News and Courier*）則認為「嚴厲且絕對地壓制」即可。一份喬治亞的小報批評威爾遜煽動戰爭的行為，卻遭總統勒令停業，此舉獲得其他深南地方媒體的熱烈支持。密西西比州參議員詹姆斯・瓦達曼（James Vardaman）等狄克西反戰領袖回應該地區的種族主義，表明戰爭使黑人士兵相信他們應得到平等待遇，事實也確實如此，不過瓦達曼還是被迫退位，此舉獲得至少一位牧師支持，因為他被譴責為妨礙「上帝對抗惡魔的戰爭」。狄克西聯盟質疑威爾遜在歐洲為民主和自決而

戰的理想主義戰爭，因為他們擔心會威脅到他們自己的威權種姓階級制度，而威爾遜本人平息了這樣的擔憂。總統確保拔除了聯邦機構中的黑人行政人員，並在許多公家建築中推行種族隔離的浴室、廁所和辦公室；威爾遜還在軍事訓練營進行種族隔離，迫使聯盟軍隊採取狄克西的做法。這些作為使他獲得了狄克西聯盟立法者的忠誠和讚賞，他們後來也支持他的國際聯盟（League of Nations）計畫。在威爾遜去世多年後，中部地方參議員傑拉德·奈（Gerald Nye）批評威爾遜的戰爭政策，結果德州參議員湯姆·康納利（Tom Connally）向奈要求單挑，維吉尼亞參議員卡特·格拉斯（Carter Glass）則因憤怒而擊打桌子導致自身受傷。美國的三軍總司令就如深南地方和潮水地方的寡頭政治家一樣不容質疑。[3]

身兼歷史學家、海軍陸戰隊退伍軍人與維吉尼亞參議員的吉姆·韋伯（Jim Webb）指出，許多邊境居民在一戰期間加入了海軍陸戰隊，為「這支菁英部隊的文化和領導風格帶來了蘇格蘭－愛爾蘭和南方的深遠影響，並持續至今。」他指出，海軍陸戰隊對正面突擊的偏好、其「火力伍」（fire team）系統中指揮官間的緊密配合，以及領導者「從前線指揮」的傳統，這些都源自於邊境地區的先例，可追溯到《梅爾吉勃遜之英雄本色》（*Braveheart*）中著名的威廉·華勒斯時代。韋伯指出，許多著名的美國軍官都有蘇格蘭－愛爾蘭血統，包括約翰·皮爾辛（John J. Pershing）、道格拉斯·麥克阿瑟（Douglas MacArthur）、喬治·巴頓（George Patton）以及眾多海軍陸戰隊指揮官。[4]

另一方面，美國參議院中反對參與一戰的四位主要人物皆

是洋基人或左岸地方人，諸如奧勒岡州的哈利・萊恩（Harry Lane）、內布拉斯加州的喬治・諾里斯（George W. Norris，原居住於西部保留地）、代表北達科他州的明尼蘇達人阿斯勒・格羅納（Asle Gronna）和威斯康辛州的羅伯特・拉福萊特（Robert La Follette）。當美國投入戰爭，另外三位威斯康辛州的國會代表一起加入了這四位反戰代表，形成國會山莊中反戰派的核心。[5]

　　阿道夫・希特勒（Adolf Hitler）的崛起使狄克西聯盟陷入尷尬的境地。納粹曾讚賞深南地方的種姓制度，甚至將其作為他們自己種族法律的模範。納粹出版物將私刑視為對種族混合威脅的自然反應。（對南非白人來說「這好上百倍」，一位支持納粹的知識分子曾如此寫道，「如果誇大的種族憎恨造成每年上百件私刑案件，也好過每年出現五萬名黑白混血兒。」）然而，狄克西聯盟的白人意見領袖普遍並未對納粹懷抱同等的讚賞。事實正好相反，他們抨擊納粹壓迫猶太人的行為，同時謹慎地避免討論納粹對黑人的惡毒宣傳、對混血兒童的強制絕育，以及希特勒呼籲消滅「黑人種族」的作為。聯邦各地的非裔美國人出版物經常點出這兩個種族主義政權間令人不安的相似度，但這點在狄克西的白人圈內幾乎沒有得到討論。狄克西聯盟的代表猛烈抨擊德國人，並支持每一項備戰的重要立法行動，從批准徵兵到擴大海軍都包含在內。從一九三三年開始，即便狄克西聯盟的國會議員反對小羅斯福的國內政策，他們卻比聯邦其他地區更強烈支持軍事準備。這些國會議員獲得大眾支持。在珍珠港事件兩個月前進行

的全國民調中，百分之八十八的南方人認為對抗納粹德國的戰爭是正當的，相較之下，百分之七十的東北部州居民持有相同意見，「中西部居民」則為百分之六十四。在這場戰事中，狄克西聯盟的義務兵與志願役比例為十比九，而整個聯邦的平均比例為二比一。「他們最好開始進行篩選，」來自阿帕拉契的阿拉巴馬州代表盧瑟・派翠克（Luther Patrick）開玩笑地說，「以防我們的孩子們塞滿軍隊。」[6]

一九三〇年代，聯邦內對於是否必須備戰產生歧見。新尼德蘭的國會議員在軍備議題上採取強硬立場，或許是因為許多當地選民從受希特勒威脅的國家移民而來。左岸地方、遠西地方和北部地方的國會議員也跟進，因為聯邦政府開始在這些地區設置戰爭工業和軍事基地。中部地方的人士普遍反對備戰，部分原因是德裔美國人不願意與他們家鄉的同胞作戰。洋基之國對於備戰出現嚴重分歧，洋基核心的新英格蘭地區比五大湖地區和洋基中西部更傾向於為戰爭做準備。[7]

日本攻擊珍珠港之後，各區域文化以前所未有且往後也不復見的方式團結起來。邊境居民出於蘇格蘭－愛爾蘭傳統精神而戰，即在戰場上擊敗他們的敵人作為報復。潮水地方和深南地方的菁英仍然牢牢控制著他們的區域文化，他們渴望維護美國的「國家」榮譽，並保衛他們在海外的盎格魯－諾曼同胞。和平主義的中部地方之所以支持這場戰爭，是因為將其視為對抗軍事專制的手段，而洋基人、新尼德蘭人和左岸地方人則強調這場戰事的反威權特質。北部地方和遠西地方的居民支持這場戰爭，因為這為他們長期被忽視的地區帶來了聯邦的慷慨援助。[8]

　　事實上，希特勒和裕仁天皇對遠西地方和北部地方的發展所
做出的貢獻，超過了這些地區歷史上的任何其他因素。這兩個區
域文化長期作為內部殖民地被剝削，此時突然喜獲一座工業基地
來幫助盟軍贏得戰爭。這兩個區域文化建立了造船廠和海軍基地
（位於聖地牙哥和長灘）、飛機製造廠（洛杉磯、聖佩德羅和威
契托）以及大煉鋼廠（位於猶他和加州內陸）。在新墨西哥則設
有核武實驗室（洛斯阿拉莫斯）和試驗場地（白沙）。該區各地
建造了飛機降落跑道和現代機場，讓這裡不再偏遠，並首次試圖
約束壟斷遠西地方交通的企業。在冷戰期間，這兩個區域文化中
的軍事設施和國防工廠數量相較其人口不成比例地急劇增加。如
今，這兩個區域文化仰賴軍工複合體，影響了當地所注重的政治
議題。9

　　除了這些影響外，戰爭期間北部地方面臨嚴重的農業勞動力
短缺，因為農場和鐵路勞工轉移到新建的軍事工廠尋求更高的薪
資。當時的解決方案是採用戰時的移工計畫，允許二十五萬名墨
西哥公民進入北部地方，這為一個更大、組織程度更低的戰後計
畫奠定了基礎，該計畫在幾十年後將權力平衡重新倒向了北方
人。10

　　在一九六〇年代，狄克西聯盟是對東南亞戰爭態度最強硬的
地區，堅定地支持詹森總統（來自阿帕拉契的德州人）讓衝突升
級。狄克西聯盟的三十多位參議員中，只有兩位始終反戰，而他
們都來自阿帕拉契地區。其中一位是阿肯色州的詹姆斯・威廉・

傅爾布萊特（J. William Fulbright），他是堅定的種族主義者，認為聯邦政府透過支持西貢政權改造越南的計畫就如同透過支持民權運動人士改造美國南方，而他對這兩項計畫都積極反對。另一位反戰的狄克西聯盟參議員則是特例，即被稱為「德州自由派守護神」的拉爾夫·亞伯勒（Ralph Yarborough），他最終因為反戰和支持民權的立場而遭到排擠。一九七〇年的一項重要參議院措施原本可能停止對柬埔寨的軍事干預，但只獲得少數狄克西聯盟的國會議員支持，最終未能成功。「言語是無益的，外交紀錄是無用的，」南卡羅來納州代表魯休斯·門德爾·李華斯（L. Mendel Rivers）在談到越南時表示，「美國只能有一種回覆：報復，報復，報復，報復！他們說停止轟炸，我說，繼續轟炸！」當激進的反戰運動人士提議暗殺支持戰爭的參議員時，他們的名單上全部都是深南地方人。在那個時期最重要的二十四場反戰事件中，只有一場發生在狄克西聯盟內：一九七〇年，白人警察在傑克遜州立大學殺害了抗議的黑人學生。在整個戰事期間，大多是邊境居民組成狄克西聯盟中少數的反對派，他們質疑介入他國內戰的目的。「如果我們必須戰鬥，讓我們為保衛我們的家園和我們自己這半邊的地球而戰，」肯塔基州參議員提姆·卡特（Tim Lee Carter）說道，「我們兒子的性命太過珍貴，不該葬身異國沙場。若他們必須死，讓他們死於保衛美國。」[11]

　　反戰的聲音主要集中在洋基之國、新尼德蘭和左岸地方，他們普遍認為這場戰事是不公正的帝國主義干涉。反戰運動始於這些區域文化的大學校園，針對軍事設施的抗爭遊行最初於柏克萊

發起，而第一次關於越戰的「教學活動」①於一九六五年在密西根大學舉行；第一次大型示威於一九六七年在紐約市舉行，有三十萬人參加，而當年秋天的四十萬人五角大廈遊行主要由來自紐約和波士頓的學生領導，洋基中西部的大學校園也積極參與。「越南戰爭退役軍人反戰組織」（Vietnam Veterans Against the War）由六名歸國士兵在紐約市創立，並主要活躍於東北部。在尼克森總統宣布美軍入侵柬埔寨幾分鐘後，肯特州立大學槍擊事件爆發，事件發生在俄亥俄州中由洋基人創立的西部保留地，這是一連串罷工中的一環，始於歐柏林（洋基之國）和普林斯頓（新尼德蘭）；最終參與罷工的數百所大學中絕大多數都位於這三個區域文化。他們還是華盛頓反戰氛圍的核心，一九七〇年終止柬埔寨軍事行動的舉措得到了他們國會代表團的壓倒性支持。[12]

　　中部地方既未強力反對也未明確支持這場具有爭議的衝突，連當地學生也對戰爭舉棋不定。五角大廈遊行期間，在場的人注意到儘管費城和巴爾的摩地區離華盛頓特區很近，但來自這些地區的學生卻明顯寥寥無幾。那些在中部地方積極反對戰爭的人士是因為忠於該地和平主義的傳統，費城的「美國友誼服務委員會」（American Friends Service Committee）也動員起來，試圖減少反戰集會上的暴力衝突並向北越和南越平民提供援助。來自巴爾的摩的貴格會信徒諾曼・莫里森（Norman Morrison）在國防

---

① 譯注：越戰期間的「教學活動」（teach-in）是大學校園中的一種抗議和教育形式，源自傳統的「靜坐活動」（sit-in），透過講座和討論深入探討戰爭複雜性，提高對其不公和後果的認識，進而激發反戰情緒。

部長勞勃・麥納馬拉（Robert McNamara）的辦公室外自焚，以聲援在西貢美國大使館前自焚的越南僧侶。[13]

遠西地方的政治代表普遍支持這場戰爭，他們大多反對國會試圖停止柬埔寨軍事行動的作為。這個地區孕育出了幾位知名的鷹派人物，包括亞利桑那中部的貝利・高華德（Barry Goldwater）和懷俄明州參議員蓋爾・麥吉（Gale McGee）。北部地方的代表陷入僵局，即使是拉美裔的國會議員也在柬埔寨和其他戰爭相關議題上意見分歧。在這兩個區域文化中，反戰抗議活動相對少見，僅有少數例外，例如洛杉磯學生起義，以及由北方人帶領的「奇卡諾休戰運動」（Chicano Moratorium）所主導的示威活動。抗爭者一再強調，奇卡諾青年不應為越南而戰，而應「為美國本土的社會正義而戰」。由於這本質上是民族主義運動，其參與者通常不與非拉美裔的反戰人士結盟，而是與聯邦內的波多黎各人和其他說西班牙語的人聯手。[14]

二〇〇〇年選舉後，狄克西聯盟過了四十六年終於首次同時掌控了白宮、參議院和眾議院。帶領白宮的是深南地方出身的總統喬治・布希（George W. Bush），他成長於休士頓，來自布拉索斯谷地（Brazos Valley）；眾議院由來自深南地方的德州人迪克・阿米（Dick Armey）和湯姆・德萊（Tom DeLay）領導；參議院則由邊境居民比爾・傅利斯（Bill Frist）領導，他來自納什維爾的菁英家庭，其祖先曾創立田納西州的查塔努加（Chattanooga）。[15]

聯邦的外交政策立即且徹底地脫離了常規，隨後九月份在紐

約和華盛頓發生的恐怖攻擊進一步加速了政策的轉向。新的策略是透過軍事力量來提升美國作為世界唯一超級大國的地位，包括向潛在對手發動一系列先發制人的戰爭，忽視任何不便的條約、國際組織或外交義務，並斷絕與傳統盟友的潛在繁重關係，唯獨保留與以色列的聯繫。布希在上任第一年內取消的國際條約比美國歷史上任何其他總統都多。他終止了與巴勒斯坦人的談判，堅持他們必須成為一個完全民主的國家，作為以色列結束其占領的先決條件。眾議員阿米支持對西岸的三百萬巴勒斯坦人進行種族清洗，而德萊則聲稱被占領的領土「屬於以色列」，這項論點顯然是基於聖經。然而布希政府最具爭議的外交決策就是入侵伊拉克，這是一個未曾對美國構成威脅的國家，且其世俗獨裁政權受到策劃九一一事件的極端分子所憎恨。[16]

　　伊拉克戰爭成了試金石，用以檢驗各區域文化究竟是支持國際主義或支持美國單方面使用軍事力量。結果顯示出一個現在清晰可見的趨勢：狄克西聯盟強烈支持布希的伊拉克政策。二〇〇二年八月的蓋洛普民意調查發現，「南方人」以六成二對三成四贊成入侵，相比之下，「中西部人」是四成七對四成四。兩個月後，狄克西的國會代表以超過四比一的比例投票授權戰爭，遠高於其他地區。只有當戰爭惡化成難以收拾的占領情況時，阿帕拉契和潮水地方的熱情才開始減退；這兩個區域文化的國會代表出現歧見，開始爭論是否該譴責布希二〇〇六年提升軍事行動的計畫。與此同時，深南地方和遠西地方的居民堅決反對針對總統的戰略提出一絲批判。另一方面，左岸地方的國會代表團一致反對增兵，洋基之國和北部地方也幾乎如此。與其他戰爭相同，中部

地方和新尼德蘭的觀點再度出現分歧。[17]

　　在過去的二百年中，美國外交政策呈現出了一個明確的區域文化趨勢。自一八一二年以來，反干預主義、反帝國主義的洋基人一直與深南地方和潮水地方單邊主義的好戰鷹派處於對立狀態。阿帕拉契地區雖然提供了戰士，但當沒有領土擴張或復仇的可能時，他們對於是否參戰的看法經常存在分歧。理想主義、知識分子且受公共新教使命引導的洋基人追求能夠使世界更加文明的外交政策，因此他們經常主導國會山莊的外交事務委員會。武斷且榮譽感強烈的狄克西聯盟通常以統治世界為目標，一直以來都掌控著聯邦的軍事委員會。麥可‧林德就指出，「美國的外交政策」實際上只是「以其他手段進行的內戰」。[18]

第二十七章

# 第一場權力之爭：
# 藍色區域文化

　　各區域文化自創立之初就開始相互競爭，以爭取更大的優勢和影響力，而從一七九〇年起的競爭重點就是掌控聯邦政府機構，即國會、白宮、法院和軍隊。隨著中央政府的規模與權責日益壯大，這些區域文化的競爭也更加激烈，他們各自試圖依照自己的形象重塑政府和整個北美。從一八七七年起，美國政治的主要動力不再只是階級鬥爭或農業與商業利益的對立，甚至不僅僅是黨派意識形態的競爭，雖然這些因素都發揮了一定的作用。最終成為關鍵的政治角力是區域文化聯盟之間的衝突，一方總是由深南地方領導，另一方則由洋基之國領導。

　　自重建時期結束後，各區域文化間沒有任何一方能單獨主導，因此各自都在尋求與志同道合的夥伴結盟。

　　最穩固且長久的聯盟於一八四〇年代由洋基之國和左岸地方組成，該聯盟在前述文化戰爭和外交政策都曾發揮影響。洋基之國肩負其烏托邦式的改革使命，通常主導著方向：他們追求「共

同利益」，認為理想手段是建立一個節約、高效、能幹的政府，並透過高稅基支持政府財政，確保共享資源的有效利用和管理。左岸地方的觀點與洋基之國幾乎相同，只是在二十世紀期間增加了對環境品質的重視，並用其不斷推陳出新的技術創新成果來緩和洋基人的強烈使命感，包括從十九世紀中期的蒙特雷風格住宅到二十一世紀初的 iPod。左岸地方人士堅信，世界可以輕易且頻繁地再造。

從一八七七到九七年間，這兩個區域文化在中部地方的內戰盟友和遠西地方的殖民地支持下掌控了聯邦政府。他們的國會代表共同推行一系列政策，旨在提升自身社會的富裕與實力，同時削弱他們在深南地方和潮水地方的主要對手。他們首先在美國周圍設立了一道關稅屏障，以保護其製造業不受歐洲競爭的威脅。到了一八九〇年，美國海關徵收的關稅占了聯邦總收入的近六成，這實際上遠超出聯邦政府的需求。大部分盈餘隨後以慷慨的新內戰退休金形式返還給洋基之國、中部地方和遠西地方的公民，支付給退伍軍人、他們的遺孀或子女，包含過去的欠款。在一八九〇年代初期，這些退休金占了聯邦總支出三成七以上，幾乎是當時軍事預算的兩倍。由於只有聯邦軍隊的士兵有資格領取退休金，所以幾乎所有這些財富都流向了北方區域文化，包括左岸地方和遠西地方，因為許多聯邦退伍軍人居住於這些地方。同時，洋基人也做出了最後的嘗試，透過保護黑人和貧窮白人選民來對抗深南地方和潮水地方寡頭的再興。他們最終的手段是一八九〇年的《軍力動員法》（*Force Bill*），這是由洋基婆羅門（Brahmin）參議員亨利·洛奇提出的法律，該法案允許聯邦對有

爭議的聯邦選舉進行審查和軍事干預。來自洋基之國、遠西地方和左岸地方的所有國會議員都支持這項法案，只有三位例外。雖然該法案也獲得了不少中部地方和阿帕拉契國會議員的支持，但最終還是被狄克西和其臨時的盟友新尼德蘭擊敗。[1]

　　新尼德蘭這個人口稠密、實力強大的城邦一直周旋在兩大陣營之間，直到世紀之交才告一段落。作為一個建立在全球貿易基礎上的區域文化，新尼德蘭與狄克西的棉花大亨一起反對保護性關稅。新尼德蘭充斥著移民，在一八八〇年代時只有少數聯邦退伍軍人居住於此，因此新尼德蘭也反對洋基人的退休金計畫。新尼德蘭著名的腐敗政治機構坦慕尼協會①感受到了《軍力動員法》的威脅，在國會山莊上強力反對該法案。在整個十九世紀中，新尼德蘭絕非北方聯盟的可靠成員。[2]

　　到了二十世紀，新尼德蘭作為極為複雜的都市中心，需要有效治理和昂貴的公共基礎建設，因此與洋基之國達成了共識。洋基人對徵稅和大型公共機構毫無疑慮，實際上，紐約市幾乎依賴這些設施才能存在。新尼德蘭多元而複雜的人口可能不太關心深南地方黑人的處境，但他們厭惡狄克西強調的白人新教優越性、社會規範和壓制異議的態度。儘管新尼德蘭從來不是最民主的地區（坦慕尼協會就是個例子），但始終重視文化多樣性、良知自由和言論自由。新尼德蘭作為北美最高度社會自由的區域文化，

---

① 譯注：坦慕尼協會（Tammany Hall）是十九至二十世紀初在紐約市及美國政壇上具有重大影響力的政治組織，在民主黨內掌控政治權力，並因參與賄賂、操控選票等醜聞而與政治腐敗劃上等號。

是個典型的與世無爭之地，因此只能選擇與洋基人結盟，來反對深南地方的狂熱行為。

在新尼德蘭加入之後，由洋基人領導的北方聯盟形成了現在的三個區域文化聯盟。這個聯盟在過去一百多年始終一致地推動一個明確的議程，無論哪個政黨主導該地區。從共和黨的「保守派」老羅斯福總統到民主黨的「自由派」歐巴馬總統的任期內，這三個區域文化一直支持維持強大的中央政府、聯邦對企業權力的監督，以及環境資源的保護。

在二十世紀上半，共和黨仍被視為「北方的政黨」，直到大蕭條來臨前一直主導著聯邦政府。北方共和黨人從一八九七到一九三二年持續占據白宮，唯一的例外是在一次三方競選中因分票而輸給了威爾遜總統。在這段時間的六位總統中，三位是洋基人，即麥金利、塔夫脫（William Howard Taft）和柯立芝（Calvin Coolidge）；一位是新尼德蘭的荷蘭裔財閥，即老羅斯福；兩位來自中部地方，即中部地方俄亥俄州的哈定（Warren Harding）和德裔加拿大貴格會教徒胡佛（Herbert Hoover）。雖然他們是在自由放任資本主義的時代進行統治，但除了胡佛外，他們都支持非裔美國人的民權，且除了柯立芝外，都支持擴大聯邦政府的權力和對企業及財閥權力的監管。他們並不反對減稅，但通常不以偏袒富人的方式進行減稅。

老羅斯福總統解散了大型公司的信託，介入一場重要罷工以獲得對礦工有利的解決方案，開創了國家公園服務、國家野生動

物保護區和美國森林服務；他還推動了肉類、食品和藥品的聯邦監管和檢查，並任命了美國歷史上首位猶太內閣官員。塔夫脫總統是耶魯大學教育背景的麻州清教徒之子，推進了老羅斯福的反壟斷調查，並支持憲法修正案，引入聯邦所得稅和聯邦參議員的直接民選。哈定總統降低了企業和富人的所得稅，但也透過成立美國行政管理預算局（Office of Management and Budget）來提高政府效率；他還成立了現今的退伍軍人事務部（Veterans Administration）。柯立芝總統最著名的就是在任內拒絕對銀行和公司進行監管，他的動機是為了避免聯邦政府過度膨脹；在擔任麻州州長時，他曾推動勞動、工資和工安保護措施，並鼓勵將勞工代表納入公司董事會。柯立芝在總統任內進行了減稅，但以不利於富裕階層的方式進行。胡佛擴展了國家公園和退伍軍人醫療體系，開創了聯邦教育部和司法部的反壟斷部門，並努力為低收入者減稅和為所有老年人提供退休金，但最終但未能成功。[3]

　　如果按照二十一世紀初狄克西聯盟政治領導人的標準，這些北方聯盟中最保守的總統可能都會被認為是支持大政府的自由派。這同樣適用於五〇年代由北方聯盟領導的共和黨。在艾森豪的第一任期內，共和黨控制了白宮和國會的兩院，但創立了衛生教育福利部（Department of Health, Education and Welfare）。艾森豪後來派出聯邦部隊到阿肯色州以執行民權裁決[②]，在他的告別

---

② 譯注：艾森豪派遣聯邦軍隊至阿肯色州，在拒絕讓非裔進入校園所引起的小岩城事件中保護非裔學生，顯示了聯邦政府捍衛最高法院決定和非裔公民憲法權利的決心。

演說中，他警告了新興的「軍工復合體」對民主所帶來的威脅。[4]

　　從一九八八到二〇〇八年的每一次總統選舉中，北方三個區域文化聯盟幾乎總是支持同一位總統候選人，並總是選擇更進步的人選，例如他們支持歐巴馬而非約翰・麥肯（John McCain）、支持約翰・克里（John Kerry）和艾爾・高爾（Al Gore）而非小布希，以及支持麥可・杜卡基斯（Michael Dukakis）而非老布希。（更為自由派的新尼德蘭脫離了其盟友，拒絕支持保守派的雷根和尼克森，這是唯一明確做出如此選擇的區域文化。）這些區域文化在一九六四年都支持了詹森而非高華德，並在一九五〇年代支持了廣受歡迎的艾森豪，而非中部地方的亞德萊・史蒂文森（Adlai Stevenson）。部分候選人在這些區域文化中未能凝聚明確的選民共識[5]，而在戰後時期這些區域文化僅有一次在支持的候選人上出現分歧：新尼德蘭在一九七二年決定支持麥高文（George McGovern），而非尼克森。

　　在這段時間內，只有四位來自北方聯盟區域文化的人曾入主白宮：共和黨人福特（Gerald Ford）和老布希，以及民主黨人甘迺迪和歐巴馬。[6]這四位領導人忠於其背景，都試圖透過政府計畫、加強民權保護和環境保護來改善社會。上述兩位共和黨人都代表了黨內的溫和派，且很快發現自己與狄克西聯盟的選民存在分歧。福特支持《平等權利修正案》和全國各地受聯邦資助的特殊教育計畫立法，並任命約翰・史蒂文斯③為最高法院大法官。

---

③ 譯注：福特總統當時希望任命超脫黨派的法官人選，約翰・史蒂文斯（John Paul Stevens）因而中選。最初史蒂文斯被視為溫和保守派，日後卻成為自由派領袖，其大法官生涯長達三十五年，對憲法發展影響深遠。

老布希面臨從雷根政權接下的預算赤字，因此在明知會影響自己支持度的情況下，增加了對富裕階層的稅收，並拒絕降低資本利得稅。他支持將民權保護擴展至身心障礙人士，並重新授權《潔淨空氣法》（*Clean Air Act*），同時增加了聯邦在教育、研究和兒童照顧的開支。同樣地，甘迺迪提出了後來成為一九六四年《民權法案》的提案，並派遣聯邦部隊和官員強迫狄克西的州長讓黑人學生進入喬治亞大學和阿拉巴馬大學；同時他也提高最低工資，增加聯邦對購屋和心理健康服務的資助，並啟動了對環境問題的重要調查，為創立環境保護署（Environmental Protection Agency）奠定了基礎。在上任的前兩年，歐巴馬支持對聯邦健康保險進行全面改革，也支持對金融服務業進行規範，以及減少溫室氣體排放的運動。上述這些政策都受到狄克西聯盟的強烈反對。[7]

在民權運動之後，狄克西聯盟的保守派控制了共和黨，北方聯盟的共和黨人（包括狄克西的黑人）掀起了出走潮。從一九五六到九八年間，投給共和黨候選人的新英格蘭選民比例從五成五降至三成三，紐約選民（包括洋基人和新尼德蘭人）的比例也從五成四滑至四成三，同時洋基文化下的中西部地區對共和黨的支持在二十一世紀初期也迅速下滑。到了二〇一〇年，共和黨已在北方聯盟三個區域文化的每個州議會的下院（眾議院）失勢，幾乎所有的上院（參議院）也是如此，僅有一州例外，且北方聯盟主導的十三個州中有七個州長官邸也不再由共和黨掌握。在一次

重大的政治變革中，民主黨變成了北方聯盟的代表，而曾被稱為「林肯的黨」的共和黨則落入狄克西聯盟白人手中。[8]

　　在小布希執政期間，北方聯盟的共和黨國會代表團幾乎遭到全面淘汰。佛蒙特州參議員吉姆・傑福茲（Jim Jeffords）曾投票反對雷根和布希為富人減稅，而且支持同性戀權利和教育支出，然而當他的同事刪減了幫助身心障礙兒童的資金後，他選擇退出共和黨。羅德島州參議員林肯・查菲（Lincoln Chafee）在二〇〇六年被民主黨對手擊敗，隨後離開了共和黨，並獨立參選且當選為州長。二〇〇八年，明尼蘇達州參議員諾姆・科爾曼（Norm Coleman）輸給了自由派喜劇演員艾爾・弗蘭肯（Al Franken），而來自遠西地方的摩門教奧勒岡州參議員戈登・史密斯（Gordon Smith）被來自左岸地方的民主黨對手擊敗。截至二〇〇九年，在整個北方聯盟中僅剩三位共和黨的聯邦參議員，其中兩位在美國保守派聯盟（American Conservative Union）的終身評分中低於五十分（滿分一百分）；唯一的保守派是新罕布夏州的賈德・格雷格（Judd Gregg），他於二〇一〇年宣布不再尋求連任。共和黨在其誕生地已經等同消亡。[9]

　　不論黨派，北方聯盟的國會代表普遍堅持他們各自區域文化的政治目標。在一九七〇年代末，他們集體投票反對狄克西的「工作權」法律（該法禁止了工會職場條款），並改變了原本豁免小公司免於聯邦工作場所安檢且有效地禁止了大型工地的工人罷工的法律。（狄克西聯盟則集體反對這些舉措。）一九八〇年時還有許多北方的共和黨人，除了三位代表外，每位洋基和新尼德蘭的國會代表都支持根據消費者所在社區的實際寒冷程度，

來分配聯邦低收入供暖補助；華盛頓和奧勒岡的左岸地方代表也一致贊成。（只有氣候較溫和的加州人反對這項措施。）另一方面，深南地方一致反對這項措施，阿帕拉契地區也幾乎全面反對。（潮水地方冬季氣候較為寒冷，因此不分黨派都轉向了北方的立場。）[10]

　　二〇一〇年歐巴馬總統的醫療改革法案造成了眾議院分裂投票，這場投票展示了北方聯盟的凝聚力。洋基地方以六十二票對二十一票支持該法案，新尼德蘭以二十四票對六票，左岸地方更是以二十一票對兩票壓倒性支持。幾個月後同樣的投票結果再現，這次是針對加強金融監管系統所進行的投票，以因應世界銀行系統幾近瓦解的情況。[④]洋基地方以六十三票對十九票通過了法案，左岸地方以二十一票對一票，而新尼德蘭雖然是聯邦的金融中心，也以二十六票對四票表達支持。這兩項措施都遭到狄克西聯盟代表的強烈反對，他們認為這是對私人市場的不合理干涉。[11]

　　即使在國會嚴格按照黨派進行投票時，共和黨內的逃票議員幾乎都來自北方聯盟或中部地方。一九九九年，柯林頓（Bill Clinton）總統因對婚外情撒謊而面臨彈劾時，僅有四位共和黨眾議院議員拒絕支持彈劾：其中兩位是洋基人，兩位是中部地方人，他們之中有一位是從麻州搬來的。二〇一〇年時，只有三位共和黨人跨越黨派界線支持歐巴馬的金融改革案，他們都來自新

---

④ 譯注：此處指的是二〇〇八年的全球金融危機後，銀行破產造成的全球性經濟衝擊，促使歐巴馬政府加強金融監管。

英格蘭。[12]

　　總的來說，在二十一世紀初期，北方聯盟內的民主黨和共和黨成員彼此間有更多的共同點，遠超過他們在狄克西聯盟的同黨人。事實上，南方聯盟幾乎反對北方人所珍視的一切。

第二十八章

# 第二場權力之爭：
# 紅色與紫色區域文化

　　常有人認為狄克西聯盟穩如磐石，但事實並非如此。深南地方和大阿帕拉契是聯盟內的主要勢力，但他們曾在美國歷史上多次對立，包括在美國獨立戰爭和內戰中都曾互相廝殺。潮水地方相對於這兩個勢力是較年輕的夥伴，並且對於種族隔離和威權統治的支持度一直較低，如今還愈來愈受到中部地方影響。狄克西聯盟的經濟雖然服務著深南地方寡頭的利益，但寡頭階級也面臨著諸多挑戰，包括地區內數百萬黑人選民的政治覺醒、潮水地方菁英的溫和派系以及邊境居民的強烈民粹主義。這些因素正動搖著狄克西聯盟的根基。

　　四個多世紀以來，深南地方寡頭的目標從未改變：建立一黨獨大的國家，以殖民風格的經濟為基礎（這種經濟依賴大規模農業和基本資源的開採），並由順從、教育程度低、工資低的勞動力支撐，同時力求減少勞工、工安、醫療和環境保護的法規。深南地方在被武力迫使放棄奴隸組成的勞動力後，他們發展了種姓

和佃農制度來滿足勞動需求,以及一套投票稅和識字測驗制度,以阻止前奴隸和底層白人參與政治。後來這些制度遭到非裔和聯邦政府的挑戰,深南地方便透過散播恐懼來動員他們區域文化內,以及潮水地方和阿帕拉契的貧窮白人支持他們,他們煽動的恐懼包括種族將會融合,女兒會受到汙辱,洋基人會奪走他們的槍和聖經,讓他們的孩子變成無神論者、環保主義者、共產主義者和同性戀者。在競選過程中,他們的政治同路人會談論將墮胎定為犯罪、保護國旗免被燒毀、阻止非法移民和削減政府支出;但官員一旦上任,他們則專注於為富人減稅、提供巨額資助寡頭所獨占的農業和石油企業、廢除勞動和環保規定、創立「移工」計畫來獲得發展中國家的廉價農工,並從洋基之國、新尼德蘭或中部地方的高薪工會產業中挖走製造業工作。金融分析師史蒂芬·康明斯(Stephen Cummings)將這個策略比喻為「舊南方農園經濟的高科技版」,其中勞動階層和中產階級充當著類似佃農的角色。[1]

對於寡頭來說,最大的難題始終是如何把大阿帕拉契拉入他們的聯盟,並保持其穩定。阿帕拉契地區的非裔相對較少,這個人口統計事實削弱了據稱黑人賦權帶來的經濟和性別「威脅」。邊境居民一向珍視平等主義和自由(至少對白人來說是如此),並對各種形式的貴族制度表示厭惡(除了他們當地的菁英,這些人通常知道不要「表現」出高人一等的態度)。阿帕拉契地區有種至今仍存在的強烈民粹主義傳統,這與深南地方寡頭的願景相反。大部分著名的南方民粹主義領袖都是邊境地區自力更生的人物,包括來自德州山鄉的詹森、來自德克薩卡納(Texarkana)

的羅斯・佩羅（Ross Perot）、來自田納西州東部的山姆・雷本
（Sam Rayburn）、出生在德州東北部且主要活動於奧斯汀一帶的
拉爾夫・亞伯勒、來自阿肯色州希望市的麥克・赫卡比（Mike
Huckabee），還有來自北喬治亞山區的澤爾・米勒（Zell Miller）
在其政治生涯初期也是追隨南方民粹主義。阿帕拉契還孕育了
許多狄克西地區最成功的進步派人物，包括柯林頓（也來自希
望市）、高爾（來自納什維爾地區的蘇格蘭－愛爾蘭菁英家庭）
和科德爾・赫爾（Cordell Hull，他出生於田納西中北部的小木
屋）。更進一步使寡頭策略變得棘手的原因是阿帕拉契大部分地
區在內戰中反抗南方邦聯，這總使得「敗局命定說」更難使人信
服。2

　　然而，有兩大因素對寡頭來說相當有利：種族歧視和宗教信
仰。內戰期間，邊境居民參戰的動機是保持聯邦的完整，而不是
為了幫助非裔，因此他們對洋基人在重建時期解放和給予黑人
權利的做法感到非常不滿。（「看不出他們比較討厭叛軍還是黑
人。」田納西州長威廉・布朗洛在一八六五年談到與他同樣來自
阿帕拉契的聯邦主義者時表示。3）其次，邊境居民以及潮水地
方和深南地方的窮白人共享一種宗教傳統，以私人新教為形式，
拒絕社會改革，從聖經中找到為奴隸制辯護的理由，並譴責世俗
主義、女性主義、環境保護主義，以及許多現代科學的關鍵發
現，他們認為這些都違背了上帝的旨意。一八七七年之後，這一
系列的「社會問題」將狄克西聯盟的一般大眾聯合起來。這與湯
瑪斯・法蘭克（Thomas Frank）在《堪薩斯州怎麼了？》（*What's
the Matter with Kansas?*）一書中描述的情況非常雷同，書中揭示

了在他家鄉的寡頭是如何利用社會和「道德」問題,來煽動一般人支持那些破壞他們經濟基礎的人。「這種手段永遠有效,這種錯覺永不消退。」法蘭克寫道:

> 　　投票是為了反對墮胎,換來的是資本利得稅的減少。投票是為了讓國家再次強大,換來的是去工業化。投票是為了教訓政治正確的大學教授,換來的是鬆綁電力市場法規。投票是為了要求政府不干預,換來的是從媒體到肉品加工的各種壟斷。投票是為了堅定反對恐怖主義,換來的是社會安全保障的私有化。投票是為了打擊菁英主義,換來的是一個財富集中程度前所未見的社會秩序,工人被剝奪了權力,而執行長的收入根本超出想像。[4]

　　法蘭克著作中所提到的是過去四十年間位於中部地方和遠西地方之間的州的發展情況,然而他描述的實際上是一個世紀前在大阿帕拉契地區首次登場並成功應用的策略。

✳

　　從一八七七年開始的幾十年間,聯邦政府由洋基和左岸地方的聯盟控制。在這段時期,狄克西聯盟的代表一致反對十九世紀的洋基關稅①和退休金、非裔的投票權,以及洛奇參議員提

---

① 譯注:北部以工業為主,支持高關稅保護產業。南部以農業為主,依賴進口商品和農產品出口,普遍反對高關稅,擔心導致外國報復性措施和提高進口商品成本。

出的《軍力動員法》。狄克西地區對公民權和自由選舉的反對論述明顯基於種族歧視。「我們永遠不會把我們的政府交給一個低等的種族，」來自阿帕拉契的喬治亞州代表艾倫‧坎德勒（Allen Candler）如此主張，他日後當上了州長，「在聯邦政府的鼓聲步步進逼投票箱、聯邦的刺刀緊緊守衛的時候，我們從黑人至上主義下奪回了我們的州政府，這個自由的政府將不再允許這般事態上演。」遵循著根深柢固的邊境居民傳統，肯塔基州代表威廉‧布雷肯里奇（William Breckinridge）將《軍力動員法》比作「英國議會為愛爾蘭選區所通過的法案，並且基於同樣的理由進行辯護。」但很少有人提到此一事實：只要黑人和貧窮白人被剝奪選舉權，寡頭就會在深南地方和潮水地方保持權力。就在爭辯《軍力動員法》的同時，狄克西地區的政府也實施了新的投票稅和其他手段來抑制民主參與。在密西西比州，選民的參與率從一八七七年的七成下滑到一九二〇年的不到一成。「在各處都出現一樣結果，」歷史學家理查‧本塞爾（Richard Franklin Bensel）發現，「幾乎所有黑人和大部分貧窮白人都被剝奪了選舉權，而農園菁英階層則在該地區取得了控制權。」[5]

　　然而，狄克西地區對聯邦政治的影響卻是微乎其微。狄克西聯盟在二十世紀初期只成功贏得白宮一次，當時是老羅斯福創立了進步黨、分裂了北方聯盟的選票後，成功讓威爾遜當上了總統。②如前述，威爾遜是堅定的種族隔離主義者，還曾在一戰期

---

② 譯注：又稱公麋黨（Bull Moose Party），由老羅斯福於二十世紀創立，主張廣泛改革。一九一二年，老羅斯福代表進步黨參選總統大選，分裂了共和黨票源，導致同黨的塔夫脫失利，間接助攻民主黨的威爾遜當選。

間迫害異議人士。然而他也是阿帕拉契的南方人,出生於維吉尼亞州史坦頓鎮(Staunton)的蘇格蘭－愛爾蘭、蘇格蘭和北英格蘭血統混合的邊境家庭。威爾遜相當符合阿帕拉契的刻板形象,他執政時結合了種族歧視和不容異己的態度,試圖遏制企業勢力,因此創立了美國聯邦準備系統(Federal Reserve System)、聯邦貿易委員會(Federal Trade Commission),以及向他家鄉地區主導的小農提供信貸和創新的計畫。深南地方寡頭的全盛時期尚未到來。

　　一九六〇年代局勢發生了變化,當時的民主黨人甘迺迪和詹森支持民權運動人士,對抗狄克西地區的非法抗爭運動。「我想我們剛剛把南方交到共和黨手上了,而且這將維持很長一段時間。」詹森在簽署一九六四年《民權法案》數小時後對助手這樣說。狄克西聯盟的許多成員確實很快就放棄了民主黨,以及那位敢於背叛種姓制度的民粹主義阿帕拉契總統。一九六八年狄克西聯盟推派出的總統候選人華萊士是深南地方極端種族主義者,他以第三黨候選人身分參選,誓言要證明「這個國家確實有很多鄉巴佬(紅脖子)」。要不是華萊士在馬里蘭州中部競選期間被一位追求名聲的瘋子槍擊並因而癱瘓,狄克西聯盟可能在一九七二年也會支持他。他們轉而支持來自北部地方盎格魯少數族群的新生代狄克西共和黨人,即尼克森和雷根,這兩位成功地推翻了北方聯盟對共和黨的控制。[6]

　　自一九六〇年代中期以來,這三個區域文化一直支持較為保守的總統候選人,除非是要在狄克西南方浸信會和更保守的洋基人之間做出選擇。他們都支持麥肯而非歐巴馬,小布希而非克

里，老布希而非杜卡基斯，雷根而非孟代爾（Walter Mondale），尼克森而非麥高文，以及在一九六八年支持了尼克森和華萊士而非韓福瑞（Hubert Humphrey）。當狄克西聯盟出現更自由派的候選人時，部分人便倒戈：一九七六年，阿帕拉契和深南地方支持身為喬治亞州浸信會成員的卡特，而非在洋基密西根州長大的福特，潮水地方則是意見分歧；一九九二年，阿帕拉契和深南地方選擇了來自阿肯色州的邊境居民柯林頓，潮水地方則支持了更保守的（但洋基出身的）小布希。阿帕拉契在一九九六年也轉而支持柯林頓，而非來自中部地方的杜爾（Bob Dole），並且在自由派邊境居民高爾（小布希的對手）和卡特（雷根的對手）之間陷入分歧。

狄克西聯盟的選民一面倒支持極端保守派候選人。統計至二〇〇九年，有十八位時任聯邦參議員從美國保守派聯盟獲得了九十分或更高的終身評分（滿分一百）。這些參議員每一位都來自遠西地方或狄克西聯盟。狄克西聯盟的白人代表一致反對一九六〇年代的民權和投票法案；在一九七〇年代支持禁止工會職場條款；在一九八〇、九〇和二〇〇〇年代支持降低富人稅收和取消遺產稅；在二〇〇三年支持入侵伊拉克；以及在二〇一〇年反對醫療保健和金融監管改革，並反對調高最低工資。

狄克西的國會領導人一直以來提倡的政策和立場常常讓北方聯盟的公眾輿論感到震驚。深南地方的參議員特倫特‧洛特（Trent Lott）曾宣稱，一九八四年共和黨的政綱是份好文件，因為其中充滿了「傑佛遜‧戴維斯（南方邦聯總統）及其追隨者所信仰的事物。」潮水地方的參議員傑西‧赫姆斯（Jesse Helms）

曾試圖阻止設立馬丁・路德・金恩紀念日，理由是這位民權領袖是「馬克思列寧主義者」，並與「共產黨人和性變態」有勾結。深南地方眾議院多數黨領袖湯姆・德萊在二〇〇〇年代初聲稱，「青少年暴力的發生原因是將孩子送到托兒所的在職父母、學校教授的進化論，以及服用避孕藥的職業母親。」「沒有任何事情，」德萊在二〇〇三年對銀行家們說，「在戰爭面前比減稅更重要。」隨著美國經濟在二〇〇八年陷入困境，前深南地方參議員兼瑞士銀行副主席菲爾・葛蘭姆（Phil Gramm）告訴《華盛頓時報》該國正經歷「心理衰退」，並且其人民已「成為愛發牢騷的民族，滿口抱怨競爭力下滑與美國衰落。」在二〇一〇年的英國石油公司（British Petroleum，簡稱BP）洩漏事件之後，來自深南地方德州的眾議員喬・巴頓（Joe Barton）公開向公司道歉，因為他被迫設立基金來賠償受害者，他以「一級悲劇」稱呼這項舉措，而非漏油事件本身。[7]

　　自一九九〇年代起，狄克西聯盟對美國聯邦政府的影響力極大。一九九四年，狄克西主導的共和黨四十年來首次控制了國會兩院。直到二〇〇六年，共和黨都保持著在聯邦眾議院的多數黨地位，並在這段時間裡也常常控制參議院。儘管深南地方的寡頭對卡特總統任期內的進步主義可能感到失望，但在二〇〇〇年時，他們終於自一八五〇年以來首次在白宮擁有了自己人。小布希或許是一位洋基總統的兒子並在遠西地方的德州長大，但他的政治生涯和個人信仰都深受東德州影響，在那裡發展了自己的商業利益和政治聯盟。作為總統，小布希的國內政策優先事項符合深南地方寡頭的利益，諸如替富人減稅、社會安全保障私有

化、放鬆能源市場管制來圖利位於休士頓的家族盟友安隆公司
（Enron）、停止執行海上鑽井平台的環境和安全法規（如英國石
油公司的「深水地平線」〔Deepwater Horizon〕）、對海外避稅天
堂視而不見、阻止碳排放法規或更嚴格的汽車油耗標準、阻撓低
收入兒童的醫療保健福利、開放保護區進行石油勘探、任命產業
高級主管來管理本應監管他們產業的聯邦機構，以及啟動大規模
的移工計畫以確保能供應低工資勞動力。同時，小布希贏得狄克
西一般居民支持，靠的是宣揚他的基本教義派信仰、禁止胚胎幹
細胞研究和晚期墮胎，並試圖將政府福利計畫轉交給宗教機構。
他的總統任期結束也代表著狄克西在華盛頓的十六年統治落幕，
當時聯邦的收入不平等和財富集中達到了聯邦有史以來最高，連
鍍金時代和大蕭條時代都望塵莫及。二〇〇七年，美國最富有的
十分之一人口的收入占了收入總合的一半，而自一九九四年以來
最富有的百分之一人口收入占比幾乎增長了三倍。[8]

※

　　但如果北方聯盟和狄克西聯盟一直幾乎保持著堅定的單一對
立，為何這些年來權力會產生變化？答案在於三個「搖擺」區域
文化的行為。
　　這三個區域文化為中部地方、北部地方和遠西地方，而北美
的兩大超級陣營除非先獲得其中至少兩個區域文化的支持，否則
無法完全控制美國政府。從一八七七到一九三三年，北方聯盟在
遠西地方和中部地方的支持下控制了聯邦。狄克西聯盟崛起和主
導的時代為一九八〇到二〇〇八年，當時是靠遠西地方和中部地

方的支持，以及北部地方的保守派英裔總統人選高華德、尼克森和雷根。即使在沒有任何一方真正主導的時期，也是透過區域文化聯盟建立執政多數：例如新政時期（New Deal Era）靠的是狄克西、新尼德蘭和中部地方之間的聯盟；一九六〇年代靠的是北方數個區域文化和阿帕拉契進步派之間的聯盟；歐巴馬選舉期間靠的則是北部地方、潮水地方和北方聯盟之間的合作。

那麼，這三個中間區域文化關注的議題為何？

中部地方是思想上最為自主的區域文化，幾個世紀以來一直對好管閒事且持有救世主形象的洋基人和專制的狄克西狂熱人士保持警戒。中部地方的居民與洋基人同樣認同中產階級社會，與邊境居民同樣不信任政府干涉，與新尼德蘭人同樣投入文化多元性，以及與深南地方同樣排斥激進的社會運動。中部地方確實是一個走溫和路線的美國社會，因此很少明確地偏袒某個聯盟、候選人或運動。中部地方明確選邊站的時刻，都是國家經歷龐大壓力且對過度現象做出反應的時期，如一九三〇年代的小羅斯福政權、一九八〇年代的雷根政權，還有二〇〇八年的歐巴馬政權。③這並非偶然，中部地方在千禧年之際橫跨了許多關鍵「搖擺州」（紫色州），包括賓州、俄亥俄州、伊利諾州和密蘇里州，但中部地方並未控制這些州。其現代總統，如杜魯門和艾森豪，都是「妥協候選人」，他們能夠平息派系間的對抗，從而為某一黨贏得白宮。

---

③ 譯注：小羅斯福時期經歷了經濟大蕭條，雷根時期經歷了冷戰與經濟變革，歐巴馬時期經歷了經濟大衰退。

　　相較之下，遠西地方的目標相當明確：一方面擺脫北方聯盟的殖民式控制，另一方面維持其生活方式所依賴的聯邦補助。十九世紀後期，遠西地方的國會代表投票時與北方聯盟步調一致，這是因為他們受到賄賂和資助，背後金主就是洋基、紐約或舊金山的鐵路、礦業、牧場和林業利益團體。但在新政、二次大戰和冷戰期間，聯邦政府的支出徹底改變了這個區域，在當地建設機場、高速公路、水壩、灌溉和運輸水資源計畫、研究實驗室、軍事基地、學院、研究所和眾多國防產業工廠。這個區域文化發展出自己的工業和農業利益，掌握在地方擁有影響力的參議員手中，而且與當地相關的政策往往是在拉斯維加斯、鳳凰城和丹佛制定，而非紐約、克里夫蘭和芝加哥。[9]

　　因此自一九六八年起，遠西地方便出於共同的利益與狄克西聯盟聯手，削弱聯邦監管權力來圖利大型企業。從一八八〇年代起到一九六八年，遠西地方的總統選舉結果幾乎每次都與北方聯盟的選擇一致。但從一九六八到二〇〇四年，遠西地方幾乎總是投票給狄克西聯盟所青睞的候選人，唯一例外就是當狄克西選擇了自由派南方人而非保守派。在同一時期，遠西地方的國會代表與深南地方的代表一起支持減免稅收、反對醫療保健和金融改革，以及放寬環境法規。然而，遠西地方與狄克西的親近程度有限，因為遠西地方居民具有強烈的自由主義特質，反對限制異議和公民自由的做法。在二〇〇八年的選舉中，狄克西與遠西地方的夥伴關係開始出現裂痕，科羅拉多和內華達選擇了北方候選人歐巴馬，而不是選擇以狄克西為競選平台的遠西地方本地人麥肯；共和黨幾乎在該地區每個郡的支持都下滑，即使在「極端保

守的蒙大拿州」，麥肯的勝利幅度也很小。

　　然而，未來的權力平衡將主要取決於拉美裔社群的傾向，他們在北部地方迅速增長且愈來愈有主張。直到二十世紀下半葉，其他地區普遍忽略了北部地方，這個區域文化未控制任何州政府且被認為將逐漸消失，其不同元素被融入遠西地方、大阿帕拉契和深南地方。北方人被分隔在遠西地方的各飛地中，並在狄克西控制下的邊境州中受到種族階級制度的邊緣化，他們原本被認為會像美洲原住民那樣悄無聲息地消失。

　　但北方人開始重新控制新墨西哥、德州南部和亞利桑那州南部的政治和文化生活，並在南加州取得重大進展。他們成功讓自己的代表進入從聖安東尼奧到洛杉磯的市政廳，奪下新墨西哥州長職位，並在美國國會和新墨西哥州與科羅拉多州的參議院上占有席位。正如第二十三章所述，他們的人數在總量和占聯邦人口的比例上都迅速增加，這引發了大眾討論美墨戰爭後失去土地的收復失地運動。拉美裔已是美國最大的少數族裔，預計到二〇二五年，來自各種背景的拉美裔將占據聯邦人口的四分之一。在二〇一〇年，北方人在洛杉磯、聖安東尼奧和埃爾帕索已經占多數，在新墨西哥州則占有相對多數。一些觀察家認為，如果墨西哥分裂，其北部的幾個州可能會尋求與美國合併或政治結盟，從而進一步增加北部地方在聯邦內的影響和聲望。能夠贏得北部地方支持的陣營將有望主導美國的大局。[10]

　　在過去一百五十年裡，狄克西聯盟未關照北方人的民心，這對他們幾乎沒有什麼好處。深南地方的種姓制度和阿帕拉契對白人至上主義的堅持，帶來了對德州人和新墨西哥拉美裔居民的壓

迫和疏遠。亞利桑那州和南加州的英裔殖民者大多數來自狄克西並支持狄克西的候選人，因此在他們掌權期間並未積極將說西語的人口融入政治和社會生活中。因此，北部地方的運動人士和政治領導人會跟北方人結盟，而其選民自一九八八年以來在每次總統選舉中都與洋基之國站在同一陣線。由於狄克西和遠西地方的民粹主義者強烈反對墨西哥移民所帶來的風險，可以預期北部地方會在未來一段時間內支持北方聯盟。

最後，讓我們退一步來看看整體情況。

我們可以想像一下，如果狄克西聯盟從未存在，或者如果南方邦聯在一八六一年和平分離，美國的政治和社會如今會是什麼模樣。其實不太需要費心想像，因為這種情況實際上已經在美國北部邊界發生。

加拿大成立於一八六七年，是由區域文化組成的聯邦，其組合與美國略有不同。東部是加拿大較古老的英語社會（洋基文化的東部沿海三省）和新法蘭西。中間是中部地方移墾的南安大略和曼尼托巴，它們偏好多元及和平主義，加拿大聯邦首都渥太華和加拿大最重要的城市多倫多都坐落於此。在西經一百度以西，遠西地方延伸至邊境，將自由主義思想和榨取式經濟帶入了沙士卡其灣省、亞伯達省和卑詩省的內陸地區，甚至延伸到育空地區和西北地區的南部。卑詩省的太平洋沿岸是左岸地方的延續，溫哥華和維多利亞以強烈環保意識和社會自由為特色，他們更傾向於與普傑海峽和奧林匹克半島的鄰居建立密切關係，而非卡加利

（Calgary）山區傾向右翼的能源大亨。

　　英裔加拿大人經常抱怨他們除了「不是美國人」之外，缺乏共同的文化認同感，這點其來有自。加拿大英語區實際上包括四個區域文化，如果把英倫諸島的前殖民地紐芬蘭也算上，則是五個，其居民仍然會說他們搭船前往大陸是「去加拿大」。跟美國的情況一樣，加拿大英語區的洋基人、中部地方人和左岸地方人相處得很好，他們支持國家醫療保健、槍枝管制和多元文化。他們都與遠西地方有摩擦，那裡是改革黨（Reform Party）的堡壘，該黨致力於減稅、減少法規和減少聯邦服務的規模，並支持農業企業、自由貿易以及石油、天然氣和油頁岩產業。（改革黨在二〇〇〇年與保守黨合併，而在本書撰寫當下，卡加利的史蒂芬・哈波〔Stephen Harper〕作為該黨成員，擔任總理職務。）在二〇〇〇年時，美國因為選舉嚴重分裂之後，網路上開始流傳一張地圖，將北美洲分為兩個國家：「加拿大合眾國」（the United States of Canada）和「耶穌之地」（Jesusland）。不久之後，一位加拿大人搞笑地在地圖上增加了第三個國家「亞伯達」（Alberta），顯示遠西地方與加拿大其他地區之間存在著深刻的思想差異。

　　正如第十三章所述，加拿大的各個區域文化在美國革命後的一個世紀裡，難以掌握自己的命運，當時由效勞於大英帝國的貴族進行統治。這改變了他們的發展進程，例如阻止了強而有力的地方政府在東部沿海三省的發展。但真正打從根本使加拿大與美國不同的是，這四個英語區域文化對峙的對象並非專制且白人至上的狄克西聯盟，而是一個非常開放、社會寬鬆且抱持社會主義

思想的社會，這個社會建立在不同凡響的先進種族觀念和多元文化觀念之上。

　　二十一世紀初期的比較社會學調查發現，新法蘭西是北美最具後現代特質的區域文化。該區信仰魔鬼和地獄的人口比例最低，分別是百分之二十九和百分之二十六。當被問及是否同意「家庭中的父親必須是一家之主」時，只有百分之十五的魁北克人表示同意，相較之下，百分之二十一的遠西地方加拿大人、百分之二十九的新英格蘭人，以及百分之七十一的阿拉巴馬、密西西比和田納西受訪者會表示同意。另一位學術民調人員發現他們更能包容同性戀、婚外情、賣淫、墮胎、離婚，也較能接納鄰居有愛滋病、大家庭、毒品問題或情緒不穩的表現。一位學者發現，魁北克表現出北美地區最高程度的啟蒙個人主義和對傳統權威形式最低度的尊重。（在這方面，卑詩省和新英格蘭是最接近的競爭者，而狄克西地方則是完全相反。）蒙特婁是新法蘭西的大都會，同樣體現了這些態度，結合了「阿姆斯特丹的寬容、巴黎的活力和舊金山灣區的高級飲食文化」，還有一個大型的波希米亞區域（高原區），令人想起舊時的格林威治村。當狄克西聯盟牢牢地將美國拉向右翼時，新法蘭西則明顯將加拿大拉向左翼。[11]

　　自一九六○年代的文化革命以來，尚普蘭的遺緒也透過新法蘭西使加拿大成功地建立了多元文化社會。當然，在加拿大聯邦中法語和英語享有同等地位，魁北克被認定為一個「獨立社會」，並獲准完全用法語處理自己的事務。但它的多元文化主義不止於此，還體現在加拿大人對其原住民的態度上，許多原住民

得以保持自己的文化特性、語言和習俗，甚至有些特色已融入整個加拿大社會。由於新法蘭西對印第安人友好，許多北方部落現在正在重新拿回對加拿大大部分土地的主權，這促進了其中最大的區域文化興起。

# 尾聲

　　假若說過去四百年，區域文化間的權力鬥爭深刻影響了北美的歷史，這些鬥爭又將如何影響我們的未來？到了二一○○年，北美的政治版圖會與一九○○年或二○○○年相同嗎？是否還會分為三個龐大的政治聯盟，或是演變成其他形式，例如像二十世紀歐洲那般「巴爾幹化」，分裂為多個國家；還是一個類似歐盟風格的鬆散主權國家聯盟，範圍從墨西哥蒙特雷到加拿大北極地區；或是一個統一國家，根據傑瑞・法威爾①精神繼承人詮釋的聖經法則運作；或是一個後現代烏托邦風格的農業村落網絡，半主權、自給自足且無須依賴大型政府運作？真正深思熟慮且誠實的人會知道未來的樣貌無法預測。

　　可以預測的是，鑑於美國、墨西哥所面臨的挑戰（加拿大以較低程度面臨同樣挑戰），認為北美的政治邊界會停留在二○一○年的模樣，似乎與其他任何假設一樣不切實際。

---

① 譯注：傑瑞・法威爾是美國福音派牧師和保守派政治評論家，創立深刻影響美國政治的道德多數運動（Moral Majority），被視為保守基督教右翼的重要代表。本書第二十五章有相關介紹。

　　在本書撰寫的當下，美國似乎正失去其全球領先地位，並展現出帝國衰落的典型症狀。政治策略家凱文・菲利普在一九六九年透過區域民族學準確預言了美國接下來四十年政治發展，如今他指出了晚期荷蘭、大英帝國與當今美國之間的相似性。美國與其他超級大國前輩一樣，累積了巨大的外貿赤字和主權債務，同時在軍事上過度擴張，並大幅提升了金融服務在國家產出中的占比和宗教極端主義者在國家政治生活中的角色。美國曾經是創新、產品和金融資本的出口大國，現在卻積欠中國大筆債務，依賴中國提供其國民所需的大部分消費品，以及愈來愈多研究與開發機構所需的科學家和工程師。美國人民在地區上深深分裂，一些人參與茶黨運動，採用了十八世紀洋基民兵的說詞，只不過是將英國議會換成聯邦國會，喬治三世則換成他們正式選出的總統。其軍隊深陷於美索不達米亞和中亞昂貴且令人沮喪的反叛亂戰爭中，同時，恐怖分子在二○○一年九月的突襲中衝擊了美國政治和金融中心，造成數千人死亡。再加上二○○○年的選舉損及公眾對選舉制度的信任，二○○八年金融領域幾乎全面崩潰，以及國會的嚴重政治失靈，顯然在這個世紀的一開始，美國國運並不佳。

　　截至本文撰寫當下，墨西哥聯邦的狀況甚至更加惡化。多年來，知名外交政策專家一直公開將墨西哥描述為失敗國家。毒販已經收買了州長、警察局長和邊境警衛，同時殺害了拒絕合作的法官、記者和官員；情況已經惡化到必須出動國家軍隊去平定販毒集團，但似乎連這樣都未能取得勝利。在恰帕斯（Chiapas）和其他南部省分，馬雅族人正持續進行獨立鬥爭。北部墨西哥人

公開質疑他們與墨西哥城的關係究竟有何益處，因為墨西哥城收他們的稅卻鮮有回報。如政治分析師胡安‧恩里克斯所言，（墨國）首都地區「維持著古老阿茲特克帝國的統治方式，要求納貢並期望帝國的願望和需求得到滿足。」不難想像墨西哥可能因為一場危機而分裂，可能是氣候變化引發的災難、全球金融危機或一次重大恐怖主義行為，一旦發生，可能使得在墨西哥的北部地方投向美國。[1]

　　加拿大的國家分裂已經明顯存在一段時間，新法蘭西一直到一九九五年都在爭取完全獨立。那年，魁北克的法語人口中有六成支持獨立公投。這項提案被省內說英語的少數族群以壓倒性多數否決，另外連第一國度在該省所主導的地區也以九比一的投票結果反對獨立。諷刺的是，可能正是加拿大的原住民挽救了聯邦免於徹底分裂。自那以後，獨立一直是關鍵議題，多數魁北克人意識到，如果他們脫離加拿大，可能得放棄他們省分北部的三分之二地區，因為那裡的居民不屬於新法蘭西人，並且在法國建國前就已經居住在當地。自一九七〇年代以來，其他區域文化也對新法蘭西做出了重大讓步。聯邦政府官方語言是雙語，而魁北克省則僅允許使用法語作為官方語言。新布倫瑞克省長期由洋基人主導，現在是加拿大唯一有兩個官方語言的省分，此舉認可了其北部和東部地區屬於新法蘭西。聯邦議會下院已經承認魁北克為「獨特社會」，同時新法蘭西式的多元文化已成為加拿大各地公民的主流文化。如今，加拿大或許是北美三大聯邦中最穩定的一個，這主要是因為四個英語區域文化、新法蘭西和第一國度之間達成了重要的妥協。加拿大實際上已經放棄成為單一主流文化的

國家，而這是否足以長期保持聯邦的完整還有待觀察。

✳

　　維持美國現狀的一種可能方式是各區域文化效仿加拿大模式，為了團結而在各自的文化目標上妥協。但不幸的是，無論是狄克西聯盟還是北方聯盟都不太可能同意對另一方做出重大讓步。大部分洋基、新尼德蘭和左岸地方的居民根本無法接受生活在福音派基督教神權政治體系中，因為缺乏社會、勞工或環境保護，而且公立學校體系薄弱，政治中企業權力又缺乏制衡。大多數深南地方的居民會反對支付更高的稅來支持公共服務，諸如公共健康保險制度；在各地成立資源豐富、工會化且非宗教性質的公立學校；免學費的公立大學（以科學為導向，而非奠基於《詹姆士國王版聖經》的教育制度）；納稅人資助的大眾運輸、高速鐵路和可再生能源計畫；或強而有力的監管機構以確保遵守嚴格的金融、食品安全、環境和競選資金規範。現實的情況是，「紅色」和「藍色」區域文化將繼續為了奪取聯邦政策的控制權相互角力，各自都試圖吸引「紫色」地區的支持，正如自第一次大陸會議以來的情況。

　　另一種潛在可能情況是在面對重大危機時，聯邦的領導人將違背他們遵守美國憲法的誓言，而憲法正是凝聚聯盟的主要因素。舉例來說，在致命疫情爆發或恐怖分子摧毀多個城市的情況下，陷入恐慌的大眾可能會容許公民權利受限、解散國會或監禁最高法院大法官。可以想像，在某些情況下，一些區域文化樂於接受新秩序，而其他則堅決反對。一旦廢棄憲法，聯邦可能會解

體，形成一個或多個擁有相似想法的地區聯盟。這些新的主權實體很可能根據州界劃分，因為在這種情況下，州長和立法者將是最具政治正當性的行動者。由北方聯盟的三個區域文化主導的地區——紐約、新澤西、新英格蘭、五大湖區和太平洋西北部的州，可能會形成一個或多個邦聯。由深南地方控制的州可能會形成另一個邦聯，包括南卡羅來納、喬治亞、阿拉巴馬、密西西比和路易斯安那。遠西地方的山區和高原州顯然將另外構成第三個邦聯。在經常分裂的大阿帕拉契或「多元文化混合」的州，如德州、加州、賓州、俄亥俄州和亞利桑那州，情況可能更為複雜。不難想像，一些由此產生的聯盟可能延伸至加拿大，或者北部地方可能延伸至墨西哥。如果這種極端情況真的發生，北美可能會變成更加危險且動盪不安的地區，海外帝國勢力可能趁機干預。如果認為這種危機和分裂的情景不切實際，不妨想想四十年前，蘇聯的領導人對他們跨越整個歐亞大陸的聯邦也有同樣的看法。

　　或許隨著時間推移，當各區域文化意識到現狀對任何人都不利時，聯邦將逐漸達成妥協。到了某一個時間點，可能唯一能讓各地區達成共識的是擺脫彼此的否決權。他們可能會在國會山莊合作通過法律和憲法修正案，賦予各州更多權力或減少中央政府的許多職權。美國可能會繼續存在，但其權力可能被限制在國防、外交政策和州際貿易協議的談判上。換句話說，將變成類似於歐盟或一七八一年時的那個邦聯。如果這等情節真的上演，每個州都可能按照其各自的區域文化傳統行事。洋基人可能會像歐洲的斯堪地那維亞國家一樣彼此緊密合作；德克薩斯人可能最終會根據他們當初加入美國時的條款，行使他們擁有的憲法權利，

將自己分裂成多達五個獨立的州；伊利諾州的居民可能會同意將州的下部②和芝加哥地區劃分開來；加州的南部、北部和內陸地區可能各自成為獨立的州。美國經過這般調整，外部邊界可能保持不變，也可能有一些加拿大或墨西哥的省分會申請加入這個更加寬鬆、去中心化的聯邦。比這更奇怪的事情在歷史上都曾發生過。

但有一件事是肯定的，如果美國人真的希望美國繼續以目前這種形式存在，勢必得尊重我們這個難以想像的聯盟的基本原則。如果我們結束政教分離或以類似伊斯蘭教法的方式實施浸信會法則，這個聯盟將無法存續。如果總統任命擁護特定政治意識形態的人進入司法部或美國最高法院，或者支持特定黨派的人是透過阻止人們投票而不是靠自己的理念打選戰，我們將無法團結在一起。如果區域文化聯盟成員因為自己的立場無法承受公眾檢視，因而選擇繼續利用參眾議院規則來阻止重要議題的公開辯論，那麼這個聯盟將無法正常運作。其他主權民主國家的中央政府可能比我們的更腐敗，但他們大多擁有我們缺乏的團結因素：共同的民族、共同的宗教信仰，或者在許多根本政治議題上有著幾乎獲得所有人認同的共識。美國需要清廉、公開且高效運作的中央政府，因為這是少數將我們維繫在一起的因素。

---

② 譯注：指伊利諾州芝加哥都會區以外地區，涵蓋州的中南部，與北部的芝加哥地區在地理、文化及政治上有所不同。

　　如果當初的十個歐洲和大西洋區域文化從未在北美建立殖民地，北美可能會是什麼樣子呢？如果原本的印第安民族（在加拿大稱為第一民族）躲過了十六和十七世紀的災難性疫情並按照自己的方式發展，他們今天可能會是什麼模樣？

　　事實上，我們似乎即將得到解答。

　　在遙遠的北方，一個沉寂數個世紀的古老區域文化正在重新崛起。北美原住民正在重新爭取他們傳統領土的主權，範圍是北美北部三分之一地帶，從阿拉斯加北部到格陵蘭。這個廣袤的地帶有著密集的北方森林、苔原和無樹木的冰蓋島嶼，許多原住民從未簽署放棄他們土地權利的條約，至今仍然占據這些土地，並且驚人地繼續使用他們祖先的技術生活。他們在加拿大和格陵蘭贏得了關鍵的法律勝利，這讓他們對於自己領土上的相關事務保有相當大的影響力，迫使能源、礦業和木材公司謙卑地尋求他們的許可，以進行資源開發。一九九九年，加拿大的因紐特人（他們不想被稱為「愛斯基摩人」）贏得了自己的加拿大領土奴納武特（Nunavut），這塊領土比阿拉斯加還大。格陵蘭的因紐特人是丹麥王國中一個自治、自我管理的單位，控制著自己的事務，並正在積極地朝著完全獨立邁進。

　　北方原住民與因努（Innu）、卡斯卡（Kaska）、德內（Dene）、克里（Cree）以及其他數十個部落在以下地區擁有文化主導地位：阿拉斯加、育空、西北地區、拉布拉多的大部分地區，以及奴納武特和格陵蘭全境，再加上卑詩省西北內陸，還有亞伯達、沙士卡其灣、曼尼托巴、安大略和魁北克北部的大片土地。「第一國度」是第十一個區域文化，在地理上是所有區域文

化中最大的（遠大於美國本土），但卻擁有最少人口（總共不到三十萬人）。

第一國度是高度以社區為中心的社會。在遠北地區，大多數部落的土地是共同擁有，這種所有權形式防止土地被個人購買，或以任何損害未來世代價值的方式開發。格陵蘭根本沒有所謂私有財產，每個人都可以負責任地使用大家共享的土地，但當地人認為任何人「擁有」土地的想法是極端荒謬的，這就像有人聲稱擁有風一樣。無論是居住在拉布拉多、奴納武特、格陵蘭還是阿拉斯加的因紐特人，依然狩獵、捕魚和採集大量食物，而所有這些「家庭食品」以及相關的用具也普遍被視為公共財。如果獵人捕獲一隻海豹，這隻海豹會被分配給需要的人。村子裡都有公共冰箱，任何人都可以免費使用，因為食物不屬於個人。如果部落參與工業活動，其收益將由所有部落成員共享。[2]

毫不意外地，第一國度擁有極其強烈的環保意識。加拿大在一九九九年一項具有革命性的最高法院裁決中，承認印第安口述歷史得作為建立前殖民地領土的合法證據，因此目前由原住民設下條款讓石油、天然氣、礦業和林業公司遵守。在拉布拉多，擁有二千人的因努民族為他們祖先的土地制定了一項奠基於生態系統的頂尖森林管理計畫，該土地面積達到一千七百五十萬英畝，比西維吉尼亞州還大。他們聘請了專業的森林生態學家來認定哪些區域不應該砍伐，以保護野生動物和水質，並擴展了他們自己狩獵、捕魚和設置陷阱的領域。最終，他們有六成的領土對伐木者實行禁伐；其餘則進行可確保永續的森林砍伐方式，以造福全體。類似的措施在北部卑詩省和育空的卡斯卡領土上帶來了涵蓋

五千七百六十萬英畝的森林計畫，以及在西北地區建立一座新的
國家公園和野生動物避難所，面積是黃石公園的十一倍。「這裡
出現了一個新局面，第一國度正在推動各方面的成果，並試圖在
他們的土地、歷史、現代經濟和未來之間達到平衡，」與加拿大
北部部落合作的拉瑞・印內斯（Larry Innes）表示，他是加拿大
北極森林倡議（Canadian Boreal Initiative）主任，該組織是由皮
尤慈善信託基金（Pew Charitable Trusts）資助的環保計畫。「加
拿大真的是我們能夠達到正確平衡的最後、最好的地點之一。」[3]

在加拿大和格陵蘭，因紐特人一直處於氣候變遷的最前線，
因為暖化的氣候已經在擾亂他們的生活方式。在伊盧利薩特
（Ilulissat）和其他格陵蘭北部聚落，獵人不情願地放棄他們的雪
橇犬，因為當地的冬季不再形成海冰。（在格陵蘭不能經由「陸
地」旅行，因為崎嶇的山脈和數英里高的冰川前緣阻擋了每條路
線。）阿拉斯加的村莊已經不得不遷移，逃離海平面上升和融化
的永久凍土。北極熊和其他獵物正在消失。同時，吸毒、酗酒
和青少年自殺問題已成為普遍現象。「在一個人一生的時程裡，
我們的生活方式已經發生了變化。」奴納武特的希拉・瓦特－
克洛蒂耶（Sheila Watt-Cloutier）表示，她是因紐特環極理事會
（Inuit Circumpolar Council）主席，在氣候變化議題上的倡議工
作讓她獲得了二〇〇七年諾貝爾和平獎提名。「我們目睹了我們
社會的崩潰。」[4]

格陵蘭人已經決定，掌控自己命運是最好的前進途徑。二
〇〇九年，百分之七十六的選民在公投中支持自治，因此他們幾
乎從丹麥獨立出來。格陵蘭人現在控制著刑事司法、社會福利和

健保制度、土地使用規劃、漁業管理、環境法規、教育、交通，甚至海上油氣勘探合約的簽發。「一個民族經營自己的土地是很自然的事情，」該島的外交部長韓蒙德（Aleqa Hammond）表示，「我們的思維方式不像歐洲人，我們的外貌也不像歐洲人，我們也不居住在歐洲。這並不是說我們對丹麥感到不滿，而是對於一個擁有自己的種族和身分的民族來說，想要擺脫外來者統治是自然的事情。」她承認，獨立大業並不容易，因為此地仍然依賴丹麥政府的補貼來維持政府、醫院和優渥的社會福利制度。但她相信格陵蘭人有項祕密武器，就是像她一樣的女性。「在格陵蘭，你會發現女性非常強大，不僅是身強體壯，還包括在政治、商業、教育等各方面。」她並補充說島上大約一半的議會成員是女性，「我們的主教是女性，大多數市長也是女性等等。格陵蘭從來沒有上演過爭取性別平等的鬥爭。女性在我們社會中一直非常有力量。我們的神是女性，當基督徒在十八世紀來到格陵蘭時說：『我們的上帝強大且偉大，他長得像我們』，我們的第一反應是：『他？』因為我們的女性不僅比男性更聰明、更漂亮，她們還能生育，她們賦予生命，當社會出現問題時，女性會為確保社會存續而戰鬥。」「因紐特語言中沒有他或她的區別，也沒有人類和動物之間的區別，」她補充道，「他們都是平等的。」[5]

　　第一國度人民以社區為本、環保意識強烈且由女性主導，將會以一種與北美以及世界其他國家截然不同的方式應對二十一世紀的全球挑戰。由格陵蘭起步，第一國度正在建立自己的一系列民主國家，這為北美原住民提供了一個機會，為世界展示他們如何融合後現代生活與史前傳統方式。

# 十週年後記

　　二〇一一年夏天，《美利堅國度》即將出版之際，我與一位重要人士會面，他是位深謀遠慮且地位崇高的華盛頓媒體高層，同時也是對外交事務相當敏銳且熟稔的專家，並同時擔任多個重要機構的高層。這是我第一次在他人面前談論這本書的主題，當時我完全不曉得會獲得什麼樣的回應。我的聽眾滿懷好奇、追根究柢且學識淵博，我提出區域文化的競爭形塑了我們美國的歷史、身分認同、憲政體制，以及當今的政治分裂，對方認為我的想法既動人又深具啟發，我鬆了一口氣。我即將對美國的政治、社會與文化做出大膽的詮釋，因此這位聽眾的反應讓我可以推測意見領袖對我的主題可能產生的看法。

　　接著話題來到對未來的預測。

　　我向對方說明了各位前面剛讀到的尾聲要點，即一旦遇到重大危機，聯邦可能分裂成一至多個邦聯，由思想相近的區域文化組成，此時會議室突然陷入一片沉寂。這位重要人士的臉瞬間僵住，因為我提到在一九七一年時蘇聯沒有人想到自己的國家在二十年後會突然分崩離析。對方堅持兩國之間毫無相似處，因為我們的體制遠更為強健。二百年來共和國的傳統讓決策權分落在不

同政府階層，而且深深貫徹在得以牽制領袖的民主體制中。美國
人深深相信美國實驗①，蘇聯人卻從未以同等信心看待列寧的共
產主義實驗。對方認同我對於我們的過去與現在所做的分析，但
認為若要說美國人可能終結這個聯邦或共和國，就有點誇大了。
在本書出版後的前幾個月以及幾年過後，我常聽到這番駁斥，一
篇《華爾街日報》書評還說聯邦會破裂的看法是出自眾多「先
知耶利米」②之口。然而二〇一一到二〇二一這十年間所發生的
事，顯示了本書書末的警告並非無稽之談，書中甚至還正確點出
可能會爆發危害社會安定的疫情，不過這場重大危機的到來比我
想像中更迅速且突然。過去十年間我大多都在研究我們現今如巴
爾幹般分裂的國家在過去是如何團結，以及近年來這股團結力量
受到哪些勢力威脅，還有如何採取策略以重振我們擁有共同目標
的社會，回歸我們聯邦立國文件《獨立宣言》中所列出的理想。
然而，維繫聯邦以及這場美國實驗的連結比我想像中來得脆弱
許多。

　　撰寫《美利堅國度》的目的是理解我們的過去，以及過去如

---

① 譯注：「美國實驗」（American Experiment）指的是美國作為一個國家試圖體
　現民主、共和主義和個人自由原則，透過建立基於自由、平等和法治理念的
　政府和社會，來測試這些理念的可行性和韌性。
② 譯注：耶利米（Jeremiah）是聖經中的先知，以其對耶路撒冷和猶大王國未來
　的悲觀預言而聞名。他的名字常用來指稱那些發出嚴重警告，預言未來負面
　結果的人。

何形塑了現在，但隨著書籍出版後，我從讀者、記者和電台主持人接收到許多提問，我發現大家想知道的是如何用這本書預測甚至形塑未來。我在書中創立地圖來劃分現今區域文化的界線，此圖卻突然變成炙手可熱的分析工具。讀者在全國尺度的地圖上指出種種《美利堅國度》中劃分出的界線：總統大選結果、口音差異、糖尿病分布、心臟病分布、高中輟學率與預期壽命長度、未保險人口分布、槍擊事件死亡人數、歷史上的私刑分布與當代社會流動指標；二〇二〇年春季，疫情爆發，恐慌四起，人口移動的減緩（或是未減緩）以及人均感染率分布也都符合我在書中的區域劃分。二〇一七年，基因族譜網站「祖先」（Ancestry）進行一項追溯祖宗十代的研究，該公司的科學家探測了七十七萬名美國人透過唾液檢測採集的DNA序列，目的是觀察潛在具有親緣關係的受試者的基因簇，比對這些受試者在網站上公布的家譜，將結果繪製成可追溯至十代以前的人口遷徙圖。這張圖的結果與《美利堅國度》相似度十分驚人：大阿帕拉契在山的兩側獨立出兩大支流；洋基在密西根的影響；中部地方從賓夕法尼亞擴散到東部內布拉斯加；深南地方的影響延伸到東德克薩斯和佛羅里達中部。《美利堅國度》探討的無疑是文化傳播而非遺傳學，但各地區文化顯然影響了我們美國先人的一項重大人生決定：擇偶條件。

　　出乎意料的是，《美利堅國度》的讀者對於我所劃分的區域文化界線並沒有太多疑義。主要提出的分歧點為哥倫布大都會區是否該劃分在中部地方，以及匹茲堡（即阿勒格尼郡）是否該加入位於其南部郊區的大阿帕拉契，我曾聽到關於兩方立場皆十

分站得住腳的論點。奧勒岡州約瑟芬郡（Josephine County）的一位居民就住在加州邊界，曾要求將該郡從左岸地方改劃分為遠西地方：「我們的房屋稅低到養不起全職的巡警，而我們對此十分自豪。」另一位讀者提到：「您好，身為堪薩斯州拉塞爾郡（Russell）居民，我很憤慨，因為您竟然在十一個區域文化的地圖上，將我所在的郡劃分在中部地方，簡直錯得離譜。我很想用更強烈的語言表達我對這個分類的看法，但我努力克制自己。」另外還有幾位思慮周到的上中西部評論家提到，應該劃分出另一個奠基於北歐的區域文化，涵蓋密西根、威斯康辛、明尼蘇達與北達科他的最北端。我並不傾向於同意這個觀點，因為如果各位收集並分析這個地區郡的早期定居者出生地（這筆資料已經由十九世紀末的郡史學家勤奮編纂而成），會發現他們幾乎都來自新英格蘭、西部保留地、紐約上州、其他洋基之國地帶，以及當邊界較為寬鬆時的魁北克南部和安大略。

＊

我自己則一直在思考一個觀點：根據文化地理學家澤林斯基的看法，遠西地方仍然在不斷進行「開發」，並可能隨著開發的進展而形成獨特的區域文化。第一個有可能形成的區域文化可能是由摩門教徒在猶他、南愛達荷和內華達北部開拓的土地，或許可以稱之為「德撒律」地區③，擁有獨特的民風和癖好。西班牙

---

③ 譯注：德撒律（Deseret）是摩門教徒早期定居者用來形容定居點的名稱，源自《摩爾門經》中雅利安人語言，意指「蜜蜂」。在十九世紀中葉，摩門拓荒

加勒比區域文化以哈瓦那為樞紐，向大安地列斯群島和南佛羅里
達地區延伸，有望成為紐奧良豐富多元文化基礎的第三支柱（與
新法蘭西和深南地方並列）。

　　排除上述可能的調整，書中提出的模型透過北美大陸的檢
視，其中劃分的界線大多受到在地居民認同，對於文化的描述也
廣泛受到曾經與之互動的人支持。

✳

　　隨著愈來愈多證據支持《美利堅國度》的地圖劃分，我也開
始探尋過去我們是如何團結一心，以期能找到方式讓我們再度重
拾凝聚力。

　　二〇一四與二〇一五年間，我致力於確認一套能與廣大「區
域文化」產生共鳴的政治價值，使一個政黨或運動能夠建立穩固
且有能力掌握各項權力的執政聯盟，即在眾議院和選舉人團中贏
得多數，並掌握過半數參議院以防範阻擾議事的發生。我們曾有
過這樣的時刻（持續了數十年的鍍金時代共識和新政時期就是
例證），但要重現這種影響力，我們需要什麼條件？情勢十分緊
迫，若聯邦政局持續僵持，將無法處理許多急邊惡化的問題，如
經濟穩定、社會流動性、收入平等、社會信任以及國際聲望和影
響力，這將成為災難的前兆。

　　因此我著手撰寫了另一本書《國家的品格：個人自由與公共

---

　　者使用此詞來描述他們在鹽湖谷及周邊地區的定居地，雖然「德撒律」未獲正
式承認，但這個名稱仍時不時用來指稱摩門教在美國西部的歷史和文化遺產。

利益，跨越數百年的史詩之爭》（*American Character: A History of the Epic Struggle Between Individual Liberty and the Common Good*）④，書中主張在我們成為聯邦後的歷史中，美國政治討論都圍繞著如何保護並延伸我們的民主自由實驗，其中遠大的抱負就是如何建立一個所有人都獲得自由的社會。我們從一開始就遇到一個問題，即我們對於實現方式抱有不同意見，而像洋基之國和大阿帕拉契這樣的區域文化在此議題上還擁有相互矛盾的傳統。大阿帕拉契（還有深南地方和遠西地方）認為自由必須存在於最大限度的個體自主、個人主權以及排除限制，特別是（但不限於）政府施加的限制。

支持者認為，如果限縮政府權力、降低稅賦、放鬆規範，我們不就自然會變得更自由了嗎？相反地，洋基之國（以及中部地方和左岸地方）傳統上主張要達到自由，必須透過建立自由社會的基礎建設和體制，即學校、公園、道路、橋梁、公立大學、圖書館與診所等，以作為平等機制，確保所有人都有機會發揮自己最大潛能，不論出身高低，都能達到實質的自由。共和國公民意識的養成須透過共同努力，等同於一項社會計畫，托克維爾見識過一八三〇年代新英格蘭地方會議後也提出相同看法。

我在書中展示這兩種自由態度（個人自由和公共利益）都同等重要，而且唯有兩者達到平衡，民主自由政體才能夠繁盛。過度傾向其中一方便會走向暴政：二十世紀末宏都拉斯或薩爾瓦多出現了寡頭，權力集中在八大家族或十大家族，他們讓自己獲得

④ 編按：本書的中文版也是由八旗文化出版。

最大的自由並且殺害其政敵；另一邊的例子則是歐威爾主義的極致展現，即希特勒統治下的德國以及史達林統治下的蘇聯，所謂「公共利益」的守門人讓異議與錯誤思想變成犯罪，以洗清國家內部不忠誠的人，甚至連獨具個人風格的人也不被容忍。美國的情況變得更加險峻，因為兩個世代以來，兩黨的政治領袖迅速轉向極端個人主義，造成社會不穩定，破壞社會信任，並且終結了數百萬人的美國夢。我認為「左派」和「右派」的民粹主義皆因此而起（即茶黨人與占領華爾街運動，還有伯尼‧桑德斯〔Bernie Sanders〕和川普）。透過追溯「區域文化」間的鬥爭，我觀察到一套可以同時平衡兩股勢力的理想，能夠重振我們的自由民主，並且符合我們大多數（但非全部）區域文化的價值觀。我在書中警告，如果沒有這些理想，「共和國在迷霧中跌跌撞撞而行，或是原地癱瘓，原本仰賴妥協運行的體制動彈不得，生命力流失為一池債務，而我們的未來即將溺死在其中。」我認為，我們必須確立自己的方向，否則我們可能直接失去民主自由，並且陷入暴政。

　　《國家的品格》在二○一六年三月出版，四十九天後，蠱惑民心的獨裁政客川普以十六個百分點奪下印第安納黨內初選，共和黨總統參選人呼之欲出。十個月後，川普當選總統，而我則正為平裝版撰寫序言。我寫道：「關鍵時刻已然降臨，問題是我們要如何回應這場危機，是要重申我們二百四十年民主實驗的基本價值，或是以不民主、獨裁且族裔民族主義的風氣取而代之。」

✳

　　川普政權就如同我所擔心的一樣糟，他持續攻擊法治以及自由民主規範，最終甚至帶來對國會大廈的武裝攻擊，當時若成功，美國自治的實驗將以失敗告終。他為南方邦聯的象徵符號辯護，稱新納粹的示威者為「一群好傢伙」，並且恐嚇尋求難民庇護的人，讓他們與自己的小孩分開，有數以千計的孩子遭受這般對待，而且無法挽回，因為川普政府並未花費心力保留紀錄讓他們未來得以與家人重逢。自由之家（Freedom House）曾警告，他在位時期「使美國自身民主標準以前所未有的速度衰退，損及其國際信用，不再被視為良好政府與人權擁護者。」這些描述跟他在位最後一年相比簡直微不足道。

　　川普第一任期尾聲，已經很明顯可以看出我們的共和國正在衰退，而威權統治的可能性逐漸提升。民調顯示，即使川普做出種種不當言行，他在那些最熱烈支持他的「區域文化」中甚至變得更受歡迎，包含大阿帕拉契、深南地方與遠西地方，彌補了在不支持他的區域文化中所流失的選票，即洋基之國、新尼德蘭、左岸地方、北部地方與潮水地方。眼前有兩條路：延續美國實驗，或是支持鞏固新興強人威權，毫無疑問選舉人團在二〇二〇年會選擇前者。

　　美國真的可能瓦解，這個議題終於被拿到檯面上談論。二〇一八年夏天，史丹佛大學胡佛研究所歷史學家維克多・漢森（Victor Davis Hanson）在保守派的《國家評論》（*National Review*）中問到我們是如何「走到名副其實的內戰邊緣」以及「與一八六〇年代不相上下的一刻」。《大西洋》（*The Atlantic*）甚至在二〇一九年末將一整期的內容聚焦在「如何終止內戰」。

「文明不會永遠留存，而造成瓦解的背後原因幾乎永遠都是內部的失敗。」六個月後，對美國華府政治圈極具影響力的媒體「值得」（Axios）做出這番警告：「如果美國現在看起來像是瀕臨瓦解的國家，未來很可能會成真。」

是什麼在推動幾乎摧毀美國實驗的威權勢力？又有什麼能夠將我們團結起來對抗這些勢力？在川普政權期間，我著手撰寫《聯邦：美國建國荊棘之路》（ *Union: The Struggle to Forge the Story of United States Nationhood* ），這同時也是「美利堅三部曲」的最終章。內容從一八三〇年的一群政治知識分子談起，他們致力說服不同「區域文化」的人說他們其實為同一民族，共享歷史、價值與目標。他們受情勢所逼，因為當時聯盟面臨瓦解，約克鎮圍城戰役的勝利氛圍消退，深南地方奴隸制霸權崛起，使得美國建國文件《獨立宣言》中所提及的理想淪為笑柄。

這些知識分子出現對立，一邊由洋基新英格蘭人帶領，另一邊則是深南地方與潮水地方的奴隸主。前者主張基於共同理想的單一民族神話，亦即《獨立宣言》所提及的理想：「人人生而平等，具有不可被剝奪的權利，包含生存、追求幸福以及選擇能夠代表自己的政府。」後者反駁了傑佛遜的看法，認為他的話誤導了大眾。他們認為人並非生而平等，僅有極少數具備特定文化和遺傳條件的人才能實行自我治理，這些人被認為是優越的盎格魯－撒克遜種族。對這個種族而言，聯邦各州是他們的種族根據地。這兩種理念間的對立──公民民族主義（civic nationalism）與族裔民族主義（ethnonationalism），自始至今一直存在，從內戰和重建時期，經過了一九一〇年代及一九二〇年代白人至上主

義的盛行，一直持續到一九六〇年代公民民族主義的浪潮。《聯邦》在二〇二〇年疫情爆發的夏天出版，當時這場理念之戰再度爆發。

　　人們走上街頭，抗議全國各地警方對非裔美國人的暴力行為，以及在潮水地方、深南地方與大阿帕拉契地區廣場隨處可見的白人至上主義紀念碑。美國國防部宣布會重新命名那些以南方邦聯軍官為名的軍事基地，而喬治亞州議會亦從州旗上移除南方邦聯的旗幟，全國運動汽車競賽協會舉辦的全美房車賽亦宣布禁止該旗幟出現在其所有資產上。川普批評了上述所有舉措，甚至威脅要否決國防部的預算，以確保胡德堡（Fort Hood）會繼續紀念胡德將軍，這位將軍曾主張黑人「是我們從野蠻狀態中所提升上來的低等種族」。後來在十一月擊敗川普的拜登（Joe Biden）則在競選時表示，我們正在為國家的靈魂而戰。大選日前一個月，拜登在蓋茨堡（Gettysburg）呼籲大眾像林肯過去一樣抵抗族裔民族主義者，並且不要容許「極端主義者和白人至上主義者推翻林肯、塔布曼（Harriet Tubman）和道格拉斯所形塑的美國。」

　　二〇二〇年的大選結果如預料般沿著區域文化界線劃分，就跟二〇〇八、二〇一二以及二〇一六年的選舉一樣。川普以二十一個百分點奪下大阿帕拉契，七個百分點奪下深南地方，五個百分點奪下遠西地方，這些差距都略低於他在四年前的表現。拜登以十個百分點奪下洋基之國，二十一個百分點奪下北部地方，二十二個百分點奪下新尼德蘭，三十八個百分點奪下左岸地方，以及以兩個百分點奪下最終的搖擺地區中部地方；除了新尼德蘭，

其他地方的票差都勝過二〇一六年希拉蕊‧柯林頓的得票率。川普在二〇一六年以些微之差贏得選舉人團青睞，關鍵就是他翻轉了過去兩度支持歐巴馬的洋基農村地區，並且以極小的差距取得了贏者全拿的密西根、威斯康辛和賓夕法尼亞。二〇二〇年，川普在農村洋基地區的勝差從十八點三個百分點降至十點三，這一下滑幅度比他在該區域都會地區（輸了二十個百分點）的跌幅還要多出兩個百分點，導致他在兩個州的競選變得困難重重，並在第三個州的爭奪上增添了諸多挑戰。川普在喬治亞州阿帕拉契區域的大多數選區中獲勝，然而，非裔美國人和尤其是深南地方受過高等教育的富裕郊區居民轉而支持民主黨，這一轉變使得該州最終投向民主黨，這表明該地區長久以來的單一黨派統治可能在未來遭遇挑戰。（相反地，在阿拉巴馬，郊區文化勢力範圍較小，大阿帕拉契文化較為廣泛，因此川普以二十五個百分點勝出，僅比前次下滑三個百分點，主要是因為蒙哥馬利與伯明罕。）

　　這次選舉具有深遠的歷史影響，但選舉日之後發生的事件更加重要，川普和他的支持者打破了美國長久以來政權和平轉移的傳統。川普在國會盟友的支持下拒絕承認失敗，無憑無據地聲稱選舉造假，並試圖脅迫地方及州級官員改變選舉結果。二〇二〇年一月六日，他甚至鼓動人群攻擊國會大廈。這群揮舞著南方邦聯旗幟的暴徒未能對副總統彭斯和眾議院議長裴洛西造成傷害，而不久後，共和黨內一百四十七位議員（其中大多數代表深南地方、大阿帕拉契、新法蘭西及遠西地方）試圖投票否定選舉結果，以結束美國的民主實驗。獨裁的威脅從未如此逼近美國。

　　眼前要讓不同區域文化團結一致（因為這在專制政體下尤難實現），我們必須重新審視對公共利益的政策，並構建一套具有吸引力的公民民族主義政策。這些挑戰非常嚴峻，特別是考慮到一月六日暴動事件後，至少有三分之一的國民似乎全心全意支持族裔民族主義和專制政變。然而，川普的極端行徑可能反而促進了若干進步運動的興起，包括多元種族共同爭取種族正義的聯盟、整個社會對性騷擾問題的深度反思，以及跨地區對族裔民族主義象徵、紀念碑和重要人物的重新評價。這些成就絕非小事，尤其是這些運動得以推動變革（特別是在中部地方和狄克西聯盟的三大區域文化）可能幫助美國預防社會病原，避免像南斯拉夫一樣，導致一個有內戰歷史的多民族聯邦解體。

　　《美利堅國度》所傳達的關鍵啟示是，美國人不應該對自己聯邦的未來過於自滿。美國在意識形態上並非「例外」，無法脫離歷史及其他國家適用的普遍法則和規範；過去對我們的影響與其對其他「舊世界」大陸的影響無異。保持我們的聯邦和自由民主共和國並非是理所當然的事；我們需要付出努力並奮鬥才能確保其延續。美國的理想與價值觀對世界有著正面的影響，但這些理念在國內一直存在爭議，直到今天，它們依然是我們所追求的目標。要實現這些理想，需要態度謙遜、自我了解，以及深刻體會歷史的悲劇力量。

二〇二一年三月寫於緬因州藍丘（Blue Hill）

# 謝詞與推薦閱讀清單

　　《美利堅國度》是本綜論專書，因此受益於多位學術前輩與眾多資料來源，這本書也有幸擁有多位教父教母。在我研究北美各區域文化時，有幾本書讓我受益匪淺，我也強烈推薦給想深入了解這些區域文化的讀者，這些書能夠幫助了解它們的發展歷程、擴張情形及特質。

　　喬爾‧加羅在《北美九民族》中首次提出了一個觀點，認為北美的特點是由區域文化間的競爭所塑造。這本書在一九八一年出版，不久就到了當時還在就讀中學的我手中。正如我在本書一開始所述，加羅的理論缺乏歷史佐證，因此在某些方面並未能切中要點。然而，他的整體觀點非常準確，他認為北美大陸上真正有意義的裂縫並不對應官方的政治界線，這點啟發了我自己在近三十年後的探究。

　　我鍾愛的幾本區域主義著作也非常平易近人。第一本是費雪的《阿爾比恩的種子》（一九八九年），他在其中提出了一個觀點，即在殖民時期，四種「英格蘭民風」被帶到了英屬北美，這些大致對應於洋基之國、中部地方、潮水地方和大阿帕拉契。費雪論述的重點在於展現英倫群島上特定地方文化與其在北美的分

支間的連貫性，然而這一理論也受到其他學者的質疑。在我看來，他最重要的貢獻是證實了這些區域文化在大西洋這一側的存在、起源及其顯著特點。費雪另一本較新的著作《尚普蘭之夢》（二〇〇八年）對新法蘭西進行了同樣的探討。另一本是羅素·修托的精采著作《世界中心的島嶼》（二〇〇四年），書中生動地呈現紐約的荷蘭時期歷史，並主張該時期對紐約文化的長遠影響，而我完全支持這個觀點。凱文·菲利普在一九六九年的研究十分有遠見，他在《崛起的共和黨多數派》中點出了許多區域文化間的關鍵分歧，並利用這些分歧預測了美國政治的四十年發展趨勢；他後來的兩部作品：一九九九年的《表親戰爭》（*The Cousins' Wars*）和二〇〇六年的《美國神權政治》（*American Theocracy*）運用區域差異來分別探討英美關係和美國權力的衰退。麥可·林德在二〇〇四年出版的《德州製造》（*Made in Texas*）一書中對美國政治的「南方化」進行了強烈抨擊，並指出了他所屬的州之間的區域緊張關係，以及這些區域在二十世紀末至二十一世紀初的一些明顯政策差異。我將這些區域稱為阿帕拉契地區和深南地區。

在更專業的學術作品中，有些尤為引人注目。威爾伯·澤林斯基在一九七三年的著作《美國的文化地理》（*The Cultural Geography of the United States*）中提出了實用的概念，用以繪製和分析各地區的文化。雷蒙·蓋斯蒂爾（Raymond Gastil）在《美國的文化區域》（*Cultural Regions of the United States*）中，深入描繪了在各種主題和社會指標上的區域變異。唐納·梅寧（Donald W. Meinig）的著作《德克薩斯帝國：論文化地理學》

（*Imperial Texas: An Interpretive Essay in Cultural Geography*）採用了類似的方法來探討德州備受關注的文化分裂。有兩本著作對於追溯移墾路線非常寶貴：弗雷德里克・默克一九七八年的《西進運動史》（*History of the Westward Movement*）和亨利・格拉西（Henry Glassie）一九六八年的《美國東部物質民俗文化》（*Material Folk Culture of the Eastern United States*）。

　　另一批作品則深入探討了特定區域文化的關鍵要點。研究美國菁英的學者愛德華・狄比・巴澤（E. Digby Baltzell）在《清教波士頓與貴格會費城》（*Puritan Boston and Quaker Philadelphia*）中詳盡研究了這兩座洋基之國和中部地方的知識重鎮，對當地望族進行了文化比較和對照。要了解北部地方的西班牙傳統，大衛・韋伯（David J. Weber）的著作是不可或缺的參考文獻，像是《西班牙在北美的邊疆》（*Spanish Frontier in North America*）和《一八二一至一八四六年的墨西哥前沿地帶：墨西哥統治下的美國西南部》（*The Mexican Frontier, 1821–1846: The American Southwest Under Mexico*）。萊斯・艾薩克（Rhys Issac）在《一七四〇至一七九〇年的維吉尼亞變革》（*The Transformation of Virginia 1740–1790*）中，細緻地描述了潮水地方貴族世界的鼎盛時期。若欲了解荷蘭時期的新尼德蘭，我推薦閱讀奧利弗・林克（Oliver A. Rink）在一九八六年的研究《哈德遜河上的荷蘭：荷蘭時期紐約的經濟與社會歷史》（*Holland on the Hudson: An Economic and Social History of Dutch New York*）。關於深南地方和其最初模仿的巴貝多系統，可以參考理查・鄧恩（Richard S. Dunn）在一九七二年的研究《糖和奴隸：一六二四至一七一

三年間英國西印度群島農園階級的興起》（*Sugar and Slaves: The Rise of the Planter Class in the English West Indies, 1624–1713*）和他在一九七一年四月的文章〈英國糖島與南卡羅來納州的建立〉（English Sugar Islands and the Founding of South Carolina），發表於《南卡羅來納歷史雜誌》（*South Carolina Historical Magazine*）。另一本關於二十世紀初深南地方文化的學術探討是《深南地方：種姓和階級的社會人類學探討》（*Deep South: A Social Anthropological Study of Caste and Class*），於一九四一年由芝加哥大學的研究團隊出版，是本讀來令人悚然心驚的經典讀物。關於區域文化向中西部地區的擴散及其影響，特別推薦理查·鮑爾（Richard Power）一九五三年的《栽種玉米帶文化：山地南方人和洋基在舊西北的印記》（*Planting Corn Belt Culture: The Impress of The Upland Southerner and Yankee in the Old Northwest*）、保羅·克萊普納（Paul Kleppner）一九七〇年出版的《文化的十字架：一八五〇至一九〇〇年中西部政治的社會分析》（*The Cross of Culture: A Social Analysis of Midwestern Politics, 1850–1900*）、妮可·艾契森（Nicole Etcheson）一九九六年出版的《新興的中西部：一七八七至一八六一年山地南方人與舊西北政治文化》（*The Emerging Midwest: Upland Southerners and the Political Culture of the Old Northwest, 1787–1861*）。要深入了解遠西地方和左岸地方，推薦先閱讀馬克·賴斯納（Marc Reisner）一九八六年出版的《卡迪拉克沙漠》（*Cadillac Desert*）、大衛·強森（David Alan Johnson）一九九二年出版的《開拓遠西地方：一八四〇至一八九〇年的加利福尼亞、奧

勒岡和內華達》（*Founding the Far West: California, Oregon, and Nevada, 1840–1890*），以及凱文・斯塔（Kevin Starr）的《一八五○至一九一五年的美國人與加州夢》（*Americans and the California Dream, 1850–1915*）。感謝上述作者以及許多在書中注腳提到的其他作者，他們創造了如此大量的精采素材。

我最應感謝的是我的妻子莎拉・史基林・伍達德（Sarah Skillin Woodard），她在讀研究所和懷孕期間，與我一起分擔了撰寫這本書的壓力。在命運的安排下，《美利堅國度》和我們的第一個孩子同時誕生，而莎拉依然繼續編輯手稿，並在本應是我支持她的時候給予我積極的支持和協助。感謝妳，我的摯愛，如果沒有妳的偉大貢獻和犧牲，這本書無緣問世。我們的兒子亨利比這本書更早降臨人世，他一直是我生活中的快樂和靈感來源，即使他的編輯建議有時令人費解。

我的朋友兼新聞界同事山姆・洛文伯格（Samuel Loewenberg）穿梭於柏林、日內瓦和非洲難民營，但仍然抽空閱讀了《美利堅國度》的部分段落，並在我需要時給予了無價的建議；非常感謝你，山姆，我再度欠你一個人情。我的經紀人吉兒・葛林伯格（Jill Grinberg）不僅持續擔任我的出色代理人，而且曾在關鍵時刻給予了超越職責的協助；作為作家，我再也找不到比她更好的支持者。在維京出版社，我要感謝我的編輯瑞克・寇特（Rick Kot）對《美利堅國度》和《龍蝦海岸》的支持和忠實建議。同時感謝維京出版社的設計師保羅・巴克利（Paul Buckley）和華盛頓特區的奧利弗・穆德（Oliver Munday，封面設計），維京出版社的法蘭切絲卡・貝蘭潔（Francesca Belanger，內頁設計），

緬因州波特蘭的尚·威金森（Sean Wilkinson，製作地圖並耐心修訂）以及負責文字編輯的凱西·德克斯特（Cathy Dexter，不論妳現在身處何方）。

也感謝你，親愛的讀者，與我一同踏上這趟旅程。如果你喜歡這次閱讀之旅，請與你的朋友分享。

二〇一一年四月，寫於緬因州波特蘭

# 注釋

## 序章

1. Miriam Horn, "How the West Was Really Won," *U.S. News & World Report*, 21 May 1990, p. 56; Samuel L. Huntington, *Who Are We? The Challenges to America's National Identity*, New York: Simon & Schuster, 2004, pp. 67–70; James Allen Smith, *The Idea Brokers: Think Tanks and the Rise of the New Policy Elite*, New York: Free Press, 1991, pp. 179–181; Barack Obama, "Remarks on Iowa Caucus Night," Des Moines, IA, 3 January 2008.

2. Jim Webb, *Born Fighting*, New York: Broadway Books, 2004, pp. 13, 255; Angela Brittingham and C. Patricia de la Cruz, *Ancestry: 2000*, Washington, D.C.: U.S. Census Bureau, 2004, p. 8.

3. Michael Adams, *Fire and Ice: The United States, Canada, and the Myth of Converging Values*, Toronto: Penguin Canada, 2003, pp. 81–83.

4. Oscar J. Martinez, *Troublesome Border*, Tucson: University of Arizona Press, 1988, pp. 107–108.

5. Haya El Nasser, "U.S. Hispanic Population to Triple by 2050," *USA Today*, 12 February 2008; Sebastian Rotella, "Eyewitness: Carlos Fuentes," *Los Angeles Times*, 28 September 1994.

6. Hans Kurath, *A Word Geography of the Eastern United States*, Ann Arbor, MI: University of Michigan Press, 1949, p. 91; Henry Glassie, *Pattern in the Material Folk Culture of the Eastern United States*, Philadelphia: University of Pennsylvania Press, 1968, p. 39; Raymond D. Gastil, *Cultural Regions of the United States*, Seattle: University of Washington Press, 1975, pp. 11, 49, 83, 107, 139; Wilbur Zelinsky, "An Approach to the Religious Geography of the United States," *Annals of the Association of American Geographers*, Vol. 51, No. 2, 1961, p. 193; Kevin Phillips, *The Emerging Republican Majority*, New Rochelle, NY: Arlington House, 1969, pp. 47, 209, 299; Frederick Jackson Turner, *The United States: 1830–1850*, New York: Holt, Rinehart & Winston, 1935 (appended map); Frank Newport, "State of the States: Importance of

Religion" (press release), Gallup Inc., 28 January 2009, available at http://www.gallup.com/poll/114022/State-States-Importance-Religion.aspx; U.S. Census Bureau, "Table 228: Educational Attainment by State: 1990 to 2007" in *Statistical Abstract of the United States 2010*, available online via http://www.census.gov/compendia/statab/2010/tables/10s0228.pdf.

7. U.S. Census Bureau, *Profile of General Demographic Characteristics: 2000, Geographic Area: New York, N. Y.*, Table DP-1, p. 2, online at http://censtats.census.gov/data/NY/1603651000.pdf.

8. Wilbur Zelinsky, *The Cultural Geography of the United States*, Englewood Cliffs, NJ: Prentice-Hall, 1973, pp. 13–14.

9. Bill Bishop, *The Big Sort*, New York: Houghton Mifflin Harcourt, 2008, pp. 9–10, 45.

10. Donald W. Meinig, *Imperial Texas: An Interpretive Essay in Cultural Geography*, Austin: University of Texas Press, 1969, pp. 110–124; Zelinsky (1973), pp. 114–115.

11. Serge Schmemann, "The New French President's Roots Are Worth Remembering," *New York Times*, 15 May 2007.

## 第一章　建立北部地方

1. John H. Burns, "The Present Status of the S panish-Americans of New Mexico," *Social Forces*, December 1949, pp. 133–138.

2. Charles C. Mann, *1491: New Revelations of the Americas Before Columbus*, New York: Knopf, 2005, pp. 102–103.

3. Alan Taylor, *American Colonies: The Settling of North America*, New York: Penguin, 2001, p. 53–54; Mann, pp. 102–103.

4. Mann (2005), pp. 140–141; Taylor (2001), p. 57.

5. Thomas Campanella, *A Discourse Touching the Spanish Monarchy* [1598], London: William Prynne, 1659, pp. 9, 223.

6. David J. Weber, *The Mexican Frontier, 1821–1846*, Albuquerque: University of New Mexico Press, 1982, p. 232; David J. Weber, *The Spanish Frontier in North America*, New Haven, CT: Yale University Press, 1992, p. 322.

7. Taylor (2001), pp. 460–461; Weber (1992), pp. 306–308; Weber (1982), pp. 45–46.

8. Taylor (2001), p. 61.

9. James D. Kornwolf and Georgiana Kornwolf, *Architecture and Town Planning in Colonial North America, Vol. 1*, Baltimore: Johns Hopkins University, 2002,

pp. 122, 140; Robert E. Wright, "Spanish Missions," in *Handbook of Texas Online* at http://www.tshaonline.org/handbook/online/articles/SS/its2.html.

10. Weber (1992), p. 306; Jean Francois Galaup de La Perouse (1786) as quoted in James J. Rawls, "The California Mission as Symbol and Myth," *California History*, Fall 1992, p. 344.

11. Russell K. Skowronek, "Sift ing the Evidence: Perceptions of Life at the Ohlone (Costanoan) Missions of Alta California," *Ethnohistory*, Fall 1998, pp. 697–699.

12. Weber (1982), pp. 123–124, 279.

13. Weber (1992), pp. 15, 324.

14. Clark S. Knowlton, " Patron-Peon Pattern among the Spanish Americans of New Mexico," *Social Forces*, October 1962, pp. 12–17; Gastil (1975), p. 249.

15. Phillips (1969), pp. 282–283; Andrew Gumbel, *Steal This Vote: Dirty Elections and the Rotten History of Democracy in America*, New York: Nation Books, 2005, pp. 17–22.

16. Weber (1982), pp. 243, 284; Martinez (1988), pp. 107–111.

17. Taylor (2001), pp. 82, 458–460; Paul Horgan, *Great River: The Rio Grande in North American History*, Vol. I, New York: Holt, Rinehart & Winston, 1954, pp. 225–226; Weber (1982), pp. 92, 123.

18. Weber (1992), pp. 326–328; Manuel G. Gonzalez, *Mexicanos: A History of Mexicans in the United States*, Bloomington: Indiana University Press, 1999, p. 53; Martinez (1988), p. 107.

19. Edward Larocque Tinker, "The Horsemen of the Americas," *Hispanic American Historical Review*, May 1962, p. 191; Odie B. Faulk, "Ranching in Spanish Texas," *Hispanic American Historical Review*, May 1965, pp. 257, 166; C. Allan Jones, *Texas Roots: Agricultural and Rural Life Before the Civil War*, College Station: Texas A& M University, 2005, pp. 12–16; Peter Tamony, "The Ten-Gallon or Texas Hat," *Western Folklore*, April 1965, pp. 116–117.

20. Hubert Howe Bancroft, *The Works of Hubert Howe Bancroft,* Vol. 19, San Francisco: The History Company, 1886, p. 162; C. Wayne Hanselka and D. E. Kilgore, "The Nueces Valley: The Cradle of the Western Livestock Industry," *Rangelands*, October 1987, p. 196.

## 第二章　建立新法蘭西

1.　Samuel Eliot Morison, *Samuel de Champlain: Father of New France*, Boston:

Little, Brown & Co., 1972, p. 41.

2. David Hackett Fischer, *Champlain's Dream*, New York: Simon & Schuster, 2008, pp. 21, 37–45, 134.

3. Ibid., pp. 118, 134, 342, 528–529.

4. Samuel de Champlain, *Voyages of Samuel de Champlain, 1604-1618*, Vol. 4, New York: Scribner & Sons, 1907, pp. 54–55; Helena Katz, "Where New France Was Forged," *The Globe & Mail* (Toronto), 26 July 2004.

5. Fischer (2008), pp. 210–217.

6. Morison (1972), pp. 94–95; Fischer (2008), pp. 212–219. The teens were Charles de Biencourt (future governor and vice admiral of Acadia), Charles La Tour (future governor of Acadia), and Robert du Pont-Grave (who became a leading fur trader in the St. John Valley).

7. Fischer (2008), pp. 380, 401, 457; Cornelius J. Jaenan, "Problems of Assimilation in New France, 1603–1645," *French Historical Studies*, Spring 1966, p. 275.

8. Sigmund Diamond, "An Experiment in 'Feudalism': French Canada in the Seventeenth Century," *William and Mary Quarterly*, January 1961, pp. 5–13.

9. One was my eighth-great-grandmother, who came to Québec in 1671, married another recent immigrant, and bore at least four children.

10. Peter N. Moogk, "Reluctant Exiles: Emigrants from France in Canada before 1760," *William and Mary Quarterly*, July 1989, pp. 471, 477–484, 488; Stanislas A. Lortie and Adjutor Rivard, *L'Origine et le parler de C anadiens-français*, Paris: Honoré Champion, 1903, p. 11; Fischer (2008), pp. 472–488.

11. Moogk (1989), pp. 497; John Ralston Saul, *A Fair Country: Telling Truths About Canada*, Toronto: Penguin Canada, 2008, pp. 9, 11; Diamond (1961), pp. 25, 30.

12. Diamond (1961), p. 30; Saul (2008), pp. 10–11; Alaric and Gretchen F. Faulkner, "Acadian Settlement 1604–1674," in Richard W. Judd et al., eds., *Maine: The Pine Tree State from Prehistory to the Present*, Orono: University of Maine Press, 1994, p. 93; Owen Stanwood, "Unlikely Imperialist: The Baron of S aint-Castin and the Transformation of the Northeastern Borderlands," *French Colonial History*, Vol. 5, 2004, pp. 48–49.

13. Diamond (1961), pp. 21–23.

14. Ibid., pp. 22–23, 28–29; Robert Forster, "France in America," *French Historical Studies*, Spring 2000, pp. 242–243.

15. Moogk (1989), p. 464.

# 第三章　建立潮水地方

1. Taylor (2001), pp. 129–131; John Smith, "A True Relation (1608)" in Lyon Gardiner Tyler, ed., *Narratives of Early Virginia*, New York: Scribner & Sons, 1907, pp. 136–137; Cary Carson et al., "New World, Real World: Improvising English Culture in Seventeenth-Century Virginia," *Journal of Southern History*, February 2008, p. 40.

2. Carson et al., pp. 40, 68; Jack P. Greene, *Pursuits of Happiness: The Social Development of Early Modern British Colonies and the Formation of American Culture*, Chapel Hill: University of North Carolina Press, 1988, p. 9.

3. Carson et al., p. 69.

4. Taylor (2001), pp. 125–136.

5. Greene (1988), p. 12.

6. Oscar and Mary F. Handlin, "Origins of the Southern Labor System," *William and Mary Quarterly*, April 1950, p. 202; Bernard Bailyn, *Voyagers to the West: A Passage in the Peopling of America on the Eve of the Revolution*, New York: Knopf, 1986, pp. 345–348; David Hackett Fischer, *Albion's Seed: Four British Folkways in America*, New York: Oxford University Press, 1989, pp. 401–402.

7. Greene (1988), p. 84; Handlin & Handlin, pp. 202–204; James H. Brewer, "Negro Property Owners in Seventeenth-Century Virginia," *William and Mary Quarterly*, October 1955, pp. 576, 578.

8. Taylor (2001), pp. 136–137; Robert D. Mitchell, "American Origins and Regional Institutions: The Seventeenth Century Chesapeake," *Annals of the Association of American Geographers*, Vol. 73, No. 3, 1983, pp. 411–412.

9. Warren M. Billings, *Sir William Berkeley and the Forging of Colonial Virginia*, Baton Rouge: Louisiana State University Press, 2004, pp. 97–109; Kevin Phillips, *The Cousins' Wars: Religion, Politics, and the Triumph of Anglo-America*, New York: Basic Books, 1999, pp. 58–59.

10. Billings (2004), p. 107; Douglas Southall Freeman, *Robert E. Lee: A Biography*, New York: Charles Scribner, 1934, p. 160; Fischer (1989), pp. 212–219; David Hackett Fischer, "Albion and the Critics: Further Evidence and Reflection," *William and Mary Quarterly*, April 1991, p. 287; Willard Sterne Randall, *George Washington: A Life*, New York: Holt, 1998, pp. 9–13.

11. Wallace Notestein, *The English People on the Eve of Colonization*, New York: Harper & Row, 1954, pp. 45–60; John Toland, ed., *The Oceana and other works of James Harrington, with an account of his life*, London: T. Becket & T.

Cadell, 1737, p. 100.

12. Martin H. Quitt, "Immigrant Origins of the Virginia Gentry: A Study of Cultural Transmission and Innovation," *William and Mary Quarterly*, October 1988, pp. 646–648.

13. Daniel J. Boorstin, *The Americans: The Colonial Experience*, New York: Vintage, 1958, pp. 106–107.

14. Carson et al., p. 84.

15. Fischer (1989), pp. 220–224.

16. Ibid., pp. 398–405; Rhys Isaac, *The Transformation of Virginia*, New York: W. W. Norton, 1982, pp. 134–135.

17. David Hackett Fischer, *Liberty and Freedom*, New York: Oxford University Press, 2005, pp. 5–9.

18. Isaac (1982), pp. 35–39, 66; Kornwolf and Kornwolf (2002), Vol. 2, pp. 578–588, 725; Fischer (1989), p. 412.

19. Fischer (1989), p. 388; Greene (1988), pp. 82–84.

## 第四章　建立洋基之國

1. Boorstin (1958), pp. 1–9; Greene (1988), p. 19; William D. Williamson, *The History of the State of Maine,* Vol. 1, Hallowell, ME: Glazier, Masters & Co., 1839, pp. 380–381; Fischer (1989), p. 55; Alice Morse Earle, *The Sabbath in Puritan New England*, New York: Charles Scribner & Sons, 1902, pp. 246–247.

2. Greene (1988), pp. 20–21.

3. Alexis de Tocqueville, *Democracy in America* [1835], *Vol. 1*, New York: Knopf, 1945, pp. 32–33.

4. Thomas Jefferson Wertenbaker, *The Puritan Oligarchy*, New York: Charles Scribner's Sons, 1947, pp. 44–47; Fischer (1989), p. 38n.

5. Fischer (1989), pp. 130–131.

6. Taylor (2001), pp. 195, 202.

7. Emerson W. Baker, *The Devil of Great Island: Witchcraft and Conflict in Early New England*, New York: Palgrave MacMillan, 2007, pp. 134–139.

8. Richard Baxter, *Life and Times*, London: M. Sylvester, 1696, p. 51; D. E. Kennedy, *The English Revolution, 1642–1649*, New York: St. Martin's Press, 2000, p. 75 (quoting John Wildman).

# 第五章　建立新尼德蘭

1. Robert C. Ritchie, *The Duke's Province: A Study of New York Politics and Society, 1664–1691*, Chapel Hill: University of North Carolina Press, 1977, pp. 26–29; H. L. Mencken, *The American Language*, New York: Alfred Knopf, 1921, p. 348.

2. "Relation of 1647" in Reuben Gold Thwaites, ed., *The Jesuit Relations and Allied Documents*, Vol. 31, Cleveland: Burrows Brothers, 1898, p. 99

3. R. R. Palmer and Joel Colton, *A History of the Modern World to 1815*, New York: Alfred Knopf, 1983, pp. 159–163; Els M. Jacobs, *In Pursuit of Pepper and Tea: The Story of the Dutch East India Company*, Amsterdam: Netherlands Maritime Museum, 1991, pp. 11–18.

4. Russell Shorto, *Island at the Center of the World*, New York: Doubleday, 2004, pp. 94–100; James H. Tully, ed., *A Letter Concerning Toleration* [1689], Indianapolis, IN: Hackett Publishing, 1983, p. 1.

5. Joep de Koning, "Governors Island: Lifeblood of American Liberty," paper given at the AANS/N NS Conference, Albany, NY, 9 June 2006, pp. 3–4, 8–10; Shorto, (2004) pp. 94–96; William Bradford, "History of Plymouth Plantation [1648]" in William T. Davis, ed., *Bradford's History of Plymouth Plantation 1606–1646*, New York: Charles Scribner's & Sons, 1920, p. 46.

6. Oliver A. Rink, *Holland on the Hudson: An Economic and Social History of Dutch New York*, Ithaca, NY: Cornell University Press, 1986, p. 156.

7. Ibid., pp. 98–115; Taylor (2001), p. 255.

8. Rink (1986), pp.233–235; Koning (2006), pp. 12–14; Thomas J. Archdeacon, *New York City, 1664–1710: Conquest and Change*, Ithaca, NY: Cornell University Press, 1979, p. 45.

9. Rink (1986), p. 227; p. 169; Laurence M. Hauptman and Ronald G. Knapp, " Dutch-Aboriginal interaction in New Netherland and Formosa: An historical geography of empire," *Proceedings of the American Philosophical Society*, April 1977, pp. 166–175; Shorto (2004), p. 124.

10. Ritchie (1977), pp. 150–151; William S. Pelletreau, *Genealogical and Family History of New York,* Vol. 1, New York: Lewis Publishing Co., 1907, pp. 147–153; Cuyler Reynolds, *Genealogical and Family History of Southern New York,* Vol. 3, New York: Lewis Publishing Co., 1914, p. 1371; Lyon Gardiner Tyler, *Encyclopedia of Virginia Biography,* Vol. 4, New York: Lewis Historical, 1915, p. 5.

11. Rink (1986), pp. 160–164, 169; Archdeacon (1979), p. 34.
12. Taylor (2001), pp. 259–60.
13. Shorto (2004), pp. 293–296; Ritchie (1977), pp. 31–33; Taylor (2001), p. 260.

## 第六章　首波殖民地起義

1. Chief Justice Joseph Dudley, quoted in John Gorham Palfrey, *History of New England,* Vol. 3, Boston: Little, Brown & Co, 1882, pp. 514–531.
2. Quote on troops from Palfrey, pp. 517n, 521–522; David S. Lovejoy, *The Glorious Revolution in America*, New York: Harper & Row, 1972, pp. 180–181, 189–193; "Declaration of the Gentlemen, Merchants, and Inhabitants of Boston and the Country adjacent, April 18, 1689," in Nathanael Byfield, *An Account of the Late Revolution in New England*, London: Richard Chitwell, 1689, pp. 12–24.
3. "Declaration," in Byfield, pp. 11–12.
4. Lovejoy (1972), p. 182; Increase Mather, "Narrative of the Miseries of New En-gland, By Reason of an Arbitrary Government Erected There" (December 1688), in *Collections of the Massachusetts Historical Society*, 4th series, Vol. 9, Boston: Massachusetts Historical Society, 1871, p. 194.
5. Byfield (1689), p. 24.
6. Palfrey (1882), pp. 576–583; Lovejoy (1972), 240; David Lyon, *The Sailing Navy List*, London: Conway, 1993, p. 13.
7. "Depositions of Charles Lodowyck, New York: 25 July 1689," in J. W. Fortescue, ed., *Calendar of State Papers, Colonial Series, America and West Indies: 1689–1692*, London: His Majesty's Stationery Office, 1901, p. 108.
8. "Letter from members of the Dutch Church in New York to the Classis of Amsterdam," 21 October 1698, in *Collections of the New York Historical Society for the Year 1868*, New York: T row-Smith, 1873, p. 399; Adrian Howe, "The Bayard Treason Trial: Dramatizing Anglo-Dutch Politics in Early Eighteenth-Century New York City," *William and Mary Quarterly*, Third Series, 47:1 (January 1990), p. 63.
9. "Declarations of the freeholders of Suffolk, Long Island," in Fortescue, p. 35; "Lt. Governor Nicholson to the Lords of Trade, New York, 15 May 1689," in Fortescue, p. 38; Stephen Saunders Webb, *Lord Churchill's Coup: The Anglo-American Empire and the Glorious Revolution of 1688 Reconsidered*, Syracuse, NY: Syracuse University Press, 1998, pp. 199–200.

10. "Address of the Militia of New York to the King and Queen, June 1689," in F ortescue, p. 76; "Letter from members of the Dutch Church . . . ," pp. 399–400; "Deposition of Lt. Henry Cuyler, New York: 10 June 1689," in Fortescue, p. 65.

11. "Stephen van Cortland to Governor Andros, New York: 9 July 1689," in Fortescue, pp. 80–81; David W. Vorhees, "The 'Fervent Zeal' of Jacob Leisler," *William and Mary Quarterly*, Vol. 51, No. 3, 1994, p. 471.

12. "Minutes of the Council of Maryland, 24 March 1689," in Fortescue, p. 18; "Min-utes of the Council of Virginia, 26 April 1689," in Fortescue, p. 32; Thomas Condit Miller and Hu Maxwell, *West Virginia and Its People, Vol. 3*, New York: Lewis Historical Publishing Co., 1913, p. 843; "Nicholas Spencer to William Blatwayt, Jamestown, Va.: 27 April 1689," in Fortescue, p. 32; "Nicholas Spencer to Lord of Board and Plantations, Jamestown, Va.: 29 April 1689," in Fortescue, p. 33.

13. Lovejoy (1972), pp. 266–267; "Declaration of the reasons and motives for appearing in arms on behalf of the Protestant subjects of Maryland, 25 July 1689," in Fortescue, pp. 108–109; Michael Graham, "Popish Plots: Protestant Fears in Early Colonial Maryland, 1676–1689," *Catholic Historical Review*, Vol. 75, No. 2, April 1993, pp. 197–199, 203; Beverly McAnear, "Mariland's Grevances Wiy the Have taken Op Arms," *Journal of Southern History*, Vol. 8, No. 3, August 1942, pp. 405–407.

14. Lovejoy (1972), pp. 256–257; Howe (1990), p. 64; Taylor (2001), pp. 284–285.

15. "The case of Massachusetts colony considered in a letter to a friend at Boston, 18 May 1689," in Fortescue, p. 40; Taylor (2001), pp. 283–284.

## 第七章　建立深南地方

1. Richard S. Dunn, *Sugar and Slaves: The Rise of the Planter Class in the English West Indies 1624–1713*, Chapel Hill: University of North Carolina Press, 1972, p. 77; Taylor (2001), pp. 215–216; David Robertson, *Denmark Vesey*, New York: Alfred Knopf, 1999, p. 15.

2. Dunn (1972), pp. 69, 72.

3. Ibid., pp. 73; Richard S. Dunn, "English Sugar Islands and the Founding of South Carolina," *South Carolina Historical Magazine*, Vol. 101, No. 2 (April 1971), pp. 145–146.

4. Robertson (1999), p. 14; Greene (1988), p. 147; Robert Olwell, *Masters, Slaves and Subjects: The Culture of Power in the South Carolina Low Country,*

*1740–1790*. Ithaca, NY: Cornell University Press, 1998, pp. 34–35, 37.

5. Olwell (1998), pp. 79, 81; Dunn (2000), p. 153.

6. Fischer (2005), pp. 70–71.

7. Maurie D. McInnis, *The Politics of Taste in Antebellum Charleston*, Chapel Hill: University of North Carolina Press, 2005, p. 324; Taylor (2001), p. 226; Kurath (1949), p. 5.

8. M. Eugene Sirmans, "The Legal Status of the Slave in South Carolina, 1670–1740," *Journal of Southern History*, Vol. 28, No. 4, November 1962, pp. 465–467; "An Act for the Better Ordering and Governing of Negroes and Slaves" [1712 reenactment of the 1698 law] in David J. McCord, *The Statutes at Large of South Carolina, Vol. 7*, Columbia, SC: A. B. Johnston, 1840, pp. 352–365.

9. For an excellent discussion of the distinct slave systems, see Ira Berlin, "Time, Space, and the Evolution of A fro-American Society on British Mainland North America," *American Historical Review*, Vol. 85, No. 1, February 1980, pp. 44–78.

10. Greene (1998), pp. 191–192; Berlin (1980), pp. 68–69, 72, 74.

11. Greene (1998), pp. 191–192; Berlin (1980), p. 56, 66; Robertson (1999), p. 18.

12. Allison Davis et al., *Deep South: A Social Anthropological Study of Caste and Class*, Chicago: University of Chicago Press, 1941, pp. 15–44.

13. Ibid., pp. 244–250; Martha Elizabeth Hodes, *Sex, Love, Race: Crossing Boundaries in North American History*, New York: New York University Press, 1999, p. 119; Caryn E. Neumann, *Sexual Crime: A Reference Book*, Santa Barbara, CA: ABC-Clio, 2010, p. 6; Josiah Quincy quoted in Olwell (1998), p. 50.

14. Olwell (1998), pp. 21–25.

15. Greene (1988), p. 142; Betty Smith, *Slavery in Colonial Georgia, 1730–1775*, Athens: University of Georgia Press, 1984, p. 5; Taylor (2001), pp. 241–242.

16. Taylor (2001), pp. 243–244; Allan Gallay, "Jonathan Bryan's Plantation Empire: Law, Politics and the Formation of a Ruling Class in Colonial Georgia," *William and Mary Quarterly*, Vol. 45, No. 2, April 1988, pp. 253–279.

## 第八章　建立中部地方

1. Cara Gardina Pestana, "The Quaker Executions as Myth and History," *Journal of American History*, Vol. 80, No. 2, September 1993, pp. 441, 460–461; Taylor (2001), pp. 264–265; Theophilus Evans, *The History of Modern Enthusiasm,*

*from the Reformation to the Present Times*, London: W. Owen, 1757, p. 84; Boorstin (1958), pp. 35–39.

2.　E. Digby Baltzell, *Puritan Boston and Quaker Philadelphia*, New York: Free Press, 1979, pp. 94–106.

3.　Samuel Pepys, journal entry of 30 August 1664; "Sir William Penn" and "William Penn," in Hugh Chisholm, ed., *Encyclopedia Britannica*, 11th edition, Vol. 21, New York: Encylopaedia Britannica Co., 1911, pp. 99–104; Richard S. Dunn, "An Odd Couple: John Winthrop and William Penn," *Proceedings of the Massachusetts Historical Society*, 3rd Series Vol. 99, 1987, pp. 7–8.

4.　Dunn (1987), p. 3.

5.　Ibid., pp. 3–4; Fischer (1989), pp. 453–455, 461; Kornwolf and Kornwolf, Vol. 2, pp. 1175–1177.

6.　Taylor (2001), p. 267; Dunn (1987), pp. 10–12; John Alexander Dickinson and Brian J. Young, *A Short History of Quebec*, Montreal: M cGill-Queen's U niversity Press, 2003, pp. 65–66.

7.　Walter Allen Knittle, *Early Eighteenth Century Palatine Emigration*, Philadelphia: Dorrance & Co., 1936, pp. 1–81; Dunn (1987), p. 16; Charles R. Haller, *Across the Atlantic and Beyond: The Migration of German and Swiss Immigrants to America*, Westminster, MD: Heritage Books, 1993, p. 200; Oscar Kuhns, *The German and Swiss Settlements of Colonial Pennsylvania*, New York: Abingdon Press, 1914, p. 57.

8.　Fischer (1989), p. 432; Richard H. Shryock, "British Versus German Traditions in Colonial Agriculture," *Mississippi Valley Historical Review*, Vol. 26, No. 1, June 1939, pp. 46–49.

9.　Shryock, pp. 49–50; Fischer (1989), pp. 601–602; "The German Protest Against Slavery, 1688," *The Penn Monthly*, February 1875, p. 117.

10.　Baltzell (1979), pp. 127–132; Boorstin (1958), p. 68; John Fanning Watson, *Annals of Philadelphia and Pennsylvania, in the Olden Time*, Vol. 1, Philadelphia: Elijah Thomas, 1857, p. 106.

11.　R. J. Dickson, *Ulster Emigration to Colonial America, 1718–1775*, Belfast, U. K.: Ulster Historical Foundation, 1976, p. 225; James Leyburn, *The Scotch-Irish: A Social History*, Chapel Hill: University of North Carolina Press, 1962, pp. 175, 180, 192.

12.　Boorstin (1958), pp. 51–53.

13.　Ibid., pp. 54–66; Taylor (2001), p. 430.

## 第九章 建立大阿帕拉契

1. "State of the Commonwealth of Scotland" in William K. Boyd, ed., *Calendar of State Papers, Scotland, 1547–1603: Vol. 5, 1574–1581*, Edinburgh: H. M. General Register House, 1907, p. 564; Fischer (1989), p. 628; Jonathan Swift, *Proposal for Universal Use of Irish Manufacture*, Dublin: E. Waters, 1720.

2. Phillips (1999), p. 179.

3. Charles Knowles Bolton, *Scotch Irish Pioneers in Ulster and America*, Boston: Bacon & Brown, 1910, pp. 44–45.

4. "Abstract of the receipts on the hereditary and additional duties [in Ireland]," in Richard Arthur Roberts, ed., *Calendar of Home Papers, 1773–1775*, London: Her Majesty's Stationery Office, 1899, pp. 513–514; Bailyn (1986), pp. 36–42.

5. Patrick Griffin, *The People with No Name*, Princeton, NJ: Princeton University Press, 2001, pp. 102–105.

6. Ibid., pp. 593–596; Warren R. Hofstra, "The Virginia Backcountry in the Eighteenth Century," *Virginia Magazine of History and Biography*, Vol. 101, No. 4, October 1993, pp. 490, 493–494; Fischer (1989), pp. 740–741.

7. Grady McWhiney, *Cracker Culture: Celtic Ways in the Old South*, Tuscaloosa: University of Alabama Press, 1988, pp. 52–57; Charles Woodmason, *The Carolina Backcountry on the Eve of the Revolution* [1768], Chapel Hill: University of North Carolina Press, 1953, p. 52.

8. Hofstra (1993), p. 499; Fischer (1989), pp. 765–771; Griffin (2001), p. 112.

9. Fischer (1989), pp. 749–757, 772–774; Leyburn (1962), pp. 261–269.

10. Bailyn (1986), pp. 13–29.

11. Joanna Brooks, "Held Captive by the Irish: Quaker Captivity Narratives in Frontier Pennsylvania," *New Hibernia Review*, Autumn 2004, p. 32; Rachel N. Klein, "Ordering the Backcountry: the South Carolina Regulation," *William and Mary Quarterly*, Vol. 38, No. 4, October 1981, pp. 668–672.

12. Brooke Hindle, "March of the Paxton Boys," *William and Mary Quarterly*, Third Series, Vol. 3, No. 4, October 1946, pp. 461–486.

13. Ibid.; Merrill Jensen, *The Founding of a Nation: A History of the American Revolution*, New York: Oxford University Press, 1968, p. 27.

14. Charles Desmond Dutrizac, "Local Identity and Authority in a Disputed Hinterland: The Pennsylvania-Maryland Border in the 1730s," *Pennsylvania Magazine of History and Biography*, Vol. 115, No. 1, January 1991, pp. 35–61; Taylor (2001), p. 434; Klein (1981), pp. 671–680.

15. Klein (1981), pp. 671–679; Robert F. Sayre, ed., *American Lives: An Anthology of Autobiographical Writing*, Madison: University of Wisconsin, 1994, p. 171.

16. Walter B. Edgar, *South Carolina: A History*, Columbia: University of South Carolina Press, 1998, pp. 212–216; Klein (1981), p. 680.

17. Robert D. W. Connor, *History of North Carolina*, Vol. 1, Chicago: Lewis Publishing Co., 1919, pp. 302–320.

18. George D. Wolf, *The Fair Play Settlers of the West Branch Valley, 1769–1784*, Harrisburg, PA: BiblioBazaar, 1969, pp. 27–28, 46–48, 88.

19. Bailyn (1986), pp. 21–22, 536–541.

## 第十章 共同挑戰

1. Linda Colley, *Britons: Forging the Nation, 1707–1737*, New Haven, CT: Yale University Press, 1994, p. 167; Fischer (1989), pp. 823–824.

2. Taylor (2001), pp. 438–442; Fischer (1989), pp. 824–826; Marshall Delancey Haywood, "The Story of Queen's College or Liberty Hall in the Province of North Carolina," *North Carolina Booklet*, Vol. 11, No. 1, July 1911, p. 171; Phillips (1999), pp. 86–88, 93; Joseph C. Morton, *The American Revolution*, Westport, CT: Greenwood Press, 2003, p. 31.

3. Even so, Massachusetts has a town and a college named in his honor.

4. Bernhard Knollenberg, "General Amherst and Germ Warfare," *Mississippi Valley Historical Review*, Vol. 41, No. 3, December 1954, pp. 489–494; Taylor (2001), pp. 433–437.

5. Phillips (1999), pp. 171–173; Edmund S. Morgan, "The Puritan Ethic and the American Revolution," *William and Mary Quarterly*, Vol. 24, No. 1, January 1967, pp. 3–43; Fischer (1989), p. 827; Capt. Levi Preston quoted in David Hackett Fischer, *Paul Revere's Ride*, New York: Oxford University Press, 1995, pp. 163–164.

6. John M. Murrin et al., eds., *Liberty, Equality, Power: A History of the American People*, Belmont, CA: Thompson Learning, 2009, pp. 148–149.

7. Marc Engal, "The Origins of the Revolution in Virginia: A Reinterpretation," *William and Mary Quarterly*, Vol. 37, No. 3, July 1980, pp. 401–428; Thad W. Tate, "The Coming of the Revolution in Virginia: Britain's Challenge to Virginia's Ruling Class, 1763–1776," *William and Mary Quarterly*, Third Series, Vol. 19, No. 3, July 1962, pp. 324–343.

8. A. Roger Ekirch, "Whig Authority and Public Order in Backcountry North

Carolina, 1776–1783," in Ronald Hoff man et al., eds., *An Uncivil War: The Southern Backcountry During the American Revolution*, Charlottesville: University Press of Virginia, 1985, pp. 99–103.

9. Phillips (1999), pp. 211–219; Baltzell (1979), p. 181.

10. Edward Countryman, "Consolidating Power in Revolutionary America: The Case of New York, 1775–1783," *Journal of Interdisciplinary History*, Vol. 6, No. 4, Spring 1976, pp. 650–670.

11. Robert A. Olwell, " 'Domestic Enemies': Slavery and Political Independence in South Carolina, May 1775–March 1776," *Journal of Southern History*, Vol. 55, No. 1, Feb. 1989, pp. 21–22, 27–28.

12. Ibid., pp. 29–30.

13. Karen Northrop Barzilay, "Fift y Gentlemen Total Strangers: A Portrait of the First Continental Congress," doctoral dissertation, The College of William and Mary, January 2009, pp. 17–20.

14. John Adams quoted in Boorstin (1958), p. 404.

15. John E. Ferling, *A Leap in the Dark: The Struggle to Create the American Republic*, New York: Oxford University Press, 2003, p. 116.

16. "Letter of Noble Wimberly Jones, Archibald Bulloch, and John Houstoun to the President of the First Continental Congress, Savannah, Ga.: 6 April 1775," in Allen Candler, ed., *Revolutionary Records of the State of Georgia*, Vol. 1, Atlanta: Franklin Turner, 1908.

17. George Wilson, *Portrait Gallery of the Chamber of Commerce of the State of New York*, New York: Chamber of Commerce, 1890, pp. 30–32; Barzilay (2009), pp. 182–183; Carl Lotus Becker, *The History of Political Parties in the Province of New York, 1670–1776*, Madison: University of Wisconsin, 1907, pp. 143–146.

18. Barzilay (2009), pp. 291–295; "Plan of Union," in Worthington C. Ford et al., eds., *Journals of the Continental Congress, 1774–1789*, Vol. 1, Washington, D.C.: Government Printing Office, 1904, pp. 49–51; Becker, p. 143, n. 149.

19. Henry Laurens quoted in Olwell (1989), p. 29.

## 第十一章　六場解放之戰

1. David Hackett Fischer, *Paul Revere's Ride*, New York: Oxford University Press, 1995, p. 151–154; Max M. Mintz, *The Generals of Saratoga*, New Haven, CT: Yale University Press, 1990, pp. 82–84; Joseph Ellis, *American*

*Creation: Triumphs and Tragedies at the Founding of the Republic*, New York: Knopf, 2007, pp. 32–34.

2. Robert McCluer Calhoon, *The Loyalists in Revolutionary America, 1760–1781*, New York: Harcourt Brace, 1973, pp. 371–372; Oscar Barck, *New York City During the War for Independence*, Port Washington, NY: Ira J. Friedman Inc., 1931, pp. 41–44; Judith L. Van Buskirk, *Generous Enemies: Patriots and Loyalists in Revolutionary New York*, Philadelphia: University of Pennsylvania Press, 2002, p. 16.

3. Bart McDowell, *The Revolutionary War: America's Fight for Freedom*, Washington, D.C.: National Geographic Society, 1977, pp. 58–60; Calhoon, pp. 373–377; Countryman (1976), p. 657; Christopher Moore, *The Loyalists: Revolution, Exile, Settlement*, Toronto: Macmillan of Canada, 1984, pp. 93–101; Reverend Ewald Schaukirk quoted in Van Buskirk, p. 21; Barck, pp. 78, 192–195; Calhoon, pp. 362–363; Edwin G. Burrows and Mike Wallace, *Gotham: A History of New York City to 1898*, New York: Oxford University Press, 2000, p. 194.

4. Calhoon (1973), pp. 356–358; Piers Mackesy, "British Strategy in the War of American Independence," in David L. Jacobson, ed., *Essays on the American Revolution*, New York: Holt, Rinehart and Winston, 1970, pp. 174–6.

5. Moore (1984), pp. 107–109; Buskirk (2002), pp. 179, 193.

6. Calhoon (1973), pp. 360, 382–390.

7. Ibid., pp. 390–395; McDowell (1977), pp. 66–81.

8. Anne M. Ousterhout, "Controlling the Opposition in Pennsylvania during the American Revolution," *Pennsylvania Magazine of History and Biography*, Vol. 105, No. 1, January 1981, pp. 4–5, 16–17, 30.

9. Olwell (1989), pp. 30–32, 38.

10. Ibid., pp. 37–48.

11. Zubly quoted in Gordon S. Wood, *The Creation of the American Republic, 1776–1787*, Chapel Hill: University of North Carolina Press, 1969, p. 95; Olwell (1989), p. 36; W. W. Abbot, "Lowcountry, Backcountry: A View of Georgia in the American Revolution," in Hoffman et al., (1985), pp. 326–328.

12. Spain surrendered Florida to the British under the terms of the 1763 Peace of Paris, which ended the Seven Years' (or "French and Indian") War.

13. Calhoon (1973), p. 474.

14. Leyburn (1962), p. 305.

15. Richard R. Beeman, "The Political Response to Social Conflict in the Southern

Backcountry" in Hoff man et al., (1985), p. 231; Ekrich in Hoff man et al., pp. 99–100, 103–111; Crow in Hoff man et al., pp. 162, 168–169; Fischer (2005), pp. 82–84.

16. Olwell (1989), pp. 32, 37; British Maj. George Hanger quoted in Robert M. Weir, "The Violent Spirit: the Reestablishment of Order and the Continuity of Leadership in P ost-Revolutionary South Carolina," in Hoff man et al., (1985), p. 74; Henry Lee to Gen. Greene, 4 June 1781, in Richard K. Showman, ed., *The Papers of General Nathanael Greene,* Vol. 8, Chapel Hill: University of North Carolina Press, 2005, pp. 300–311.

17. Weir in Hoff man et al., (1985), p. 71–78; Calhoon, pp. 491–495.

18. Weir in Hoff man et al., (1985), pp. 76–77.

19. Olwell (1989), pp. 36, 40–41.

20. Gary B. Nash, *The Unknown American Revolution: The Unruly Birth of Democracy and the Struggle to Create America,* New York: Penguin, 2006, pp. 335–339.

## 第十二章　獨立抑或革命？

1. Jack P. Greene, "The Background of the Articles of Confederation," *Publius,* Vol. 12, No. 4, Autumn 1982, pp. 32, 35–36.

2. Jack Rakove, "The Legacy of the Articles of Confederation," *Publius,* Vol. 12, No. 4, Autumn 1982, pp. 45–54; Greene (1982), pp. 37–40, 42.

3. Calvin C. Jillson, "Political Culture and the Pattern of Congressional Politics Under the Articles of Confederation," *Publius,* Vol. 18, No. 1, Winter 1988, pp. 8–10; H. James Henderson, "Factional relationships between the Continental Congress and State Legislatures; a new slant on the politics of the American Revolution," *Proceedings of the Oklahoma Academy of Sciences for 1966* [Vol. 47], Oklahoma Academy of Sciences, 1967, pp. 326–327.

4. Jillson, pp. 11–12, 17.

5. Paul Wentworth, "Minutes respecting political Parties in America and Sketches of the leading Persons in each Province [1778]" in B. F. Stevens, ed., *Facsimiles of Manuscripts in European Archives,* London: Malby & Sons, 1889; "London, January 6," *South-Carolina Weekly Gazette,* 10 April 1784, p. 2; Bancroft quoted in Joseph Davis, *Sectionalism in American Politics, 1774–1787,* Madison: University of Wisconsin Press, 1977, p. 67.

6. J. R. Pole, "Historians and the Problem of Early American Democracy" in

Jacobson (1970), pp. 236–237.

7. Merrill Jensen, "Democracy and the American Revolution" in Jacobson, pp. 219–225.

8. Jensen in Jacobson, pp. 218, 226–227; quotes from Howard Zinn, *A People's History of the United States*, New York: HarperCollins, 1999, pp. 70, 75, 81, 83, 85, 88–89; J. R. Pole, "Historians and the Problem of Early American Democracy" in Jacobson (1970), p. 238; Phillips (1999), p. 324.

9. Alexander Hamilton, "Federalist No. 8" and "Federalist No. 15," in Clinton Rossiter, ed., *The Federalist Papers*, New York: Penguin, 1961, pp. 66–71, 107; Washington quoted in Richard B. Morris, "The Confederation Period and the American Historian," *William and Mary Quarterly*, 3rd Series, Vol. 13, No. 2, April 1956, p. 139.

10. John P. Roche, "The Founding Fathers: A Reform Caucus in Action," in Jacobson (1970), pp. 267–271; Calvin Jillson and Thornton Anderson, "Voting Bloc Analysis in the Constitutional Convention: Implications for an Interpretation of the Connecticut Compromise," *Western Political Quarterly*, Vol. 31, No. 4, December 1978, pp. 537–547.

11. Shorto (1983), pp. 304–305, 315–316.

12. See Orin Grant Libby, "The Geographical Distribution of the Vote of the Thirteen States on the Federal Constitution, 1787–8," *Bulletin of the University of Wisconsin*, Vol. 1, No. 1, June 1894, pp. 1–116.

13. Roche in Jacobson (1970), pp. 267–275; Jillson and Anderson (1978), pp. 542–545.

## 第十三章　北方區域文化

1. John Bartlett Brebner, *The Neutral Yankees of Nova Scotia*, New York: Russell & Russell, 1970, pp. 24–29, 54–57, 312–319; Ann Gorman Condon, *The Envy of the American States: The Loyalist Dream for New Brunswick*, Fredericton, NB: New Ireland Press, 1984, p. 78; Worthington Chauncey Ford, ed., *Journals of the Continental Congress 1774–1789*, Vol. 3, Washington, D.C.: Government Printing Office, 1905, p. 315; Phillips (1999), pp. 141–145.

2. Jack P. Greene, "The Cultural Dimensions of Political Transfers," *Early American Studies*, Spring 2008, pp. 12–15.

3. Justin H. Smith, *Our Struggle for the Fourteenth Colony: Canada and the American Revolution*, Vol. 1, New York: G. P. Putnam's Sons, 1907, p. 474.

4.  "Thomas Dundas to the Earl Cornwallis, Saint John, N.B., 28 December 1786," in Charles Ross, ed., *Correspondence of Charles, first Marquis Cornwallis*, Vol. 1, London: John Murray, 1859, p. 279; Condon (1984), pp. 85–89.

5.  Condon (1984), pp. 85–89, 190–192; Stephen Kimber, *Loyalists and Layabouts: The Rapid Rise and Faster Fall of Shelburne, Nova Scotia*, Scarborough, Ont.: Doubleday Canada, 2008, pp. 3, 10, 291–295, 301.

6.  Alan Taylor, "The Late Loyalists: Northern Reflections of the Early American Republic," *Journal of the Early Republic*, Vol. 27, Spring 2007, p. 23.

7.  Ibid., pp. 3–31.

8.  Ibid.

## 第十四章　第一波分離主義

1.  Terry Bouton, *Taming Democracy: "The People," The Founders, and the Troubled Ending of the American Revolution*, New York: Oxford University Press, 2007, pp. 178–179.

2.  Ibid., pp. 181–183.

3.  Ibid., pp. 76–77, 83–87.

4.  Ibid., pp. 83–87.

5.  On Franklin see Samuel Cole Williams. *History of the Lost State of Franklin*, Johnson City, TN: Watauga Press, 1933; John C. Fitzpatrick, *Journals of the Continental Congress*, Vol. 28, Washington, D.C.: Government Printing Office, 1933, pp. 384–385.

6.  Bouton, pp. 197–215.

7.  Ibid., pp. 224–226.

8.  William Hogeland, *The Whiskey Rebellion*, New York: Scribner, 2006, pp. 172–176, 181–183, 205–208; Bouton (2007), pp. 234–241.

9.  James M. Banner Jr., *To the Hartford Convention: The Federalists and the Origins of Party Politics in Massachusetts, 1789–1815*, New York: Alfred A. Knopf, 1970, pp. 89–92.

10. David McCullough, *John Adams*, New York: Simon & Schuster, 2001, pp. 504–505; *Courier of New Hampshire*, 22 August 1797.

11. McCullough, pp. 505–506; Vanessa Beasley, *Who Belongs in America?*, College Station, TX: Texas A&M University Press, 2006, pp. 45–46, 53; H. Jeff erson Powell, "The Principles of '98: An Essay in Historical Retrieval," *Virginia Law Review*, Vol. 80, No. 3, April 1994, p. 704.

12. James P. Martin, "When Repression Is Democratic and Constitutional: The Fed-eralist Theory of Representation in the Sedition Act of 1798," *University of Chicago Law Review*, Vol. 66, No. 1, Winter 1999, pp. 146–148; *The Patriotick Proceedings of the Legislature of Massachusetts*, Boston: Joshua Cushing, 1809, p. 116.

13. Beasley (2006), p. 47; Kevin R. Gutzman, "A Troublesome Legacy: James Madison and 'The Principles of '98,' " *Journal of the Early Republic*, Vol. 15, No. 4, Winter 1995, pp. 580–581; Birte Pflegler, " 'Miserable Germans' and Fries's Rebellion," *Early American Studies*, Fall 2004, pp. 343–361.

14. McCullough (2001), p. 521; Fischer (1989), p. 843.

15. McCullough (2001), pp. 521–525.

16. Donald W. Meinig, "Continental America, 1800–1915: The View of a Historical Geo grapher," *The History Teacher*, Vol. 22, No. 2, February 1989, p. 192; Edmund Quincy, *Life of Josiah Quincy*, Boston: Ticknor & Fields, p. 91; Banner (1970), p. 100.

17. Banner (1970), pp. 13–14, 34–35, 37; *Patriotick Proceedings*, p. 90; Alison LaCroix, "A Singular and Awkward War: The Transatlantic Context of the Hartford Convention," *American Nineteenth Century History*, Vol. 6, No. 1, March 2005, p. 10.

18. Banner (1970), pp. 41–42; J. S. Martell, "A Side Light on Federalist Strategy During the War of 1812," *American Historical Review*, Vol. 43, No. 3, April 1938, pp. 555–556; Samuel Eliot Morison, ed., *The Life and Letters of Harrison Gray Otis*, Vol. 2, Boston: Houghton Mifflin, 1913, pp. 5–8; "Federal Project of Secession from the Union," *The Democrat* [Boston], 1 February 1809, p. 3.

19. Maine, the sixth New England state, didn't regain its independence from Massachusetts until 1820; Samuel Eliot Morison, "Our Most Unpopular War," *Proceedings of the Massachusetts Historical Society*, Third Series, Vol. 80 (1968), pp. 39–43.

20. Donald R. Hickey, *The War of 1812: A Forgotten Conflict*, Urbana: University of Illinois Press, p. 256; Martell (1938), pp. 559–564; Meinig (1989), p. 199.

21. Morison (1968), pp. 47–52; "The Crisis," *Columbian Centinel* [Boston], 17 December 1814, p. 1.

22. Morison (1968), pp. 52–54; "Report and the Resolutions of the Hartford Convention," *Public Documents Containing the Proceedings of the Hartford Convention*, Boston: Massachusetts Senate, 1815.

## 第十五章　洋基之國西進

1. Frederick Merk, *History of the Westward Movement*, New York: Knopf, 1978, pp. 112–114; Howard Allen Bridgman, *New England in the Life of the World*, Boston: Pilgrim Press, 1920, pp. 30, 34–35.
2. Bridgman, pp. 49, 51, 64–66; Lois Kimball Matthews, *The Expansion of New England*, Boston: Houghton Mifflin, 1909, p. 180.
3. "Marietta College," in James J. Burns, *The Educational History of Ohio*, Columbus: Historical Publishing Co., 1905, p. 370; Albert E. E. Dunning, *The Congregationalists in America*, New York: J. A. Hill, 1894, pp. 368–377.
4. Matthews (1909), pp. 207, 231; Ellis B. Usher, "The Puritan Influence in Wisconsin," *Proceedings of the State Historical Society of Wisconsin* [for 1898], Madison, WI, 1899, pp. 119, 122; *Portrait and Biographical Record of Sheboygan County, Wisconsin*, Chicago: Excelsior, 1894, pp. 125–184; Bridgman (1920), p. 112.
5. Phillips (1969), pp. 331–332.
6. Rev. M. W. Montgomery, "The Work Among the Scandinavians," *Home Missionary*, March 1886, p. 400.
7. Paul Kleppner, *The Third Electoral System, 1853–1892*, Chapel Hill: University of North Carolina Press, 1979, p. 48; John H. Fenton, *Midwest Politics*, New York: Holt, Rinehart & Winston, 1966, p. 77; Paul Kleppner, *The Cross of Culture: A Social Analysis of Midwestern Politics, 1850–1900*, New York: Free Pr ess, 1970, pp. 76–78.
8. The classic study is Kleppner (1979). See also Phillips (1969); Fenton; Kleppner (1970).
9. Stewart H. Holbrook, *The Yankee Exodus*, Seattle: University of Washington Press, 1950, pp. 68–72.
10. Merk (1978), p. 119.
11. Kevin Phillips, *American Theocracy*, New York: Viking, 2006, pp. 110–111; D. Michael Quinn, *Early Mormonism and the Magic World View*, Salt Lake City: Signature Books, 1998, pp. 64–128.
12. Phillips (2006), p. 109.

## 第十六章　中部地方西進

1. Albert Bernhardt Faust, *The German Element in America*, Vol. 1, Boston:

Houghton-Mifflin, 1901, p. 421–422; Robert Swierenga, "The Settlement of the Old Northwest: Ethnic Pluralism in a Featureless Plain," *Journal of the Early Republic*, Vol. 9, No. 1, Spring 1989, pp. 82–85.

2. *Federal Gazette* [Philadelphia], 5 March 1789, p. 2; Kleppner (1979), pp. 57–59.

3. Swierenga, pp. 89–90, 93; Faust, Vol. 1, pp. 447–448, 461; Richard Sisson et al., eds., *The American Midwest: An Interpretive Encyclopedia*, Bloomington: Indiana University Press, 2007, p. 741.

4. Faust, Vol. 1, pp. 90–104; John A. Hawgood, *The Tragedy of German America*, New York: G. P. Putnam & Sons, 1950, p. 219.

5. Thomas D. Hamm, *The Quakers in America*, New York: Columbia University Press, 2003, pp. 38–39, 50.

6. Richard Pillsbury, "The Urban Street Pattern as a Culture Indicator: Pennsylvania, 1682–1815," *Annals of the Association of American Geographers*, Vol. 60, No. 3, September 1970, p. 437; Faust, Vol. 2, pp. 28–30.

7. Krista O'Donnell et al., *The Heimat Abroad: The Boundaries of Germanness*, Ann Arbor: University of Michigan Press, 2005, pp. 144–145; Hawgood (1950), p. 41.

8. Kleppner (1979), pp. 180–187; Phillips (1999), p. 436.

9. Phillips (1999), pp. 434–436.

## 第十七章　大阿帕拉契西進

1. Robert E. Chaddock, *Ohio Before 1815*, New York: Columbia University, 1908, p. 240; p. 173; David Walker Howe, *What Hath God Wrought?: The Transformation of America, 1815–1848:* New York: Oxford University Press, 2007, p. 239; Richard Power, *Planting Corn Belt Culture: The Impress of the Upland Southerner and Yankee in the Old Northwest*, Indianapolis: Indiana Historical Society, 1953, p. 41.

2. *Narrative of Richard Lee Mason in the Pioneer West*, 1819, New York: C. F. Heartman, 1915, p. 35; Frederick Law Olmsted, *The Cotton Kingdom*, Vol. 2, New York: Mason Brothers, 1862, p. 309; Nicole Etcheson, *The Emerging Midwest: Upland Southerners and the Political Culture of the Old Northwest, 1787–1861*, Bloomington: Indiana University Press, 1996, p. 5; Howe (2007), p. 137.

3. Merk (1978), pp. 125–126; Allan Kulikoff, *Agrarian Origins of American Capitalism*, Charlottesville: University Press of Virginia, 1992, p. 218.

4. *Journal of the Senate of Illinois*, Springfield: Illinois Journal, 1869, p. 373; Etcheson (1996), pp. 6, 12; Howe (2007), p. 139.
5. Power (1953), pp. 35–36.
6. Ibid., pp. 115–119.
7. Ibid., pp. 112–115.
8. Ibid., pp. 97–124.
9. Frank L. Klement, "Middle Western Copperheadism and the Genesis of the Granger Movement," *Mississippi Valley Historical Review*, Vol. 38, No. 4, March 1952, p. 682; Etcheson (1996), p. 7.
10. Etcheson (1996), pp. 36, 44.
11. Phillips (1969), p. 293; Clement Vallandigham, *Speeches, Arguments, Addresses, and Letters*, New York: J. Walter, 1864, pp. 101, 104; Kleppner (1979), pp. 235–236; Merk (1978), p. 120–122, 408–409.
12. C. C. Royce, *Map of the Territorial Limits of the Cherokee Nation of Indians [and] Cessions*, Washington, D.C.: Smithsonian Institution, 1884; Jeff Biggers, *The United States of Appalachia,* Emeryville, CA: Shoemaker & Hoard, 2006, pp. 34–35.
13. Biggers, pp. 29–44; Patrick Minges, "Are You Kituwah's Son? Cherokee Nationalism and the Civil War," paper presented at the American Academy of Religion Annual Meeting, Philadelphia: November 1995; Howe (2007), pp. 343–346.
14. Andrew Jackson, *Fift h Annual Address to Congress*, 3 December 1833.
15. Merk (1978), p. 121; Fischer (1989), pp. 849–850; Margaret Bayard Smith, *The First Forty Years of Washington Society*, New York: Scribner, 1906, pp. 295–296; Edward L. Ayers, Lewis L. Gould, David M. Oshinsky, and Jean R. Soderlund, *American Passages: A History of the United States*, Boston: Wadsworth Cengage, 2009, pp. 282–283.
16. Howe (2007), pp. 344–357, 414–416.
17. Elliott J. Gorn, "Gouge and Bite, Pull Hair and Scratch: The Social Significance of Fighting in the Southern Backcountry," *American Historical Review*, Vol. 90, No. 1, February 1985, pp. 18–43.
18. Phillips (2006), pp. 108–113.

## 第十八章　深南地方西進

1. Merk (1978), pp. 205–207.

2. Howe (2007), pp. 127–129; Frank L. Owsley, "The Pattern of Migration and Settlement on the Southern Frontier," *Journal of Southern History*, Vol. 11, No. 2, March 1945, pp. 147–176; Merk (1978), p. 199.

3. Howe (2007), p. 130.

4. Francis Butler Simkins, "The South," in Merrill Jensen, ed., *Regionalism in America*, Madison: University of Wisconsin Press, 1951, pp. 150–151; Missouri Deep Southerner William P. Napton quoted in Robert E. Shalope, "Race, Class, Slavery and the Antebellum Southern Mind," *Journal of Southern History*, Vol. 37, No. 4, Nov. 1971, pp. 565–566; Peter Kolchin, "In Defense of Servitude," *American Historical Review*, Vol. 85, No. 4, October 1980, p. 815; William Peterfield Trent, *Cambridge History of American Literature*, Vol. 17, Cambridge, UK: C ambridge University Press, 1907–1921, p. 389; Alexander H. Stephens, "Cornerstone Address, March 21, 1861," in Frank Moore, ed., *The Rebellion Record*, Vol. 1, New York: G. P. Putnam, 1862, pp. 44–46.

5. Fred A. Ross, *Slavery Ordained of God*, Philadelphia: J. B. Lippincott, 1857, pp. 5, 29–30.

6. "The Message, the Constitution, and the Times" *DeBow's Review*, Vol. 30, Issue 2, February 1861, pp. 162, 164; "What Secession Means," *Liberator*, 11 July 1862, p. 1.

7. William W. Freehling, *The Road to Disunion,* Vol. 2: *Secessionists Triumphant, 1854–1861*, New York: Oxford University Press, 2007, pp. 149–151; Thomas N. Ingersoll, "Free Blacks in a Slave Society: New Orleans, 1718–1812," *William and Mary Quarterly*, 3rd Series, Vol. 48, No. 2, April 1991, pp. 173–200.

8. Lewis William Newton, "Americanization of Louisiana," doctoral thesis, University of Chicago, 1929, pp. 122, 163, 170–173.

9. Phillips (1999), pp. 341–349.

10. Robert E. May, *The Southern Dream of a Caribbean Empire: 1854–1861*, Baton Rouge: Louisiana State University Press, 1973, pp. 15–65.

11. Ibid., pp. 27–33, 60–62, 70–71, 75, 168–196; Freehling (2007), pp. 153–155.

12. May, pp. 78–133.

13. Ibid.

14. Ibid., pp. 149–154.

## 第十九章　征服北部地方

1. Weber (1982), pp. 20–32.

2. Ibid., pp. 34, 44, 47, 63, 124–125, 157, 188–189.

3. Ibid., pp. 158–162.

4. Ibid.; Howe (2007), pp. 658–9; Merk (1978), p. 267.

5. Weber (1982), pp. 162–172; T. R. Fehrenbach, *Lone Star: A History of Texas and the Texans*, New York: Da Capo Press, 2000, pp. 163–164.

6. Weber (1982), pp. 170–177, 184.

7. Ibid., pp. 255–272, 266; Howe (2007), p. 661.

8. Weber (1982), pp. 247–254; Howe (2007), pp. 661–667; Merk (1978), p. 275; Jordan (1969), pp. 88–103.

9. Weber (1992), p. 339.

10. Juan Nepomuceno Seguín, *Personal Memoirs of John N. Seguín*, San Antonio, TX: Ledger Book and Job Office, 1858, pp. 29–32; Leobardo F. Estrada et al., "Chicanos in the United States: A History of Exploitation and Resistance," *Daedalus*, Vol. 110, No. 2, pp. 105–109; Martinez (1988), pp. 88–91; D. W. Meinig, *Imperial Texas: An Interpretive Essay in Cultural Geography*, Austin: University of Texas Press, 1969, pp. 44.

11. Terry G. Jordan, "Population Origins in Texas, 1850," *Geographical Review*, Vol. 59, No. 1, January 1969, pp. 83–103.

12. Frederick Merk, "Dissent in the Mexican War," in Samuel Eliot Morison et al., eds., *Dissent in Three American Wars*, Cambridge, MA: Harvard University Press, 1970, pp. 35–44, 49.

13. Louise A. Mayo, *President James K. Polk: The Dark Horse President*, New York: Nova Science Publishers, 2006, pp. 110–133; Merk (1978).

14. Day, p. 15; Merk (1970), pp. 51–52.

15. Martinez (1988), p. 108–109.

## 第二十章　建立左岸地方

1. Astoria, Oregon, the first "American" settlement on the Pacific coast, was the creation of New Netherlander John Jacob Astor but manned by Scots and French Canadian hirelings. In 1813, after just two years in operation, it was sold to a British company, which in turn merged with the Hudson's Bay Company. Culturally speaking, Astor's outpost was of little consequence.

2. W. H. Gray, *History of Oregon, 1792–1849*, Portland, OR: Harris & Holman, 1870, p. 19; Samuel Eliot Morison, *The Maritime History of Massachusetts*, Boston: Houghton Mifflin, 1921, pp. 52–53.

3. Lyman Beecher, *A Plea for the West*, Cincinnati: Truman and Smith, 1835, pp. 30, 37, 48–61; Kevin Starr, *Americans and the California Dream, 1850–1915*, New York: Oxford University Press, 1973, p. 93.

4. Gray (1870), pp. 312–318; Holbrook (1950), pp. 226–227; Bridgman (1920), pp. 208–215.

5. David Alan Johnson, *Founding the Far West: California, Oregon, and Nevada, 1840–1890*, Berkeley: University of California Press (1950), 1992, pp. 56–57.

6. D. A. Johnson, pp. 64, 139–149, 162–163; Holbrook (1950), pp. 227–230.

7. Holbrook (1950), pp. 235, 237, 252–253; Phillips (1969), p. 418; *Japanese Immigration: An Exposition of Its Real Status*, Seattle: Japanese Association of the Pacific Northwest, 1907, pp. 11, 46; Alexander Rattray, *Vancouver Island and British Columbia*, London: Smith, Elder & Co.: 1863, pp. 9, 16, 159, 171–173; Merk (1978), pp. 327, 417.

8. Starr (1973), pp. 26–27; D. A. Johnson (1992), pp. 20–22; Gerald Foster, *American Houses*, Boston: Houghton Mifflin, 2004, pp. 212–215.

9. D. A. Johnson (1992), pp. 20–22.

10. "Missionary Correspondence: California, August 1st, 1849," *The Home Missionary*, Vol. 22, No. 7, November 1849, pp. 163–168; Malcolm J. Rohrbough, *Days of Gold: The California Gold Rush and the American Nation*, Berkeley: University of California Press, 1997, p. 156; Kevin Starr and Richard J. Orsi, *Rooted in Barbarous Soil: People, Culture, and Community in Gold Rush California*, Berkeley: University of California Press, 2000, pp. 25, 50.

11. "Mission to California," *The Home Missionary*, Vol. 21, No. 9, January 1849, pp. 193–196.

12. Starr (1973), p. 86.

13. Bridgman (1920), pp. 180–195; Starr (1973), p. 87; Holbrook (1950), pp. 151–156.

14. Starr (1973), p. 87; D. A. Johnson (1992), pp. 35–36; S. R. Rockwell, "Sabbath in New England and California," *San Francisco Bulletin*, 1 September 1860, p. 1.

15. Starr, pp. 93–94; D. A. Johnson, pp. 104–108. California's first governor, Peter Hardeman Burnett, was born to a poor family in Nashville; his successor, John McDougall, was a war veteran and native of Appalachian Ross County, Ohio.

## 第二十一章　西部爭奪戰

1. Edith Abbott, *Historical Aspects of the Immigration Problem: Select*

*Documents*, Chicago: University of Chicago Press, 1926, p. 330.

2. *American Slavery as It Is*, New York: American Anti-Slavery Society, 1839, pp. 16, 97, 169–170.

3. See http://atlas.lib.niu.edu/Website/Election_1860/; Fischer (1989), p. 857.

4. Freehling (2007), pp. 27–30; John Henry Hammond, *Two Letters on Slavery in the United States*, Columbia, SC: Allen, McCarter & Co., 1845, p. 10.

5. Freehling (2007), pp. 30–32; Hammond (1845), p. 15.

6. *London Times*, 28 May 1851, p. 10.

7. Ibid.

8. Phillips (1999), p. 372; Marc Engal, "Rethinking the Secession of the Lower South: The Clash of Two Groups," *Civil War History*, Vol. 50, No. 3, 2004, pp. 261–290; Dunbar Rowland, *Encyclopedia of Mississippi History*, Vol. 1, Madison, WI: Selwyn A. Brant, 1907, pp. 216–217.

9. William C. Wright, *The Secession Movement in the Middle Atlantic States*, Rutherford, NJ: Fairleigh Dickinson University Press, 1973, pp. 210–212.

10. Phillips (1999), pp. 424–427; Burrows and Wallace (2000), pp. 560–562.

11. Wright (1973), pp. 176–178; "Mayor Wood's Recommendation on the Secession of New York City," 6 January 1861; "The Position of New York," *New York Herald*, 3 April 1861, p. 1.

12. Wright (1973), pp. 191, 203–205.

13. Phillips (1999), pp. 435–436; Wright (1973), pp. 34–46.

14. Wright (1973), pp. 40, 161–162.

15. Freehling (2007), pp. 35–38.

16. In the time of the English Civil War, supporters of Parliament had been called "Roundheads" on account of their then unusual preference for short-cropped hair.

17. Robert B. Bonner, "Roundheaded Cavaliers? The Context and Limits of a Con-federate Racial Project," *Civil War History*, Vol. 58, No. 1, 2002, pp. 34–35, 42, 44–45, 49; "A Contest for the Supremacy of Race, as between the Saxon Puritan of the North and the Norman of the South," *Southern Literary Messenger*, Vol. 33, July 1861, pp. 23–24; J. Quitman Moore, "Southern Civilization, or the Norman in America," *DeBow's Review*, Vol. 32, January 1862, pp. 11–13; Jan C. Dawson, "The Puritan and the Cavalier: The South's Perceptions of Contrasting Traditions," *Journal of Southern History*, Vol. 64, No. 4, November 1978, pp. 600, 609–612.

18. Etcheson (1996), pp. 109–110.

19. Ibid., pp. 110–111, 115–117.
20. Engal (2004), pp. 262, 285–286; Freehling (2007), pp. 501–506; Richard Nelson Current, *Lincoln's Loyalists: Union Soldiers from the Confederacy*, Boston: Northeastern University Press, 1992, pp. 1–8.
21. Current, pp. 14–20, 29–60; Etcheson (1996), pp. 137–129.
22. Freehling (2007), pp. 527–541.
23. Eric Foner, *Reconstruction: America's Unfinished Revolution, 1863–1877*, New York: Harper & Row, 1988, pp. 354–355; Fischer (1989), pp. 862–863.
24. Fischer (1989), p. 863.

## 第二十二章　建立遠西地方

1. Walter Griffith quoted in John Phillip Reid, "Punishing the Elephant: Malfeasance and Organized Criminality on the Overland Trail," *Montana: The Magazine of Western History*, Vol. 47, No. 1, Spring 1997, p. 8.
2. D. A. Johnson (1992), pp. 72–76.
3. Ibid., pp. 223–225.
4. Ibid., pp. 313–331.
5. Marc Reisner, *Cadillac Desert: The American West and Its Disappearing Water*, New York: Viking, 1987, p. 37; James B. Hedges, "The Colonization Work of the Northern Pacific Railroad," *Mississippi Valley Historical Review*, Vol. 13, No. 3, December 1926, p. 313.
6. Hedges (1926), pp. 311–312, 329–331, 337; Reisner, pp. 37–39.
7. Reisner (1987), pp. 35–43.
8. Ibid., pp. 46–48.
9. Ibid., pp. 105–110; Bernard DeVoto, "The West Against Itself," *Harper's Magazine*, January 1947, pp. 2–3; DeVoto (1934), p. 364.
10. John Gunther, *Inside USA*, New York: Harper, 1947, p. 152.
11. Tom Kenworthy, "Mining Industry Labors to Drown Montana Water Quality Initiative," *Washington Post*, 30 October 1996, p. A3; Gunther, pp. 166–174; Carl B. Glasscock. *The War of the Copper Kings*, New York: Bobbs-Merrill Co., 1935.
12. Morris E. Garnsey, "The Future of the Mountain States," *Harper's Magazine*, October 1945, pp. 329–336.
13. Amy Bridges, "Managing the Periphery in the Gilded Age: Writing Constitutions for the Western States," *Studies in American Political Development*, Vol.

22, Spring 2008, pp. 48–56; Phillips (1969), pp. 399–402.

14. Michael Lind, "The New Continental Divide," *The Atlantic*, January 2003, pp. 87–88; Thomas Burr, "Senators Form New Western Caucus," *Salt Lake Tribune*, 24 June 2009; Transcript of Republican Senator's News Conference, Washington, D.C., 24 June 2009, *CQ Transcripts*, 24 June 2009; Tom Kenworthy, " 'S elf-Reliant' Westerners Love Federal Handouts," *Salt Lake Tribune*, 4 July 2009.

## 第二十三章　移民與身分認同

1. Phillips (1999), pp. 588–589; Peter D. Salins, *Assimilation, American Style*, New York: Basic Books, 1997, pp. 22–30; Huntington (2004), pp. 45, 57.

2. Howard Odum and Harry Estill Moore, *American Regionalism*, New York: Henry Holt, 1938, p. 438; Salins, p. 148; U.S. Bureau of the Census, "Nativity of the Population, for Regions, Divisions, and States: 1850 to 1990," Internet Release: 9 March 1999.

3. Nathan Glazer and Daniel Patrick Moynihan, *Beyond the Melting Pot*, Cambridge, MA: MIT Press and Harvard University Press, 1964, pp. 138–139, 185, 217–219; Leonard Dinnerstein and David M. Reimers, *Ethnic Americans: A History of Immigration and Assimilation*, New York: Dodd, Mead & Co., 1977, pp. 41–45.

4. Salins (1997), p. 69.

5. Maris A. Vinovskis, *Education, Society, and Economic Opportunity*, New Haven, CT: Yale University Press, 1995, pp. 109–110; John Dewey, *Schools of Tomorrow*, New York: E. P. Dutton, 1915, pp. 313–316; Salins (1997), pp. 64–66.

6. Horace Mann, *Annual Reports of the Secretary of the Board of Education of Massachusetts for the Years 1845–1848*, Boston: Lee and Shepard, 1891, pp. 36–37; H. H. Wheaton, "Education of Immigrants," in Winthrop Talbot, ed., *Americanization*, 2nd ed., New York: H. W. Wilson Company, 1920, pp. 207–208.

7. Salins (1997), pp. 46–48; Huntington (2004), pp. 129–135; Stephen Mayer, "Adapting the Immigrant to the Line: Americanization in the Ford Factory, 914–11921," *Journal of Social History*, Vol. 14, No. 1 (Autumn 1980), pp. 67–82.

8. Huntington (2004), pp. 11–20, 30–42.

9. Ibid., pp. 221–255; Pew Hispanic Center, *Mexican Immigrants in the United States, 2008* [fact sheet], 15 April 2009.

10. Juan Enriquez, *The Untied States of America*, New York: Crown, 2002, pp. 171–191; Associated Press, "Professor Predicts Hispanic Homeland," 31 January 2000.

## 第二十四章　諸神和使命

1. David M. Chalmers, *Hooded Americans: The History of the Ku Klux Klan*, Durham, NC: Duke University Press, 1987, p. 16.

2. Cliff ord J. Clarke, "The Bible Belt Thesis: An Empirical Test of the Hypothesis of Clergy Overrepresentation," *Journal for the Scientific Study of Religion*, Vol. 29, No. 2, June 1990, pp. 213–216; Martin E. Marty, *Righteous Empire: The Protestant Experience in America*, New York: Dial Press, 1970, pp. 178–206; Phillips (2006), pp. 142–148; Charles Reagan Wilson, *Baptized in Blood: The Religion of the Lost Cause, 1865–1920*, Athens, GA: University of Georgia Press, 1980, pp. 64–65, 71.

3. Wilson, pp. 41–43.

4. Chalmers, pp. 16–21.

5. Davis et al., (1941), p. 392–400; Webb (2004), pp. 238–252.

6. Marty (1970), pp. 178–206.

7. James C. Klotter, "The Black South and White Appalachia," *Journal of American History*, Vol. 66, No. 4, March 1980, pp. 832–849.

8. K. Austin Kerr, "Organizing for Reform: The A nti-Saloon League and Innovation in Politics," *American Quarterly*, Vol. 32, No. 1, 1980, pp. 37–53; Ruth B. A. Bordin, *Frances Willard: A Biography*, Chapel Hill: University of North Carolina Press, 1986, pp. 14–27; Harold Underwood Faulkner, *The Quest for Social Justice: 1898–1914*, New York: Macmillan, 1931, pp. 222–227.

9. Faulkner, pp. 178–184; Herbert J. Doherty Jr., "Alexander J. McKelway: Preacher to Progressive," *Journal of Southern History*, Vol. 24, No. 2 (May 1958), pp. 177–190.

10. Fischer (2004), p. 451; Alma Lutz, *Susan B. Anthony: Rebel, Crusader, Humanitarian*, Washington, D.C., Zenger Publications, 1976, pp. 21–40; Elisabeth Griffith, *In Her Own Right: The Life of Elizabeth Cady Stanton*, New York: Oxford University Press; 1985, pp. 4–7; 227–228; Andrea Moore

Kerr, *Lucy Stone: Speaking Out for Equality*, New Brunswick, NJ: Rutgers University Press, 1992, pp. 20–28; Nate Levin, *Carrie Chapman Catt: A Life of Leadership*, Seattle: BookSurge, 2006.

11. Ross Wetzsteon, *Republic of Dreams*, New York: Simon & Schuster, 2002, pp. 1–14.

12. Noah Feldman, *Divided by God: America's Church-State Problem and What We Should Do About It*, New York: Farrar, Straus and Giroux, 2005, pp. 52, 115–117, 127–132, 138.

13. Marty (1970), pp. 215–226.

14. R. Halliburton Jr., "Reasons for A nti-Evolutionism Succeeding in the South," *Proceedings of the Oklahoma Academy of Sciences*, Vol. 46 (1965), pp. 155–158.

15. Feldman (2005), pp. 146–149, Phillips (2006), pp. 113–119.

## 第二十五章　文化衝突

1. While the movement against Jim Crow in Dixie was G andhi-esque, frustrations with informal racism in the Northern alliance triggered an armed uprising in Detroit and violent riots in many other cities, particularly after MLK's assassination.

2. Jason Sokol, *There Goes My Everything: White Southerners in the Age of Civil Rights, 1945–1975*, New York: Knopf, 2006, pp. 97, 100–103, 293; Jim Crow examples from the website of the National Park Service's Martin Luther King Jr. National Historic Site at http://www.nps.gov/malu/forteachers/jim_crow_laws.htm.

3. Sokol, pp. 58–59, 86–88, 104, 116–123, 163–171, 196–197, 213, 243.

4. Ibid., pp. 204–205; Claude Sitton, "Civil Rights Act: How South Responds," *New York Times*, 12 July 1964, p. E7; Comer Vann Woodward, *The Strange Career of Jim Crow*, New York: Oxford University Press, 2002, pp. 175–176; Nikitta A. Foston, "Strom Thurmond's Black Family," *Ebony*, March 2004, pp. 162–164; Rick Perlstein, *Nixonland*, New York: Scribner, 2008, p. 131; Charles Joyner et al., "The flag controversy and the causes of the Civil War—A statement by historians," *Callaloo*, Vol. 24, No. 1, 2001, pp. 196–198.

5. John C. Jeffries and James E. Ryan, "A Political History of the Establishment Clause," *Michigan Law Review*, Vol. 100, No. 2, November 2001, pp. 282–283, 328–338; Phillips (2006), p. 215; Daniel K. Williams, "Jerry Falwell's Sunbelt

Politics: The Regional Origins of the Moral Majority," *Journal of Policy History*, Vol. 22, No. 2, 2010, pp. 129–140; Robert D. Woodberry and Christian S. Smith, "Fundamentalists et al.: Conservative Protestants in America," *Annual Review of Sociology*, Vol. 24, 1998, pp. 31, 44, 47.

6. Tom Hayden, *The Port Huron Statement*, New York: Thunder's Mouth Press, 2005, pp. 44–180; Tom Hayden and Dick Flacks, "The Port Huron Statement at 40," *The Nation*, 5 August 2002.

7. John Robert Howard, "The Flowering of the Hippie Movement," *Annals of the American Academy of Political and Social Science*, Vol. 382, March 1969, pp. 43–47, 54; James P. O'Brien, "The Development of the New Left," *Annals of the American Academy of Political and Social Science*, Vol. 395, May 1971, pp. 17–20; Maurice Isserman and Michael Kazin, *America Divided: The Civil War of the 1960s*, New York: Oxford University Press, 2000, pp. 168–172.

8. Calvin Trillin, "U.S. Journal: Crystal City, Texas," *New Yorker*, 17 April 1971, pp. 102–107; Calvin Trillin, "U.S. Journal: San Antonio," *New Yorker*, 2 May 1977, pp. 92–100; Joel Garreau, *The Nine Nations of North America*, Boston: Houghton Mifflin, 1981, pp. 240–244; Matt S. Meir, *The Chicanos: A History of Mexican Americans*, New York: Hill & Wang, 1972, pp. 249–250.

9. John Dickinson and Brian Young, *A Short History of Quebec*. Montreal: M cGill–Queen's University Press, 2003, pp. 305–360; Garreau (1981), pp. 371–384.

10. D. T. Kuzimak, "The American Environmental Movement," *Geographical Journal*, Vol. 157, No. 3, November 1991, pp. 265–278; Curt Meine, *Aldo Leopold: His Life and Work*, Madison: University of Wisconsin Press, pp. 1–20.

11. See http://politics.nytimes.com/congress/votes/111/house/1/477.

12. Summary of same-sex marriage laws as of mid-2010 as per information at the website of the National Conference of State Legislatures: www.ncsl.org; http://www.latimes.com/news/local/la-2008election-california-results,0,3304898. htmlstory; National Conference of State Legislatures, "Same Sex Marriage, Civil Unions and Domestic Partnerships," April 2010, Web document accessed 2 July 2010 via http://www.ncsl.org/IssuesResearch/HumanServices/ SameSexMarriage/tabid/16430/Default.aspx; Susan Page, "*Roe v. Wade*: The Divided States of America," *USA Today*, 17 April 2006.

13. Michael Lind, "The Southern Coup," *New Republic*, 19 June 1995; Michael Lind, "The Economic Civil War," Salon.com, 18 December 2008.

## 第二十六章　戰爭、帝國與軍隊

1. Frank Friedel, "Dissent in the S panish-American War and the Philippine Insurrection," in Samuel Eliot Morison et al., *Dissent in Three American Wars*, Cambridge: Harvard University Press, 1970, pp. 67–68, 76–93; E. Berkeley Tompkins, *A nti-Imperialism in the United States: The Great Debate, 1890–1920*, Philadelphia: University of Pennsylvania Press, 1970, pp. 2–3, 115–116, 124–133, 144–147; Robert L. Beisner, *Twelve Against Empire: The A nti-Imperialists, 1898–1900*, New York: M cGraw-Hill, 1968, pp. 107–108, 160; Colin Woodard, "The War Over Plunder: Who Owns Art Stolen in War?," *MHQ: The Quarterly Journal of Military History*, Summer 2010, pp. 48–51.

2. Beisner, p. 160; Tompkins, pp. 107–113.

3. Anthony Gaughan, "Woodrow Wilson and the Rise of Militant Interventionism in the South," *Journal of Southern History*, Vol. 65, No. 4, November 1999, pp. 789–808; Henry Blumenthal, "Woodrow Wilson and the Race Question," *Journal of Negro History*, Vol. 48, No. 1, January 1963, pp. 5–7.

4. Jim Webb (2004), pp. 48, 192, 254–255.

5. Michael Lind, "Civil War by Other Means," *Foreign Aff airs*, Vol. 78, No. 5, September 1999, pp. 126–127.

6. John Peter, Horst Grill, and Robert L. Jenkins, "The Nazis and the A merican South in the 1930s: A Mirror Image?" *Journal of Southern History*, Vol. 58, No. 4, November 1922, pp. 667–694; George L. Grassmuck, *Sectional Biases in Congress on Foreign Policy*, Baltimore: Johns Hopkins University Press, 1951, pp. 36–41, 122–127; Gaughan (1999), p. 772; Carl N. Degler, "Thesis, Antithesis, Synthesis: The South, The North, and the Nation," *Journal of Southern History*, Vol. 53, No. 1, February 1987, p. 17; Lind (1999), p. 128. 7. Grassmuck, pp. 36–41, 122–127.

8. Jim Webb (2004), p. 300; Fischer (1989), p. 877.

9. DeVoto (1947), pp. 6–7; Fred M. Shelley, *Political Geography of the United States*, New York: Guilford Press, 1996, pp. 219–222.

10. Matt S. Meier and Feliciano Rivera, *The Chicanos: A History of Mexican Americans*, New York: Hill & Wang, 1972, pp. 202–221.

11. Randall Bennett Woods, "Dixie's Dove: J. William Fulbright, the Vietnam War, and the American South," *Journal of Southern History*, Vol. 60, No. 3, August 1994, pp. 533–552; A. J. Bauer, "Ralph Yarborough's Ghost," *Texas Observer*, 21 September 2007; Phillips (1969), p. 259; Lind (1999), p. 131; Roy Reed, "F.

B. I. Investigating Killing of 2 Negroes in Jackson," *New York Times*, 16 May 1970.

12. Clark Akatiff, "The March on the Pentagon," *Annals of the Association of American Geographers*, Vol. 61, No. 1, March 1974, pp. 29–30; Mitchell K. Hall, "The Vietnam Era Antiwar Movement," *OAH Magazine of History*, Vol. 18, No. 5, October 2004, pp. 13–17; Robert E. Lester, ed., *A Guide to the Microfilm Edition of the President's Commission on Campus Unrest*, Bethesda, MD.: Congressional Information Service, 2003, pp. v–vi, 10–24.

13. Akatiff, pp. 29–30; http://afsc.org/story/peoples-park-berkeley.

14. Vote on stopping operations in Cambodia as per: http://www.govtrack.us/congress/vote.xpd?vote=h1970–294]; Ernesto Chávez, *"Mi raza primero!" Nationalism, Identity, and Insurgency in the Chicano Movement in Los Angeles, 1966–1978*, Los Angeles: University of California Press, 2002, pp. 64–71.

15. Sandy Maisel and Mark D. Brewer, *Parties and Elections in America*, Lanham, MD: Rowman & Littlefield, 2008, p. 426.

16. Michael Lind, *Made in Texas: George W. Bush and the Southern Takeover of American Politics*, New York: Basic Books, 2003, pp. 147–148.

17. John B. Judis, "The War Resisters," *The American Prospect*, 6 October 2002; Congressional votes (H Conf 63 and 2002 Iraq War Resolution) as per http://www.govtrack.us/congress/vote.xpd?vote=h2002-455.

18. Lind (1999), pp. 133, 142.

## 第二十七章　第一場權力之爭：藍色區域文化

1. Richard Franklin Bensel, *Sectionalism and American Political Development, 1880–1980*, Madison: University of Wisconsin Press, 1984, pp. 63–67.

2. Ibid., p. 119.

3. Robert Sobel, "Coolidge and American Business," [online document] at http://web.archive.org/web/20060308075125/http://www.jfklibrary.org/coolidge_sobel.html.

4. Alan Greenblat, "The Changing U.S. Electorate," *CQ Researcher*, 30 May 2008, p. 469.

5. In 1960 and 1976, Yankeedom was divided over whether to support (Irish Catholic) John F. Kennedy over Richard Nixon or (Deep Southern Baptist) Jimmy Carter over Gerald Ford, qualms not shared by its allies. In 1968, Yankeedom and the Left Coast were split over Hubert Humphrey and Nixon,

while New Netherland supported Humphrey. All three n ations—and much of the c ountry—split in the 1948 race between Harry Truman and John Dewey.

6. Obama was born and raised outside "the nations" (in Hawaii and, later, Indonesia) but has spent almost his entire pre-presidential adult life in the Northern alliance. He attended Columbia and Harvard Law School, lived in New York City, and then moved to Chicago, where he taught at the (decidedly Yankee) University of Chicago and started his family and political career.

7. Bensel (1984), pp. 300–301.

8. Jerold G. Rusk, *A Statistical History of the American Electorate*, Washington, D.C.: CQ Press, 2001, pp. 230–231, 305, 315; http://en.wikipedia.org/wiki/Political_party_strength_in_U.S._states.

9. Jessica Reaves, "James Jeff ords," *Time*, 24 May 2001.

10. Bensel (1984), pp. 296–297, 300–301.

11. See http://politics.nytimes.com/congress/votes/111/house/1/887 and http://politics.nytimes.com/congress/votes/111/house/2/413.

12. Calculated after reviewing http://www.washingtonpost.com/wp-srv/politics/special/clinton/housevote/all.htm and http://politics.nytimes.com/congress/votes/111/senate/2/206.

## 第二十八章　第二場權力之爭：紅色與紫色區域文化

1. Stephen D. Cummings, *The Dixification of America: The American Odyssey into the Conservative Economic Trap*, Westport, CT: Praeger, 1998, p. 193.

2. Doug Monroe, "Losing Hope," *Atlanta Magazine*, September 2003, p. 259; Richard B. Drake, *A History of Appalachia*, Lexington: University of Kentucky Press, 2001, pp. 158–161.

3. Foner (1988), pp. 178–187.

4. Thomas Frank, *What's the Matter with Kansas?*, New York: Henry Holt, 2004, p. 7.

5. Bensel (1984), pp. 74–82.

6. Robert Dallek, *Lyndon B. Johnson: Portrait of a President*, New York: Oxford University Press, 2004, p. 170; http://www.pbs.org/wgbh/amex/wallace/sfeature/quotes.html; Arthur Bremer, *An Assassin's Diary*, New York: Pocket Books, 1973.

7. Peter Applebome, *Dixie Rising*, New York: New York Times Books, 1996, p. 121; Todd J. Gillman, "McCain Campaign Co-chairman Phil Gramm Says

America in 'Mental Recession,' " *Dallas Morning News*, 11 July 2008; Bob Dart, "Helms: True Believer to Some, Senator 'No' to Others," Cox News Service, 21 August 2001.

8. Lind (2003), pp. 1–8, 92–108, 118; Emmanuel Saez, "Striking It Richer: The Evolution of Top Incomes in the United States," unpublished manuscript, 17 July 2010.

9. Garreau (1981), pp. 301–327.

10. John M. Broder, "L. A. Elects Hispanic Mayor for First Time in Over 100 Years," *New York Times*, 18 May 2005; Huntington (2004), pp. 242–246; Enriquez (2000), pp. 183–189.

11. Michael Adams, (2003), pp. 79–85; Edward Grabb and James Curtis, *Regions Apart: The Four Societies of Canada and the United States*, Toronto: Oxford University Press, 2004, pp. 146, 212.

## 尾聲

1. Enriquez (2000), p. 171.

2. Author interview, Aleqa Hammond, foreign minister of Greenland, Nuuk, Greenland, 11 September 2007; Edmund Searles, "Food and the Making of the Inuit Identity," *Food & Foodways*, Vol. 10, No. 1–2, 2002, pp. 55–78.

3. Doug Struck, "Canada Sets Aside Vast Northern Wilderness," *Washington Post*, 22 November 2007, p. A30; Canadian Boreal Initiative, press release, 7 April 2008; author telephone interview, Larry Innes, Canadian Boreal Initiative, Portland, ME, and Ottawa, 20 May 2008; author telephone interview, Valerie Courtois, environmental planner, Innu Nation, 22 May 2008, Portland, ME, and Sheshatshiu, Labrador.

4. Author interview, Sheila Watt-Cloutier, Ilulissat, Greenland, 9 September 2007; Randy Boswell, "Canadian a Favorite for Nobel Peace Prize," *Ottawa Citizen*, 6 October 2007, p. A6.

5. Author interview, Aleqa Hammond; Sarah Lyall, "Fondly, Greenland Loosens Danish Rule," *New York Times*, 22 June 2009, p. 4; Colin Woodard, "As Land Thaws, So Do Greenland's Aspirations for Independence," *Christian Science Monitor*, 16 October 2007; Greenland Home Rule Act, Kingdom of Denmark Act No. 577 of 29 November 1978.

美國學 18

# 美利堅國度：十一個相互對立的地區文化史
American Nations: A History of the Eleven Rival Regional Cultures of North America

| | | |
|---|---|---|
| 作　　者 | 科林‧伍達德（Colin Woodard） |
| 譯　　者 | 王琳茱 |
| 編　　輯 | 邱建智 |
| 校　　對 | 魏秋綢 |
| 排　　版 | 張彩梅 |

| | |
|---|---|
| 行銷總監 | 蔡慧華 |
| 出　　版 | 八旗文化／遠足文化事業股份有限公司 |
| 發　　行 | 遠足文化事業股份有限公司（讀書共和國出版集團） |
| 地　　址 | 新北市新店區民權路108-2號9樓 |
| 電　　話 | 02-22181417 |
| 傳　　真 | 02-22188057 |
| 客服專線 | 0800-221029 |
| 信　　箱 | gusa0601@gmail.com |
| Facebook | facebook.com/gusapublishing |
| Blog | gusapublishing.blogspot.com |
| 法律顧問 | 華洋法律事務所／蘇文生律師 |

| | |
|---|---|
| 封面設計 | 蕭旭芳 |
| 印　　刷 | 前進彩藝有限公司 |
| 定　　價 | 580元 |
| 初版一刷 | 2024年4月 |
| ISBN | 978-626-7234-87-7（紙本）、978-626-7234-85-3（PDF）、978-626-7234-86-0（EPUB） |

AMERICAN NATIONS
Copyright © 2011, 2022 by Colin Woodard
Published by arrangement with Jill Grinberg Literary Management, LLC, through
The Grayhawk Agency.

國家圖書館出版品預行編目（CIP）資料

美利堅國度：十一個相互對立的地區文化史／科林‧
伍達德（Colin Woodard）著；王琳茱譯. -- 初版. -- 新
北市：八旗文化，遠足文化事業股份有限公司, 2024.04
　　面；　公分. --（美國學；18）
譯自：American nations: a history of the eleven rival
regional cultures of North America
ISBN 978-626-7234-87-7（平裝）

1. CST：美國史　2. CST：文化史

752.1　　　　　　　　　　　　　　113002071